国土空间规划教材系列 | 张京祥　黄贤金　主编

国土空间规划原理（第2版）
Principles of Territory Spatial Planning(Second Edition)

张京祥　黄贤金　主编

东南大学出版社
SOUTHEAST UNIVERSITY PRESS
·南京·

内容提要

国土空间规划是顺应国家治理现代化、生态文明建设、高质量发展等一系列重大战略需求,而对传统各类空间规划进行的重大整合与系统重构,是空间规划理念、思想、内容、方法、技术等方面的全面变革。本书是有关国土空间规划的一部总论性、导引性教材,聚焦国土空间规划的基本原理,主要内容包括:阐述国土空间的内涵与规划的基本价值观,梳理空间规划理论、思想的演变与空间发展的基本规律,讲解面向生态文明时代的国土空间规划体系及其有关内容,并对国土空间规划的技术方法、实施管理等支撑体系进行介绍。

本书适于作为城乡规划、土地规划与管理、资源环境、公共管理等学科的专业教材,也可供从事国土空间规划编制与管理实践的人员参考。

图书在版编目(CIP)数据

国土空间规划原理 / 张京祥,黄贤金主编. -- 2版
. -- 南京:东南大学出版社,2024.3(2025.7重印)
国土空间规划教材系列 / 张京祥,黄贤金主编
ISBN 978-7-5766-0970-7

Ⅰ.①国… Ⅱ.①张… ②黄… Ⅲ.①国土规划—中国—高等学校—教材 Ⅳ.①F129.9

中国国家版本馆 CIP 数据核字(2023)第 216764 号

责任编辑:孙惠玉　　责任校对:张万莹　　封面设计:王雨　毕真　　责任印制:周荣虎

国土空间规划原理(第 2 版)
GUOTU KONGJIAN GUIHUA YUANLI(DI 2 BAN)

主　　编	张京祥　黄贤金
出版发行	东南大学出版社
出 版 人	白云飞
社　　址	南京市四牌楼 2 号　邮编:210096
网　　址	http://www.seupress.com
经　　销	全国各地新华书店
排　　版	南京布克文化发展有限公司
印　　刷	南京玉河印刷厂
开　　本	787 mm×1092 mm　1/16
印　　张	19.5
字　　数	490 千
版　　次	2024 年 3 月第 2 版
印　　次	2025 年 7 月第 2 次印刷
书　　号	ISBN 978-7-5766-0970-7
定　　价	59.00 元

本社图书若有印装质量问题,请直接与营销部调换。电话(传真):025 - 83791830

总序

国土空间是对国家主权管理地域内一切自然资源、社会经济资源所组成的物质实体空间的总称，是一个国家及其居民赖以生存、生活、生产的物质环境基础。对国土空间进行统筹规划，从而实现有效保护、高效利用、永续发展，既是满足人们对美好生活向往与高质量发展的目标，也是一个主权政府的重要责任与权力。古往今来，人类社会对于空间规划的探索具有悠久的历史，并由于国情的不同而呈现出丰富多彩的差异，空间规划的具体名称、体系及内容等也各不相同。但是，对于任何一个国家、地区、城市而言，空间规划都是各级政府的基本职责与重要行政权力。《欧洲区域/空间规划章程》(1983年)中指出，空间规划既是经济、社会、文化和生态政策的地理表达，也是一门跨学科的综合性科学、管理技术和政策。《欧盟空间规划制度概要》(1997年)中指出，空间规划主要是由公共部门使用的、影响未来活动空间分布的方法，目的是形成一个更合理的土地利用及地域组织，平衡发展与保护环境的需求，促进区域均衡发展，实现社会和经济发展目标，以弥补市场配置资源的缺陷。

从《周礼·考工记》《管子·乘马》等早期的文献记载开始，中国的空间规划发展经历了长期传统与丰厚文化的积淀，为人类的空间规划发展史贡献了绚丽的瑰宝。新中国成立以后，以区域规划、城市规划为主体的空间规划更成为国家经济社会发展的重要支撑。随着市场经济体制的逐步建立和完善，空间规划愈加成为政府调控相关资源以实现自然、经济与社会统筹协调发展的重要手段，也是政府制定的极为重要的公共政策之一。改革开放以后，随着国家行政体制的变革及对空间规划的不断重视，在传统的城乡规划、区域规划之外，又出现了国土规划、土地利用规划、主体功能区规划等新的规划类型。多种空间规划的出现与发展，一方面是因为有着各种实际的时代背景与工作需求，另一方面也是部门间行政体制分割的结果，由此造成了中国长期缺乏完整统一的空间规划体系。这种局面不仅导致了实践中存在的"多规矛盾""多规冲突"等问题，而且严重影响了规划的科学性、权威性，更是阻碍了国家治理能力的有效提升。

为此，2013年中共十八届三中全会通过的《中共中央关于全面深化改革若干重大问题的决定》中明确指出，要"通过建立空间规划体系，划定生产、生活、生态空间开发管制界限，落实用途管制"。随后，在2013年召开的中央城镇化工作会议上指出，要"建立空间规划体系，推进规划体制改革，加快规划立法工作"。2015年中共中央、国务院颁发《生态文明体制改革总体方案》，进一步要求"构建以空间治理和空间结构优化为主要内容，全国统一、相互衔接、分级管理的空间规划体系，着力解决空间性规划重叠冲突、部门职责交叉重复、地方规划朝令夕改等问题……要整合目前各部门分头编制的各类空间性规划，编制统一的空间规划，实现规划全覆盖"。2018年十三届全国人大一次会议批准新组建自然资源部，将城乡规划、土地利用规划、主体功能区规划等相关职能统一划入自然资源部,从而构建统一的国家空间规划体系。2019年中共中央、国务院印发《关于建立国土空间规划体系并监督实施的若干意见》,明确实现"多规合一",提出了国土空间规划体系构建的总体方案与相关要求,标志着我国面向新时代、生态文明建设要求的空间规划体系基本确立。

建立全国统一、责权清晰、科学高效的国土空间规划体系,整体谋划新时代国土空间开发保护格局,综合考虑人口分布、经济布局、国土利用、生态环境保护等因素,科学布局生产空间、生活空间、生态空间,是加快形成绿色生产方式和生活方式、推进生态文明建设、建设美丽中国的关键举措,是坚持以人民为中心、实现高质量发展和高品质生活、建设美好家园的重要手段,是保障国家战略有效实施、促进国家治理体系和治理能力现代化、实现"两个一百年"奋斗目标和中华民族伟大复兴中国梦的必然要求。建构科学合理的国土空间规划编制、监督与实施体系是一个庞大、艰巨的系统工程,并非将传统的城乡规划、土地利用规划、主体功能区规划等进行简单糅合,而是一个根本性的体系重构,以及相关规划理论、实践与方法的再发展、再创新过程。但是,目前国内尚缺乏针对国土空间规划的本科教学相关教材,为此,我们决定编撰这套面向本科教学的国土空间规划教材系列。

未来的国土空间规划事业将需要由多个相关学科来共同承载,城乡规划、土地资源管理、生态环境、地理学等学科都是国土空间规划工作的重要支撑,目前这些学科都已经有了比较成熟的教材系列。因此,这套"国土空间规划教材系列"将聚焦国土空间规划的核心主线、关键领域,不与既有的"城乡规划教材系列""土地资源规划与管理教材系列"等相重复,而是努力做到与之相错位、相互补,共同构建国土空间规划的系统性知识体系。本教材系列计划由《国土空间规划原理》等多部教材构成,教材的编写作者代表面覆盖了国土空间规划的主要领域,且均是长期在一线从事教学、科研、规划编制或管理实践的知名学者,具有优秀的学术素养和丰富的实践经验。这套教材系列的立项、编辑出版得到了东南大学出版社的大力支持,尤其是徐步政、孙惠玉两位编辑老师的辛勤工作与鼎力相助,在此特别致以诚挚的感谢。

面向新时代、面向生态文明建构的国土空间规划,在中国尚是新生事物,还有很大的开放、探索、创新空间。而且,在学习、借鉴世界发达国家经验教训的同时,我们更要紧密针对中国的实际,努力编写出具有中国特色的国土空间规划教材。毫无疑问,这是一项非常有难度、有挑战性的工作。尽管我们竭力想奉献出一套高质量的教材,但是由于编写时间、作者的能力水平等因素限制,教材中一定还有一些不当或错误之处,恳请广大读者不吝赐教。这些意见和建议将作为进一步完善这套教材的重要参考,也是激励我们编写好这套教材的持续动力。

张京祥　黄贤金
2020年5月于南京大学

前言

从世界普遍的发展进程看,空间规划主要是起源、发展、成熟于城市规划(城乡规划)体系,并且具有非常悠久的历史。19世纪末至20世纪初以英国等西方发达国家为代表,近一百多年来的理论与实践探索推动了现代城市规划学科的建立、发展并不断趋于完善。如今,几乎世界各国、各地区都有着不同形式的空间规划,相互间因为自然环境、文化背景、政治体制等不同,而呈现出差异化的丰富类型。但是,由于空间规划涉及空间资源的保护、分配与使用等核心问题,至关国家、地区与城市的长远发展,至关广大社会群体的公私利益,因此都具有鲜明的公共政策属性。古今中外,空间规划历来都是政府重要的公共权力与职责之一,在国家、地方治理体系中占有极其重要的地位。

作为文明古国,中国的城市规划同样具有非常悠久的历史,从早期城市聚落的诞生到几千年封建社会的发展,从近代的国门初开到中西文化交融,从新中国建立后学习苏联到改革开放后全面引进西方规划思想理论,从学习西方经验再到中国本土规划的探索创新,演绎了一部波澜壮阔的发展史。1980年代后,随着中国行政体制改革及实际发展环境的变化,中国的空间规划类型逐渐趋于多元,除传统的城市规划、区域规划外,又出现了国土规划、土地利用规划、主体功能区规划、生态环境保护规划等诸多类型的空间规划。这些分由不同部门执掌的不同类型的空间规划,在积极承担各自责任使命的同时,也因为相互之间的矛盾冲突而引发了大量的问题,严重影响了空间规划的完整性、协同性、科学性与权威性。

中共十八大以后,中央提出实现国家治理体系与治理能力现代化的要求,并且展开了改革、重塑国家治理体系的一系列重大举措。2018年初,国家决定整合有关空间规划管理职能,交由新成立的自然资源部统一承担,并要求建立统一、有效的国家空间规划体系。2019年5月,中共中央、国务院正式印发《关于建立国土空间规划体系并监督实施的若干意见》,标志着国土空间规划体系构建的总体方向与层级、内容等基本明确,有关规划编制、监督与实施管理的实践工作也全面展开。国家决定建立统一的国家空间规划体系,这并非仅仅是某些行政主管部门的职责调整,也并非仅仅是专业技术领域的改良创新,而是面向中国特色社会主义新时代的发展要求、面向生态文明社会建设的重大战略,是国家进行的一项重大深化改革举措,是完善国家治理体系并推动治理能力现代化的重要行动之一。

国土空间规划是国家空间发展的指南、可持续发展的空间蓝图,是在国土空间上进行各类开发保护建设活动的基本依据。虽然,国土空间规划是依托传统的城乡规划、土地利用规划、主体功能区规划等相关规划基础,但并不是将这些传统规划类型进行简单的拼凑、叠加,而是一个全面、深刻的体系重构过程,它必然对既有的相关规划理论、方法与技术等提出一系列新的发展需求。但是,目前国内高校本科教学中尚缺乏《国土空间规划原理》这一基础性、综论性的教材,这也是我们决定编写这部教材的原因。我们认为写作这部原理性的教材要基于以下一些基本的原则:①重在讲授国土空间规划的有关基本原理,而不是定位于指导具体规划实践的"操作手册";②重在总领性地建构国土空间规划知识体系,而不去替代其他专项教材的具体内容;③重在传递国土空间规划中基础性、规律性、共识性的知识,而不拘泥于有关行政部门的职能限制,也不受制于不断调整变化的具体工作实践;④处理好国际化与本土化的关系,积极学习、借鉴国际规划界的成果并与中国国情紧密结合,充分体现"世界眼光,中国特色"的要求。

本教材由南京大学建筑与城市规划学院张京祥、南京大学地理与海洋科学学院黄贤金两位教授共同组织编写,张京祥拟定大纲并负责统稿。全书共分12章,其中第3章、第4章、第6章、第8章、第9章、第10章、第11章由张京祥负责组织编写,王宇彤、夏天慈、蒋宇阳、林怀策、白硕、张鸣哲、蒋阳、李镝、王雨等研究生参加了有关章节的起草、图件绘制工作;第1章、第2章、第7章、第12章由黄贤金负责组织编写,陈逸、徐玉婷、谭崎川等老师与研究生参加了这些章节的初稿写作;第5章由张京祥、黄贤金共同组织编写。面对国土空间规划这样一个新生事物,为了提高本教材内容的准确性与适用性,教材有关内容编写中也参考或引用了自然资源部、部分省区的规划编制规程,以及注册城乡规划师考试教材等相关资料与文献,同时还参考引用了一些地方的规划实践案例素材,特此予以说明。此外,这部教材的立项编辑出版得到了东南大学出版社徐步政、孙惠玉两位编辑老师的鼎力支持,在此一并向参与本教材编写、出版工作的各位同志表示衷心的感谢。

虽然此前城乡规划、土地利用规划、主体功能区规划等相关工作具有一定的基础,但是,国土空间规划作为中国面向新时代国家治理现代化、生态文明建设等要求而架构的全新空间规划体系,其理论、实践都必然需要经过一段时期的不懈探索与积累改进,才能逐步趋于成熟、稳定。因此,本教材必须也必将秉持持续、开放并不断修正完善的态度,本次版本就是根据近几年国土空间规划研究、实践的有关进展,进行了适当的调整与修订。最后需要说明的是,由于编写时间、作者能力水平等因素的限制,本教材中一定还存在着一些疏漏、不当甚至是错误之处,恳请各位读者不吝赐教,我们也将在未来的教材修订过程中不断校正、更新、完善。

张京祥　黄贤金
2024年1月于南京大学

目录

总序
前言

1 生态文明时代的国土空间与人居环境 ·········· 001
  1.1 生态文明的内涵与演进 ·········· 001
    1.1.1 人类文明演进中的生态文明 ·········· 001
    1.1.2 生态文明的内涵 ·········· 002
    1.1.3 中国建设生态文明的现实要求与重大意义 ·········· 003
  1.2 生态文明时代的国土空间 ·········· 004
    1.2.1 空间的内涵 ·········· 004
    1.2.2 空间的基本属性 ·········· 004
    1.2.3 生态文明视野下的国土空间 ·········· 005
  1.3 人居环境系统与国土空间 ·········· 008
    1.3.1 可持续发展与人居环境 ·········· 008
    1.3.2 人居环境系统的建构与国土空间 ·········· 010

2 自然资源、土地制度与土地利用 ·········· 013
  2.1 自然资源的范畴与属性 ·········· 013
    2.1.1 自然资源的概念和类型 ·········· 013
    2.1.2 自然资源的属性 ·········· 014
  2.2 土地与土地制度 ·········· 016
    2.2.1 土地概念及其属性特征 ·········· 016
    2.2.2 土地制度 ·········· 019
    2.2.3 土地产权 ·········· 021
  2.3 土地利用与管理 ·········· 024
    2.3.1 土地利用的概念与基本原则 ·········· 024
    2.3.2 土地利用管理 ·········· 025

3 城乡发展与城镇化 ·········· 028
  3.1 城市的起源与发展 ·········· 028
    3.1.1 城市的起源 ·········· 028
    3.1.2 城市的基本概念 ·········· 029
    3.1.3 城市的划分标准与我国城市的建制 ·········· 032
    3.1.4 不同时期城市的角色及其功能演变 ·········· 034

3.2 城乡关系的总体演变 ······ 037
3.2.1 城市与乡村的基本区别 ······ 037
3.2.2 城市与乡村的基本联系 ······ 038
3.2.3 新中国成立后城乡关系演变的总体历程 ······ 039

3.3 城镇化的内涵与规律 ······ 041
3.3.1 城镇化的基本概念 ······ 041
3.3.2 城镇化水平的测度 ······ 042
3.3.3 城镇化的动力机制 ······ 043
3.3.4 城镇化的发展规律 ······ 046
3.3.5 城镇化的发展模式 ······ 048
3.3.6 中国城镇化的特征与趋势 ······ 049

4 空间规划与国土空间规划 ······ 053

4.1 规划与空间规划 ······ 053
4.1.1 规划的概念与内涵 ······ 053
4.1.2 空间规划的概念内涵 ······ 054
4.1.3 空间规划的作用 ······ 055

4.2 中国空间规划的发展演变 ······ 058
4.2.1 国家治理现代化视野中的空间规划 ······ 058
4.2.2 中国空间规划发展演变的总体历程 ······ 059
4.2.3 中国空间规划发展演变的总体趋向 ······ 062

4.3 国土空间规划的内涵与属性 ······ 064
4.3.1 国土空间具备多元价值 ······ 064
4.3.2 国土空间规划的综合目标 ······ 065
4.3.3 国土空间规划的属性与作用 ······ 065
4.3.4 国土空间规划的特点 ······ 067

4.4 国土空间规划的知识体系 ······ 068
4.4.1 空间规划知识体系的发展 ······ 068
4.4.2 国土空间规划的知识体系 ······ 069

5 空间规划思想与理论的流变 ······ 072

5.1 西方城市规划思想与理论发展 ······ 072
5.1.1 西方古代城市规划思想与理论 ······ 072
5.1.2 西方近代城市规划思想与理论 ······ 076
5.1.3 20世纪以来西方现代城市规划思想与理论 ······ 080

5.2 中国城乡规划思想与理论发展 ······ 088
5.2.1 中国古代城市规划思想与理论 ······ 088
5.2.2 中国近代城市规划思想与理论 ······ 091
5.2.3 新中国成立后城市规划思想与理论 ······ 093

  5.3 土地利用规划与主体功能区规划的基本思想·········· 096
    5.3.1 国外土地利用规划的理论与实践发展·········· 096
    5.3.2 我国土地利用规划的理论与实践发展·········· 098
    5.3.3 国土规划的思想与实践探索·········· 099
    5.3.4 主体功能区规划的基本思想·········· 101
  5.4 国土空间规划的核心理念·········· 102
    5.4.1 坚持全要素保护、全过程思维、全系统规划·········· 102
    5.4.2 强化战略引领，推进协调发展·········· 102
    5.4.3 坚持底线思维，促进绿色发展·········· 103
    5.4.4 体现以人为本，推进高质量发展·········· 103

6 国土空间规划的体系·········· 105
  6.1 空间规划体系与类型·········· 105
    6.1.1 空间规划体系及其影响因素·········· 105
    6.1.2 空间规划体系的类型·········· 106
    6.1.3 发达国家空间规划体系变迁的经验借鉴·········· 107
  6.2 中国的国土空间规划体系·········· 108
    6.2.1 中国国土空间规划体系的总体构成·········· 108
    6.2.2 国土空间规划与发展规划的关系·········· 112
  6.3 国土空间规划编制的基本内容·········· 112
    6.3.1 国家级国土空间规划·········· 113
    6.3.2 省级国土空间规划·········· 113
    6.3.3 市级国土空间规划·········· 114
    6.3.4 县级国土空间规划·········· 115
    6.3.5 乡镇级国土空间规划·········· 115
  6.4 专项规划与规划研究·········· 117
    6.4.1 专项规划·········· 117
    6.4.2 规划研究·········· 118

7 国土空间管控与用途管制·········· 120
  7.1 资源环境承载力与国土空间开发适宜性评价·········· 120
    7.1.1 资源环境承载力评价·········· 120
    7.1.2 国土空间开发适宜性评价·········· 123
  7.2 主体功能空间划定与区界管控·········· 126
    7.2.1 以"三区三线"为主体的区界管控·········· 127
    7.2.2 空间规划管控及其传导机制·········· 131
  7.3 国土空间用途管制·········· 133
    7.3.1 空间用途管制的源起与发展·········· 133
    7.3.2 国土空间用途管制的内涵·········· 134

  7.3.3 国土空间用途管制的主要方面 ································ 135
  7.3.4 城乡建设用地的统筹管控 ··································· 138
  7.3.5 土地用途分区和管制规则 ··································· 139

8 区域发展与空间规划 ·· 143
8.1 区域的特征与区域发展 ··· 143
  8.1.1 区域的概念与特征 ·· 143
  8.1.2 城市发展与区域发展的关系 ································ 144
  8.1.3 区域空间结构的形成与演化 ································ 145
8.2 城镇体系的内涵与特征 ··· 146
  8.2.1 城镇体系的概念与内涵 ······································ 146
  8.2.2 城镇体系的基本特征 ··· 147
  8.2.3 全球化时代的城镇体系 ······································ 149
  8.2.4 城市—区域演化的新地域类型 ····························· 149
8.3 区域国土空间规划 ·· 150
  8.3.1 区域规划及其发展 ·· 150
  8.3.2 区域国土空间规划的作用与编制原则 ··················· 152
  8.3.3 区域及省域国土空间规划的内容 ·························· 153

9 城市空间布局规划 ·· 159
9.1 市县国土空间总体规划编制的主要内容与要求 ········ 159
  9.1.1 规划编制的空间层次 ··· 159
  9.1.2 进行相关重要问题与专题研究 ···························· 160
  9.1.3 总体规划编制的主要内容与要求 ·························· 160
  9.1.4 总体规划的强制性内容 ······································ 170
  9.1.5 市县国土空间规划用地用海分类 ·························· 171
9.2 城市发展战略研究 ·· 173
  9.2.1 城市发展战略研究的内涵与内容 ·························· 173
  9.2.2 城市发展战略研究的主要方法 ···························· 174
  9.2.3 城市职能与性质 ··· 176
  9.2.4 城市发展的规模预测 ··· 178
9.3 城市空间结构及其类型 ··· 179
  9.3.1 城市空间结构与城市形态 ·································· 179
  9.3.2 城市空间结构的类型和影响因素 ·························· 182
  9.3.3 城市空间的精明增长 ··· 185
  9.3.4 城市空间的精明收缩 ··· 187
9.4 城市空间布局的原则与方法 ··································· 191
  9.4.1 城市总体布局的主要模式 ·································· 191
  9.4.2 城市空间布局的主要原则和内容 ·························· 193

        9.4.3 主要功能用地布局的要点 ································ 198
        9.4.4 城市土地合理利用评价 ···································· 202
    9.5 城市用地布局与城市综合交通系统 ································ 204
        9.5.1 城市综合交通的构成与作用 ································ 205
        9.5.2 城市综合交通规划 ·· 206
        9.5.3 城市规模等级与路网基本格局 ······························ 207
        9.5.4 城市用地布局与道路网络形式的配合 ························ 208
        9.5.5 确立公交优先的规划与发展导向 ···························· 209

10 **小城镇与乡村规划** ·· 213
    10.1 小城镇发展与规划 ·· 213
        10.1.1 小城镇的概念与角色 ······································ 213
        10.1.2 小城镇规划的任务与指导思想 ······························ 214
        10.1.3 小城镇规划编制的主要内容 ································ 214
    10.2 乡村发展与乡村振兴 ·· 216
        10.2.1 乡村的多重价值 ·· 216
        10.2.2 改革开放以来我国乡村发展的总体历程 ······················ 218
        10.2.3 乡村振兴的战略意义 ······································ 219
        10.2.4 乡村振兴的国际经验 ······································ 220
    10.3 乡村规划的任务与主要内容 ·· 223
        10.3.1 乡村规划的作用 ·· 223
        10.3.2 乡村规划的关注重点 ······································ 224
        10.3.3 乡村规划的任务 ·· 226
        10.3.4 乡村规划编制的基本原则 ·································· 227
        10.3.5 村域（村庄）规划的主要内容 ······························ 228
    10.4 村庄居民点建设规划 ·· 233
        10.4.1 村庄居民点建设规划的基本任务 ···························· 233
        10.4.2 村庄物质空间环境的优化 ·································· 233

11 **魅力人居与建成环境营造** ·· 238
    11.1 城乡历史文化遗产保护 ·· 238
        11.1.1 历史文化遗产保护的意义与基本原则 ························ 238
        11.1.2 历史文化名城保护规划 ···································· 239
        11.1.3 历史文化街区保护规划 ···································· 241
        11.1.4 历史文化名镇、名村保护规划 ······························ 242
    11.2 城乡宜居空间营造 ·· 242
        11.2.1 以人为本的宜居环境建设 ·································· 243
        11.2.2 城乡社区营造与宜居生活圈规划 ···························· 244
        11.2.3 宜居城乡社区的共同缔造 ·································· 247

- 11.2.4 城乡文化特色塑造 ········· 249
- 11.3 生态城市、智慧城市与未来城市 ········· 250
  - 11.3.1 生态城市 ········· 250
  - 11.3.2 智慧城市 ········· 253
  - 11.3.3 未来城市 ········· 255
- 11.4 城市更新与存量规划 ········· 258
  - 11.4.1 城市更新的缘起与发展 ········· 258
  - 11.4.2 城市更新与存量规划的关系 ········· 260
  - 11.4.3 城市更新、存量规划的相关制度创新 ········· 261
- 11.5 城市设计 ········· 262
  - 11.5.1 城市设计的概念与作用 ········· 262
  - 11.5.2 城市设计与城市规划(国土空间规划)的关系 ········· 263
  - 11.5.3 城市设计的目标原则 ········· 264
  - 11.5.4 城市设计关注的主要内容 ········· 265
  - 11.5.5 城市设计的编制与实施 ········· 267
- 11.6 控制性详细规划 ········· 270
  - 11.6.1 控制性详细规划的作用与特征 ········· 271
  - 11.6.2 控制指标体系和控制要素 ········· 273
  - 11.6.3 控制性详细规划的编制 ········· 276

12 规划实施、监测评估与信息技术 ········· 280

- 12.1 国土空间规划的实施管理 ········· 280
  - 12.1.1 国土空间规划实施的内涵 ········· 280
  - 12.1.2 空间规划实施制度的国际经验 ········· 280
  - 12.1.3 我国国土空间规划的审批与实施管理制度 ········· 282
  - 12.1.4 多元治理与国土空间规划的公众参与 ········· 284
- 12.2 面向动态实施的近期规划 ········· 286
  - 12.2.1 编制近期规划的重要意义 ········· 287
  - 12.2.2 近期规划编制的原则与主要内容 ········· 287
- 12.3 规划实施评估与动态监测 ········· 289
  - 12.3.1 规划实施评估的概念和类型 ········· 289
  - 12.3.2 规划实施评估的主要方法和判断标准 ········· 290
  - 12.3.3 以动态监测支持规划实施评估 ········· 291
- 12.4 国土空间规划信息平台与技术 ········· 292
  - 12.4.1 信息智慧技术与国土空间规划 ········· 292
  - 12.4.2 国土空间规划信息平台构建 ········· 293

1 生态文明时代的国土空间与人居环境

1.1 生态文明的内涵与演进

1.1.1 人类文明演进中的生态文明

"文明"一词在中国古代具有文治教化、文教昌明等积极的含义,早先在西方也具有人们摆脱荒蛮而达到一种和谐生活状态的含义。进而,文明一词又被引申为先进的社会和文化发展水平,以及达成这一目标的过程[1]。文明所涉及的领域非常广泛,包括民族意识、技术水准、礼仪规范、宗教思想、风俗习惯等。社会发展史认为,生态文明是人类社会继原始文明、农业文明、工业文明之后一种新型的、高阶的文明状态,既代表了人与自然的和谐,也体现了人与自然关系的演进。简而言之,生态文明是人类文明发展到高级阶段的必然产物。

在原始文明中,人类是大自然的产物,原始宗教是原始文明的重要内容。而宗教源于人们对自然的神秘感知,崇拜大自然是原始社会一种极为普遍的现象,是原始人早期的宗教形式之一。在这个时期,人与自然的关系以自然为主宰的姿态呈现,人敬畏自然、崇拜自然,但也在这种朴素的庄严中陶冶了人类先祖的生存智慧。从原始文明过渡到农业文明,是人类历史上的重要跨越。农业文明的生产活动主要是农业和畜牧业,人类不再完全依赖自然界给予现成的食物,从而在一定程度上可以寻求合乎自身的生活地点和生存方式。但是,农业文明的发端和发展都表现出对自然的高度依赖性,对自然的崇拜仍非常普遍。在农业文明阶段,由于生产力较为低下、科技不发达,人类对自然的破坏不大,但人与自然的矛盾已初见端倪。18世纪中叶以后欧洲爆发工业革命,农耕文明迅速被工业文明所取代。工业文明以大工业生产方式为主导,以物质财富的迅速积累为标志,通过征服自然来获得财富的累积,对自然掠夺式的开发利用导致生态失衡,甚至造成全球性的生态灾难,危害到自然与人类社会的可持续发展。

1970年代以后,日益严重、全球扩散的生态环境问题越来越引起全世界的关注,成为国际焦点问题。1972年在瑞典斯德哥尔摩举行了联合国人类环境会议,会议通过了《人类环境宣言》,首次把环境问题提到了事关人类存亡的全球高度。罗马俱乐部在《增长的极限》中指出地球的能源和资源是有限的，为了支持人类的长远发展，必须遵循有机增长的路径。1973年联合国成立环境规划署，1980年代国际社会提出可持续发展理念……从此绿色发展新文明——生态文明的思想开始逐渐成形并被广泛接受。

1.1.2 生态文明的内涵

生态文明并非简单地等同于绝对、静止的生态保护，而是人类经济社会发展到高级阶段的一种新型文明形态，其蕴含了"有利于可持续发展的""系统的、整体性的"含义，也就是中国文化中所提倡的"人地和谐""天人合一"[2]。对于生态文明，主要有自然本位和人本位两种基本立场[3]：一种基于自然本位，将自然赋予生命，强调在保护自然生态的前提下，对自然注入生命的关注，谨慎地利用自然、改造自然，这是生态文明的应有之义[4]；另一种基于人本位，提倡自然为人所用，强调在促进人（社会）全面发展的前提下，实现人（社会）与自然的和谐。绝对的"自然本位"是僵化的认识，在今天全球化社会、人类活动广泛分布的情况下，绝对的自然保护是不现实的。但是，"人本位"也绝不是意味着无限地满足人类个体、自私的欲望，人类的行为必须是理性的、受节制的，是一种以尊重自然为前提的自律生活和生产状态。应该说，真正的生态文明是实现人与自然的协同，保护生态既是为了实现对自然系统的高质量维育，也是为了实现人类社会的高质量发展，创造宜居的城乡生活环境，实现人们对美好生活的向往。两者相辅相成，相得益彰。

如今人们已经较为普遍地认识到，进入生态文明的现代社会，首先要建立起生态文明的道德体系，牢固树立生态伦理观、科学自然观和适度消费观，把对自然的爱护提升为一种宇宙情怀和内在精神信念[5]。同时，把生态文明意识落实到具体的实践中，需要依靠先进的科学技术和高效的制度保障。生态文明的生产方式应该是资源节约和循环利用，从源头上减轻现代文明对资源环境的压力[6]。生态文明下的生活模式以实用、满足为原则，倡导文明节约、适度、合理、循环型的生存方式和消费模式[7]。总之，公平和共享的道德应当成为人与自然、人与人之间和谐发展的规范。

我们可以将生态文明理解为：生态伦理理念在人类行动中的具体体现，或者人类社会开展各种决策或行动的生态伦理规则。换言之，生态文明就是人类通过法律、经济、行政、技术等手段，以生态伦理理论和方法指导人类各项活动，实现人（社会）与自然协调、和谐、可持续发展的意识及行为特征。需要指出的是，生态文明是一个动态发展的概念，它与一个国家的经济社会发展阶段、历史文化、制度基础等都有着非常密切的关系，因此，并不存在放诸四海皆准的统一模式。一个国家、地区对生态文明的实践探索，要紧密结合自身的实际情况与时俱进，虽要积极推进，但不要好高骛远、脱离实际。

1.1.3 中国建设生态文明的现实要求与重大意义

新中国成立以后尤其是改革开放以来，中国高速的工业化、城镇化使经济社会发展取得了巨大的成就，但是与此同时，人与自然的矛盾、生态环境的恶化也已经到了极其严峻的地步，传统的发展模式、发展路径已经难以为继。2007年中共十七大将"建设生态文明"作为中国实现全面建设小康社会奋斗目标的新要求之一，2012年以中共十八大召开并提出"美丽中国，永续发展"为标志，中国正式开启了生态文明建设的新时代。

1) 生态文明建设是解决新发展阶段突出矛盾的重要抓手

改革开放以来，一方面中国经济社会高速发展，另一方面人口、生态环境、自然资源与经济社会发展的矛盾日益突出，严重危及了国家的可持续发展能力、治理能力。这些问题的出现有其历史必然性、规律性，但同时也是由于我们在经济社会建设中长期忽视生态平衡、盲目追求增长而引起的。为了实现世界强国的目标，为了实现可持续发展、高质量发展、高品质生活、高水平治理等目标，必须通过生态文明建设来改善我们的生存环境，维育国土、提高发展绩效、缓解社会矛盾，从根本上实现人与自然关系的再平衡。

2) 生态文明建设是实现可持续发展的重要途径

良好的生态环境是人和社会持续发展的根本基础。生态文明不仅是一种理念和文化，而且是人与自然和谐相处的境界和习惯，核心是做到人口、发展、资源、环境的有机平衡，实现可持续发展。中华文明悠久而灿烂，自古就提倡天人合一，注重人与自然的和谐共生。中共十八大报告正式提出生态文明建设新理念，生态文明将在我国未来的城镇化过程中起到举足轻重的作用，为经济高质量发展提供充足的动力——既有助于促进形成舒适、便捷、和谐、美丽的城乡人居环境，又可以把生态文明建设同拉动内需、发展高科技产业与旅游业等有机结合，从而变被动的生态欠账补救建设为有规划的主动性、系统性的生态文明建设。

3) 生态文明建设是全面建成小康社会的必然选择

生态承载不足、资源供应不足、能源严重紧缺、环境压力加大等，是中国全面建设小康社会的关键性制约因素，建设生态文明已经成为全面建设小康社会、实现经济社会可持续发展的根本要求。这就首先要求我们应在思想上正确认识环境保护与经济发展的关系，认识到"绿水青山就是金山银山"，要从"重经济发展，轻环境保护"转变为"保护环境与发展经济并重"。生态文明建设是一个长期、系统的过程，它不仅仅需要政府、社会、企业、媒体等方面的共同配合与努力；还要健全法律法规，让环保规则成为严肃的制度和法律，真正建立防污治污的综合性约束机制；最重要的是社会大众应树立起正确的生态价值观、道德观、行为观。

1.2 生态文明时代的国土空间

1.2.1 空间的内涵

人类的生存或活动都离不开空间,空间是人类最基本的认识对象之一。不同的学科对空间的解释各不相同:从天文学的角度看,空间是时空连续体系的一部分;从物理学的角度看,空间为宇宙三个互相垂直的方向上所具有的广延性;从数学的角度看,空间的范围很广,一般指某种对象(现象、状况、图形、函数等)的任意集合;从地理学的意义来看,空间是客观的物质环境,是人类赖以生存的地球表层具有一定厚度的连续场域;从建筑或城乡规划学科的角度看,每一个空间都是不同的、有个性的,空间是承载着人类各种活动的具体场所……

我们再来看看一些著名学者的观点。牛顿最早提出了绝对空间的概念,他认为"空间是实质的,不是抽象或心灵上的;空间的存在,不受时间和出现的事物影响"。1953 年美国科学家 M. 杨曼在其《空间的概念》一书中认为,空间就是物质对象的一种秩序。法国新马克思主义哲学家亨利·列斐伏尔在其《空间的生产》一书中分析了物质、精神、社会三种空间,认为空间就是社会,社会就是空间,空间的发展演化就是一个社会过程。美国当代著名后现代地理学家爱德华·索亚提出"第三空间"理论:第一空间可以被视为自然的"物理空间",第二空间是构想的、精神的、观念性的空间,第三空间是"真实和想象"的空间……

总之,对于空间的理解需要多学科、多元化、不断发展的视角,并不存在一个统一的、普适的"空间"概念。

1.2.2 空间的基本属性

1) 物理属性

空间具有物理属性,空间的存在和物质的存在是一致的。空间是物质存在的一种表现,物质世界也可看作一个巨大的物质空间,不同形态的物质对应着不同形态的空间,空间和物质形态密切联系。空间的物理属性,表现为具有自然属性的地理场所和带有人文特征的建筑实体,供使用主体在其中进行各种各样的生活、生产活动。

2) 自然属性

空间的自然属性指国土空间范围内的地形地貌、地质构造和地表植被等水文地质和气候气象条件,它们遵从自然界的演化规律,而不以人的意志为转移。地球表面上的一切地理现象、地理过程、地理效应,统统都发生在空间的自然环境基础之上。

3) 经济属性

经济空间是"存在于经济元素之间的结构关系"[8]。不同类型的空间、不同区位的空间具有不同的经济价值,空间不仅是各类经济活动得以开展的基础载体,而且是重要的生产要素,并不断孕育着新的生产关系。对空间经济属性的合理有效利用,有利于经济活动的开展和节约空间成本。

4) 社会文化属性

空间的社会文化属性也被称为政治属性,指空间是一个意识形态、价值观念和历史文化等社会关系的集合。法国学者列斐伏尔很早就揭示了空间的社会属性,深刻影响了后现代社会学研究、政治研究、城市空间研究等领域。空间就是社会,社会就是空间,任何一个空间都是特定政治、经济、社会过程的投影。总之,空间与人类的社会实践和生活是紧密相关的,空间具有社会、精神和文化等多维意义。

1.2.3 生态文明视野下的国土空间

国土空间是指国家主权与主权权利管辖下的地域空间,是国民生存的场所和环境,包括陆地、陆上水域、内水、领海、领空等(图1-1)。国土空间是人们赖以生存和发展的家园,是承载人类一切经济社会活动的空间载体。一个国家国土空间的大小、自然要素的组合、开发利用的格局等,在基础层面决定着一个国家的可持续发展能力与综合竞争力。如何协调经济社会发展所带来的空间需求压力与有

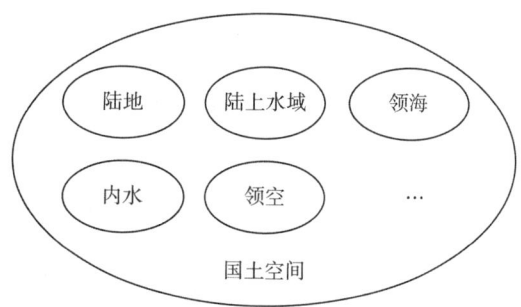

图 1-1 国土空间的构成

限国土资源之间的矛盾,保障社会经济的健康和可持续,创造宜居的生活环境,是当今人类面临的共同挑战。中国国土空间辽阔,但有约60%的国土空间为山地和高原,适宜人类生活、开发的面积并不宽裕。人多地少、资源短缺的基本国情,决定了我国必须高度重视国土空间保护与利用的矛盾,不断提高国土空间的利用质量和绩效。

1) 国土空间是人与自然共存共生的"生命共同体"

国土空间是以自然生态环境为基底、承载人类多样化经济社会活动的综合性空间载体。国土空间是一片自然空间、经济空间、社会空间,但是很长一段时期以来,我们片面追求经济增长、工业化发展,而忽视了从生态角度理解国土空间的价值意义,导致了国土空间质量的退化,以及自然空间与经济社会发展之间的矛盾冲突。2017年中共十九大报告提出人与自然和谐共生的重大要求,将建设美丽中国作为全面建设社会主义现代化国家的重大目标,明确提出要统筹山水林田湖草沙等各类自然要素与城镇村等人居空间的关系,坚持人与自然和谐共生。

从自然资源的整体性、系统性特征来看,自然资源各个要素之间是一

个有机联系、相互作用的整体,共同支撑着自然资源生产力、生态承载力,维系着人与自然之间的平衡与协调。山水林田湖草沙与城镇村、人与自然生命共同体等概念的提出,揭示了多层次国土空间中各自然资源要素相互作用及人地协同格局,告诉我们必须处理好国土空间系统中的局部与整体、开发与保护、近期与远期等关系,从而实现人与自然的和谐共生、经济社会的永续发展。

2) 国土空间利用面临的现实冲突

改革开放以后,为了实现社会主义现代化建设快速发展,国家对区域发展战略进行了重大调整,着重实施了区域非均衡发展战略,加快了东部沿海等区位优越区域的经济发展,带动了国家整体国民经济的高速增长,但这也导致沿海地区与内地的经济发展差距不断拉大,经济增长和经济社会发展严重不平衡,区域产业结构严重失衡,内地经济发展和市场发育滞后等问题[9]。特别是人口产业集聚区域与资源富集区域的空间错位,导致大跨度人口流动和能源资源调配受制于自然条件及发展水平,西部地区的人居环境与中部、东部相比明显偏差,这种差异也有可能进一步加剧当前我国地区间的区域差距问题。如此的国土空间格局,不仅降低了国土空间的利用效率,而且增加了空间组织的系统化风险[10]。

与此同时,中国国土空间整体面临着诸多的生态安全风险,例如水资源安全、土壤污染、草原湿地退化、生态多样性减少等问题亟待解决。近年来,国家不断加大生态安全治理力度,总体上看,"我国生态环境质量持续好转,出现了稳中向好趋势,但成效并不稳固"[11],生态风险有集聚、扩散的可能。推进生态文明建设、维护生态安全还有不少难关要过,形势依然十分严峻。土地退化且耕地面积减少、大气污染严重、水资源数量不足且质量堪忧、生物多样性持续减少、生态系统质量和服务功能低下等持续而具有威胁性的生态问题,使得国家的经济社会发展充满风险与危机,甚至由此可能引发系统性的灾难和问题[12]。

改革开放以来快速的工业化、城镇化过程,伴随着资源、能源的低效利用、生态环境的恶化和城乡建设空间的无序蔓延,这些突出问题成为我国经济与社会实现高质量发展的障碍。从未来看,一方面,中国的经济还要发展,城镇化进程还要继续,人民群众要追求美好的生活,我们必然还需要一定的建设空间增量;另一方面,中国的资源环境压力不断趋紧,必须在有限的空间上实现无限发展、高质量发展。因此,我们既要保生态与耕地底线,也要促发展,统筹好国土空间资源保护与利用的关系,这是新时代赋予国土空间规划的战略使命。

但是,在统一的国土空间规划体系建立之前,我国许多部委的规划都或多或少带有空间规划的属性,最典型的有住房和城乡建设部的城乡规划体系、原国土资源部的土地利用规划体系、国家发展和改革委员会的主体功能区规划体系、原环境保护部的环境保护规划体系等。在实际工作中,每个部委主导的规划都是各自为政,彼此间交叉重复、互不协调,造成中国的空间规划体系高度分割、相互冲突。规划编制时各部门相互之间不配合、不沟通、不衔接,规划管控时又相互争抢权力、推诿责任,导致规划失效和空间管理失控。这样的局面不仅伤害了空间规划的统一性、权威性,而且严重影响了国家治理体系与治理能力的现代化。

3) 生态文明建设对国土空间利用的需求

(1) 树立生态文明导向的国土空间利用原则[13]

① 节约集约原则。国土资源是经济社会发展的重要物质基础,经济发展方式与资源利用方式关系密切。经济发展方式在相当程度上决定了资源利用方式,粗放的发展方式往往导致资源的大量消耗和粗放利用;资源利用方式反过来也深刻影响着经济发展方式,粗放外延的资源利用方式会进一步固化和加剧落后的经济发展。所以,节约集约原则是缓解经济发展资源约束、保障经济社会又好又快发展的必然选择。

② 供需平衡原则。在国土空间资源开发利用过程中应遵守供需平衡原则,力求资源供给与需求之间实现动态平衡。人口增长变化与空间迁移是影响资源供求平衡的主要问题,只有控制人口数量和优化空间分布格局,才能维持国土空间资源供需的总体平衡。同时,也需要通过经济全球化过程来充分利用全球资源与市场,在一定程度上促进中国国土空间资源供需平衡状况的改善。

③ 数量与质量并重原则。国土空间资源是数量与质量的有机统一体,在资源利用过程中既要注重资源规模化利用以提高效率,也要防止使用强度过大、突破生态环境承载力的问题。注重开发与保护的统一、数量与质量的统一、近期与长远的统一,不断提高国土空间资源的质量和承载能力。

④ 优化国土空间格局原则。我国国土资源的空间分异性与时间的变异性,决定了国土空间利用方式的多样性。因此,国土空间规划利用必须要考虑促进国土利用结构与布局的不断优化,更好地满足经济社会发展与生态保护的需要。要把国土空间资源的保护与利用有机结合起来,保护资源数量不减少、质量不下降,在保护中合理利用,在利用中进行有效保护,真正实现国土空间的可持续发展。

(2) 构建完整、完善的国土空间开发保护制度

面向生态文明建设的总体要求,必须改变过去那种国土空间资源分散式管理、无序化利用的局面,构建完整、完善的国土空间开发保护制度。加强对生态文明建设的总体设计和组织领导,设立国有自然资源资产管理和自然生态监管机构,完善生态环境管理制度,统一行使全民所有自然资源资产所有者职责,统一行使所有国土空间用途管制制度和生态保护修复职责,统一行使监管城乡各类污染排放和行政执法职责。健全自然资源资产产权制度和用途管制制度,对水域、森林、山岭、草原、荒地、滩涂等自然生态空间进行统一确权登记,形成归属清晰、权责明确、监督有效的自然资源资产产权制度。构建国土空间开发保护制度,完善主体功能区配套政策,

建立以国家公园为主的自然保护地体系。建立国土空间规划体系，划定生产、生活、生态空间开发管制界限，落实用途管制，等等。这样一整套的国土空间开发保护制度，在中共十八大以后得以迅速的建立，并正在发挥积极、有效的作用。

(3) 建立生态文明导向的国土空间规划体系

人类社会进步过程总体上经历了从"原始文明""农业文明"到"工业文明"，再到"生态文明"的发展过程。随着我国逐步步入生态文明发展的新阶段，如何推动生态文明建设，实现人与人、人与自然、人与社会的和谐共生，已成为国家在各个领域进行深刻改革的重大命题。基于此，国土空间规划既有别于传统以发展建设为主体导向的城乡规划，也不同于传统要素单一、纯粹管控思维导向的土地利用规划，必须在生态文明的理念下对空间规划理念与方法进行重大的调整与重构，建立目标明确、管控有力、分级传导、统筹协调的国土空间规划体系。

面向生态文明时代的国土空间规划，其主要内容包括：开展资源环境承载力评价、国土空间开发适宜性评价，寻找国土开发的适宜空间、确定适宜的用途；建立严格的生态保护制度，划定并严守生态保护红线、永久基本农田控制线，优化重要生态功能区布局，构建国土生态安全屏障；实施国土综合整治工程，修复受损生态系统，强化国土开发利用与资源环境承载力的匹配程度；引导人口、经济聚集发展，促进区域均衡发展，促进基本公共服务均等化；优化用地与设施布局，塑造高质量的城乡生活环境，满足人民群众对美好生活的需求；建立健全生态补偿制度等支撑规划实施的体制机制，有效促进国土空间规划所确定的各项重要目标实现。

1.3 人居环境系统与国土空间

1.3.1 可持续发展与人居环境

1) 可持续发展理论

可持续发展理论是自1980年代后期以来，面对日益严峻的生态环境和资源约束问题，由一种具有经济含义的生态概念而迅速发展形成的一个经济发展理论。1987年世界环境与发展委员会在题为"我们共同的未来"的学术报告中，提出并广泛使用了"可持续发展"概念，该报告对可持续发展的定义是"既可满足当代人的需要，又不对后代人满足其需要的能力构成危害的发展"。1992年在巴西里约热内卢召开的联合国环境与发展大会上，可持续发展的概念得到与会各国政府、学术机构、非政府组织的广泛认同和普遍接受。基于可持续发展的战略思想，这次大会还制定了对全球发展具有重要意义的《21世纪议程》，作为世界范围内可持续发展的行动计划，这是从当时至21世纪，全球范围内各国政府、联合国组织、发展机构、非政府组织和独立团体在人类活动对环境产生影响的各个方面的综合行动蓝图。

可持续发展包括生态持续、经济持续和社会持续三个方面的内涵,三者相互联系而不可分割:第一,可持续发展要鼓励经济增长,因为它体现国家实力和社会财富,这与当时西方流行的悲观"增长极限论"和不顾发展中国家贫困实际的"零增长论"形成鲜明的对照。第二,可持续发展要以保护自然为基础,与资源和环境的承载能力相协调。与传统的增长理论相比,可持续发展更追求改善质量、提高效率、节约资源、减少废物,改变传统的生产和消费方式,实施清洁生产和文明消费,使经济增长的同时能够控制环境污染、保护生命支撑系统、保护生物多样性、保持地球生态的完整性。第三,可持续发展要以改善和提高生活质量为目的,与社会进步相适应。其内涵应包括改进人类生活质量,提高人类健康水平,并创造一个保障人民享有平等、自由、教育、人权和免受暴力的社会环境。

2)人居环境理论

二战后,希腊学者道萨迪亚斯(C. A. Doxidais)提出了"人居环境科学"的概念。1976年联合国第一届人类住区大会在加拿大温哥华召开,会议发表的《温哥华人居宣言》第一次系统地表述了人居环境理论概念:改善人类居住环境,建设安全、健康、可居住的人类住区。后来,我国学者清华大学吴良镛院士进一步发展了人居环境理论,并与中国传统自然、文化要素相结合,系统建构了人居环境科学的理论与实践体系,获得了国家最高科技奖。人居环境科学是在居住科学和环境科学的基础上发展起来的一门交叉学科,它的研究对象为乡村、集镇、城市、区域等所有人类的聚居环境,重点研究人与环境之间的相互关系,强调把人类住区环境作为一个整体,从政治、文化、社会、技术等各个方面进行综合的、全面的、系统的研究。简而言之,人居环境考虑的是大到全球、小到自然村的不同层次、不同尺度的整个人类聚居环境。

人居环境是以人居为中心事物,经过改造的自然、经济、社会和文化环境的总称(图1-2)。人居环境的核心是人,人居环境研究以满足人类居住需要为目的,这是人居环境理论研究的最基本前提之一。人居环境的基础是大自然,人居环境建设活动以及人类具体的生产、生活都离不开更为广阔的自然背景。人居环境是人与自然发生联系和作用的中介,人居环境建设本身就是人与自然相互联系和彼此作用的一种形式,人创造了人居环境,反过来人居环境又对人的行为产生影响,人与自然的和谐统一是理想的人居环境。在内容方面,人居环境主要包含有五大系统:自然系统、人类系统、居住系统、支撑系统、社会系统。其中,"自然系统"与"人类系统"是两个基本系统,而"居住系统""社会系统""支撑系统"则是人类创造与建设的结果。对于任何一个聚居环境而言,以上五个系统都是综合存在的。

3)可持续发展与人居环境

人居环境理论与可持续发展理论在概念内涵上密切相关。1990年代中期以来,随着全球城市化进程的推进,以城市地区为主的人类住区的建设与发展成为各国普遍关心的问题,人居环境理论与可持续发展理论的关

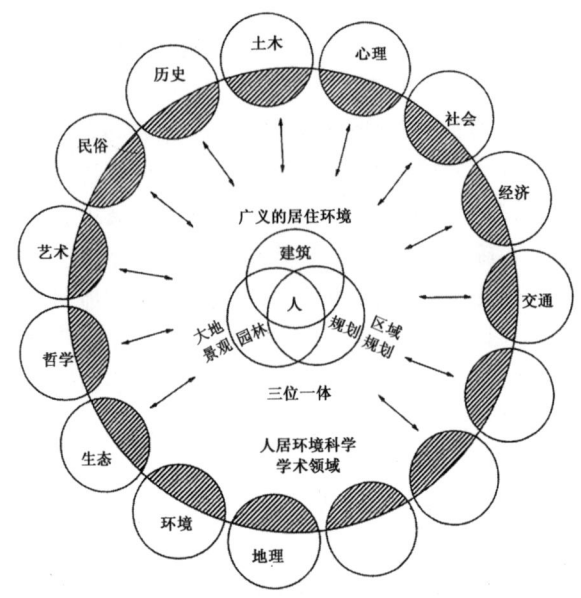

图 1-2 人居环境系统框架

注焦点更加趋于一致。人类住区的发展必须与人口增长和生产力的发展相适应,必须要与资源的合理开发利用和保护环境相协调,形成良性循环。实施可持续发展战略的目的,最终是为了给人类创造一个良好的生活环境,因此,人类住区的可持续发展就构成可持续发展问题的核心。同时,人们认识到随着经济与社会的发展,城市的可持续发展将成为人类住区可持续发展的主体部分和关键环节。1996年召开的联合国第二次人类住区大会将"日益城市化进程中人类住区的可持续发展"列为会议主题,会议指出"我们生活在一个日趋城市化的世界里……对于数以亿计的民众而言,城市生活已成为其事关生存的重要问题"。时隔20年后,2016年联合国召开的第三次人类住区大会发布了《新城市议程》,提出"建设包容、安全、有抵御灾害能力和可持续的城市与人类住区"的愿景。

1.3.2 人居环境系统的建构与国土空间

人居环境可以简单分为城市人居环境、乡村人居环境两大部分。

对城市人居环境的理解,有狭义和广义之分。狭义的理解是指城市居民的居住和社区环境;广义的理解是指城市中各种维护人类活动所需的物质和非物质结构的有机结合体,包括城市居民居住和活动的有形空间,以及贯穿于其中的人口、资源、环境、社会政策和经济发展等各个方面。城镇化作为人类历史进步的产物,是一个国家走向现代化的必然趋势,集中体现了国家的综合国力、政府管理能力和国际竞争力[14]。自改革开放以来,中国经历了世界历史上规模最大、速度最快的城镇化进程,年均增长

1.2%左右,2023年时中国城镇化率已超过65%,彻底改变了几千年中国人口以农村人口为主的局面,人居环境也从乡村聚落为主转变为以城市聚落为主。

乡村人居环境是由乡村社会环境、自然环境、人工环境共同组成的,是衡量乡村居民生活质量的重要方面。从世界经验看,经济发达、高水平城镇化的国家与地区都具有高质量的乡村人居环境,在保持乡村美好自然环境、浓郁乡村景观特色的同时,乡村居民有较高的收入,拥有很好的公共服务与社会生活。2000年代以来,中国各级政府一再强调要积极推进乡村人居环境的建设,并付出了巨大的努力,从新农村建设到乡村环境整治、美丽乡村建设,再到中共十九大报告提出实施乡村振兴战略,标志着中国从过去以城市为中心的高速城镇化阶段,全面转向以城乡统筹为目标的高质量城镇化阶段。

中共十九大提出坚持以人民为中心的发展思想,满足人民日益增长的美好生活需要。着力提高城乡人居环境质量、促进城乡人居环境可持续发展,是生态文明时代中国城镇化发展的重要目标。关注三生(生产、生活、生态)空间协调,通过空间管制、生态修复、建立评估体系等多种手段,让人们"望得见山,看得见水,记得住乡愁",创造显山露水、透绿见蓝的现代化城乡宜居环境。国土空间与人居环境在相当程度上具有统一性,当今地球之上几乎已无完全没有人类活动影响的纯粹自然环境,因此从这个意义上看,国土空间同时也是人居环境,两者相辅相成、相得益彰。国土空间规划要遵循人与自然和谐共生的总体原则,建设人民追求美好生活的美丽家园。"美丽"包括自然、安全、高效、公平、舒适、艺术等方面的内在意义,可以视为国土空间建设的一种境界和状态,也可当作国土空间营建的一种理念。塑造以人为本的美丽、高品质国土空间,是新时代国土空间规划的重大历史使命,其离不开城乡规划学、建筑学、地理学、环境学等人居环境科学的有力支撑。

第1章参考文献

［1］刘宗超.生态文明观与中国可持续发展走向［M］.北京:中国科学技术出版社,1997.

［2］彭补拙,濮励杰,黄贤金,等.资源学导论［M］.修订版.南京:东南大学出版社,2014.

［3］赵成.生态文明的内涵释义及其研究价值［J］.思想理论教育,2008(5):46-51.

［4］杜受祜.生态文明建设四题［J］.开放导报,2007(6):76-77.

［5］孙钰.生态文明建设与可持续发展:访中国工程院院士李文华［J］.环境保护,2007(21):32-34.

［6］潘岳.生态文明的前夜［J］.瞭望新闻周刊,2007(43):38-39.

［7］黄贤金.循环经济:产业模式与政策体系［M］.南京:南京大学出版社,2004.

［8］郑道文.佩鲁的经济空间理论［J］.中南财经大学学报,2001(5):17-21.

[9] 肖金成,安树伟.从区域非均衡发展到区域协调发展:中国区域发展40年[J].区域经济评论,2019(1):13-24.

[10] 董祚继.新时代国土空间规划的十大关系[J].资源科学,2019,41(9):1589-1599.

[11] 赵超,董峻.坚决打好污染防治攻坚战 推动生态文明建设迈上新台阶[N].人民日报,2018-05-20(2).

[12] 刘俊霞.新时代我国生态安全维护问题研究[D].长春:东北师范大学,2019.

[13] 严金明,张杨,江平,等.论国土生态文明战略框架设计[J].新疆师范大学学报(哲学社会科学版),2013,34(6):25-31.

[14] 惠彦涛,鲁奇,李辉山.城市化进程中的城市人居环境建设[J].山西建筑,2006,32(7):15-16.

第1章图片来源

图1-1 源自:笔者绘制.

图1-2 源自:吴良镛.人居环境科学导论[M].北京:中国建筑工业出版社,2001.

2 自然资源、土地制度与土地利用

2.1 自然资源的范畴与属性

2.1.1 自然资源的概念和类型

1) 自然资源的基本概念

人类认识和利用自然资源的历史久远,但对什么是自然资源这样一个基本的科学概念,直到1970年代才逐步形成,而且仍处在不断发展和完善的过程中[1]。《英国大百科全书》将自然资源定义为:对人类可以利用的自然生成物及生成这些成分的源泉的环境功能,前者如土地、水、大气、岩石、矿物、生物及其群集的森林、草场、矿产、陆地、海洋等,后者如太阳能、地球物理的环境机能(气象、海洋现象、水文地理现象)、生态学的环境机能(植物的光合作用、生物的食物链、微生物的腐蚀分解作用等)、地球化学的循环机能(地热现象、化石燃料、非金属矿物生成作用等)。1972年联合国环境规划署(UNEP)指出"所谓自然资源,是指在一定的时间条件下,能够产生经济价值以提高人类当前和未来福利的自然环境因素的总和"[2]。《中国资源科学百科全书》的定义是:自然资源是人类可以利用的、自然生成的物质与能量,它是人类生存与发展的物质基础。也有人认为,自然资源是指存在于自然界中,在现有生产力发展水平和研究条件下,为了满足人类的生产和生活需要而被利用的自然物质和能量[3]。

以上对自然资源的诠释互有区别,但都包含了以下几方面的含义:①自然资源不是脱离生产应用的抽象对象,而是在不同时空组合范围内有可能为人类提供福利的物质和能量;②自然资源的概念、范畴不是一成不变的,随着社会的发展和科学技术的进步,人类对自然资源的理解不断加深,对自然资源开发利用的广度和深度不断提高;③自然资源不同于自然环境,自然环境指人类周围所有的外界客观存在物,自然资源则是从人类的需用角度来理解这些因素存在的价值。从具体的对象看,它们往往是同一种物质,但又是两个不同的概念[4]。

综合以上各种阐述,我们可以对自然资源做如下的定义:自然资源是指在一定的社会经济发展条件下,自然界中一切能够为人类所利用并产生使用价值的、能够提高人类当前或可预见未来生存质量(福利)的自然诸要素的总和。

2) 自然资源的类型

由于自然资源的广泛性和多宜性,以及对自然资源理解的深度和广度的差异,学界目前还缺乏统一的自然资源分类系统[2]。按照不同的目的和要求,自然资源有许多不同的分类方法和分类系统,下面列举几种常见的分类:

(1) 按照自然资源的地理特性进行分类

根据自然资源的形成条件、组合状况、分布规律及与地理环境各圈层的关系等地理特性,通常把自然资源划分为矿产资源(岩石圈)、土地资源(地球表层)、水资源(水圈)、生物资源(生物圈)和气候资源(大气圈)五大类。随着海洋地位的日益突出,海洋资源已开始作为第六类资源进入资源科学的研究领域。

(2) 按照自然资源的赋存条件及特征进行分类

按照自然资源的赋存条件及特征分类的方法将自然资源分为两大类:地下资源和地表资源。地下资源赋存于地壳中,也可称之为地壳资源,主要包括矿物原料和矿物质能源等矿产资源。地表资源赋存于生物圈中,也可称之为生物圈资源,主要包括由地貌、土壤和植被等因素构成的土地资源,由地表水、地下水构成的水资源,由各种植物和动物构成的生物资源,以及由光、热、水等因素构成的气候资源等[2]。

(3) 按照自然资源的特征进行分类

按照自然资源的再生性特征进行分类的方法最为通用。按照自然资源的持续利用性,可将其分为耗竭性资源、非耗竭性资源两大类。耗竭性资源又可细分为可更新资源、不可更新资源两类。可更新资源主要是指由各种生物和非生物要素组成的生态系统,如土地资源、森林资源、水产资源等,在正确的管理和维护下,该类资源可以不断地被更新和利用;反之,则会遭到破坏乃至消耗殆尽。不可更新资源主要是指各种矿物和化石燃料。非耗竭性资源是指在目前的生产条件和技术水平下,自然界中的一些资源不会在利用过程中导致明显的消耗。非耗竭性资源又可细分为恒定性资源、易误用性资源两类。前者如风能、原子能、潮汐能、降水等,它们不会因人类活动而发生明显变异,故称之为恒定性资源;后者如大气、水能、广义景观等各种资源,当人们对它利用不当时会发生较大变异并污染环境,因此称之为易误用性资源[4]。

上述几种分类体系中,对于自然资源研究和规划利用而言,更多地会采用自然资源的地理特性分类、自然资源的特征分类。

2.1.2 自然资源的属性

自然资源的属性包括自然属性与社会属性。自然属性为人类开发利用自然资源创造了前提条件,使其具有一定的使用价值;社会属性使自然资源的开发利用带有强烈的社会烙印,并使其成为商品进入流通领域,从而产生一定的经济价值[2]。简要而言,自然资源的属性主要包括如下几个方面:

1) 稀缺性

自然资源存在着稀缺性,也就是自然资源的数量供给与人类不断增长的需求存在着持续的矛盾。从这个意义上讲,世界上任何一种自然资源都存在相对有限性。不可再生的自然资源的有限性是绝对的;可再生的自然资源虽然可随时间的推移不断地再生或更新,但在一定的时间和空间内也是有限的,如一个地方单位面积上年平均太阳辐射量是一定的,一条河流上的水力资源是一定的,每亩地的粮食产量在一定时间及空间上也是一定的。因此,从人类社会持续发展的角度出发,合理利用和保护自然资源就显得尤为重要[5]。

2) 整体性

各种自然资源在生物圈中互相依存、互相制约,构成了完整的资源生态系统。首先,系统中每个要素都承担着特定的作用,都是系统不可或缺的组成部分。其次,系统各要素之间互相联系,任何一种资源的改变都会影响到其他资源,子系统的变化不可避免地引起大系统的涨缩、变化[2]。因此,对自然资源的开发利用要充分认识自然资源系统的整体性特点,不能只考虑某一要素、局部地区。要从区域资源的整体出发,树立系统整体论的思想,使系统结构稳定地朝着有利于人类生活和生产的方向发展[5]。

3) 地域性

地域性也被称为自然资源的空间性。地球上任何一种自然资源在空间分布上都是不均衡的,无论在数量上或质量上都有显著的地域差异。每一种自然资源都有其自身的地域分布规律,有的受地带性因素影响,有的受非地带性因素影响,有的同时受地带性、非地带性两种因素影响。如气候、水、土壤和生物的地域分布主要受地带性因素的影响,但同时也受非地带性因素的制约;地质、矿产、地貌等主要受非地带性因素的控制。此外,自然资源开发利用的社会经济条件和技术工艺水平也具有地域性差异。因此,自然资源系统的开发一定要从资源的区域特点出发,因地制宜,发挥优势,建设各具区域特色的资源可持续开发利用系统[5]。

4) 多用性

大部分自然资源都具有多种功能,用途很广。以森林资源为例,森林可以提供多种原料,具有保护环境的功能;可以提供多种不同的货币效益和土地利用效益,具有观光旅游价值;它还是重要的物种基因库,在自然界物质和能量的循环交换中具有重要的生态作用;等等。然而,并非自然资源所有的功能及用途都具有同等重要的地位。因此,在自然资源开发利用时要全面权衡,必须按经济效益、社会效益和生态效益相统一的原则,通过科学的优化方式选择最佳的综合利用方案,做到物尽其用、地尽其利[1]。

5) 变动性

自然资源系统的变动性,一方面表现为资源的数量、空间、时间的动态变化;另一方面表现为资源开发利用整个过程的动态变化。为此,在自然资源系统的开发过程中要随时掌握其动态变化情况,采取相应的运作措施以保证系统的正常运转[3]。

6) 社会性

在自然资源系统内部机制中必然有附加的人类劳动,这是人类世世代代利用自然、改造自然的结晶,是自然资源中的社会因素。人类通过生产活动,把自然资源加工成有价值的物质财富,从而使自然资源具有广泛的社会属性。自然资源是与一定的社会经济、技术水平相联系的,人类对自然资源的认识、评价和开发利用,都受特定时间、特定空间所制约,这就是自然资源的社会性[2]。

2.2 土地与土地制度

2.2.1 土地概念及其属性特征

1) 土地的概念

从自然资源的角度看,土地是一个自然地理综合体的概念,它是地表某一地段包括地貌、岩石、气候、水文、土壤、植被等全部因素在内的自然综合体,还包括过去和现在人类活动对自然环境的作用在内。从系统论的角度看,土地是一个由耕地、林地、园地、牧草地、水域、居民点用地、工矿用地、旅游和特殊用地等子系统构成的生态系统,这些土地子系统都是由生物成分和非生物成分共同组成的,借助于能量与物质流动转换而形成的不可分割的有机整体[6]。从经济学的角度分析,土地不仅是一项重要的不可替代的资源,而且是一项重要的农业生产资料、巨大的社会经济资产。综上所述,我们可以将土地的概念简述为:土地是由地球陆地表面一定立体空间范围内的气候、土壤、基础地质、地形地貌、水文、植被等自然要素,以及人类活动结果所组成的一个复杂的自然经济综合体。

2) 土地的属性特征

土地作为一种自然—经济综合体,具有资源(自然)和资产(经济)两重属性。土地的自然特性是土地自然属性的反映,是土地所固有的,它与人类对土地的利用与否没有必然联系;土地的经济特性是在对土地利用的过程中产生的,在人类诞生以前尚未对土地进行利用时,这些特性并不存在[7-8]。

(1) 土地的自然特性

土地作为一种自然的客观物质存在,是国民经济社会发展的空间载体,同时也是一种重要的经济社会发展投入要素。当然,在农业社会、工业社会等不同的社会发展阶段,土地利用的不同方式导致了土地表现出不同的特性。作为一种物质空间,土地首先表现出的是它的自然特性。

① 固定性：任何土地都是在固定的区域、场所存在的，它不能像其他物质要素那样可以通过一定的方式实现空间位置的移动。

② 差异性：由于具体区域环境条件的差异，任何土地之间都存在着物理、化学特性等方面的差异。当然，当土地实现经济用途以后，其区位条件的差异就表现得更为明显。这些差异性是影响土地价值与价格的重要因素。

③ 耐久性：土地作为一种特殊的物质要素，其区别于其他要素的一个重要特征是其使用的耐久性。不同于其他易消耗的资源，一般情况下土地可以反复、永续地使用。但是，使用方式的不同也会影响土地使用的耐久性，例如农业生产中越来越多地使用化学肥料，将会导致土地肥力下降。

（2）土地的经济特性

土地除了一般的自然特性以外，作为一种重要的经济要素，它还表现出对经济社会发展的基础作用，这主要是由土地的经济特性所决定的。从某种意义上看，土地的自然特性在客观上决定了它的经济特性。

① 稀缺性。不同于淡水、空气、森林等资源，土地从数量上讲是一种不可再生资源，而由于经济社会的发展、人口的增长，我们对土地的需求也在不断增大。有限的土地与无限的发展需求之间是一对长期存在的矛盾。对于国土空间规划而言，一个重要的工作就是协调两者之间的矛盾，在可持续发展的目标原则指导下，保证经济社会合理、健康发展以及对土地的集约使用。

土地的稀缺性除了由于其绝对数量上的限制原因外，在一定时期内土地的供给多少也是一个重要的影响因素。这里我们需要引入土地供给弹性的概念，土地供给弹性是指地价的相对变化量与地价变化引起的土地经济供给的相对变化量的比率（E），可用之来反映土地经济供给量对地价变化做出的灵敏程度，$E=(\triangle L/L)/(\triangle P/P)$。其中，$\triangle L/L$为土地供给的相对变化量；$\triangle P/P$为地价的相对变化量。通常，$E<1$，说明地价变化只能引起土地供给量较小的变化。土地作为一种特殊的商品，在许多方面都有其特殊性：其位置固定不变，自然供给不变，经济供给弹性也是有限的；买卖双方不能自行决定土地的位置和用途，土地价格受当时社会和政治局势稳定与否及经济繁荣与衰退等因素的影响极大，因此工业、商业、住宅用地有时又表现出供求的特殊性。当社会经济长期处于稳定发展状态时，城市土地的供求也遵循一般商品的供求规律，尤其在新开发的工业区、商业区、住宅区，在一定范围内土地的供求都有一定的弹性。在一般情况下，土地交易也遵循一般商品的供求规律：地价上升，则供给增加，而需求下降；地价下降，则供给减少，需求增加。政府可根据这一规律，在其地价高涨时抛出较多土地以达到平抑地价的目的。土地供求关系的另一特殊形式就是有价无市，即只有土地供给及价格，没有需求者；或只有对土地的需求及地价水平，但没有土地供给。在这两种情况下，都不能实现正常的土地交易，这在经济萧条时期是很常见的。

② 区位效益性。空间,特别是具有生态位置意义上的空间是一个重要的资源,而且用它可以来支持对经济利益的追求。处于不同区位(地理区位、交通区位、环境区位等)的土地,其背后所蕴藏的经济潜在价值是不一样的,因此土地尤其是城市土地的价格表现出巨大的差异。对于城市土地而言,区位是其核心价值所在,正如加拿大经济学家 M. 哥特伯戈在其《土地经济学》一书中所说的那样:"城市不动产的三条最重要的特征,一是区位,二是区位,第三还是区位。"当然,不同用途的土地对区位条件优越的判断是不一样的,例如工业用地区位优越的地方是对外交通方便、能源供应方便、用地完整的地区,居住用地区位优越的地方是生活设施配套齐全、自然与社会环境较好、出行方便的地区,商业用地区位优越的地方是处于消费区的核心、公共交通方便的地区。

③ 边际效益递减性。对土地的使用强度超过一定限度(最优利用程度)以后,从土地上所获得的单位面积收益就开始下降,呈现出一个倒"U"形的曲线。对于农业用地而言,这是因为过度开发、过度使用化学肥料导致了土地肥力的下降;对于城市用地而言,这是因为过度开发导致了设施成本及配套成本的提高,或者是环境品质的下降。因此,任何过度的土地开发不仅会导致对环境的破坏,而且在经济上也是不合算的。

④ 土地的权籍性。土地是有权属关系的。地权即土地产权,是指以土地所有权为核心的土地财产权利的总和,它是一个权利束,包括土地所有权及与其相关的或各种相对独立的权利,如使用权、发展权、租赁权、抵押权等。产权作为一种社会强制性的制度安排,具有界定、规范和保护人们经济关系,形成经济生活和社会生活秩序,调节经济社会运行的作用。地籍即土地的"户籍",记载土地的位置、界址、数量、质量、权属和用途(地类)等基本情况,是调整土地关系、确认地权、合理组织土地利用、保护土地所有者与使用者合法权益的基本依据[9]。

3) 土地的经济特性与城市土地使用

城市土地使用中积淀了丰富的城市活动内涵,是各类城市活动开展的基础,社会的、经济的、政治的、技术的、环境要素等都会具体制约城市土地使用的运行。对于城市土地的使用,我们不能仅仅看到其各种物质空间的构成,更应看到在土地上人们所从事的复杂活动,并透过这些活动看到其中的经济社会关系。

(1) 城市土地使用最显著的特征在于它的区位性

城市土地使用的区位揭示了城市活动在空间地域上的相互关系,影响城市土地使用区位的因素主要有以下三个方面:

① 空间环境特征——每一项土地使用都会对城市及特定位置的自然条件和人文环境提出特有的要求。

② 空间可达性——这些土地位置在城市活动中的交通方便程度,不同的活动会选取特定的交通方式,对空间可达性的具体要求也不一样。

③ 费用——从事一项土地使用活动所需花费的成本,包括时间成本。

(2) 与土地使用密切相关的是土地使用强度

土地使用强度是单位面积的土地上承载城市活动数量的多少。土地使用强度不仅反映了城市土地上的环境质量,而且揭示了土地的可利用程度。不同的活动内容其要求的空间质量和开发程度有所不同,如办公、住宅、休憩等对城市土地的使用强度都有其自身的不同要求。城市土地使用及其区位和强度的分布,在城市范围内形成了特定的空间关系,当其与交通路线和有关设施等相结合后,即构成了城市的具体空间结构与形态。

2.2.2 土地制度

1) 土地的权属关系与土地制度

土地是财富之母、民生之源、农业之本。土地制度与一个国家的政治、经济、文化、社会等制度息息相关,是国家政治经济制度中最为基础的制度构成。从世界范围看,土地制度的内容、地权关系及其在社会法制上的实现形式并无固定的模式,它因各国土地所有制的性质和国情需要的不同而有所差别[8]。一般而言,土地制度有广义和狭义之分。广义的土地制度泛指与土地所有、使用、管理等有关的一切制度;狭义的土地制度是指由土地所有、使用和管理的土地经济制度,以及相应法权制度所构成的土地产权制度。

世界各国的土地使用制度不尽相同,概括而言,一般有如下几种模式:

(1) 完全市场模式。土地主要属于私人所有,土地可以在地产市场上自由买卖,其价格取决于市场的供求关系。这种模式以美国、日本为代表。例如美国约60%的土地为私人所有,而日本则是约70%的为私人所有。这种土地的完全市场模式,虽然对准确体现土地的经济价值、活跃市场有利,但常常给各类空间规划的编制与实施带来困难。因此,在这些国家一般都有规定:在某些特殊原因下依照有关程序,国家或城市政府可以依法征用私人土地,当然实际征用难度往往是比较大的。

(2) 非市场模式。这主要是在以苏联为代表的社会主义国家(包括计划经济时期的中国)实行的土地制度。土地所有权归国家或集体所有,并对土地使用进行统一分配,不许私自转让或买卖土地。目前朝鲜、古巴等仍然实行的是土地非市场化制度。

(3) 国家控制下的市场模式。按照国家法律的规定,土地的最终所有权全部归国家或国家的象征(如皇室)所有,市场主体或私人通过土地批租获得土地的占有权和使用权,国家从总体上控制着土地市场,当然控制的力度各有不同。这种模式主要是在英国及其英联邦成员国(地区)中使用,中国目前的土地制度整体上也是属于国家控制下的市场模式。

2) 中国城乡二元的土地制度

回顾中国上下5 000年历史,土地制度的变迁与朝代兴亡密切相关。

从古至今,中国的土地制度大致经历了氏族共有制、国家所有制、私人所有制、公有制等所有制形态的变迁[10]。新中国成立后,在计划经济时期实行的是土地非市场模式,长期实行城市土地无偿使用的行政划拨制度造成了诸多的弊端:

① 土地产权模糊。土地名义上归国家或集体所有,划拨使用以后却归各用地单位实际上所有,导致土地的所有权与使用权相模糊、混淆。

② 土地资源浪费。计划经济体制由于实行行政划拨土地,否定了土地价值与价格的差异,因此往往造成用地单位"圈而不用""少用多圈"等极为浪费土地的行为,进一步加剧了土地资源的紧张局面。

③ 土地资源配置不当。土地的经济特性无法在行政划拨中表现出来,导致土地资源配置不当,各种用地行为相互掺杂,功能分区混乱,低效益的用地往往占据着城市中优越的区位。

④ 土地收益流失。由于否认城市土地价值的存在,且土地所有权与使用权不清,国家无法获得由土地带来的相应收益,而这部分收益却往往成为用地单位的无偿所得。这种情况进一步导致了城市建设资金无法得到有效的保障,城市配套设施难以改善,环境质量恶化。

鉴于以上的弊端,改革开放以后中国逐步开始了农村与城市土地使用制度的全面改革,一个核心的内容就是实行土地所有权与使用权相分离,实行土地的有偿使用。《中华人民共和国宪法修正案》(1988年)中明确指出,"土地的使用权可以依照法律的规定转让"。除一些特殊需要行政划拨的土地外,其余都实行有偿、有限期出让的办法。经过长期的探索,目前已逐步形成以公有制为基础,以保护耕地和节约用地为主线,以产权保护、用途管制和市场配置为主要内容的中国特色土地制度。然而,中国城市与乡村发展的巨大鸿沟及长期的制度积累,导致城乡土地制度仍然处于二元分割状态[11]。

(1) 土地所有制

中国现行的土地所有制是社会主义土地公有制,即全民所有制和劳动群众集体所有制。土地的全民所有制采取国家所有制的形式,简称土地国有制,这种所有制的土地称之为国有土地,由国务院代表国家行使土地所有权。土地的劳动群众集体所有制采取的是农民集体所有的形式,简称土地集体所有制,这种所有制的土地称之为农民集体所有的土地,简称集体土地,由农民集体行使土地所有权。农民集体是指有一定范围的农民集体,具体分为村农民集体、村内两个以上农民集体、乡镇农民集体三种。农民集体所有的土地依法属于村农民集体所有的,由村集体经济组织或者村民委员会代表集体行使土地所有权;分别属于村内两个以上农民集体所有的,由村内各该集体经济组织或者村民小组代表集体行使土地所有权;属于乡镇农民集体所有的,由乡镇集体经济组织代表集体行使土地所有权[8]。

(2) 土地使用制

① 城市土地使用制度。目前我国城市国有土地实行有偿、有期限使

用制度,把城市国有土地使用权从所有权中分离出来,全面开放国有土地使用权市场。国有土地使用权流转包括以下几种方式:a. 土地使用权出让,即土地一级市场,可采取协议、挂牌、招标、拍卖、划拨等方式。其中,经营性建设用地、工业用地必须采用招标、拍卖、挂牌方式出让。b. 土地使用权转让、出租、抵押、作价出资等。土地有偿使用制度的健全与完善,推动了土地市场的发展和经济发展方式的转变。

② 农村土地使用制度。1982年发布的"中央一号文件"以及1988年《中华人民共和国土地管理法》逐步确立了家庭联产承包责任制,农村土地实行集体所有、家庭承包的统分结合双层经营体制。这一制度促进了农村经济的发展,为改革开放后的城镇化、工业化快速发展奠定了经济与社会基础。然而,随着经济社会的不断发展,农村土地制度开始面临新的问题,包括农业规模化、现代化发展的新需要,农村劳动力大量转移进入城镇的客观现实,农村土地抛荒现象的普遍存在,等等[12]。为此,2008年中共十七届三中全会确立了农村土地承包权长久不变的基调,同时农地三权分置(落实集体所有权,稳定农户承包权,放活土地经营权)的趋势加强。2019年1月1日施行的《中华人民共和国农村土地承包法》,使三权分置制度实现了从政策层面到法律层面的推进。同年通过的新《中华人民共和国土地管理法》破除了农村集体经营性建设用地进入市场的法律障碍,进一步明确了土地征收的公共利益范围,确定了征收补偿的基本原则,改革了土地征收程序,强化了农村宅基地权益保障。这些农村土地制度改革方面的重大突破,有力地促进了乡村振兴战略的实施。

中共十八届三中全会要求加快建立城乡统一的建设用地市场和完善的现代市场体系,2019年中央全面深化改革委员会第八次会议审议通过《关于完善建设用地使用权转让、出租、抵押二级市场的指导意见》,对促进土地市场协调发展、加快建立城乡统一的建设用地市场具有重要意义。但是破除城乡二元土地制度是一个长期、复杂的过程,需要谨慎、务实、切合国情的探索。

2.2.3 土地产权

土地产权问题是土地制度的一个核心问题。土地产权是指存在于土地之中的排他性权利,是以土地所有权为核心的土地财产权利的总和。一般用"权利束"加以描述,即土地产权包括一系列各具特色的权利,它们可以分散拥有,当聚合在一起时代表一个"权利束",主要包括土地所有权、土地使用权、土地发展权、土地租赁权、土地抵押权、土地继承权、地役权等多项权利。

1) 土地产权的基本属性[13]

(1) 土地产权具有排他性。土地产权既可以是个体独立拥有,也可以是由某些人共同享有而排斥所有其他人对该项财产的权利。因此,土地的产权界定十分必要。

(2) 土地产权客体必须具有可占用性和价值性。土地产权客体是指能被占用而且可以带来经济利益的土地。在全球陆地上有近50%的土地面积是永久冰盖物、干旱、沙漠地、岩石、沼泽、高寒地等难以利用或无法利用的土地,这些土地一般不能被视为财产。

(3) 土地产权的合法性。土地产权必须经过登记、得到法律的承认,才能受到法律的保护。在土地产权合法流转时,必须依照法律规定程序到土地产权管理部门办理产权变更登记手续。

(4) 土地产权具有相对性。土地产权具有排他性,但这不是绝对的权利,还要受到来自国家、社会的控制和制约。由于社会经济与政治制度的差异、法律体系的不同,每个国家都各自具有不同的财产权权利体系,但即使在土地私有制的国家,土地所有者的权利也必须受到政府一定的规制和约束(例如服从空间规划的要求)。

2) 中国城乡土地权利的构成

我国的土地产权总体可以分为土地所有权、土地用益物权、土地他项权利三大类,其中土地他项权利包括土地抵押权、土地承租权、土地继承权、地役权等多项权利。下面将对部分土地权利进行介绍:

(1) 所有权。土地所有权是土地所有者在法律规定的范围内自由使用和处分其土地的权利,或者说,土地所有权是土地所有者所拥有的、受国家法律保护和限制的排他性的专有权利。土地所有权包括土地占有权、土地使用权、土地收益权、土地处分权四个方面的内容,它们既可以相互结合,也可以相互分离。

我国的土地所有权分为国有土地所有权、农民集体土地所有权。国有土地所有权的主体是国家,法律规定由国务院代表国家依法行使对国有土地的占用、使用、收益和处分的权力。国有土地所有权的客体是一切属于国家所有的土地,包括:①城市市区的土地;②依照法律规定属于国家所有的农村和城市郊区的土地;③依照法律规定国家征收的土地;④依照法律规定属国家所有的荒山、荒地、林地、草地、滩涂以及其他土地。农民集体土地所有权的主体是集体,农民集体所有土地的所有权应当由作为该土地所有权主体的农民集体行使。农民集体土地所有权的客体是指属于上述农民集体所有的一切土地,主要有:①农村和城市郊区的土地,除由法律规定属于国家所有的以外,原则上属于集体所有;②法律规定属于集体的森林、山岭、草原、荒地、滩涂;③宅基地和自留地、自留山属于农民集体所有[13]。

(2) 使用权。土地使用权是指使用土地的单位和个人,在法律允许的范围内对依法交由其使用的土地加以利用并取得收益的权利,是土地所有权派生的土地产权。土地使用权有广义和狭义之分。狭义的土地使用权是指依法对土地的实际利用权,包括在土地所有权之内,与土地占有权、收益权和处分权是并列关系;广义的土地使用权是指独立于土地所有权权能之外,含有土地占有权、狭义的土地使用权、部分收益权和不完全处分权的集合。目前中国城镇国有土地使用权的出让和转让制度中就是采用广义的土地使用权,这种土地使用权也可以买卖、继承、抵押、租赁等。

我国土地使用权分为国有土地使用权、农村集体土地使用权。国有土地使用权的内容是指,国有土地使用权的主体对客体在依法行使土地使用权的过程中所形成的权利和义务。这里的国有土地使用权的主体指依法取得国有土地使用权的单位和个人,客体指国家依法提供给单位和个人使用的国有土地。农村集体土地使用权的内容是指,集体土地使用权的主体对客体在依法行使土地使用权的过程中所形成的权利和义务。农村集体土地使用权的主体是依法使用农民集体所有土地的单位和个人,客体是指农村集体土地使用权主体依法取得的承包地、自留地、自留山、宅基地和农村集体建设用地等[12]。

（3）经营权。土地经营权是指土地经营权人对其依合同取得的土地,在一定期限内依法享有占有、使用和收益的权利。目前我国对于农村土地设置了经营权,实行所有权、承包权、经营权三权分置并行。农地经营权是从农村土地承包经营权中分离出的一项权利,就是农户将其承包土地流转出去,交由其他组织或个人经营,这些组织或个人就获得了土地经营权。土地经营权的客体是用于耕作的农村土地,具体而言,在耕地未流转的情况下,"承包地"即为土地经营权的客体;若耕地发生流转,则"流转土地"可成为该权利的客体[14-15]。

（4）发展权。土地发展权是发展土地的权利,是一种可与土地所有权分离而单独处分的财产权。土地发展权是指在符合规划的条件下变更土地使用性质(如农地变更为城市建设用地、工业用地变更为房地产用地等等)或提高土地利用强度的权利。土地发展权在土地权利体系中具有独立的意义和地位,在不同的土地制度体系中,土地发展权与所有权、使用权等可以相分离。土地发展权的有效实施,需要合理的土地用途管制制度相配合。国土空间规划一个核心的任务就是确定土地发展权的分配与配置方案,并实行土地用途管制。

土地发展权主要包括农地发展权和市地发展权。土地发展权的权利归属只有两种可能性：归国家或者归土地所有权人。由于我国城市土地的所有者是国家,因此城市土地的发展权属于国家是没有异议的,主要的分歧集中在农村集体土地的发展权归属问题上。一种观点认为农地发展权归国家所有,使用者若要进行开发必须先向国家购买发展权。农地转化为城市建设用地的收益增值,是由于政府对土地利用的规划和公共基础设施、服务设施的建设而产生的,因而增值归于社会理所当然("涨价归公"),农民不可以随意将农地转为建设用地而享受土地开发的增值收益。另一种观点则认为,农地发展权归土地所有权人即农民集体所有,农地发展权归根到底是从属于农地集体所有权的从权利,农民可以自由流转农地发展权并享有独立的、排他性的收益权和处分权[16-20]。中国目前并未在立法上设置明确、清晰的土地发展权,上述的分歧和争论在理论和实践层面造成了很大的混乱,给政府、农民的权利滥用提供了空间,也给国土空间规划的编制与实施带来了实际困难。

2.3 土地利用与管理

2.3.1 土地利用的概念与基本原则

土地利用随着人类社会的出现而出现。随着人类社会的发展,人类利用土地的内涵在广度和深度上不断扩展。所谓土地利用,是指人类通过特定的行为,以土地作为劳动对象或手段,利用土地的特性来满足自身需求的过程,包括人类生产或生活需要及满足人类生存舒适的需要。更进一步说,土地利用是在特定的社会生产方式下,人类依据土地的自然属性和社会属性,对土地进行有目的的开发、利用、整治和保护的活动[16-20]。土地利用包括生产性利用和非生产性利用两种。土地的生产性利用,是把土地作为主要生产资料或劳动对象,以生产物品来创造财富、改善环境以满足人类生产、生活及生存的需要,也可以称之为土地的直接利用;土地的非生产性利用亦称间接利用,主要是利用土地的空间和承载力,将其作为各种建筑物和构筑物的基地、场所,不以生产物品为主要目的的利用[12]。

土地利用的基本原则是指人们在利用与管理土地中,应当遵守的基本准则。不同社会制度、不同土地资源条件的国家,会有不同的土地利用准则[16-20]。中国人口众多、土地资源相对不足这一基本国情,决定了在土地利用中必须坚持以下几项基本原则:

(1)最适宜原则。土地具有用途的多样性,某一块土地适宜做何种利用,首先要考虑的是哪一种用途相对其他用途更加适宜。尤其要重视实施与区域自然生产潜力相适宜的土地利用模式,摒弃那些使用而导致资源衰竭的土地利用方式。

(2)比较利益原则。当土地有多种使用方式可以选择时,要比较哪种利用方式会得到较大的利益。

(3)适当利用原则。土地利用存在报酬递减现象,低度利用会导致土地的效益不能充分发挥,而过度利用土地则会导致报酬降低,故应该力求适当利用。

(4)公共利益优先原则。土地利用方式会对土地利用格局和长远利益产生重大影响,例如,农业用地和生态用地的保护对于国家、地区的可持续发展极其重要,这就属于公共利益。在土地利用中必须坚持公共利益优先,约束私人利益无节制地放大。

(5)开发与保护并重原则。土地是人类经济社会活动的载体,但是人类在长期利用土地的过程中过多地强调了人的主观能动作用,导致土地资源消耗和质量退化严重。开发与保护必须并重,尤其是对生态敏感地区更要注重保护,要重视保护稀有景观要素,重视生境和与之相关联的物种,保留包含有重要生境的大规模连续或连接区域。

（6）规划管控引导原则。土地利用有明显的外部不经济现象,土地利用方式不仅影响个人利益,而且影响社会全体,因此必须通过规划进行必要的管控和引导,制定明确的约束性规则,积极引导合理的土地利用。

2.3.2 土地利用管理

1）土地利用管理

自古以来,人类社会一直为人类自身需求欲望的无限性与土地资源的有限性之间的矛盾所困扰,随着人口的增长、经济社会的发展,这种矛盾越发激烈。土地面积有限性和土地需求增长性是土地资源管理中永恒的主题,对土地利用实施科学的规划、管理有其客观的必要性[21]。土地利用管理是为了合理利用和保护土地资源,维护土地利用的社会整体利益,组织编制和审批国土空间规划,并依据规划对城乡各项土地利用进行控制、引导和监督的行政管理活动。土地利用管理贯穿于国土空间规划编制、审批和实施的全过程,规划是管理的前提和依据,管理是规划依法科学制定和有效实施的保证。由此可见,土地利用管理也是面向社会的一种公共管理活动。

2）土地用途管制

国土空间规划是土地利用管理的重要依据和手段,土地发展权的配置是国土空间规划的重要内容。国土空间规划是一项旨在部门间、区域间、城乡间、不同利益主体间合理分配土地及自然资源,组织土地与自然资源利用、保护的政府主动干预手段,在其编制和实施过程中涉及土地发展权的界定、确认、配置和利用等。因此,国土空间规划是一项典型的公共政策。

国土空间规划对土地利用的规划、对土地发展权的规定,需要通过土地用途管制的一系列制度措施来保障实现。土地用途管制是指国家为保证土地资源的合理利用,促进经济、社会和环境的协调发展,通过编制国土空间规划,划定国土的不同功能用途分区并确定相应土地使用限制条件,土地所有者、使用者都必须严格按照规划确定的用途来利用土地的一整套制度。

土地用途管制是政府为了保障全社会的整体利益和长远利益,消除土地利用中的各种非理性现象,处理好土地利用中的各种矛盾,保证土地资源的可持续利用而采取的一种公共干预措施。具体来说,土地用途管制的目标应包括以下几个方面[22]：

（1）土地利用整体效益最大化。不同利益相关者对土地利用所追求的价值取向是有差异的,而对于政府而言,它追求的是全社会土地利用整体利益最大化,统筹生态效益、经济效益与社会效益,实质就是要达到区域土地利用结构的最优化,即土地在各种不同用途之间的有效配置。土地用途管制就是要解决在各种竞争性用途之间合理分配土地资源并提高土地的利用效益问题,它既要考虑具体土地使用者的切身利益,也要从宏观上考虑社会整体利益,努力寻求两者之间的平衡。

(2) 协调"吃饭"与"建设"的矛盾。我国是一个人多地少、人均土地资源相对短缺的国家,土地利用矛盾十分突出,特别是随着人口的增加、经济的快速发展和城市化程度的不断提高,农业与非农业建设之间争地的矛盾将更加突出。必须通过土地用途管制,强制性地控制建设用地的数量与区位,对耕地实行特殊保护,以保障国家的粮食安全。当然,土地利用的根本目的是为了满足人们的各种合理需要、对美好生活的向往,土地用途管制的目的就是要对有限的土地资源在数量上、时间上和空间上进行合理的分配,以统筹保障各种用途的土地需求。

(3) 消除土地利用中不利的外部性影响,保护环境,实现土地的可持续利用。土地在空间上互相连接在一起,不能移动和分割,土地利用具有明显的社会性和外部性。对于土地利用产生的积极外部性应该充分加以利用,对于不利的外部性影响必须加以避免和限制。因此,必须通过土地用途管制,来达到保护和改善生态环境、实现土地资源可持续利用的目标。

有关用途管制更具体的内容,请见本教材第 7 章第 2.3 节。

第 2 章参考文献

[1] 陈永文,吴国元,朱履熹,等.自然资源学[M].上海:华东师范大学出版社,2002.
[2] 朱连奇.自然资源开发与管理[M].郑州:河南大学出版社,2015.
[3] 刘胤汉.自然资源学概论[M].西安:陕西人民教育出版社,1988.
[4] 明庆忠,朱虹.自然资源学导论[M].昆明:云南科技出版社,1997.
[5] 梁吉义.自然资源总论[M].太原:山西经济出版社,2011.
[6] 刘黎明.土地资源学[M].5 版.北京:中国农业大学出版社,2010.
[7] 汪应宏.土地经济学[M].徐州:中国矿业大学出版社,2008.
[8] 毕宝德,柴强,李玲,等.土地经济学[M].7 版.北京:中国人民大学出版社,2016.
[9] 王秋兵.土地资源学[M].2 版.北京:中国农业出版社,2011.
[10] 江思怡,谭智心.中国土地制度历史变迁及其启示[J].古今农业,2019(2):31-35.
[11] 陈利根,龙开胜.新中国 70 年城乡土地制度演进逻辑、经验及改革建议[J].南京农业大学学报(社会科学版),2019,19(4):1-10.
[12] 李江凤,刘艳中,苏黎兰,等.土地管理教程[M].武汉:中国地质大学出版社,2017.
[13] 陆红生.土地管理学总论[M].6 版.北京:中国农业出版社,2015.
[14] 蔡立东.土地承包权、土地经营权的性质阐释[J].交大法学,2018(4):20-30.
[15] 丁文.论"三权分置"中的土地经营权[J].清华法学,2018,12(1):114-128.

[16] 杨笛韵.我国土地发展权理论研究[J].中国市场,2015(3):38-40.
[17] 王霞萍,赵谦.土地发展权三十年:功能进路与实践面向[J].中国土地科学,2019(6):37-43,52.
[18] 王万茂,臧俊梅.试析农地发展权的归属问题[J].国土资源科技管理,2006,23(3):8-11.
[19] 丁德昌,丁祉冰.农地发展权权利属性与利益归属[J].市场论坛,2018(10):11-14.
[20] 王克忠.论农地发展权和集体建设用地入市[J].社会科学,2014(3):41-45.
[21] 王万茂.土地资源管理学[M].2版.北京:高等教育出版社,2010.
[22] 卢新海,黄善林.土地管理概论[M].上海:复旦大学出版社,2014.

3 城乡发展与城镇化

3.1 城市的起源与发展

3.1.1 城市的起源

城市是人类社会经济发展到一定历史阶段的产物,是技术进步、社会分工和商品经济发展的结果。人类社会有着百万年的悠久发展历史,但城市的出现却只有数千年的历史。根据考古、史料,中国最早的城市产生于原始社会末期,即原始社会向奴隶社会的过渡时期(大体相当于"龙山文化"时期,约公元前3000—前2000年),也就是从传说中的黄帝时代,经尧、舜、禹直到夏朝前期。世界上其他地区最早的城市起源也大概在这一时期,目前已知的最古老的城市遗址大部分都起始于公元前3000年,前推后移不多的几个世纪[1]。

关于城市的起源,目前学者们一般有以下几种见解:

(1) 血缘制和宗教中心说。城市的起源是由于血缘制与宗教的亲和力,这种亲和力与经济社会发展相结合而产生城市。美国学者刘易斯·芒福德在《城市的形式与功能》一文中指出,"生产力在一定地域的聚合力是血亲制度""古代城市……从特征上看,它是把宗教、科学、政治、军事、经济等诸权力包容在一个象征的集团居住区内"。惠特利(Wheatley)认为[2],"尽管城市的生活方式已经全部变化,但宗教的痕迹被或多或少地延续下来"。在阶级社会中人们的血缘关系被赋予了种种宗法文化观念,并引起人口的地缘性集聚,这是城市起源的内在动因。

(2) 权力维系与防御说。城市的产生是由于统治者为了保护自身既得的统治地位,防御敌人的侵扰而兴起的。人类最初建立固定的居民点,是为了防止野兽的侵袭,后来由于原始部落之间的战争频发,居民点的防御功能得到不断加强,逐渐成为一种大规模永久性的防御设施,进而形成了城市[3]。傅筑夫在《中国封建社会经济史》中指出[4],"城市是阶级社会的产物,是统治阶级——奴隶主、封建主用以压迫被统治者的工具。城市兴起的地点虽然不同,但它们的作用是相同的,即都是为了防御和保护的目的而兴建起来的"。这表现为从景观上看,早期的城市一般都有坚固的城墙,正所谓"筑城以卫君、造郭以卫民""君是民之本""城为君而筑"等。例如,我国商代早期的偃师商城,它共有三道城墙,最外面一道是大城,大城之中有小城,小城之中有宫城[5](图3-1)。有学者将汉字的"城"分解为"土""刀""戈"等几部分,以此说明早期城市具有强烈的防御色彩。

(3) 交换集市中心说。城市是作为早期的市场中心地而兴建的,它起源于贸易和集市等商品交换的场所。在原始社会晚期,人类社会第二次的劳动大分工(即商业与手工业从农业中分离出来)使得初级的商品交换和以出售为主要目的的商品生产迅速发展起来,并由此产生了对一个相对稳定的交易市场的需求[6]。中国古代的典籍对此也早有记载,如《易经》中有

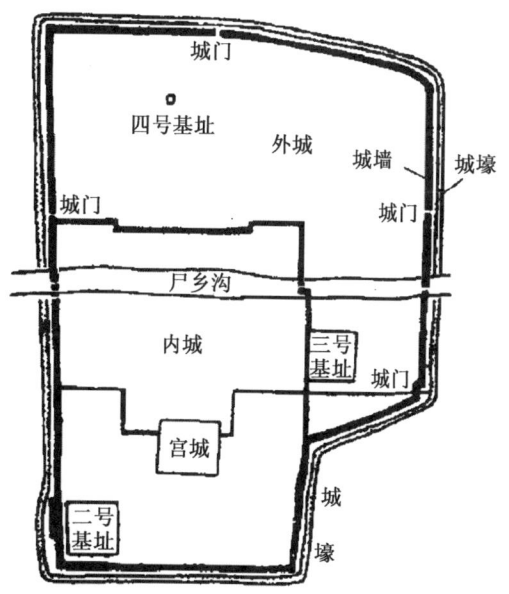

图 3-1 偃师商城平面示意图

"日中为市,致天下之民,聚天下之货物,交易而退,各得其所"等描述,就说明早期以物易物的交易方式促成了集市的出现,并在此基础上逐渐形成了以市场功能为主的城镇。中国明清时期江南地区许多市镇的兴起,就是一个典型的例证。因此,也有学者从中文的字义上来理解城市:"城"是一种防御性的构筑物,"市"是一种交易的场所,"城市"即"城"与"市"功能的叠加[3]。

事实上,以上的各种假说在世界各地的城市起源中都可以找到大量的例证。城市作为人类聚落形式的出现,并不是一个孤立的社会物质现象,城市的起源、发展也往往不是某些单一原因的结果。同时,对不同的国家和地区、不同发展阶段的城市而言,影响其起源、发展的主导因素也可能有所不同[7]。概要而言,社会生产力的发展、经济结构的变化、自然环境的基础等,是决定城市形成、发展的最本质动因。

3.1.2 城市的基本概念

城市是一个复杂的社会现实,尽管目前世界上50%以上的人口生活在各种各样的城市型地域里,在发达国家这一比例大多超过了80%,但是人们对"城市"的理解依然多种多样。这一方面反映了城市科学研究的不断发展,另一方面也正体现了城市生活多元复合、动态演进的特征。目前城市研究中各相关学科对"城市"有诸多定义,但由于这些定义往往只是抓住了城市的某一特征或仅从某些学科的特定研究视角出发,因此很难获得被普遍接受的、比较确定的城市定义。正如法国学者潘什梅尔(P. Pinchemel)所言:"城市现象是一个很难定义的现实:城市既是一种景观、一片经济空间、一种人口密度,也是一个生活中心和劳动中心,更具体地

说,也可能是一种特征或一个灵魂。"就目前各个学科领域所涉及的对城市的一些主要理解或认识,简要归纳如下:

(1) 城市的发生定义[8]——城市是社会经济发展到一定阶段的产物,具体说是人类第二次社会大分工的产物。人类第一次社会大分工使游牧部落与农业部落相分离,促进了畜牧业和农业的发展。这不仅增加了各自的剩余产品,而且扩大了各种生产者之间产品的差异,为游牧部落与农业部落间开始进行商品交换提供了足够的可能性和必要性。于是,在经常性交换的需求下,固定交换的场所产生了,并在后来逐渐演变为市集。随着社会生产力的进一步发展,手工业从农业中分离出来,形成第二次社会大分工。第二次社会大分工提高了劳动生产率,扩大了交换范围,促进了商品生产的萌芽和发展,逐步形成了商业和手工业的集中地,市集由此逐步成为城市。同时,出于防御与维系权力的需要,警察、行政机关等公共政治机构也在城市中开始产生。因此可以说,"城市"是"城"与"市"功能的叠加,即政治行政中心和商业活动既是城市产生的基本原因,也是城市的基本职能。

(2) 城市的功能定义[3]——城市区别于乡村,不仅在于人口规模、密度、景观等方面的差别,更重要的是在于其功能的特殊性。城市是以从事非农业活动人口为主体的居民点,是工业、商业、文教和交通集聚的场所,是一定地域的政治、经济和文化中心。

(3) 城市的集聚定义——城市的本质特点是集聚,高密度的人口、建筑、财富和信息是城市的普遍特征。正如恩格斯所言:"像伦敦这样的城市……这种大规模的集中,250万人这样聚集在一个地方,使250万人的力量增加了100倍。"中国著名科学家钱学森认为,"所谓城市,就是一个以人为主体,以空间利用和自然环境利用为特点,以聚集经济效益、社会效益为目的,集约人口、经济、技术和文化的空间地域大系统"。

(4) 城市的区域定义——城市是区域的中心,通过辐射和吸引机制来影响广大的区域。日本学者山田浩之说:"所谓城市,就是包围起来的地域中心。"日本学者奥井龙太郎则认为,"城市是辽阔区域上的核心地区,是整个国土上的中心地点"。

(5) 城市的景观定义——城市是以人造景观为特征的聚落景观,包括土地利用的多样化、建筑物的多样化和空间利用的多样化。

(6) 城市的系统定义——城市是一个复杂的自然—社会复合系统。美国学者L.芒福德说:"城市既是多种建筑形式的组合,又是占据这一组合的结构,并不断与之相互作用的各种社会联系,各种社团、企业、机构等等在时间上的有机结合。"英国学者巴顿认为,"城市是一个在有限空间地区内的多种经济市场——住房、劳动力、土地、运输等相互交织在一起的网状系统"。

除此以外,还有许多学者分别从文化、生活、生态等角度对城市进行了种种定义,在此不再一一赘述。总之,我们对城市定义的基本理解应该基于以下三个前提：

(1) 城市是相对于乡村而言的。人类社会中各活动要素的不同组合（空间上的组合、种类上的组合、数量上的组合等等）形成了各种聚落景观，聚落因其基本职能和结构特点以及所处地域的不同，基本上可以分为乡村聚落和城市聚落。但是，乡村聚落、城市聚落是一个连续变化的统一体，在经济社会与景观变化上并不存在截然的空间界限。尤其是在发达国家、地区，随着社会经济的发展及各种交通、通信技术条件的支撑，城市与乡村之间反差强烈的景观、经济社会及文化差异正日渐缩小，有学者将这种现象或过程称为"城乡一体化"。

(2) 城市的概念、定义是不断发展的。在古代，城市一般都有一个非常明确的空间限定（如城墙、壕沟等），城市的生活、功能、景观等与乡村地区显著不同。到了现代，城市更强调的是一个功能性的地域，从集聚城镇化到郊区化、逆城镇化、再城镇化等一系列的城镇化过程，直接导致了传统的城乡生活、功能、景观等概念发生了巨大转变。而全球经济一体化、全球劳动地域分工重组又导致了现代城市功能发生了巨大变化：一些城市由地方性职能向区域性职能，甚至向全球性职能转化。一些城市的影响地域已经大大超越它的空间实体地域，例如纽约、伦敦、巴黎、东京等经济职能影响范围事实上是世界性的，这些就是所谓的全球城市。这些全球城市，进而与周边高度发达的区域一同构成全球城市区域（Global City-Region）。随着城镇化的发展，城市与周边的区域联系越来越密切，也就是城市区域化、区域城市化的现象，相应出现了都市区、都市圈、城市群（大都市带、大都市连绵区）等空间地域组织形态。随着信息网络、交通、建筑等技术的发展，传统的城市空间形式也正在发生巨大的变化，例如出现了许多"后现代城市""未来城市"的概念，同时，一部分实体的城市空间功能正在被"虚拟空间"所取代，出现了诸如"虚拟城市""智慧城市"等新概念。而随着全球气候环境的变化，生态保护、可持续发展日益受到重视，许多城市正在探索生态化的发展路径，开启了"生态城市""低碳城市"等建设探索。

(3) 城市是一个综合的概念，从任何一个片面的角度或特征出发对城市进行定义都是不完整的。正如日本学者山田浩之所言："城市必须具备三个特点：①密集性，这是城市的一般性质；②非农土地利用，这是城市的经济性质；③异质性或多样性，这是城市的社会性质。"

综上所述，可以认为，城市是非农人口集中，以从事工商业等非农业生产活动为主的居民点，是一定地域范围内社会、经济、文化活动的中心，是城市内外各部门、各要素有机结合的大系统。当然，这一定义对城市的理解依然是有局限性的，随着经济社会与技术的发展，其概念内涵还有持续的拓展、变化空间。总之，城市是一个复杂的巨系统，为了更好地理解、把握城市，可以将其分解为四个基本的子系统进行认识。

(1) 经济运行子系统。经济运行子系统，实际上是反映了城市中有关经济资源分配的种种行为和关系。经济是城市运行和发展的动力基础，

"物质生活的生产方式制约着整个社会生活、政治生活和精神生活过程"（马克思）。

（2）政治社会子系统。政治社会子系统是建立在社会构成、权利分配和作用基础上的。阶级冲突或斗争是推动社会发展的重要动力,这一点已经为人类的发展所普遍证明。政治社会子系统的演化,必然引起城市发展乃至空间的深刻变化。例如,戈登(D. Gordon)就从阶级冲突角度来解释美国早期郊区化的原因,认为这是资本家为了保护其工厂和生产制度的稳定,将工人向郊区分散以与城市相隔离的一种反应。

（3）空间环境子系统。空间环境子系统是构成城市物质环境的载体,城市空间是社会经济发展各类要素在城市地域上的投影,它既是各种城市活动的载体,同时又是种种城市活动复合作用的结果。空间环境子系统与人类的社会经济活动存在着紧密的反馈关系,"我们建造了房屋,然后房屋塑造我们"[丘吉尔(W. Churchill)]。

（4）要素流动子系统。一方面,要素流动子系统提供了城市内外各种要素、各种活动相互联系、相互作用的媒介和途径,是支撑城市发展的重要基础条件。另一方面,要素流动子系统的运行又会改变城市社会经济、空间环境的组合,它"是使社会这个建筑物得以黏合在一起的混凝土"[维纳(N. Wiener)]。

需要强调的是,上述对各个子系统的简单分类仅仅是为了研究与表述的方便,事实上对于一个城市的运行而言,各要素是难以简单分割开来进行处理对待的。各个子系统内部也存在着极其复杂的关系,并且通过系统间交织重叠的联系共同作用于城市的发展、演化。

3.1.3 城市的划分标准与我国城市的建制

目前世界各国对城市的划分标准差别很大,常见的主要有如下几种指标划分方法:

（1）按人口集聚规模划分城市。这是最常见的划分方法,首先确定一个临界的人口规模,若某一居民点的人口聚集规模达到或超过这一临界值,即可将其确定为城市。目前多数国家、地区以 1 000—10 000 人作为城市的临界值,联合国则以 2 500 人以上为标准。

（2）按人口密度标准划分城市。这一般是作为城市划分的辅助指标,如捷克规定城市是"居民在 5 000 人以上,建成区人口密度在每公顷 100 人以上的,并具有城市设施的大城镇;或居民在 2 000 人以上,建成区人口密度在每公顷 75 人以上,农业人口低于总人口的 15%,并具有城市服务设施的小城镇和人口聚集区"。加拿大则规定人口在 1 000 人以上的居民点或人口密度在每平方千米 400 人以上的地区为城市。

（3）按非农人口比重划分城市。一般来说,城市中的非农人口比重要大大高于农业人口的比重,这是许多国家、地区划分城市的重要特征指标。

中国就是以城市非农人口数作为城市的临界指标之一,并据此确定城市的规模等级。

(4) 按行政地位划分城市。城市一般是较高层次行政机关的驻地,因此有些国家、地区以行政地位作为划分城市的标准。如印度将"具有市政府、自治机关、兵站或市镇委员会的地方"均作为城市。

(5) 按服务设施情况划分城市。有少数国家或地区将一个居民点是否具备城市性的服务设施,作为其能否被设置为城市的标准。

(6) 按建筑物聚集程度划分城市。这是一些国家划分城市的参考指标,如法国规定"居民居住地住户毗邻或相距不超过 200 m"的地区才能作为城市。日本规定某地的住房 60% 以上位于建成区才能作为城市。这是因为一些经济发达的国家进入了城乡一体化阶段,城区与郊区、城市与乡村在公共服务水平方面已无太大的质的区别,而建筑密度的景观差别则可以作为城乡划分的一项表征指标。这一指标在中国城市划分中虽然没有正式使用,但是在第五次全国人口普查时也采取了类似的"密度"指标作为确定城市人口统计范围的依据。

从 1950 年代起,中国就制定了具体的城市(市镇)设置标准,以后一度随着实际情况的变化而不断修改。概括起来,中国的市镇设置主要基于两个方面的标准:①聚集人口规模,目前国家将城区常住人口规模 20 万人以下的作为Ⅱ型小城市,20 万—50 万人的为Ⅰ型小城市,50 万—100 万人的为中等城市,100 万—300 万人的为Ⅱ型大城市,300 万—500 万人的为Ⅰ型大城市,500 万—1 000 万人的为特大城市,1 000 万人以上的为超大城市;②城镇的政治经济地位,城镇的政治、经济地位往往是市镇设置中的重要考虑内容,这在首都、直辖市、省会城市、边境城市等的设立中最为典型。此外,中国对市镇的设置标准还有经济社会等方面一系列指标的要求,由于变化较快,这里不再详述。随着一些经济发达地区城乡一体化的发展,大都市区、都市连绵区等的不断出现与成长,中国现行的市镇设置标准显得过于单一而难以满足实际的需要,种种改革正在探索之中。

从中国市制的法律地位的确定、政策法律规定的调整及设市的实际变化情况看,我国的市制有如下一些特点:

(1) 市制由多层次的行政区划建制构成,从法律上划分,包括直辖市、省辖设区的市、不设区的市及自治州辖市三个层次。从行政等级上划分,包括省级市、副省级市、地(州)级市和县级市甚至镇级市等多个等级。目前我国有北京、上海、天津、重庆四个直辖市,其市辖区范围都比较大,兼有地域型政区的特点。副省级市最初是从计划单列市发展而来的,目前全国有 15 个,由于《中华人民共和国宪法》和《中华人民共和国地方各级人民代表大会和地方各级人民政府组织法》没有规定,因此在行政区划系列中仍列在地级市之中。实行计划单列的市,主要计划指标的基数与省划开,经济社会发展计划直接被纳入国家计划进行综合平衡,赋予省一级的经济管理权限。计划单列体制在调动这些城市的积极性、加快城市经济体制改革、增强城市功能、扩大对内对外开放、进一步发挥中心城市的吸引力和辐射力等方面发挥了积极的作用,收到了积极的效果。但一些城市实行计划单列后,省市矛盾也比较突出。

(2)当代中国市制兼具城市管理和区域管理的双重性,市既有自己的直属辖区——市区,又管辖下级政区。我国建制市的设立一般是从县域析出,早期设立的各类城市中的绝大多数都是由此而来,以这种形式设市俗称"切块设市"。所以,过去城市建制的一般特征是指管辖城市地区的市政当局,其职责行使的地域范围很小,限定于市区。这种模式类似于西方国家市制的主要形式,如美国有2万个左右的市政府,各市政府只管自己"脚下"的一小块城区。新中国成立以前的市制也是这种模式,市管辖的范围大的百十平方千米,小的几平方千米,也就是只包含城区和郊区。新中国成立初期的市制也是城区型模式,城市政权管辖范围也是城区和郊区,少数城市管辖有较大范围的农村地区。1958年开始我国市制发生了很大的转变,传统城市型行政区划建制开始向城市型与地域型相结合的模式发展,直辖市和一些较大的市(即地级市)开始大范围地实行"市领导县"体制,城市政权除直接管理城区外,还通过所辖县管理广大农村地区。虽然1961年以后市管县体制有所回落,但直辖市和少数较大的地级市一直坚持这一体制。1978年的宪法修正案把市领导县体制写进了《中华人民共和国宪法》,这就从法律上确立了中国的市制实行城区型与地域型相结合的行政区划建制模式,一般称之为广域型市制。

3.1.4 不同时期城市的角色及其功能演变

在人类社会发展的整个历史长河中,城市形成的时间是非常短暂的,但是其作为一种社会空间现象,却在短短几千年中随着经济社会的发展而发生了深刻的变化。根据人类经济社会发展的大背景及城市角色、功能的演变,我们一般可以将城市发展的过程划分为三个大的阶段,即农业社会的城市、工业社会的城市和后工业社会的城市。

1) 农业社会的城市

城市是人类社会第二次社会大分工的产物,如前文所述,最早的城市出现在从原始社会向奴隶社会的过渡时期,商业与手工业的出现催生了城市的诞生。这一时期,城市既是统治阶级维系权力、防御外敌侵扰、象征统治地位的场所,也成为交换农产品的固定交易场所[3]。一方面,城市在建设上呈现出明显的阶级分化特征。在中国古代城市中,统治阶级专用的宫城居中心位置并占据很大的面积(如商都的"殷"城、曹魏邺城、隋唐长安城等)。在欧洲,奴隶主、封建主通过掠夺奴隶和殖民地、征税等方式攫取大量财富,建造起豪华的宫殿、广场、城堡等,大大压缩了贫困阶层的生活居住空间(如埃及的卡洪城、罗马帝国时期的庞贝古城等)。另一方面,随着以小农经济为主体的商品经济的发展,城市逐渐发展成为商业发达、手工业集中的经济中心。需要指出的是,由于中国与欧洲的土地所有制和统治方式存在较大差别,因而中国的城市是政治(如宫殿、官府衙门)、经济生活的中心,而在中世纪封建社会的欧洲,政治中心大多在城堡,经济中心、神权统治中心(如教堂)在城市[3]。

在漫长的农业社会历史中,尽管出现过一些相当繁荣的城市(如唐长安、明清扬州、古罗马、亚历山大、君士坦丁堡等等),但农业社会时期的整体生产力水平十分低下,经济社会发展对于农业的根本依赖性决定了农业社会的城市数量、规模及职能都是极其有限的,城市的发展也是非常缓慢的。一些学者对西方城市发展历史的研究证实了这一点:在大规模的工业革命到来之前,1600年时只有1.6%的欧洲人口生活在10万人或以上人口规模的城市,1700年时为1.9%,1800年时为2.2%,200年间才上升了0.6个百分点。

2) 工业社会的城市

欧洲国家自18世纪中叶开始的工业革命,从根本上改变了人类社会经济发展的状态。工业化大生产带来生产力的空前提高及生产技术的巨大变革,工业的发展、工业门类的增加、产业之间的协作、科技的进步与交流等,为城市带来了规模效益和聚集效益,创造了巨大的物质财富[3]。工业化大生产造成了原有城市空间与职能的激烈变动与重组,也由此促进了大量新兴工业城市的形成。工业革命以后,城市成为人类社会的主要聚居形态和社会经济发展的主要空间载体,为人类带来了高质量的城市生活[3]:商品的交流和集散、信息的通信联通、人口的集中和流动,使城市成为物流、信息流、人流的中心;自来水、电灯、公共交通、污水处理系统等市政工程、公用设施的发展,显著提升了城市的物质生活水平;学校、剧院、图书馆、博物馆、娱乐等设施的集中,也使城市的文化生活水平不断提高。

工业技术的发展实现了前所未有的生产力水平,为城市造就了大量的就业岗位。而与此同时,乡村中却产生了越来越多的农业剩余劳动力,于是在城乡收入巨大差距的驱动下,大量乡村人口开始向城市进行转移,使得城市人口迅速膨胀,正如马克思所说"人口也像资本一样集中起来"。既有的资料与数据都表明,西方国家在工业化过程中城市人口的集聚是非常迅猛的,仅就居住在10万人或以上规模城市的人口占国家总人口的比重从10%上升到30%的速度而言,英国用了79年,美国用了66年,德国用了48年。中国进入工业社会的时间晚于西方,但这一城市人口加速集聚的基本特征在改革开放后的快速工业化进程中也得到了明显的体现。

3) 后工业社会的城市

1960年代末以来,西方国家经济、社会、政治等方面的发展发生了全面而深刻的转型,西方学者将此后的社会称为"后工业社会"或"后现代社会"[9]。虽然对于后工业社会中城市的具体特征尚没有明确、统一的定义,但一般认为,一些西方发达国家城市的发展状态,以及国际社会形成的发展共识已经提供了种种先导性的表征。首先,从城市的产业结构看,服务业经济会超过制造业而在产业结构中占据主导地位[10]。早在1929年,美国第三产业已经接近国民生产总值的一半,达到了46.3%,随后,其第三产业的比重更是不断提高,1950年同比达到了55.6%,到1983年已经同比高达69.2%[11]。其次,从发展方式与职能上看,知识经济与科技创新成为城市经济可持续发展的核心动力[12]。城市的主要职能由工业生产向服务和管理转变,进而成为集聚知识密集型的高技术产业、生产服务业,以及其他服务业的理想场所[9]。同时,以计算机技术为代表的信息产业的发展,也对城市的发展形态、发展模式产生了深远影响。再次,从发展的理念上看,城市的可持续发展日益受到重视。伴随经济的高速增长,人类对自然的改造以及对资源的开发利用方式对地球的生态环境造成了严重破坏,已危及人类自身的生存环境[3]。在此背景下,联合国于1992年在巴西里约热内卢召开的联合国环境与发展大会上提出了可持续发展(Sustainable Development)的号召,又于2015年在纽约总部召开的联合国可持续发展峰会上进一步提出了17个指导未来发展的可持续发展目标(Sustainable Development Goals)(图3-2)。最后,从生活方式上看,人们在享受城市带来的高度发达的物质生活水平的同时,也越来越重视城市的人性化与城市的文化。例如,1980年代以来西方许多城市展开了城市复兴计划,对城市中衰败的工业厂房、码头等进行更新改造,推动了文化创意、旅游休闲等产业在城市中的发展[3]。

2015年9月25日联合国可持续发展峰会在纽约总部召开,联合国193个成员国在峰会上正式通过了《2030年可持续发展议程》,呼吁各国采取行动,为今后15年实现17项可持续发展目标(Sustainable Development Goals)而努力。这些目标旨在从2015年到2030年间,运用综合的方式彻底解决社会、经济和环境三个维度的发展问题,转向可持续发展道路。其

图3-2 联合国提出的17个可持续发展目标

中,目标 11 从住房、交通、防灾、公共空间、文化遗产等多个方面,提出要建设"包容、安全、有抵御灾害能力和可持续的城市与人类住区"。

概括而言,后工业社会的城市将以科技与现代服务职能为主体,以高科技作为生产与生活的支撑,社会文化趋于多元化,更加注重生态质量与人的全面发展,城市的文化、宜居性、可持续发展等被置为城市发展的中心主题。

3.2 城乡关系的总体演变

3.2.1 城市与乡村的基本区别

人类地域活动要素的不同组合(空间上的组合、种类上的组合、数量上的组合等等)形成了各种聚落景观,聚落因其基本职能和结构特点以及所处地域的不同,基本可以分为城市聚落和乡村聚落两大类型。在日常生活中,城市和乡村似乎很容易被区分开来,而实际上,由于世界各国、各地区自身的社会经济发展情况不同,目前世界上还没有一个统一定义城市与乡村的标准[3]。但城市和乡村作为两个相对的概念,依然存在着一些基本的区别,主要有以下六点[13]:

(1) 集聚规模的差异。城市有比乡村更大的人口密度、建筑密度、产业密度等,因而,城市与乡村的首要差别主要体现在空间要素的集中程度上(也可以说在分散程度上)。

(2) 生产效率的差异。城市的经济活动是高效率的,而高效率的取得,不仅是由于人口、资源、生产工具和科学技术等物质要素的高度集中,而且是由于高度的组织。因此可以说,城市的经济活动是一种社会化的生产、消费、交换过程,它充分发挥了工商、交通、文化、军事和政治等机能,属于高级生产或服务性质;相反,乡村经济活动则还依附于土地等初级生产要素。

(3) 生产力结构的差异。城市是以从事非农业活动的人口为主的居民点,因而在产业构成上不同于乡村,这也造成了城乡之间生产力结构的根本区别。

(4) 职能差异。城市一般是工业、商业、交通、文教的集中地,是一定地域的政治、经济、文化的中心,在职能上有别于乡村。

(5) 物质形态差异。城市具有比较健全的上下水、电灯、电话、广场、街道、影剧院、博物馆等市政设施和公共设施,在物质构成上不同于乡村。

(6) 文化观念差异。城市与乡村不同的社会关系使得两者之间产生了很多文化内容、意识形态、风俗习惯、传统观念等方面的差别。

当然,城市与乡村的差别可以是多种多样的,其差异还可以从生活方式、价值观念、人口素质等许多方面寻找。上述的描述虽不是很严密,但无疑是代表了城乡之间一些最基本的差异。

3.2.2 城市与乡村的基本联系

尽管城市与乡村有着很多不同之处，但它们是一个连续变化、相互互动的统一体，并不存在着截然的界限。尤其是随着经济社会的发展、城镇化的发展，以及各种快速交通、网络通信等技术条件的支撑，城市与乡村之间传统的反差强烈的景观及文化差异正日渐缩小，如日本、韩国，以及美国、澳大利亚、法国等发达经济体的城乡关系已经进入稳定阶段[14]，"城乡一体化"的现象愈发明显。实际上，城乡之间的联系所包含的内容极其丰富，为了区分这些联系的不同特点及作用范围，不少学者对城乡联系的一些主要方面进行了分类。城乡联系的实质，简单地讲，就是在资源相对稀缺的状态下，通过什么样的方式促使这些资源在社会不同的聚落间实现最有效地配置与流转。由于这一过程所包含的内容很广泛，所以长期以来，人们对这一问题的看法并不是完全一致的。国际上对城乡关系比较有影响的学说主要有以下几种：

（1）利普顿（Lipton）的"冲突说"。利普顿通过对发展中国家城乡关系的深入分析，给由政府对城市过分倾斜的保护政策而引起的非公平的冲突型的城乡关系起了一个专门的名字——"城市偏向"型的城乡关系。利普顿对那种掩盖城乡冲突的看法进行了批评，他认为，"城市偏向"导向的城乡联系直接引起了农村地区内部的不平等。

（2）科布里奇（Corbridge）的"依附说"。科布里奇认为，城乡联系不是一种孤立的现象，它很可能是另外一些社会基本结构作用的结果，是由其他关系如阶级关系、政治制度等所决定的，它只是依附于其他社会进程（如城镇化）的一种关系。他将一种依附于其他关系的现象上升到城与乡的政治对立，并将一些相对的概念如"农村集团""城市集团"等绝对化。

（3）科佩尔（Koppel）的"现实说"。科佩尔认为，城乡联系的实质仅仅在于它是一种"独立的现实"。它"代表和反映了独立的社会和空间事实，其产生、演进和变化，既是城镇化和乡村发展的结果，又是一系列社会、经济、政治进程的产物，还与当地特殊的文化、历史条件有关"。

（4）马克思、恩格斯的"阶段说"。他们认为，应该从城乡关系发展的整个历史过程来把握城乡联系的实质。具体来看，他们将城乡之间的关系直接论述为三个阶段，即"城乡统一—城乡分离对立—城乡融合"[14]：第一阶段为城市诞生于乡村，城市依赖乡村的"城乡统一阶段"；第二阶段为工业化加速了城镇化，政治、经济、人口等向城市过分集中，城市对乡村统治的不断加强，导致城市与乡村差距逐渐拉大的"城乡分离对立"阶段；第三阶段为城市与乡村相互合作，城乡差距减小的"城乡融合"阶段。

（5）刘易斯（Lewis）的"结构转变说"[14]。早在 1954 年，刘易斯就曾在《劳动力无限供给条件下的经济发展》一文中提出了"二元经济模型"，该模型及其修正模型(费景汉—拉尼斯二元经济论、乔根斯二元结构模型、哈里斯—托达罗模型等)对发展中国家由二元经济走向一元经济的过程做了系统描述。刘易斯重点指出了发展中国家一般存在传统部门(如农业部门)和现代部门(如工业部门)并存的二元发展结构,在工业化的进程下,农业部门出现了大量边际生产力接近于零的剩余劳动力,而这时工业部门只要保持以固定"制度工资率"的就业岗位,农业产出边际低于"制度工资率"的劳动力就会愿意向工业部门转移。在此过程中,农业部门由于劳动力流出,边际劳动生产力的上升使得农业部门的收入上升。在工业与农业两个部门的生产力水平相当时,也就是说两个部门的工资水平大体相当时,就达到了"刘易斯拐点"(The Lewis Turning Point),意味着一个城乡一体化的劳动力市场已经形成,二元经济最终融为一元经济。因此,在刘易斯的模型中,发展中国家经济社会发展的终极状态是城乡之间生产力和工资水平差距的逐渐消失,城乡经济发展水平逐渐趋于一致。

由此可见,城乡要素与资源的配置、城乡联系方式的选择是多样的,对于这些不同发展模式的选择,完全取决于不同国家与地区的具体情况,当然,不同的选择会直接造成不同的结果。但有一点是相同的,所有这些发展模式都承认城乡之间存在着多种复杂的联系,而且这些模式的形成,也都是与对这些城乡联系上相互作用与相互影响的不同认识紧密相关的。所以,对国家宏观城乡关系的认识与判断,就构成了我们对城乡发展模式选择的基础。

3.2.3 新中国成立后城乡关系演变的总体历程

新中国成立后,我国的城乡关系经历了曲折变迁,这一过程与国家的总体发展价值取向、政策体系、生产力发展水平等因素密切相关。综合相关研究[14-16],一般将我国城乡关系的发展脉络总结为以下三个阶段:

1) 改革开放前:"以乡促城"阶段

1949—1978年中国最根本的问题就是如何解决吃饭问题,并为工业化奠定基础和提供保障。面对西方国家全面封锁的严峻形势,我国采取了城乡"剪刀差"的做法,即在"工业导向、城市偏向"的整体发展战略和"挖乡补城、以农哺工"的资金积累模式下,发展农业的意义除了解决吃饭问题之外,更重要的是为工业化提供积累和降低成本[15]。由此导致了农村经济体制和城乡关系的变迁,逐步建立起农业支持工业、农村支持城市、城乡分隔的"二元"经济与社会体制,城镇化进程相当缓慢[15]。

2) 改革开放至2000年代初:"乡衰城盛"阶段

1978年中共十一届三中全会后,乡村和城市都逐步进行市场化改革,城乡关系进入了一个新的历史时期。计划经济体制下所形成的极不合理的工农产品价格剪刀差关系得到逐步调整,但是农业支持工业、乡村支持城市的基本趋向并没有改变。这一趋势具体可划分为以下两个典型时期:

1980年代初期至1990年代中期,家庭联产承包责任制的实施大大提高了农村劳动生产效率,农村经济出现了明显的制度释放性的增长[17]。在城乡体制性隔离的制度背景下,大量富余劳动力结合乡村原有的产业基础、低廉成本和外来的技术,在城市之外走出了一条独特的"离土不离乡,进厂不进城"的乡村工业化道路,使城乡经济之间的相互作用日趋紧密,极大地推动了国家的工业化发展进程,乡镇经济一度占据着全国工业生产的半壁江山[18]。这一乡村工业化的改革模式,对提高乡村地区的经济活力和居民收入曾发挥了巨大作用,但试图在乡村地区通过低成本工业化来解决乡村问题、就地城镇化问题,显然是不切实际的,也是难以持续的。1990年代中期以后,伴随现代化工业、外向型经济大潮的到来与迅猛冲击,大部分乡村地区由于不具备技术、管理和区位的优势,以及经济产权模糊等问题,难以应对激烈的市场竞争,最终导致乡村工业化模式逐步走向衰落[16]。乡村工业化也造成了乡村特色丧失、环境污染严重、大量耕地被占用等一系列问题。

1990年代以来,全球的生产资本在空间上发生了新一轮的配置重组,大量具有明显流水线和产业链集聚等规模化生产倾向的制造业资本开始流入中国。相较于"村村点火、户户冒烟"的散点式乡村工业,城市因其集聚型经济的发展优势而成为资本积累循环的首选地;与此同时,包括土地制度在内的一系列城市改革,为"企业家型"城市政府的形成提供了制度基础[16]。在上述市场化的条件下,工业的收益远大于农业的收益,城市的发展优势远大于乡村的发展优势,农村的劳动力、土地、资本等生产要素自发地快速向城市流动[15],产生了新中国历史上最快速、最大规模的城镇化进程。由此,中国的城乡关系进入了一个以城市为中心单向集聚要素的时期。在这样的背景下,大量农业剩余人口向城市涌入,使得空心村大量出现,乡村产业衰退、社会凋敝[19]。在这一农业剩余人口向城市转移的过程中,城乡体制的隔离却限制了人口在城乡之间的自由流动,导致大量进城务工的农业剩余人口难以在城市安家落户,出现了普遍的"半城镇化"现象。为进一步保障城市发展所需的大量廉价土地和劳动力,以加速推进城镇化来创造更大的"内需市场",城市政府对辖区内的村庄进行了大规模的行政撤并和空间集中(即"撤村并点""集中居住"),一方面是为了发挥乡村公共服务设施配置的规模经济效应[16],另一方面则是为了腾挪出更多的建设用地指标以供给城市的发展建设。大规模的乡村迁并过程破坏、扭曲了乡村的经济、社会、空间肌理,导致很多乡村被建设为城市聚落的翻版,使大量乡村呈现出"拟城化"的趋势[20]。

总体来说,1978年至2000年代中期尤其是1990年代以来,中国的城乡关系形成了以比较利益驱动和资本逐利为导向的"以乡促城"的格局。农民和农村主要通过直接投资(乡镇企业)、提供廉价劳动力(大量农民工)、提供廉价土地资源三种方式,为工业和城市的发展提供强大的要素支撑[15],城乡差距越积越大,城乡矛盾越来越尖锐。

3) 2000 年代中期以来:"城乡统筹"阶段

进入 2000 年代以后,面对粗放城镇化、唯国内生产总值(GDP)导向的经济增长模式所导致的日益加重的城乡差距和社会矛盾,中央政府对城乡关系的判断发生了历史性的重大转变,认为在城镇化、工业化发展到一定阶段以后,我国应当进入一个城乡统筹的发展状态[16]。2003 年统筹城乡发展上升为国家战略,并首次提出"建立有利于逐步改变城乡二元经济结构的体制";2004 年提出"工业反哺农业,城市支持农村,实现工业与农业、城市与农村协调发展"的重要论断;2005 年起开始进行"社会主义新农村建设",大力改善乡村的生活居住环境(如浙江的"千村示范、万村整治"工程、江苏的"村庄环境整治行动"[21]),并于次年正式取消了在中国延续了 2 600 多年的农业税;2017 年中共十九大又提出了实行"乡村振兴"的战略……

这些重要论断和政策的实施,都标志着国家在战略层面真正进入了推进城乡经济社会发展一体化的新阶段,使得城乡关系发生了战略性转型[15]。在战略层面,国家对城乡关系的认识由"城乡分治""大力推进城镇化"向"以工促农、以城带乡、城乡协调发展"转变。在城乡改革方面,改革的领域开始由经济领域拓展到社会领域(如免征农业税、农村义务教育免除费用、建立新型合作医疗)和体制领域(如调整基础事权、调整各级政府关系、实现国家治理体系与治理能力现代化)。在具体实践层面,人们日益认识到在一个成熟的城乡统筹发展关系中,乡村扮演着独特的、不可或缺的角色,乡村正日益成为更有魅力、更有品质的产业与人居空间。

总体而言,我国目前正处在从城乡二元经济结构向城乡融合发展阶段迈进的历史转折点,"有差异、无差距、可流动、无障碍"的城乡发展模式将是我国城乡一体化的理想状态[14]。即未来的乡村将超越传统意义上农村的概念,而成为低密度、具有独特文化和景观价值的人居形态[16],城乡之间在空间形态上有差异,但在社会关系和居民福祉上则并无实质的差距;同时,人们选择在"城市"或者"乡村"地区居住、就业的主导原因将不会是经济、教育、设施配套等因素,而更多的将是取决于个体对生活环境和生活方式的偏好[14]。以此为目标,综合运用市场和非市场力量,积极促进城乡产业结构调整、人力资源配置、金融资源配置、社会发展等各个领域的良性互动和协调发展。既充分发挥城市对乡村的带动作用,又充分发挥乡村对城市的促进作用,逐步形成以市场机制为基础、城乡之间全方位自主交流与平等互利合作、有利于改变城乡二元经济结构的体制和机制,实现工业与农业、城市与乡村发展的良性互动、动态平衡。

3.3 城镇化的内涵与规律

3.3.1 城镇化的基本概念

100 多年前,西班牙工程师塞尔达(A. Serda)针对工业化社会中人口、产业等要素大量向城市集聚而造成城市数量、规模不断扩大的现象,首次提出了"Urbanization"(城市化)一词。1979年南京大学吴友仁教授发表了中国第一篇城市化的学术论文,开启了中国对城市化的研究与探索实践。针对中国城市化空间地域与过程的实际特点,我国学者多把城市化翻译为"城镇化"[8],并逐渐为政府所接受。城市社会学、城市经济学、经济地理学、城市地理学、城乡规划学等诸多学科都展开了对城镇化问题的大量研究,社会学家将城镇化理解为城市型的生活方式发展和扩散的过程;人口学家更加关注乡村人口向城市的转移和集中的过程;经济学家将城镇化定位为非农产业不断向城市转移、集聚的过程;城市地理学家认为第二、第三产业的建立和空间集聚是城镇化的本质内容……总体而言,城镇化的概念应该包括以下两个方面的含义:

一是物化了的城镇化,即物质上和形态上的城镇化,也被称为"有形的城镇化",具体反映在以下方面:

(1) 人口的集中。包括人口总量的集中,即城市人口比重的增大;城镇点的增加,城镇密度的加大;每个集中点(即城镇规模)的扩大。

(2) 空间形态的改变。农业用地转化为非农业用地;居住形式由分散、低密度向集中成片、高密度转变;空间形态从与自然环境接近转变为以人工环境为主。具体表现在城市建设用地增加、城市用地功能的分化、土地景观的变化(大量建筑物、构筑物的出现)等方面。

(3) 经济社会结构的变化。产业结构由第一产业向第二、第三产业的转变;社会组织结构由分散的家庭向集体的街道转变,从个体的、自给自营向各种经济文化组织和集团转变。

二是"无形的城镇化",即精神上、意识上以及生活方式上的城镇化,具体体现在以下方面:

(1) 城市生活方式的扩散。

(2) 农村意识、行为方式、生活方式转化为城市意识、方式、行为。

(3) 农村居民逐渐脱离固有的乡土式生活态度、方式,而采取城市生活态度、方式。

综上所述,可以认为城镇化是一个过程,是一个农业人口转化为非农业人口、农村地域转化为城市地域、农业活动转化为非农业活动的过程;也可以认为是非农人口和非农活动在不同规模的城市环境的地理集中过程(有形的城镇化),以及城市价值观、城市生活方式在乡村的地理扩散过程(无形的城镇化)。

3.3.2 城镇化水平的测度

一个国家或地区的城镇化进程需要借用一定的指标来进行测度、衡量。由于城镇化是一个广泛涉及经济社会与景观变化的复杂过程,所以,对城镇化水平进行测度并非易事,必须建立由一系列反映城镇化本质特征的指标所构成的体系,才能准确反映城镇化的实际进程和水平。基于对城镇化基本概念的理解,除生活方式、思想观念等无形转化过程难以用量化指标反映外,人口、土地、产业等的变化过程均可用量化指标来反映。

在实际工作中,为了简便起见和易于进行不同历史时期、不同地区之间的比较,我们通常采用国际通行的方法——将城镇常住人口占区域总人口的比重($PU=U/P$,式中,PU——城镇化率;U——城镇常住人口;P——区域总人口)作为反映城镇化过程最主要的指标,通称为"城镇化水平"或"城镇化率"。这一指标既直接反映了人口的集聚程度,又反映了劳动力的转移程度。这一指标目前在世界范围内被广泛采用,并将这一指标作为城镇化进程阶段划分的重要依据。

需要强调的是,衡量一个地区城镇化的发展水平应该从多个角度进行考察,应该至少包括了城镇化发展的数量水平和质量水平这两个基本的方面,而且反映城镇化真正发展水平的不应是表面的数量指标,更重要的是多角度、系统性的质量指标。对于已经进入城镇化高级阶段的许多西方发达国家,城镇化数量水平已经进入了稳定的状态,甚至多年不会有新的增长,但其城镇化的内涵质量(物质生活水平、生态环境质量、文化与生活方式等)却随着经济社会的发展而不断提高。而在一些拉美国家如巴西、阿根廷、墨西哥等,全国的人口都主要集中在城市甚至是少数特大城市,虽然表面的城镇化数量水平很高,但是城市中的大多数人生活在恶劣的环境中,得不到正规的就业和基本的社会保障,城镇化的实际质量非常低,这种情况被称为"过度城镇化"(Hyper-Urbanization 或 Over-Urbanization)[8]。

3.3.3 城镇化的动力机制

所谓机制,就是事物内在的联系和运行规律。城镇化的发生、发展同样遵循着一定的客观规律,具体可以归纳为以下六个主要的方面:

1) 农业剩余贡献

城市起源于人类第二次社会大分工(即农业和手工业分离),这意味着农业生产力的发展及农业剩余贡献成为城市兴起和成长的前提。

城市是从事第二、第三产业人口集中的地区,城市不能大量生产农产品,因而城市人口所需的粮食必须由城市外部的乡村地区提供,剩余粮食的生产能力就成为城市生存和发展的基础。只有农业的发达,城市的兴起与持续成长在经济上才有保障的可能,而也正是基于此,世界历史上的第一批城市都诞生于农业发达的地区,如尼罗河流域、两河流域、印度河流域和黄河流域等。城市首先在农业发达地区兴起,是因为农产品剩余刺激了人口劳动结构发生分化,使社会中出现了一批专门从事非农业活动的人口来支持城市的进一步发展。由此,第二、第三产业的不断发展为农业提供了新的技术、工具和服务,促进了农业劳动生产率的提高,从而使农村能够为城市提供更多的剩余农产品和剩余劳动力。这一不断往复、叠加、上升的过程,就是城镇化随之发生、发展的过程[8]。

2) 工业化推进

城镇化进程是随着生产力水平的发展而变化的。18世纪下半叶爆发的产业革命使工业化成为近代经济的主体,并催生了城市的大量发展。工业化的根本特征是生产的集中性、连续性和产品的商品性,这就要求经济过程在空间上要有所集聚。而正是这种工业化的集聚要求,才促成了资本、人力、资源和技术等生产要素在有限空间上的高度组合,从而促进了城市的形成和发展,进而启动了城镇化的进程。

西方发达国家工业化时期产业结构的发展演进过程,也清楚地说明了工业化是如何促进城镇化的发生、发展的。在工业化初始阶段,主导产业为劳动密集型,如纺织、煤炭、基本工业消费品生产等,产业间的联系较少、依存度低,因此城市规模一般均较小,城镇化过程相对缓慢。到了工业化中期阶段,主导产业转变为资本密集型,如钢铁、机械、电力、石油、化工和汽车等工业,产业间的依存度提高,导致产业在空间上的集聚范围迅速扩大,引起城镇化过程加速。而到了工业化后期,技术密集型产业迅速崛起,如电子、计算机、生物制药等,工业生产过程的管理步入更现代化的阶段,致使工业生产部门对劳动力的吸纳力大大下降。但同时又由于生产效率的提高,人们对城市生活产生了新的要求,以及生产现代化对城市服务设施的需求更多,因此城市的地域范围会进一步扩大,第三产业会突飞猛进地发展起来。第三产业的发展赋予了现代城市以新的活力,使得城镇化进入更高层次。

3) 比较利益驱动

城镇化发生的规模与速度受到城乡间比较利益差异的引导和制约。城乡比较利益差异对于城镇化进程的驱动作用,可以从"推拉学说"中得到较好的解释。推拉学说指出,人口从乡村向城市转移的规模和速度受两种基本力的控制:一是城市的拉力,一是乡村的推力。其中,城市的拉力主要来自工业建设和生产规模的扩大对劳动力的需求,与工业发展相应的其他非农业活动对劳动力的需求,以及城市相对于农村在就业、工资、文化生活、发家致富、社会地位等物质和精神方面的优越地位所产生的不可抗拒的诱惑力等。而乡村的推力则来源于农业人口的增加超过土地开发速度而造成人均土地的拥有量绝对下降;农业技术尤其是农业机械和农业服务社会化的进步提高了农业生产率,造成农业劳动力的剩余;因种种原因造成的农村破产迫使贫穷的农民背井离乡;随着时代的变迁在逐步开放的条件下,世代祖居乡村的农民寻求理想"乐土"的精神推力;普遍存在的城乡发展差距等。正如P. 哈里森所说:"迁徙其实是用双脚表示自己意志的一种形式……之所以发生,是因为经济社会发展不平衡,经济增长带来的好处分布得非常不均,这是对不平等的抗议。"

4) 制度变迁促进

制度变迁对于城镇化进程在根本动力上具有显著的加速或滞缓作用,

合理的制度安排与创新是城镇化进程顺利推进的重要保障。以中国城镇化的历史进程为例,历史上长期实行的中央集权制对城镇化过程产生了巨大的影响。新中国成立以来,对城镇化直接产生影响的一项政策即城乡二元户籍管理制度,该制度在城乡之间筑起了一道壁垒,严重阻碍了城镇化的健康推进。改革开放以后随着改革的逐步深入,国家陆续出台了一系列向市场化体制转变的制度,如户籍管理制度、城市与农村土地使用制度、住房制度以及取消各种城市福利补贴的改革等,这些制度变革都从不同方面影响或推动了中国城镇化的发展。

5) 市场机制导向

市场的一个重要自发作用就是推动资源利用效益的最大化配置,由于城市相比于乡村对要素具有巨大的增值效应,所以在市场力的作用下,城镇化的进程也就得到了不断的推进。改革开放前,中国城镇化的动力主要是由政府推动,在计划经济体制下,中央、省、市政府既是城市建设的组织主体,又是城市发展的投资主体,二者基本是一致的。在这样一种体制框架内发展的城市,必然是一种典型的"自上而下型"的一元城镇化,导致城镇化动力不足、机制单一、速度缓慢、空间有限。改革开放后,随着社会主义市场经济建设和体制改革的不断深入,中国城镇化的动力主体除了国家(政府)这一推动主体外,还出现了企业、外力推动(外资带动)等,以及它们之间相互组合的多种类型的市场化推动主体。城镇化模式也不再是局限于"自上而下型"一种,而是出现了"自下而上型""内联型""外联型",以及它们之间相互组合形成的"自上内联型""自下内联型""自上外联型""自下外联型""上下结合内联型""上下结合外联型"等多种。例如,深圳由改革开放前的小渔村如今发展成拥有常住人口2 000万人左右的超大城市,其发展过程就是典型的市场化动力机制作用下的城镇化表现。

6) 空间规划调控

良好的城乡发展与城镇化进程,也是实现资源环境开发、利用、保护、转化有序循环的过程,这是城乡发展、城镇化进程与资源环境约束条件内在逻辑关系的统一。资源环境条件作为确立城乡发展速度与方式及城镇化进程合理有序推进的首要制约前提,必然要求在城乡发展、城镇化进程与资源环境条件之间建立起协调共生的机制。然而,城乡发展、城镇化进程与资源环境条件的协调共生并不会自然生成,这就需要建立健全以空间规划为基础的系列约束和调控机制,充分发挥空间规划对于城镇化进程有序健康发展的综合调控作用。事实上,在市场经济体制成熟的国家,空间规划与法律、税收等一起构成了政府调控经济、社会、生态协调可持续发展的有效手段。合理运用空间规划的调控手段,可以实现对生态环境的有效保护、空间等要素资源的集约利用,引导区域城镇合理布局,指导城市与区域综合交通体系、基础设施与公用服务设施的建设,优化和调整区域产业结构,促进城镇空间结构和产业空间布局的整合,等等。这些不仅将对城镇化起到积极的推动作用,而且可以从根本上提升城市、乡村、区域的竞争力与可持续发展能力。

3.3.4　城镇化的发展规律

1) 城镇化与经济发展相关规律

一个国家或地区城镇化水平的发展受到很多因素的影响,这些因素有国家或地区面积大小、人口多寡、历史基础、自然资源、经济结构和划分城乡人口的标准等等,但在所有因素中,城镇化水平与经济发展水平之间的关系最为密切。1962年美国地理学家布赖恩·贝里曾指出,"一个国家的经济发展与该国的城镇化程度之间存在着某种联系"。美国的城市地理学家诺瑟姆认为,城镇化水平与经济发展水平之间是一种粗略的线性相关关系,即经济发展水平越高,城镇化水平也越高。经济发展推动了城镇化步伐,城镇化过程也促进了经济发展。由于城市的聚集效应满足了对生产要素在空间上聚集的客观要求,促进了生产和服务的社会化、社会生产率的提高、交易费用的下降、资源的节约,充分发挥了城市经济的规模效应,从而极大地促进了经济的发展。

2) 城镇化进程的阶段性规律

城镇化是一个长期、复杂的人口、产业、空间演化过程和城乡功能转化过程,因而也必然表现出一些阶段性的规律特征。有学者通过研究西方发达国家的城镇化进程,提出了所谓的城镇化进程时空周期理论,将城镇化进程概括为四个基本阶段:

(1) 集聚城镇化阶段。该阶段从工业革命开始,大约持续到二战结束,其显著的特征是人口与产业从乡村向城市的集聚。工业革命催生了近代城镇化,工业化的迅速发展带来了城市的急剧扩张。工业建设和生产规模的扩大对劳动力数量产生了巨大的需求,而由于城市相对于农村在生活、就业、社会地位等物质和精神方面具有优越地位,使之对乡村地区的人口产生了不可抗拒的吸引力,导致了农业人口持续不断地向城市集聚。加之大工业生产对于集聚经济和规模经济的追求,共同带来了城市规模与数量的急剧扩张。

(2) 郊区化阶段。1950年代后,由于特大城市人口激增、市区地价不断上涨、环境日益恶化,社会富裕阶层为了改善生活水平而追求郊区的自然环境和低密度的独立住宅,加之小汽车的广泛使用、交通网络设施的现代化等原因,郊区化进程不断加速。在城市经济部门中,首先迁往郊区的是商业服务部门(超级市场、巨型市场、购物中心等),伴随商业服务部门之后外迁的是大量难以承受城市中心高昂地价的事务部门,现代电子通信技术的发展使事务部门迁往郊区办公成为可能。在商业服务部门外迁的同时,工厂也开始迁往郊区,一方面郊区的土地成本、环境保护的压力较低;另一方面公路运输系统的现代化,也为工厂在郊区集聚提供了便利条件。

(3) 逆城镇化阶段。进入1970年代以来,发达国家的一些大都市区人口外迁出现了新的动向,不仅中心市区人口继续外迁,而且郊区人口也向更大的外围区域迁移,出现了大都市区人口负增长的局面。也就是说,整个大都市区的人口持续减少,人们迁向离城市更远的乡村和小城镇,通过小汽车等交通方式实现与中心城市的往返通勤,这一通勤半径甚至可以扩大到 100 km 左右。由于这种城镇化进程高级阶段所表现出来的人口空间迁移特征恰恰与"集聚城镇化阶段"相反,所以国外学者将这一过程也称之为逆城镇化(Counter-Urbanization)。

（4）再城镇化阶段。随着世界城镇化进程的演进,1980 年代至今西方发达国家在经历了逆城镇化过程的高潮之后,出现了新的现象,即出现了再城镇化(Re-Urbanization)或绅士化(Gentrification)现象。这主要是因为,面对城市中大量人口和产业外迁所导致的经济衰退、人口贫困、社会萧条等问题,欧美国家的许多城市采取了一系列措施来吸引人口回流,例如积极调整产业结构、发展高科技产业和第三产业、积极开发市中心衰落区、努力改善城市环境和提升城市功能等。相比于郊区,城市在设施配套、公共服务、社会交往、文化活力等方面更有优势,因此逐步吸引了一些年轻专业人员和老龄人口由郊区向城市回流。

美国城市地理学家诺瑟姆(R. M. Northam)通过对西方发达国家城镇化进程的研究,将城镇化水平的变化过程概括为一条稍被拉平的"S"形曲线,并因此把城镇化过程分成三个阶段:①城镇化水平较低、发展较缓的初级阶段;②城镇化水平迅速提升的中期加速阶段;③进入高度城镇化以后城镇化水平增长趋缓甚至停滞的稳定阶段(图 3-3)。当一个国家或地区的城镇化水平低于 30% 时,为该国家或地区的城镇化发展初级阶段,这时生产力水平较低,城镇化进程发展缓慢;当一个国家或地区的城镇化水平达到 30% 左右时会迎来第一个拐点,工业化的发展推动了经济快速增长,其城镇化进程进入加速阶段;而当一个国家或地区的城镇化水平超过 70% 以后,其城镇化进程就步入

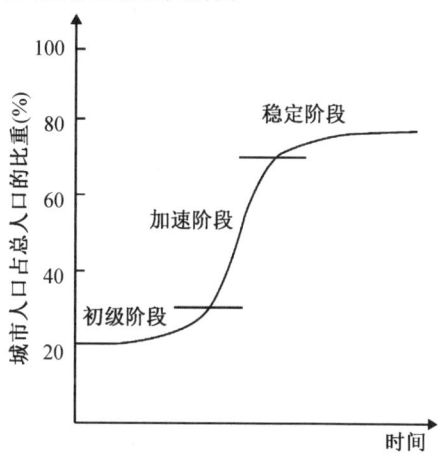

图 3-3　诺瑟姆的"S"形城镇化进程曲线

了相对稳定的阶段,城镇化的主要表现不再是数量水平的快速增长,而是城市内涵质量的不断提高。

3) 城镇化发展的非均衡规律

世界各国、各地区工业化进程、经济社会发展、历史基础、文化背景的不同,造成了世界城镇化进程表现出明显的非均衡发展状态,发达国家与发展中国家之间、发达国家内部以及发展中国家内部的不同区域之间均存在着很大的差异。总体上说,目前发达国家的城镇化率普遍在 80% 以上,中等国家的城镇化率在 60% 左右,而发展中国家的城镇化率大多数在 30% 以下,有的国家城镇化率甚至不到 10%。然而,从目前世界范围内城镇化的发展趋势来看,1980 年代后发展中国家的城镇化进程已大大加速,

城镇化发展的主体已从发达国家转移到发展中国家。由于信息革命的到来,发达国家正在进行自1960年代以来第二次大规模的产业结构调整,尤其是1990年代以来新一轮的全球劳动地域分工给包括中国在内的许多发展中国家带来了新的发展机遇,促进了城镇化的快速发展。

4) 城乡协同互动规律

城镇化作为非农人口和非农活动在不同规模城市环境的地理集中过程,城市价值观、城市生活方式在乡村地域的地理扩散的过程,本质上必然要求城乡之间协调发展、共同进步,即所谓城镇化进程的城乡协同互动规律。城市与乡村(即城市的腹地)或者城市与区域之间相互依托、互为基础,两者的协调发展对于城镇化的健康有序推进具有极其重要的战略意义。北美的城镇化进程生动地展示了由于城市的无序蔓延恣意侵害乡村利益,低密度的土地利用模式造成了资源的极大浪费以及区域生态环境的严重恶化;而拉美的城镇化进程则告诉我们乡村破产致使农民大量涌入城市的非正规就业部门,造成了城市贫民窟的大量蔓延,带来了严重的城市病,危及了城市的健康发展。因此,在城镇化过程中,城乡发展的不协调必将带来严重后果,危害区域发展的整体利益,招致发展的不可持续。

3.3.5 城镇化的发展模式

由于世界各国经济政治体制和经济发展战略的差异,城镇化进程在遵循一般规律的同时,也具有比较显著的自身特点,因而表现出多种多样的模式。世界各国的城镇化模式,大致可以概括为以下三种基本类型:

(1) 政府调控下的市场主导型的城镇化。这种模式主要出现在以西欧、日本等为代表的发达市场经济国家,市场机制在这些国家的城镇化进程中发挥了主导作用,政府则通过法律、行政和经济手段引导城镇化健康发展。城镇化与工业化总体上是一个比较协调互动的关系,处于一种协同共进的状态。

(2) 以美国为代表的自由放任式的城镇化。美国政治体制决定了城市规划及其管理属于地方性事务,联邦政府调控手段薄弱,政府也没有及时对以资本为导向的城镇化发展加以有效的引导,造成城镇化发展的自由放任,并为此付出了高昂的代价:城市不断向外低密度蔓延,大量消耗土地、能源与其他自然资源,空间、环境和社会结构性问题日益突出,庞大的财政支出使得城市政府不堪重负。1990年代以来,美国政府与社会各界开始反思,提出了"精明增长"(Smart Growth)、"增长管理"(Growth Management)等理念,强调土地利用的紧凑模式,鼓励以公共交通和步行交通为主的交通方式,保护开放空间,协调经济、环境和社会的公平。同时,州政府也更为强调城市规划的引导和管理作用。

(3) 受殖民地经济制约的发展中国家的城镇化。由于历史传统和现实因素的作用,拉美和加勒比海、非洲大部分国家的城镇化与这些地区的国家长期沦陷为西方列强的殖民地直接相关,形成了独特的发展模式。这些发展中国家普遍正在经历典型的过度城镇化过程,城镇化水平与西方国家接近,但经济水平却只有西方国家的1/20—1/10,城市发展质量很低。工业化发展严重落后于城镇化进程,城市扩展的主要原因是人口膨胀和城乡间巨大差距的吸引;首都城市的首位度往往极高,造成了少数城市的畸形繁荣、严重的城市病以及城乡之间的巨大落差,进一步导致城市基础设施和服务设施的供给急剧下降,城市环境恶化,贫民窟增多,人口死亡率不断升高。

探究国外城镇化发展过程,目的是总结经验、吸取教训,探寻中国城镇化的健康发展之路。各国在推进城镇化进程中都可以看到一些共同现象:为中低收入者提供住宅、保障公共设施和公共服务、合理利用土地资源、保护生态环境和历史文化资源等,特别是在城镇化快速发展阶段,必须要从维护公众利益、保护资源和生态环境、促进可持续发展的目标出发,加强对城镇化过程的宏观调控。我国幅员广大、人口众多、资源短缺、环境脆弱,区域之间存在着巨大的自然、经济与社会发展差异,加强对城镇化过程的宏观调控尤为重要。各地应从当地的情况出发,综合考虑资源、人口、经济发展阶段、社会文化等条件,合理选择城镇化的发展道路,强化空间规划的调控功能。任何机械照搬"一般规律"、盲目套用其他国家的经验,甚至强制推行某种模式,都是不可能从根本上成功的。正是在这样的背景下,中央在《国家新型城镇化规划(2014—2020年)》中提出新型城镇化既是未来中国经济发展新的增长动力,也是扩大内需的重要手段,并重点强调了城镇化过程中"人的城镇化"。概括而言,新型城镇化更加注重以人为本,注重城镇化的质量内涵与可持续发展,注重城乡统筹与乡村振兴等,中国城镇化自此进入了一个全新的发展阶段。

3.3.6 中国城镇化的特征与趋势

新中国成立以来的城镇化道路可谓一波三折,改革开放后经济社会发展迅速,带动了城镇化的快速发展,逐步走上了健康发展的轨道。概括而言,我国城镇化发展呈现以下基本特征:

(1) 城镇化过程经历了大起大落阶段以后,实现了持续增长。特别是2000年以后,随着城镇化上升为国家战略以及新型城镇化的提出,我国城镇化进入快速发展的阶段;中共十八大以后召开了中央城镇化工作会议,对健康、可持续的城镇化道路进行了顶层设计。

(2) 城镇化发展的区域重点经历了由东向西的转移过程。1980年代以后城镇化速度总体上是东部快于中西部、南方快于北方。但2000年代以后随着国家推动区域均衡发展,中西部城镇化进程加快,区域之间城镇化水平差距正在不断缩小。

(3) 在各级城市普遍得到发展的同时,区域中心城市及城市密集地区发展加速。以区域中心城市为核心,在全国出现了许多城市密集地区的发展形态,它们虽然形态各异、阶段不同,但都已成为区域甚至是国家经济发展的中枢地区,成为接驳世界经济和应对全球化竞争的重要空间单元。

(4) 部分城市正快速走向国际化。改革开放以来,我国经济的快速发展和综合经济实力的增强为一些国际城市的成长提供了有力基础。根据我国城市发展与世界经济体系的多项指标来看,除了香港以外,北京、上海、广州、深圳等已经进入国际城市的较高层级,杭州、南京、成都、重庆等城市也在全球城市体系中快速攀升。随着中国与国际交往更加频繁、开放度更高,中国的更多城市将会进入国际城市的行列,扮演越来越重要的功能,有些是综合性功能,有些则扮演专业性的国际城市。

近年来,由于国际国内发展环境的变化、中国经济社会发展阶段的变化,我国的城镇化进程出现了一些新的发展趋势:

(1) 适龄劳动力减少、中老年人口返乡等将导致城镇化增速下降。2012年全国劳动年龄人口200多年来首次出现绝对量下降,标志着我国劳动年龄人口不再延续一直以来的净增长态势,乡村地区向城市"无限供给"劳动力的情况已经改变[22]。而与此相伴随的则是人口快速老龄化,2023年我国65岁以上人口占比已经达到15.40%,而城镇化率才达到66.16%,英国、美国、韩国、日本等国家均是在城镇化的后期阶段才步入老龄化社会,中国的人口年龄结构属于"未富先老"。人口方面的这些结构性变化,将从根本上导致城镇化增速下降。

(2) 东部沿海地区城镇化速度趋缓,中西部地区城镇化进程将加快,而东北等地区则面临人口外流和衰退的严峻局面。东南沿海地区经济基础较好,且又积累了体制创新的种种优势,大、中、小城市全面发展,城镇化数量水平增速趋缓,由数量增长向质量增长阶段转变。随着国家区域均衡发展战略实施及综合生活比较优势的变化,中西部城镇化进程大大加快,城市数量和城市等级有较大的提升,区域中心城市、大城市正成为中西部地区城镇化中的主要角色[23]。而与此同时,以东北等地区为代表的一些资源型城市、重工业城市增长乏力的问题日益显现,人口外流显著,一些城市出现人口负增长,陷入了严重的衰退[24]。

(3) 以大城市为主体的多元化的城镇化道路,将成为我国城镇化战略的主要选择。大城市在经济效益、就业机会、文化生活等方面都高于中小城市,更高于农村。因此,在未来相当长的一段时间内,大城市仍然具有较强的"拉力",大量农村人口还会向大城市流动,尤其是以中心城市为核心的城市群、都市圈等将成为城镇化的重要集聚地。例如,长三角城市群、珠三角城市群、京津冀城市群、成渝城市群,不仅是高度城镇化的地区,而且已经成为国家、区域经济社会发展的中枢,成为国家参与全球竞争的重要空间单元。

(4) 在一些发达的特大城市地区,开始出现社会居住空间分异、"郊区化"等趋势。一些特大城市中由于社会阶层收入的差异加大,已经出现了居住地域的明显社会分化。而一部分发达城市的人口和产业开始出现向郊区外迁的"郊区化"趋势,给城乡空间集约利用、生态环境保护、都市区空间组织、城市交通、社会公平等带来了新的挑战。

(5)在一些沿海发达地区,城乡关系出现了逆转,乡村吸引力不断增强,城镇化数量水平的提升基本进入稳定甚至停滞的状态。随着经济社会的发展及交通、通信等技术的支撑,随着乡村振兴战略的不断推进,在一些城镇化数量水平已经较高的沿海发达地区,城乡之间的差距不断缩小,乡村的生态、文化、景观等多方面的价值愈来愈显著,乡村人居环境的魅力越来越彰显。不仅乡村人口进入城市的意愿大大减弱,而且乡村对城市人口、产业都产生了巨大的反向吸引力,一些城乡居民形成了"城乡双栖"的生活居住模式。

第3章参考文献

[1] 刘易斯·芒福德. 城市发展史:起源、演变和前景[M]. 倪文彦,宋峻岭,译. 北京:中国建筑工业出版社,1989.

[2] WHEATLEY P. The pivot of the four quarters: a preliminary enquiry into the origins and character of the ancient Chinese city[M]. Edinburgh: Edinburgh University Press, 1971.

[3] 吴志强,李德华. 城市规划原理[M]. 4版. 北京:中国建筑工业出版社,2010.

[4] 傅筑夫. 中国封建社会经济史[M]. 北京:人民出版社,1982.

[5] 庄林德,张京祥. 中国城市发展与建设史[M]. 南京:东南大学出版社,2002.

[6] 王圣学. 城市的起源及其发展[J]. 现代城市研究,1995(1):37-41.

[7] 顾朝林,张敏,甄峰,等. 人文地理学导论[M]. 北京:科学出版社,2012.

[8] 许学强,周一星,宁越敏. 城市地理学[M]. 2版. 北京:高等教育出版社,2009.

[9] 丹尼尔·贝尔. 后工业社会的来临:对社会预测的一项探索[M]. 高铦,王宏周,魏章玲,译. 北京:商务印书馆,1984.

[10] 孙群郎,郑殿娟. 西方发达国家后工业城市的主要特征[J]. 社会科学战线,2007,149(5):122-127.

[11] 章嘉琳. 变化中的美国经济[M]. 上海:学林出版社,1987.

[12] 任俊宇,刘希宇. 美国"创新城区"概念、实践及启示[J]. 国际城市规划,2018,33(6):49-56.

[13] 许学强,周一星,宁越敏. 城市地理学[M]. 2版. 北京:高等教育出版社,2009.

[14] 赵民,方辰昊,陈晨. "城乡发展一体化"的内涵与评价指标体系建构:暨若干特大城市实证研究[J]. 城市规划学刊,2018(2):11-18.

[15] 赵群毅. 城乡关系的战略转型与新时期城乡一体化规划探讨[J]. 城市规划学刊,2009(6):47-52.

[16] 张京祥,申明锐,赵晨. 乡村复兴:生产主义和后生产主义下的中国乡村转型[J]. 国际城市规划,2014,29(5):1-7.

[17] 叶健民. 中国农村发展历程[M]. 香港:进一步多媒体有限公司,2009.

［18］JEFFERSON G H，SINGH I．Enterprise reform in China：ownership，transition，and performance[M]．New York：Oxford University Press，1998．

［19］薛力．城市化背景下的"空心村"现象及其对策探讨：以江苏省为例[J]．城市规划，2001,25(6)：8-13．

［20］折晓叶．村庄的再造：一个超级村庄的社会变迁[M]．北京：中国社会科学出版社，1997．

［21］周岚，于春，何培根．小村庄大战略：推动城乡发展一体化的江苏实践[J]．城市规划，2013,37(11)：20-27．

［22］李晓江，尹强，张娟，等．《中国城镇化道路、模式与政策》研究报告综述[J]．城市规划学刊，2014(2)：1-14．

［23］李晓江，郑德高．人口城镇化特征与国家城镇体系构建[J]．城市规划学刊，2017(1)：19-29．

［24］张京祥，冯灿芳，陈浩．城市收缩的国际研究与中国本土化探索[J]．国际城市规划，2017,32(5)：1-9．

第3章图片来源

图3-1 源自：潘谷西.中国建筑史[M].5版.北京：中国建筑工业出版社，2004．

图3-2 源自：《变革我们的世界：2030年可持续发展议程》．

图3-3 源自：笔者根据有关材料绘制．

4 空间规划与国土空间规划

4.1 规划与空间规划

4.1.1 规划的概念与内涵

"规划"是我们日常生活中常常使用的一个词汇。作为动词,是指"规划"作为一种活动和过程;作为名词,是指"规划"作为一种文件和成果。现代科学迅猛发展,自然科学的目的是通过揭示自然界的规律,以达到客观模拟、演绎的效果;而社会科学的任务是规范、约束社会行为,以达到最好的预期。科学发展的根本目的是致力于建设一个更为美好的未来,"规划"作为一项普遍的活动,从 20 世纪初开始得到了全面的发展,并伴随着人类整个科学体系的进步而进步。

对于"规划",学者们有多种不同的理解:霍尔(P. Hall)认为,"规划作为一项普遍活动,是指编制一个有条理的行动顺序,使预期目标得以实现"[1]。多罗(Doror)认为,"规划是拟订一套决策以决定未来活动,即指导以最佳的方式实现目标,而且从其结果中学习新的各种可能及追求新目标的过程"。沃特斯顿(Waterston)认为,"规划本质上是一种有组织的、有意识的和连续的尝试,以选择最佳的方法来达到特定的目标""规划是将人类知识合理地运用至达到决策的过程中,这些决策将作为人类行动的基础"。缪尔达尔(Myrdal)认为,"规划是通过民主机制集体决定的努力,以做出有关未来趋势集中的、综合的和长期的预测,提出并执行协调的政策体系"。综上所述,我们可以得到以下一些对规划性质的基本理解:

(1)"规划"是一个为了实现一定目标而预先安排行动步骤,并不断付诸实践的过程。

(2)"规划"最基本、最重要的特征是它对未来的导向性,但不等于简单地模拟未来。

(3)"规划"是一系列选择行为后的结果,是一种优化方案。

(4)"规划"不是由原因到结果的循序过程。规划是以未来事件或状态(目标)作为组织现在行动和过程的原因、依据,并将成为以后事件发生或过程演进的规范,即事件发生的未来状态已经不仅仅是事件自身发展的结果,而是融入规划者对此有意识的控制。

(5)"规划"是一种基于概率的思想和方法,其并无绝对的正误之分。1986年罗宾逊曾经指出,"可靠的规划要表明的,往往不是会发生什么,而是不会发生什么"。

4.1.2 空间规划的概念内涵

1980年代以来,西方发达国家的规划理论与实践更加关注空间发展的整体性与协调性,在原有物质空间规划的基础上更加强调经济、社会和环境目标的共同实现。欧盟为了避免各国城乡规划体系的称谓不同,将这种具有整合和协调功能的规划称为"空间规划"(Spatial Planning)。"空间规划"在1983年欧洲区域规划部长级会议通过的《欧洲区域/空间规划章程》中首次提出并使用,这种具有综合性、协调性、战略性的规划逐步成为世界各国对不同层次规划体系的统称[2]。空间规划既是经济、社会、文化和生态政策的地理表达,也是一门跨学科的综合性科学学科群、管理技术和政策,旨在依据总体战略形成趋于均衡发展的物质组织。1997年发布的《欧盟空间规划制度概要》中指出,空间规划是指由公共部门对未来空间内各活动分配施加影响的各种方法,旨在创造一个更理性的地域土地利用组织和联系,在保护环境的同时对发展需求做出平衡,并实现各种社会和经济目标[3-4]。

对于空间规划的概念,各类机构的定义有所不同。欧洲理事会(COE)认为,区域空间规划是经济、社会、文化和生态政策在空间上的体现,其目标是为了实现区域的平衡发展以及空间安排,是一种跨领域的、综合性的规划方法。英国副首相办公室(ODPM)认为,空间规划超越了传统的用地规划,致力于通过用地空间来影响空间功能和性质的政策及项目的协调与整合[5]。欧洲共同体委员会(CEC)则认为,空间规划可以看作协调空间发展、整合目标、对空间要素进行综合或专项安排的技术手段和政策方法,空间规划的职能不再局限于用地空间的安排,而被视为整合各类政策的重要空间手段。

早期的空间规划一般是被作为一个实践性的问题来研究,随着政治、经济与社会过程的不断推进,英国乃至欧盟等对空间规划不断赋予更加多样、更加充实的内涵。不同国家对空间规划的范围与功能理解不尽相同,当前我国国内学者对于空间规划的定义也尚未达成一致的共识。严金明等人认为几乎所有国家的空间规划系统与定义均包含了三个要素:一个长期或中期的国土战略,一个不同空间尺度下整合各行业政策的协调方法,以及一个处理土地利用和物质发展问题的政府治理过程。张京祥等人认为空间规划是在一定时间和范围内,公共管理部门为达到特定的空间治理目的而采取的一系列行为方式的总和。空间规划被作为一个标签,用来描述国家、区域、城市的各种战略性、地方性的规划过程,以及反映政治、经济、社会发展的各个方面[6]。

4.1.3 空间规划的作用

1）为什么需要空间规划

一般认为,空间规划作为一种规范城乡发展(或形体结构)的思想在人类社会中很早就已经出现,并进行了大量的规划、设计等实践工作。但古代时期的空间规划(主要是城市规划)大多是基于对哲学、美学或宗教等的理解,主要强调的是对形体空间的种种象征性营建。而空间规划真正与社会经济的发展相结合并发挥重要作用,出现真正科学意义上的空间规划思想、理论或技法,出现成熟的空间规划学科并将空间规划作为一项政府主动的、日常性的工作,则主要还是近代工业革命以后尤其是 19 世纪末、20 世纪初以来的事情。因此我们可以说,空间规划的发展经历了一个由自发到自觉的进化过程,而在这其中,经济社会发展毫无疑问是最内在、最本源的推动力量。

概括而言,城乡空间的发展一般受到以下三种基本力量的作用(图 4-1)：

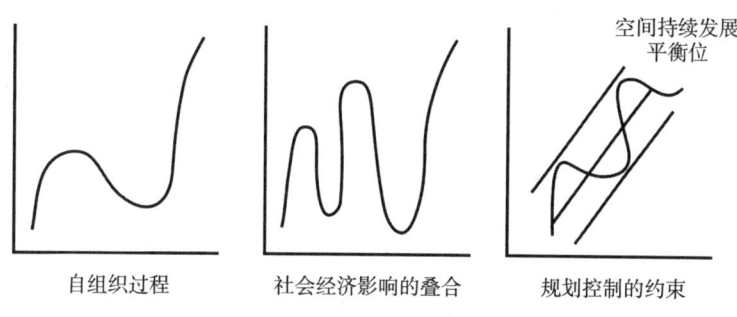

图 4-1 影响城市空间发展的不同力量

（1）空间自组织力的作用。人类生存的地表环境作为一种生态系统,其客观发展、空间建构具有一定的自律性。在空间发展、演化过程中,空间系统的结构与能量并非固定不变,而是在直接受新物质、新能量和新信息的刺激下发生着社会与经济变异,空间结构进行着相应的转化,空间的这种自发演化即空间发展中的自组织现象。空间发展中的自组织机制实质是对系统平衡与恒定的不断否定,在空间发展的过程中,出现阶段性的稳定现象是暂时的,而不稳定才是经常的。

（2）经济社会的影响作用。城乡、区域空间的发展是一个长期的过程,而此过程是经济社会发展整体过程中的一个组成部分,因而空间发展、演化及其所表现出的实际效果,亦必然受制于经济、政治和社会方面的力量与方式。国家、地区所处的经济发展阶段、经济结构组成、市场运作的方式,以及社会运作的基本体制、权利架构的基本体系、社会利益的分配关系等,均会对空间发展产生重大而直接的影响。

（3）空间规划的组织调控作用。作为人类生存发展依托的基础环境,空间的发展始终受到两种力量的制约与引导,即无意识的自然发展及有意识的人为控制,两者交替作用而构成空间发展过程中的多样化形式与多种发展阶段。例如,人类对城市发展的干预几乎是伴随着城市一起产生的,而空间规划(城市规划)作为一种目的明确、手段极为有效的调控行为(重要的公共政策形式),对城市的发展起到了有力的规范和干预作用。

前面提到的影响空间发展的两种力量——自组织作用及经济社会作用,由于缺乏人类明确的价值观指导及有效的控制,因而在这些力量的作用下,空间的发展极易表现为一种不规则的剧烈震荡,尤其是当两种力量复合在一起,将更会造成空间的无序发展并给空间的持续发展带来巨大的破坏。而空间规划的意义即在于:明确一个国家、地区长远发展的价值准绳,通过种种有效的手段(主要是空间的管制、引导),使得实际空间发展被约束在一个可以接受的、围绕"准绳"有限变动震荡的范围之内。因此,空间规划的组织调控有可能对一个国家、地区整体的发展演化过程产生三种影响:一是当规划组织力与空间发展自组织力、经济社会发展耦合同步时,加速国家和地区的发展;二是若反之,规划组织力则会阻碍或延缓空间自组织、经济社会发展的过程;三是通过空间规划的约束规制,修正空间自组织发展、经济社会发展的过程及方向。上述结果如何出现,完全取决于空间规划进行主动调控的目的、方式与能力,它与社会的整体价值观及社会权利主体的利益取向直接相关。

2) 空间规划的作用

由上可见,空间规划的主要作用在于它对空间演化、发展的主动引导和控制。空间规划通过对一个国家、地区未来发展目标的确定,制定实现这些目标的途径、步骤和行动纲领,并通过对社会实践的引导和控制来干预空间的发展。空间规划作用的发挥主要是通过对空间资源尤其是土地使用的分配和安排来实现的,从本质上讲,空间规划是公共政策的反映和体现。我们主要可以从以下几个层面来认识空间规划的作用:

(1) 作为政府宏观调控的手段

政府对经济社会的运行实行干预,必须要借助于一些有效的、可操作的手段,从空间规划(城市规划)产生时起,它就是被政府所牢牢掌握的。自近代工业革命以来,空间规划更是成为一项明确的政府职能,成为政府行政秩序及其运行操作体系中的一个重要组成部分。

在市场经济体制下,市场鼓励的是对个体利益的极大追求,各项经济发展要素的配置都会自发地遵循利益最大化的规律。但是市场的个体"理性"却会给社会带来一些外部不经济(例如企业为了追求自身的最大利润,给社会带来了严重的环境污染),从而造成社会整体的"非理性",于是就产生了社会利益、经济利益之间的冲突;再比如,市场通过利益最大化的原则对资源进行配置,但是无法保证对自然资源、生态环境、耕地等的保护,无法保障弱势群体的利益,从而造成自然环境破坏、社会不公平等问题;市场对具有经济利益的行为感兴趣,但是大量公益性的事业却无法从市场那里获得发展的动力；市场对短期可以获利的项目具有浓厚的兴趣，而常常对长期缓慢获益的项目难有兴趣。等等这些，都说明市场在配置资源、促进发展方面并不是万能的，它并不能解决经济社会发展中的一切问题，这就需要政府通过一定的方式对市场这只"无形的手"进行干预。

也就是说，在市场机制运行的过程中有必要建立诸多的"游戏规则"，这些规则并非市场的对立物，恰恰是为了保证市场的有效运行。因此，这些规则本身是市场发展的产物，空间规划就是这些诸多规则中非常重要的一个。空间规划从本质上讲，是政府基于对社会整体发展利益最优化的判断，通过划定空间保护和利用用途、控制空间开发强度等方式，以影响、纠正市场对资源的配置，努力减少市场所带来的消极效应、负外部性。所以从这个意义上看，空间规划是政府对经济社会发展进行宏观调控的重要手段之一，也就是依据国家、地区的综合利益、长远利益最优化原则而对市场经济的运行进行必要的干预，并对社会中众多分散的个体利益进行必要约束的过程。

（2）作为一种明确的公共政策

国家与地区的经济社会发展、空间建设是一个复杂的巨系统，其涉及社会公、私各部门以及广大的个体利益成员。而为了协调这些诸多利益主体的行动以形成促进发展的合力，要把那些不同类型、不同性质、不同层次的分散决策相互协同起来，并统一到与国家、地区发展的整体目标相一致的方向上，要把各类部门的决策和实际操作相互协同起来，以免产生相互的对抗而带来各自利益的抵触及由此而来的消耗，就需要有一整套未来发展的目标和事先协调的行动纲领，就必须有一个明确的公共政策框架作为行动的导引，空间规划就是一种这样的"公共政策导引"。

无论是公共部门还是私人部门，只要它们本身需要发展或者处于发展的环境之中，它们就需要有空间规划这样的政策框架来作为其自身发展决策的依据，需要据此来调整自身发展的策略，使其在谋求各自利益的过程中接受社会整体的价值基础，从而制约其行为方式、预期其行为结果。空间规划本身就是这样一种有关空间发展政策的表述，它主要表明政府对整体空间或特定地区发展的期望，明确各种保护要求、发展条件以及政府可能提供的支持，并采取种种方式约束、刺激、引导市场的行动。所以，空间规划是国家、地区在经济社会发展过程中各个部门、各利益主体进行博弈、决策整合的共同基础，它可以提高决策的质量，尽量克服未来不确定性所可能带来的损害。

（3）保障社会公共利益、维护公平的重要途径

随着城镇化的发展，当大量的人口、产业集聚到一个相对集中的地区时（例如城镇），就形成了一些共同的利益要求——对"公共物品"的需求。但是，公共物品具有"非排他性"和"非独占性"的特征，市场不可能自觉地提供公共物品，这就要求政府的干预。空间规划通过对社会、经济、自然环境等的分析，结合未来发展的安排，从社会需要的角度对各类空间使用与

公共设施布局等进行安排,并通过空间资源规划、土地使用安排为公共利益的实现提供基础,通过开发控制、管制来保障公共利益不受到损害。对于自然资源、生态环境、耕地、历史文化遗产、自然灾害易发地区等,则通过空间管制等手段予以严格保护和控制,使这些资源或地区能够得到有效保护,从而实现公共利益的最优化。

(4)作为空间总体协调架构的控制

空间规划的主要对象是包含城乡、区域自然与人类活动在内的空间系统,空间资源尤其是土地使用的规划和管理历来是空间规划的核心内容。空间规划通过限定一个国家、地区中各项空间要素发展的区位、保护或使用用途、使用方式和使用强度等,对空间资源保护及利用格局进行优化配置,从而建立起一个符合国家、地区长远发展所需要的空间结构,并保持发展的整体连续性、稳定性。

空间规划对于空间结构的塑造作用主要表现在三个方面:第一个方面是对城市、乡村需要外延拓展的地区进行提前谋划与控制,以避免无序的开发行为的产生,引导、规范土地以及其他空间资源的使用;第二个方面是对城市、乡村中既有需要改造、提升的地区进行规划,从而实现城乡功能、社会环境与物质环境的更新;第三个方面是通过规划来划定需要保护或不可开发的生态地区、农田保护地区、历史文化遗存地区等,以引导形成景观优美、舒适宜居、健康可持续的人居环境。

4.2 中国空间规划的发展演变

4.2.1 国家治理现代化视野中的空间规划

从世界发达国家的普遍经验看,空间规划作为一种重要的公共政策,是政府进行空间治理的重要手段,对于具有强政府传统并实行城乡土地公有制的中国而言,则更是如此。在改革开放后的很长一段时期,中国在空间规划领域出现了"多规并存"的现象,这些不同类型的空间规划分别对国家治理体系的不同层级、不同维度产生了重要的影响。例如主体功能区规划,通过将全国的国土空间划分为优化开发、重点开发、限制开发和禁止开发四类主体功能区,体现了国家对国土空间开发的战略意图以及对地方发展的控制和约束,从而完成垂直方向上中央—地方政府权利关系的调整;土地利用规划则重在调整垂直的府际关系,以及横向上政府与土地所有者的关系,中央政府通过把控各级地方建设用地指标供给、控制农用地向城镇建设用地的转换,实现国家对土地用途的宏观管控及对地方发展空间的计划管理;城乡规划则重在调整政府—市场—社会的利益格局,作为"各种冲突力量进行谈判、协调的方式",统筹政府、市场和社会多元权利主体的诉求,对城乡空间资源的使用和收益进行综合分配。

这些"多规"实际投射的是不同权利主体的治理理念与目标差异,因此,早些年出现并愈演愈烈的"多规冲突",其本质上是各级政府之间以及各部门机构之间的权利博弈。从更深层次看,"多规冲突"的乱象则是在国家治理体系转型过渡的特殊时期,治理逻辑混沌摇摆、集权与分权交叉反复的具体表现。中共十八届三中全会将"推进国家治理体系和治理能力现代化"作为全面深化改革的总目标,意味着中国已明确了国家治理体系转型的基本方向,并开始着手重构现代治理体系。中央政府提出"多规合一"、建构新的空间规划体系,本质上是对纵向府际关系与横向"政府—市场—社会关系"——垂直与水平治理体系的全面重构。由此可见,空间规划体系的重构对未来的政府、市场和社会发展都将产生深远的影响,空间规划体系的建构也绝不能仅仅从行业内部"技术工具优化"的角度来认识、思考,而必须兼顾实现统一与多元、效率与效应、规制与活力等多重目标关系。

4.2.2 中国空间规划发展演变的总体历程

中国的国家治理体系既受到长期中央集权传统的深刻影响,又随着经济社会的发展而不断发生适应性变化,改革开放以来尤为如此。在国家治理体系变迁的宏观背景下,中国的空间规划体系在各个时期亦受到多元交织的时代环境影响,并与中央—地方、政府—市场—社会之间的权利格局息息相关。基于国家治理体系变迁的基本视角,我们可以将新中国成立以来空间规划的演变历程总体划分为五个阶段。

1) 计划经济时期(1949—1977年):作为国民经济和社会发展计划的空间落实

新中国成立初期,国家刚刚经历过长期的战争洗礼,面对西方国家的封锁,亟须稳定政治与经济形势、快速恢复生产,因此在各领域全面效仿苏联,构建了一套建立在计划经济体制之上、由"全能型"政府制定并执行经济社会发展计划的中央集权式国家治理体制。在经济领域,通过社会主义改造实现生产资料的全面公有制,自上而下形成对各级政府、整个经济部门事无巨细的计划指令式管理,国家经济生产高度依赖政府对资源的调控和分配;在社会领域,则依靠自上而下的政治动员,来实现对社会群体与个人的高度整合和有效管理。

配合中央集权、政府主导的国家治理模式,这一时期的区域规划、城市规划作为主要的空间规划类型,成为国家自上而下进行资源配置、生产力布局的重要工具。在当时的计划经济环境中,一切城乡空间的权利主体都是国家,空间所有及空间使用的权利也均由各级政府或集体占有。在整个国家完整严密的计划经济体制框架中,区域规划、城市规划都是从属于国民经济和社会发展计划的一部分,承担着对国民经济计划进行单向、被动空间落实的功能,即空间规划是"国民经济和社会发展计划的空间图解"。

2) "双轨制"并存时期(1978—1992年):集权—分权交织的规划体系

1978年召开了中共十一届三中全会,中国开启了"摸着石头过河"的渐进式改革。随着对长期固守的计划经济体制的逐步调整、放弃,在国民经济生产与消费领域中国家指令性计划的范围不断缩小,市场主体的作用逐渐增强,政府对经济与社会完全支配的局面不断趋于放松。但总体来看,这个时期的社会意识形态仍然在计划经济和市场经济(商品经济)谁主谁次的争议中摇摆,自上而下的管控和"计划"色彩依然还比较强烈,因而使得这一时期的国家治理体系呈现出独特的计划经济与商品经济"双轨制"并存的局面。

受到国家治理体系"双轨制"并存的影响,中国的空间规划体系此时也表现出集权—分权相交织的特征。一方面,空间规划在很大程度上延续了计划经济时期以国家宏观调控为主的色彩,由计划部门牵头编制宏观层面的国土规划、区域规划,并借此体现国民经济计划的空间布局意图;另一方面,随着垂直计划性指令的不断弱化,地方发展的自主性不断增强,各地市纷纷启动城市总体规划的编制工作,并在其中着力体现地方的发展诉求。到1988年底,全国的城市、县城总体规划已全部完成,深圳、珠海等沿海开放城市还进一步编制了详细规划和各种专业规划。由此初步构建起了从国家层面(全国国土规划)到区域层面(区域性国土规划),再到地方层面(城市总体规划等)的空间规划体系[7],尤其是1990年《中华人民共和国城市规划法》的颁布实施,标志着以城市规划为主体的、层级完整的国家空间规划体系初步形成。而这个时候刚刚出现的土地利用规划,其影响力与成熟度还十分有限。

3)"增长主义"导向时期(1993—2001年):支持经济增长的空间工具

1993年中共十四届三中全会通过了《中共中央关于建立社会主义市场经济体制若干问题的决定》,确立了市场在资源配置中的基础性作用,标志着中国从此转向外向型、市场化的经济增长道路,由此进入经济高速增长的阶段。1994年分税制改革则在实质上完成了中央向地方的行政性分权过程,加之此前的城市土地有偿使用制度改革,此后的取消住房福利化分配体制、国家提出城镇化战略等一系列重大政策的实施,地方政府被赋予了相对独立的利益,开始更加积极地介入经济发展。对"发展就是硬道理"的共同信奉,使得中国在这一时期自上而下全面形成了以追求短期经济增长为目标、高度企业化的增长型政府,掌握着土地资源的地方政府尤其如此,进而演化成具有中国特色的"土地财政"。

这一时期在国家治理体系分权化的导向下,国家空间规划体系的重心随之下沉,形成了以地方(城市)为核心、高度分权的空间规划体系。宏观层面自上而下的国土规划、区域规划随着中央政府职能的改革而趋于沉寂,地方层面基于增长导向的城市总体规划、控制性详细规划等的快速发展,试图努力突破上位规划、法定规划所约束的城市发展战略规划等"非法定规划"也是风起云涌。对于高度企业化的地方政府而言,空间规划的角色在这一时期也发生了巨大的转变。在分税制带来的地方财政饥渴和土地财政诱惑下，土地成为城市政府最为关注的"资产"，通过空间规划来超前、超值实现城市土地经营以发挥其最大价值的观念得到普遍认同。于是，这一时期的城市规划开始更多地服务于城市经营、增强城市竞争力、吸引市场资本的竞赛，成为地方政府推动经济增长的重要工具；而作为约束城市扩张的土地利用总体规划，在地方政府强烈的增长诉求下则被视为"阻碍发展的力量"。

4) "调控—刺激"反复期（2002—2012年）：多规冲突、多元体系并存

进入21世纪，国际国内形势发生重大变化，上一阶段经济高速增长过程中所积累的发展粗放、生态恶化、社会矛盾激化等问题开始集中暴露。为了纠正过去单一追求经济增长的发展模式的种种弊端，中共十六大以后提出了五个统筹、和谐社会等一系列目标，进而提出以人为本、全面、协调、可持续的"科学发展观"，表达出中央政府的发展价值取向已经发生了重大的变化。面对改革开放以来实行总体放权而导致的地方发展失序状况，中央政府再度开始谋求加强宏观调控和管制的尝试。但总体而言，这一时期国家并未形成清晰的治理思路，一方面中央政府既希望加强集中管制的力度，另一方面又受到刺激地方经济高速发展的现实需求掣肘，加之房地产绑架了地方土地财政、国家金融体系，以及2008年全球金融危机等复杂因素的影响，导致国家的政策在集权—分权、调控—刺激之间反复摇摆，陷入"一放就乱，一收就死"的怪圈。在广大的地方政府层面，GDP与财政收入增长仍然是主要追求的目标，增长主义的发展模式一时仍难以根本扭转。"中央统筹的目标"与"地方发展的冲动"之间的拉锯式博弈，深刻地影响了这一时期的国家治理格局。

这一时期受到国家治理政策反复、治理方向不清、治理体系不明的影响，国家空间规划体系呈现出表面"繁荣"与内在"混乱"并存的局面，多规冲突，多元规划体系冲突。一方面，空间规划作为国家加强宏观调控的重要手段，此时获得了中央政府前所未有的重视，长三角、珠三角、中原经济区等众多作为"国家战略"的区域规划相继出台；而地方政府为了能够挤进国家的"政策包"，也纷纷努力将地方性、地区性规划上升为"国家战略"。而中央各部委间出于争夺话语权、资源分配权的需要，也争相推出并强化各自的空间规划，如发改部门的主体功能区规划、区域规划，国土部门的土地利用规划、国土规划，环保部门的生态环境规划、生态红线规划等，住建部门传统的城市规划也拓展成了"城乡规划"，中国的空间规划进入了多规冲突、多元混乱体系并存的"战国时代"。

层出不穷、相互冲突的空间规划，不仅无一可以成为国家自上而下进行空间治理的有效手段，而且也导致地方政府难以应对多规冲突的矛盾，极大地削弱了国家治理能力。在矛盾最为集中的三大空间规划类型中，城乡总体规划的实际编制主体是地方政府，更多地体现了地方的发展意志；土地利用规划是对地方空间发展资源的严格管控，但是目的单一、管控手段"刚性有余，弹性不足"；主体功能区规划更多地体现了对地方分类发展

的引导,但是缺乏有关配套政策机制等实施手段。加之各类空间规划的编制时序不统一、技术规范相异、管理对象交叉、审批程序相互独立等问题,都难以得到有效实施。总体来看,这一时期国家空间规划体系在类型构成、层级对应、事权划分、技术标准等方面都是非常混乱的。

5) 治理体系全面重构期(2013年以后):多规合一与空间规划体系重构

2013年中共十八届三中全会提出"推进国家治理体系和治理能力现代化"的改革总目标,首次在国家政治层面明确提出了"治理现代化"的重大命题,标志着中央开始着手对国家治理体系进行全面的重构。国家治理体系与治理能力现代化改革的关键,在于针对中国国情统筹好集权与分权的关系,建立起分层有序、责权清晰、传导有力、活力充盈的治理格局。

随着国家治理体系的重大调整,中国的空间规划也迎来了一场自上而下的全面、深刻变革。中共十八届三中全会首次提出"建立国家空间规划体系",并要求空间规划体系实现"全国统一、相互衔接、分级管理";2014年国家开始推动"多规合一"工作,并在28个地区展开试点,探索建立空间规划的协调机制;2018年中共中央、国务院机构改革方案出台,明确将主体功能区规划、城乡规划、土地利用规划等空间规划职能统一划归新成立的自然资源部,由其承担"建立空间规划体系并监督实施"的职责,标志着国家空间规划体系重构迈出了历史性的一步。国家空间规划体系是国家治理体系的重要组成部分,国土空间规划将消除此前的多规矛盾冲突,实现空间规划的体系与职能整合,全面重构各级政府事权,成为中央对地方发展进行有效规制的重要手段。

4.2.3 中国空间规划发展演变的总体趋向

从上可见,我国的空间规划体系总体上经历了从以"一规"(国民经济和社会发展计划)为主,到"三规"(国民经济和社会发展规划、城乡规划、土地利用规划)鼎立、"多规"冲突,再到"多规合一"的演变过程。与国际上发达国家成熟的空间规划体系相比,我国仍处于完整、统一的空间规划体系建立的初级阶段。但从空间规划变迁历程中,仍能够探寻我国空间规划体系演进的总体趋向。

(1) 地位:从国家治理体系的相对边缘走向中心位置。在相当长的一段时期中,空间规划整体上处于我国国家治理体系中比较边缘的位置。在1980年代到1990年代初期,空间规划虽然受到国家层面(国土规划、区域规划)、地方层面(城市总体规划、详细规划等)的重视而得到较大的发展,但总体上仍深受计划体制的影响,仅扮演着"国民经济和社会发展计划的空间落实者"角色。而在1990年代初到2000年代初,国家治理的主体思路还是促进地方的分权、竞争和发展,城市规划的主要功能是作为"地方增长机器"服务地方经济增长的目标,而非对空间资源的有效管控与集约利用;国家自上而下推动的土地利用规划,也只是对于市场主导经济增长所造成的资源过度消耗的一种被动响应,而不是积极有为地去引导地方发展模式的转型。

从 2000 年代中期至今,国家重新重视区域规划职能,除了传统延续的城乡总体规划、土地利用总体规划外,主体功能区规划、生态环境保护规划等多层次、多类型、空间覆盖度广的空间类规划一并出现,成为国家优化国土空间开发、治理转型的重要平台,标志着空间规划开始走向国家治理舞台的中央。空间规划逐渐从过去适应分权化、市场化需求的被动者角色,转向主动、积极有为地引导经济、社会、空间转型发展[8]。2019 年《中共中央　国务院关于建立国土空间规划体系并监督实施的若干意见》发布,标志着统一的空间规划体系顶层设计基本完成。未来我国的空间规划体系将在调节地方发展模式、应对市场的负外部性等方面发挥更加有力的作用,并承担引领发展转型、推进国家治理体系与治理能力现代化的重任。

(2)目标:从服务单一目标到多元目标的过程。中国空间规划的变迁,是空间规划服务目标从单一转向多元的发展过程。从改革开放至 1990 年代初,空间规划主要服务于国民经济和社会发展计划,负责重大项目的落地,主要是重点服务于国家意志的空间落实。在 1990 年代初到 2000 年代初,空间规划主要服务于地方增长联盟的政治、经济发展需要,以促进地方经济增长为主要目标。2000 年代初期以后,空间规划服务目标的多元化趋势日益凸显。这一时期创新衍生出多种空间规划的类型,尤其以区域型规划为代表,诸如以优化国土空间开发为目标的主体功能区规划,以保护生态环境为目标的生态环境保护规划,以优化城镇统筹布局为目标的城镇体系规划,以区域城市间协调发展为目标的城市群规划、都市圈规划等。此外,国家批复的许多国家战略区域规划也都有明确的发展方向引导色彩,如《鄱阳湖生态经济区规划》《京津冀协同发展规划纲要》《苏南现代化建设示范区规划》等。这些规划类型的出现,不仅仅是有关部门的技术性创新,更是当国家经济社会发展面临复杂转型问题时,试图通过各种空间规划来进行积极响应和主动作为的体现。

(3)角色:从不断反复走向全面重构和规范化。空间规划体系本身作为政府治理体系的重要组成部分,难以摆脱中央与地方关系不断反复的冲击与影响。从改革开放初期延续中央集权体制,到 1990 年代大力推动分权化,再到 21 世纪初中央的再集权化,空间规划的功能角色也从服务国家发展计划的工具,到服务市场和地方政府利益的增长工具,再到国家对地方发展实现战略引领、刚性管控的规制工具,总体上都是为适应经济社会发展的新需要、国家治理体系不断自我革新的过程。进入 21 世纪以后,空间规划体系逐渐成为中央与地方治理的重要抓手,在推进国家治理体系与治理能力现代化的战略目标下,通过对空间规划体系进行全面的重构,推动其成为规范化、制度化的空间管理工具。

（4）属性：从促进增长的工具到战略引领、刚性管控相结合的公共政策。1990年代以来，以城市规划为主的空间规划成为服务地方增长联盟、促进地方经济增长的重要工具，在很大程度上偏离了城市规划作为约束市场负外部性、维护公共利益的角色。直到2008年新的《中华人民共和国城乡规划法》的颁布实施，城乡规划作为重要公共政策的属性才被强调并逐步得到认识。随着中共十八大以后中国的经济发展步入"新常态"，面对国际、国内发展环境的巨大转变，追求高质量的发展成为举国上下的共识。"绿水青山就是金山银山"的重要论断，就是对我国经济社会发展根本价值观转向的经典表述。空间规划的价值观也已经从过去强调经济增长优先，转向以资源环境保护、城乡区域协调等公共价值优先，空间规划愈发成为落实国家发展意图、贯彻可持续发展意志的重要抓手，成为实现战略引领、刚性管控目标的重要公共政策。

4.3 国土空间规划的内涵与属性

人类社会进步过程总体上经历了从"原始文明""农业文明"到"工业文明"，再到"生态文明"的发展过程，随着我国逐步步入生态文明发展的新阶段，推动生态文明建设，实现人与人、人与自然、人与社会的和谐共生，已成为国家在各个领域进行深刻改革的重大命题。国土空间规划是对一定区域国土空间开发、保护的空间与时间上所做出的统筹安排，它是国家空间发展的指南、可持续发展的空间蓝图，是各类保护与开发建设活动的基本依据。国土空间规划既有别于传统以发展建设为主导的城乡规划，也不同于传统要素单一、纯管控思维的土地利用规划，必须在生态文明的理念下，对原有各类空间规划的理念与方法进行重大的调整与重构。

4.3.1 国土空间具备多元价值

古今中外的国家治理发展经验都表明，不论是政府、市场还是社会都不是万能的，良好的国家治理体制离不开各主体的共同合作、协调平衡。国土空间作为一切自然资源存在、经济社会活动开展的物质载体，承载了中央政府、地方政府、市场、社会、个人等众多主体的不同利益诉求，因此它也同时具有了自然资源属性、资产与资本属性、人文社会属性等多重价值属性。在国家治理现代化的目标要求下，空间规划体系的重构首先应基于对"国土空间"多元价值属性的全面理解和准确把握。

国土空间不是纯粹的物质形态空间，也不是纯粹的、不受扰动的纯自然空间，而是现实经济社会活动与需求的鲜活投影，也是充满人性、文化和活力的"场所"[9]——空间就是社会[10]。建构国土空间规划体系的前提是对国土空间多元价值属性的准确认识，既要通过对国土空间"自然资源"价值属性的强调，改变过去很长一段时期的"增长主义"所导致的"重发展，轻保护"等问题与倾向;但是,也要充分认识到国土空间所具备的更广泛、更实际的人文社会属性、资产资本经济属性等。

4.3.2 国土空间规划的综合目标

在面对政府、市场、社会等多元主体各自利益取向时,国土空间规划不能仅仅追求单一的目标,而是需要实现对多元化目标的统筹平衡。随着中国发展价值取向由过去的经济增长优先转向生态文明导向,国土空间规划必须将实现人与自然和谐相处的问题放在突出位置。但是这里特别需要明确的是,生态文明并非就是简单、静态、绝对的生态保护,而是经济社会发展高级阶段的人类价值追求,生态文明建设旨在实现以人为本、人与自然和谐共生的高质量发展、可持续发展,是更高层面发展与保护的统筹协调。

对于国土空间规划而言,生态环境保护、自然资源管控固然是前提和基础,但并非规划内容的全部,更不能将国土空间规划狭隘化为"土地与生态资源保护规划"。也就是说,国土空间规划不仅需要高度重视对自然资源要素的有效保护与管控,同时,要努力促进生态产品的价值实现,更需要将如何实现人与自然和谐的高质量发展作为第一要务[11],这也是中国传统文化中一贯强调的人地和谐、天人合一。忽视人与自然的任何一方,或者片面强调任何一方,都是不对的,国土空间规划的最终目的是为了实现更高质量、更可持续的发展,其他的种种规制都是实现这一目标的手段和路径。

历史上西方国家曾经一度争论空间规划到底是"发展的敌人",还是"发展的朋友"? 最终还是认同空间规划是发展(而不是简单的GDP增长)的"朋友",规划是为了实现更好、更可持续的发展。无论从国际普遍规律看,还是从我国的现实基础和未来发展需求看,国土空间规划的核心目标都应当聚焦于解决"人民日益增长的美好生活需要和不平衡不充分的发展之间的矛盾"这一新时代根本任务。我们必须超越单纯的"空间管控技术工具"角色,真正从"公共政策"的角度来全面理解国土空间规划的功能定位,统筹考虑保护和发展之间的关系,统筹政府、市场、社会的关系,统筹效益、秩序、品质的关系,统筹长远目标与实施时序的关系。

4.3.3 国土空间规划的属性与作用

国土空间规划是经济、社会、文化、生态政策等在特定地理区域的表达,是政府管理空间资源、保护生态环境、合理利用土地、改善民生质量、平衡地区发展的重要手段。

1) 兼具管控工具与公共政策的属性
(1) 作为管控工具的空间规划。国土空间规划的对象是国土空间系统,对空间的管控和引导是国土空间规划的核心内容。国土空间规划通过限定各空间要素保护或发展的区位、建设方式与建设强度,对空间资源及其利用方式进行优化配置,从而建立一个可持续发展的空间框架,发挥规划的战略引领与刚性管控的作用。

(2) 作为公共政策的空间规划。为了适应不同阶段的国家治理需要,中国空间规划的角色功能不断发生转变,尤其是历史最为悠久、实践最为丰富的城乡规划,先后经历了计划经济的空间供给工具、迎合地方增长需求的技术工具等角色变化,直至在2008年颁布实施的《中华人民共和国城乡规划法》中明确将城乡规划定位于政府的重要"公共政策"。公共政策属性的确立,意味着国土空间规划已经超越了空间布局管控技术工具的角色,成为对空间资源的使用和收益进行统筹配置、促进经济社会健康发展的复杂治理活动[7]。

2) 国家治理体系的重要构成与有效手段

经过改革开放以来的快速工业化、城镇化,我国进入了生态文明建设、高质量发展的新时代,空间规划的本质属性将发生变化:从过去进行空间开发与保护规制的技术工具,转向统筹配置资源、高效利用资源、协调多元价值的公共政策,以及国家实现治理现代化的重要工具。简而言之,国土空间规划是空间化的公共政策,国土空间规划本质上就是通过空间公共政策来实现国家治理目标的手段与过程,也就是所谓的空间治理。

在生态文明建设、高质量发展的新时期,国土空间规划承担着引领发展转型、推进国家治理体系与治理能力现代化的责任,国土空间规划的角色和地位已经上升到了治国理政的新高度。国家通过空间规划实现了对地方发展的战略引领与刚性管控,空间规划是政府配置资源、协调管控的工具,其主动、积极有为地引导经济、社会、空间朝着国家所希望的方向转型;同时,国土空间规划在调节地方发展模式、应对市场的负外部性等方面也具有极其重要的作用。

3) 塑造高质量国土、满足美好生活需求的支撑

中国人多地少、资源短缺、环境约束紧张,国土空间规划通过制定空间资源的利用规则、协调保护与发展的关系,以及科学有序地统筹布局生态、农业、城镇等功能空间,不断优化国土空间结构和布局,以实现美丽中国的目标。国土空间规划并非仅仅是关注刚性的管制、上下传导的要求,而且更要关注如何通过规划来促进区域均衡发展、城乡协调发展、人与自然和谐发展,促进生态产品的价值实现。要通过国土空间规划的统筹协调,实现资源的合理配置、科学布局、高效利用、可持续利用,从而塑造高质量的国土环境,不断提高有限资源环境对无限发展需求的承载能力。要通过科学合理的国土空间规划,满足人民群众对美好生活向往的需求,以人为本、以人民为中心,延续历史文脉,突出地域特色,塑造美丽宜居的城乡人居环境,不断提高广大群众的幸福感、获得感。

4.3.4 国土空间规划的特点

1）综合性

综合性是国土空间规划工作的重要特点。国民经济社会发展、空间环境中的各项要素,既互为依据,又相互制约,国土空间规划需要对空间各项要素进行统筹安排,使之各得其所、协调发展。

2）政策性

国土空间规划既是对国土空间保护与利用的战略部署,又是合理组织生产、生活环境的手段,几乎涉及国家经济社会的各个部门,因此必然成为政府公共政策的组成部分之一。而当国土空间规划的成果通过一定的审批程序以后,它又成为具有一定行政约束力的地方法规,对城市与区域发展、城乡建设等具有鲜明而重要的引导或控制作用。

3）地方性

国土空间规划是一个庞大的层级体系,越往下越具有地方性事务的特点,国土空间规划要根据地方特点、经济社会发展水平,因地制宜地进行编制。在工作中,既要遵循国土空间演化的科学规律,遵循国土空间规划的有关要求,又要尊重当地人民的意愿。国土空间规划要努力体现地方特色(尤其是一些具有生态价值、历史文化价值、景观风貌价值的地区),国土空间规划的成果要尽量切合地方操作的实际。

4）长期性

国土空间规划是对国土空间发展演变过程的动态管控,它是一项长期性和经常性的工作。国土空间规划既要解决当前的矛盾和问题,又要充分估计未来长远的发展要求,它既要有现实性,又要有前瞻性。随着社会经济环境的不断变化,国土空间规划也不可能是一成不变的,应该根据实践的发展和外界因素的变化,持续加以调整和补充,不断适应发展的需要。

有必要指出的是,虽然国土空间规划需要不断地调整和补充,但每一时期的国土空间规划都是建立在当时的政策和经济社会发展计划的基础上,经过深入调查研究而制定的,是一定时期内统筹国土空间保护与利用的依据。所以国土空间规划一经批准,必须保持其相对的稳定性和严肃性。

5）实践性

国土空间规划的实践性,首先,在于它的基本目的是为国家、地方的可持续发展与高质量发展服务,规划方案要充分反映国家、地方实践中的问题和要求,有很强的现实性;其次,编制国土空间规划的目的是为了给实施管理提供依据,编制规划不是目的,实现对国土空间规划的有效实施管理才是目的;最后,国土空间规划实践的难度不仅在于要对各项保护、利用的内容在时空方面做出符合规划的安排,而且要积极地协调实践中不断出现的现实要求和矛盾。

4.4 国土空间规划的知识体系

4.4.1 空间规划知识体系的发展

从研究与实践领域划分的角度来说,空间规划并非某一种单独的学科门类,而是一个由城乡规划学、地理学、生态学、环境学、社会学、经济学、政治学、行政管理学等多学科共同参与的研究领域[12]。其中,城乡规划学一直是空间规划实践工作的引领学科,甚至可以说,空间规划的学科属性随着经济体制和社会思潮的改变而演进的过程,实质上就是以城乡规划学为核心学科基础,并与地理学、生态学、社会学等其他学科不断交叉融合、学科属性不断拓展的过程。与此同时,传统城乡规划学与其他学科的交叉,还形成了城市生态学、城市社会学等多元学科领域,以及交通、市政等各类专项分支。不断扩大的空间规划核心理论体系与多元化的学科分支一起,共同组成综合性的空间规划学科群。二战以后,随着西方国家的空间规划角色由"空间管控手段"到"增长工具",再到"公共政策"的陆续转变,空间规划知识体系呈现出多维度知识体系相叠加与综合的过程。

1) 作为空间管控手段的空间规划知识体系

二战前,城市规划学科还未完全脱离建筑学的物质环境和空间实体的研究领域。城市规划被普遍视为放大到城市尺度的物质环境设计,其成果主要是指导城市土地使用和空间形态建构的统领规划(Master Plans)、详细蓝图(Detailed Blueprints),学科知识体系相应以设计和工程知识为核心,包含建筑和城市设计、交通和市政工程等方面的内容。二战后,许多西方国家纷纷选择国家凯恩斯主义的治理模式,随着以国家自上而下的规制为特征的空间规划体系的建立,空间规划作为空间管控手段的属性逐渐凸显。规划通过区域综合分析,以分析为基础为城市或地区的发展设定计划目标,并制定各种备选方案,计量分析、系统分析等数理分析手段因此成为这一时期空间规划知识体系的重要组成部分。

受1950年代学科计量革命和功能理性主义思潮的影响,工具理性思想在这一时期主导着城市规划研究与实践领域,强调规划的"科学性"和系统性分析方法。在其理性主义的研究范式下,理性综合规划、系统规划和程序规划等理论先后出现,为区域层面空间规划的蓬勃展开奠定了基础。伴随国土规划和区域规划实践的广泛开展,理性主义的思考方式、数理研究方法开始被广泛应用于区域分析与规划编制研究中,成为空间规划知识体系的重要组成部分,使规划学科的科学性大大增强。

2) 作为地区增长工具的空间规划知识体系

1970年代后,为应对新自由主义治理模式对规划的多元需求,西方国家空间规划一方面扮演地区"增长工具"的角色、积极地响应市场的发展要求,另一方面力图在集权和分权、政府力和市场力、经济增长和社会发展之间取得平衡。经济学、市场营销以及人文学科等知识被相继引入空间规划领域,在原有学科知识的基础上,进一步形成更加综合化的地区增长工具角色下的空间规划知识体系。

作为市场经济下提升地区和城市竞争力的重要手段,城市设计、城市更新、老城复兴、城市再开发等规划在这一时期受到高度关注,广泛地融合土地经济学、产业经济学等领域的相关知识。以解决实际问题或某种特定目标为核心的各种导向型规划,也几乎在同一时间兴起,财政学、市场营销学、企业管理学等领域的知识被相继引入,体现出空间规划从"管控工具"到"增长工具"角色转变下知识体系的适应性转型升级。

3) 作为公共政策与治理平台的空间规划知识体系

1980 年代后,伴随空间规划在国家治理体系中的角色向综合空间战略转变,空间规划业已成为西方国家政府进行社会治理的重要途径,逐步完成了从"管控手段""增长工具"向"空间政策"的转型[13]。空间规划的知识内涵由此进一步向行政管理、公共管理领域延伸。空间规划的公共政策转向,也对规划师的协调与沟通能力提出了全新的要求[14]。在公众参与思想的影响下,西方国家自 1970 年代末期开始的空间规划"沟通转向",使规划权力逐步由精英群体让渡到普通民众,使沟通规划、协作规划成为这一时期具有代表性的空间规划类型。规划师的角色也相应逐渐转变为不同利益群体之间沟通、讨论规划议题的协调者,这就要求空间规划知识体系在已有的多学科基础上,进一步拓展包括谈判、沟通、协调等从事社会工作所需的知识内容。

当今西方国家的空间规划普遍已成为政府进行社会治理的重要途径,空间规划的知识向行政管理、公共管理领域延伸,沟通规划、协作规划等成为规划师的必备技能。与此同时,随着可持续发展成为全球发展的主导思想,生态保护也成为空间规划知识体系的重要构成,生态学、环境学等知识成为重要的补充。此外,西方空间规划知识也有进一步向专业化、技术化发展的趋势,主要表现为在交通、环境、历史保护等交叉领域形成了更加专业化的分支学科,以及地理信息技术、人工智能、大数据等新兴技术的运用,带来了规划技术创新的热潮。以城乡规划学科为核心代表的中国空间规划知识体系,其发展演化的历程、总体发展的方向与上述趋势基本是一致的。

4.4.2 国土空间规划的知识体系

从西方国家空间规划学科知识体系的发展和演变过程中可以看出,城乡规划学一直是空间规划实践工作的引领学科,也必然是中国的国土空间规划知识体系与学科群支撑的核心,在此基础上与地理学、生态学、环境学、社会学、公共管理学等其他学科不断融合、拓展,最终由城乡规划学、土地管理学、资源环境学等多个学科共同支撑起国土空间规划工作。准确地说,国土空间规划不是某一个单独、封闭的学科,而是一个庞大的、多学科交叉联动的学科群。

在国家治理体系和治理能力迈向现代化之际,中国的城乡发展将基本告别大面积的增量空间扩张阶段,愈来愈将面对复杂利益博弈的存量空间更新。在此背景下,对于国土空间规划知识体系而言,一方面是要不断发展、提升所谓的专业知识与技能,另一方面也必须关注新的要求与挑战。首先,在治理现代化的视角下,国土空间规划尤其是区域性规划在处理上下、水平府际关系时将发挥更加综合的作用。因此,国土空间规划知识体系需要着重补充政治学与行政学、城市与区域经济学、财政学、金融学等学科的内容。其次,随着我国现代化进程的推进,市民社会将不断发育崛起,市场在资源配置中起决定性作用也将不断得到深化与落实,因而空间规划愈加需要在协调政府与市场、政府与社会的关系中发挥协商平台的作用,明确政府的有限责任与行为边界。因此,空间规划知识体系也需要补强城市社会学、乡村社会学等方面的内容,并加强对沟通协调、组织协同、制度设计等方法与能力的培育。最后,对于区域发展、城市发展、乡村发展客观规律的探索,需要更加精确、及时的数据与方法支撑,对于这部分技能的学习与运用将极大地丰富与拓展国土空间规划的知识体系,并系统提升规划的科学性与合理性。

总体而言,国土空间规划的综合性实践要求其知识体系必须是一个不断吸收借鉴的开放体系,以服务区域、城市、乡村这些不同层次空间的综合保护与开发为主要宗旨,吸收有关学科的养分与最新的科技成果,持续完善、夯实国土空间规划既有的知识体系。基于上述认识,我们可以将国土空间规划知识体系简要表达如图 4-2 所示。

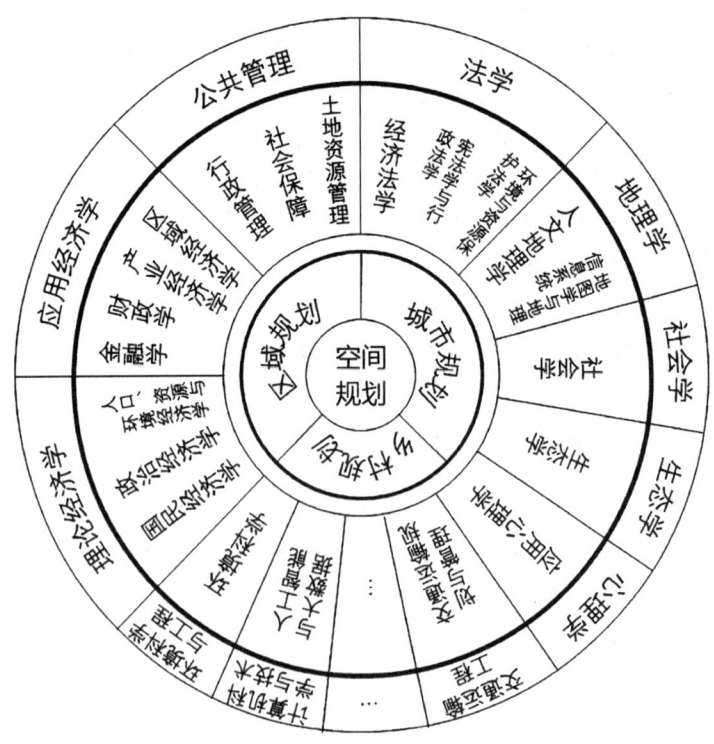

图 4-2 国土空间规划开放、持续进化的知识体系

第4章参考文献

[1] 霍尔. 城市和区域规划[M]. 邹德慈,金经元,译. 北京:中国建筑工业出版社,1985.

[2] 王凯. 国家空间规划论[M]. 北京:中国建筑工业出版社,2010.

[3] 胡序威. 中国区域规划的演变与展望[J]. 地理学报,2006,61(6):585-592.

[4] 蔡玉梅,王国力,陆颖,等. 国际空间规划体系的模式及启示[J]. 中国国土资源经济,2014,27(6):67-72.

[5] 钱慧,罗震东. 欧盟"空间规划"的兴起、理念及启示[J]. 国际城市规划,2011,26(3):66-71.

[6] 张京祥,林怀策,陈浩. 中国空间规划体系40年的变迁与改革[J]. 经济地理,2018,38(7):1-6.

[7] 张京祥,陈浩. 空间治理:中国城乡规划转型的政治经济学[J]. 城市规划,2014,38(11):9-15.

[8] CHEN H, ZHANG J, LI X, et al. Rescaling as a leading national transformation project:decoding state rescaling in China's changing central state-led regional planning[J]. China Review,2014,14(1):97-124.

[9] 杨保军. 城市规划30年回顾与展望[J]. 城市规划学刊,2010(1):14-23.

[10] CASTELLS M. City, class and power[M]. London:Palgrave,1978.

[11] 梁鹤年. 再谈"城市人":以人为本的城镇化[J]. 城市规划,2014,38(9):64-75.

[12] TAYLOR N. Urban planning theory since 1945[M]. New York:Sage Publications,1998.

[13] HALL P, TEWDWR-JONES M. Urban and regional planning[M]. London:Routledge,2010.

[14] 吕斌. 国外城市规划潮流的变化与城市规划师的培养教育[J]. 规划师,1998,14(2):33-37.

第4章图片来源

图4-1 源自:笔者绘制.
图4-2 源自:笔者绘制.

5 空间规划思想与理论的流变

国土空间规划是根据中国国情实际与实践需求而创造出来的一个新生事物,同时它也不是一个完整、独立、封闭的学科,因此,很难梳理出所谓的国土空间规划思想与理论发展脉络。下面将分别从构成国土空间规划的三大主要来源——传统的城乡规划、土地利用规划、主体功能区规划出发,对这些空间规划思想与理论的流变进行一个简要的阐述。

5.1 西方城市规划思想与理论发展

伴随着人类经济社会发展的总体分期,城乡规划思想与理论的发展也表现出明显的阶段性特征。一般在城市规划史的研究中,将自古希腊到18世纪下半叶工业革命前称为"古代城市规划时期",其中又进一步将古希腊、古罗马时期称为"古典城市规划时期",将中世纪及文艺复兴前后称为"中古城市规划时期";将工业革命以后至20世纪初称为"近代城市规划时期",这是城乡规划思想理论层出不穷并逐步走向独立学科建设的重要时期;将20世纪初以后至今的时期统称为"现代城市规划时期",但是由于西方国家在二战后尤其是1960年代末以来,社会经济领域发生了巨大的变化,进入了所谓的后工业化社会、后现代社会,这种社会宏观背景的变化对城市规划思想与理论产生了重大的影响——反映两个不同时期的重要思想纲领性文件《雅典宪章》《马丘比丘宪章》就表现出了明显的差别,因此,我们也常将1960年代末以来的时期称为"后现代城市规划时期"。但正如经济、社会、文化、建筑等领域谈论的"后现代"一样,"后现代城市规划"并没有一个确定的思想内涵,而是表现出无限开敞的持续进化特征,因此这一时期也将在城市规划领域长期存在并发展下去[1]。

5.1.1 西方古代城市规划思想与理论

西方(欧洲)的古代文明是一幅绚丽多彩的历史画卷,从公元前5世纪到公元17世纪,欧洲先后经历了从以古希腊和古罗马为代表的奴隶制社会,到封建社会的中世纪、文艺复兴和绝对君权等几个重要的历史时期。随着经济社会和政治背景的变迁,不同的政治势力占据着社会主导地位,不同的思想、价值观占据着文化主导地位，不仅带来了不同城市的兴衰，而且也深刻地影响着城市规划的思想和实践。透过西方古代城市发展的复杂过程，可以看出城市规划思想演化的一条基本脉络，即人文主义思想与君权（神权）思想的穿插交锋。这种不同思想、不同主体价值观在不同时期的穿插交锋过程，体现了城市规划思想、理论、实践螺旋式上升的内在哲学规律。

1）古希腊、古罗马时期的城市规划思想

古希腊是欧洲文明的发祥地，是古典文化的先驱。在公元前5世纪古希腊经历了奴隶制的民主政体，形成一系列城邦国家，并从政权体制上确立了民主共和的思想，这一思想甚至深刻影响着现代西方的社会与政治体系。古希腊的城市规划思想体现出如下一些特征：

（1）城邦、公民与城市社区精神。古希腊人认为城市是一个为着自身美好的生活而保持很小规模的社区，社区的规模和范围应当使其中的居民既有节制而又能自由自在地享受轻松的生活。古希腊人在城市精神、艺术、文化、体育等领域的全面开拓，使人们领悟到城市生活的真正本质以及社区生活的无穷乐趣。与当时东方国家用高墙围起的、整齐划一的庞大都城形态相比，希腊人并不在意他们规模较小的城邦与低矮的房屋，而是投入极大的智慧与热情在高高的卫城山上塑造着他们的城邦精神理想，圣地（Holy Land）成为希腊城邦精神的化身和有形体现。

（2）人本主义的生活形态。在古希腊的宗教中，表现的是对多个自然神的崇拜，神、人"同形同性"，宗教与神话不仅没有成为制约古希腊人思想进步的禁锢，而且不断推动着他们对生活真谛的不懈探求。古希腊人在崇拜众神的同时，更承认人的伟大和崇高，笃信人的智能和力量，重视人的现实生活。浓厚的人本主义对希腊政治、经济、文化、科学、艺术等各个方面的发展起到了极大的促进作用，城市中大量的公共活动促进了市民平等、自由和荣誉的增长。雅典卫城以及其他圣地建筑并非膜拜神灵的禁地，而更是市民公共活动的中心，是古希腊人本主义的象征。

（3）公共生活与公共空间的营建。独特、优越而适宜的自然环境与景观，不仅激发了希腊人的智慧与思考、强烈的创作欲与表演欲，而且营造了一种和谐、积极、健康的公共生活氛围。各种公共场所一道构成了丰富多彩的城市公共空间体系，成为希腊人多姿多彩的户外生活的载体，进一步激发了古希腊人的公共意识与思辨精神。

古罗马时代是西方奴隶制发展的繁荣阶段。古罗马先后经历了城邦时代、共和时代与帝国时代，在此过程中，其民主化程度总体上呈现出不断减退的态势。古罗马是完全依靠强力（坚不可摧的罗马军队、强大的超级国家行政机器）而存在的，所有这些都保障了一个强大的中央集权国家的建立。虽然古罗马在很大程度上继承、延续了古希腊文化，但是与古希腊相比，古罗马时期的城市规划思想明显地表现为以下特征：

（1）世俗化。古罗马的人们并不像古希腊人一样重精神而轻物欲，他们的城市生活表现出强烈的世俗化特征。到了古罗马繁盛时期，城市里代表崇高精神寄托的神庙建筑已经退居次要的地位,而公共浴池、斗兽场、宫殿、府邸、剧场等宣扬现世享受的建筑大量出现,并呈现出令人难以想象的规模和奢华。

(2) 军事化。古罗马是一个极富侵略性的帝国,为了应对战争和防御的需要,其城市规划、建设也带有强烈的军事化色彩。在古罗马横跨欧亚非大陆的广袤疆土上,建筑了大量军事功能极强的"罗马营寨城",并在全国开辟了大量的道路来解决军队的集结和物资运输问题,罗马人还利用其卓越的建筑技术,修建了坚固的城墙、大跨度的桥梁和远程输水道等战略设施。

(3) 君权化。到了罗马共和国后期及帝国建立以后,城市更成为统治者、帝王宣扬他们功绩的工具,广场、铜像、凯旋门和纪功柱等成为城市空间秩序组织的核心和焦点,古希腊时期那种纯粹的市民公共活动已经基本让位于有组织渲染的种种歌颂"伟大罗马"的整体性纪念活动,诸多广场也由最初的集会功能演变成了纯粹的纪念性空间(图5-1)。罗马城是君权化特征最为集中体现的地方,重要公共建筑的布局、城市中心的广场群乃至整个城市的轴线体系,一起透射出王权至上的理性与绝对的等级、秩序感,象征着君权神圣不可侵犯,这与东方帝国的城市特征有着本质的一致。

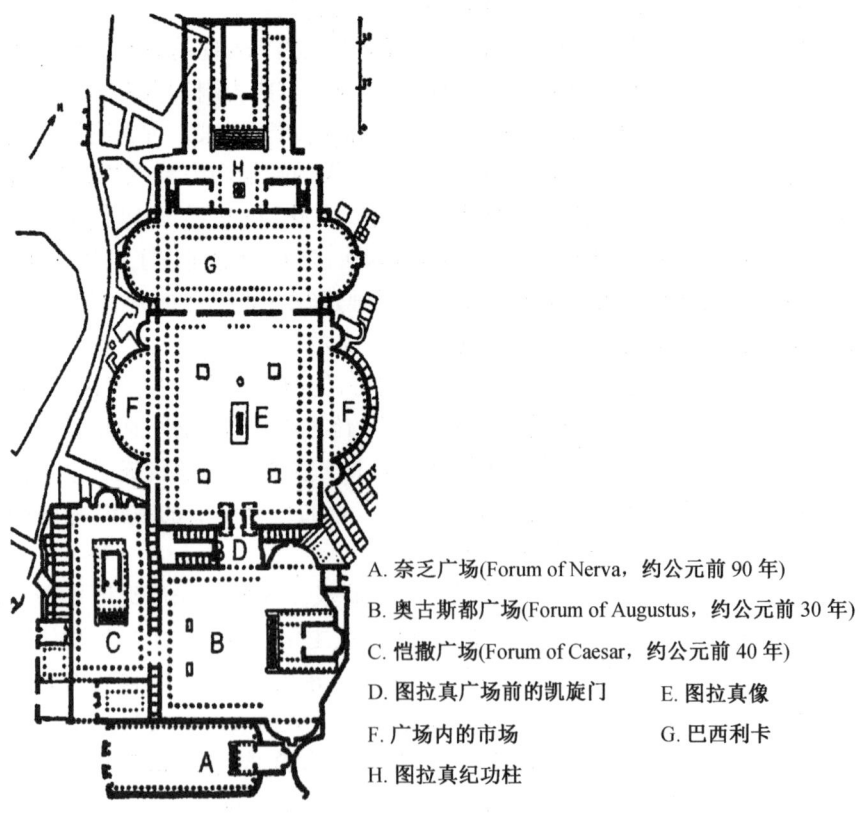

A. 奈乏广场(Forum of Nerva,约公元前90年)
B. 奥古斯都广场(Forum of Augustus,约公元前30年)
C. 恺撒广场(Forum of Caesar,约公元前40年)
D. 图拉真广场前的凯旋门   E. 图拉真像
F. 广场内的市场   G. 巴西利卡
H. 图拉真纪功柱

图5-1 古罗马的帝国广场群

随着古希腊美学观念的逐步确立和自然科学、理性思维发展的影响,产生了一种显现强烈人工痕迹的城市规划模式——希波丹姆斯(Hippodamus)模式。希波丹姆斯模式遵循古希腊哲理,探求几何与数的和谐,强调以棋盘式的路网为城市骨架并构筑明确、规整的城市公共中心,以求得城市整体的秩序和美。希波丹姆斯模式确立了一种新的城市秩序和城市理想,既符合古希腊数学和美学的原则,也满足了城市中富裕阶层对典雅生活的追求。希波丹姆斯模式被大规模应用于希波战争后城市的重建与新建,以及后来古罗马的营寨城,甚至影响了近现代西方许多城市的规划形态(例如巴黎、华盛顿等等)。

2) 中世纪欧洲城市的规划思想

西罗马帝国灭亡后,欧洲进入漫长而黑暗的中世纪,欧洲分裂成许多小的封建领主王国,封建割据和战争不断,社会生活中心转向农村,手工业和商业萧条,城市处于衰落状态。在这一时期,教会势力变得十分强大,教堂占据了城市的中心位置,教堂的庞大体量、高耸尖塔成为城市空间布局和天际轮廓的主导因素。在中世纪的欧洲,宗教神权思想占据了绝对统治地位,人性受到压抑,君权也受到牵制,战争频繁,城市建设极为有限,人们一般称之为"黑暗的中世纪"。

由于中世纪的城市发展缓慢,缺乏大规模的人工规划干预,所以形成了十分自然有机的城市形态、亲切的空间尺度、宜人的景观环境,使得中世纪的欧洲城市景观具有独特的魅力,常常得到我们今天的赞誉(图 5-2)。10 世纪以后,西欧的手工业和商业逐渐兴起,一些区位优越、工商业经济

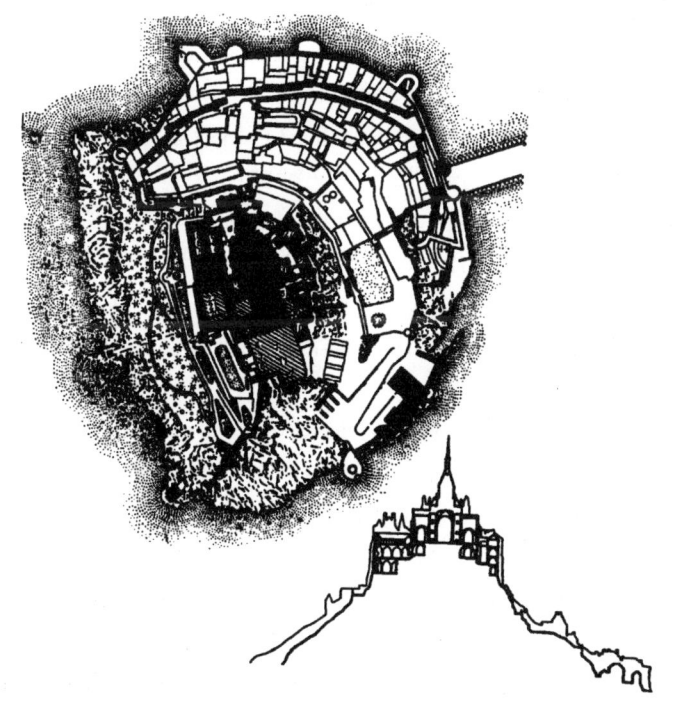

图 5-2 中世纪的圣密启尔山城

发达的城市逐渐摆脱了封建领主的统治，成为自治城市。在这些城市中，公共建筑（如市政厅、关税厅、行业会所等）开始占据城市空间的主导地位。随着手工业和商业的继续繁荣，这些自治城市市民的思想与精神正在逐步复苏。

3）文艺复兴与绝对君权时期的城市规划思想

14世纪初开始的文艺复兴是欧洲资本主义、人本主义的萌芽时期，艺术、技术和科学都得到飞速发展。文艺复兴实际上是早期资本主义对其价值观的一种宣扬，但限于当时政治力量的对比格局，只得打出复兴"古希腊、古罗马"文化的旗帜，其核心是宣扬人性解放，实质是为了建立资产阶级的价值观和秩序。但由于资产阶级此时还没有真正登上统治社会的舞台，因此，在城市规划建设中主要还是集中于对单个建筑或城市片区的小规模营建与改造。

在17世纪后半叶，新生的资本主义迫切需要强大的国家机器提供庇护，而君主政权又需要利用资产阶级强大的物质力量和积极的斗争精神来约束、对抗神权。于是，资产阶级与国王暂时结成联盟，共同反对封建割据和教会势力，这一时期在欧洲建立了一批统一而强大的中央集权、绝对君权国家，进行了大规模的城市改造和城市建设运动。这一时期随着君主政权的强大，古典主义与唯理主义在欧洲的文学、艺术等方面占据绝对统治地位，城市规划思想也追求抽象的对称和协调，寻求纯粹几何结构和数理关系，强调轴线、放射和主从关系，以突显永恒、王权至上的主题。

5.1.2　西方近代城市规划思想与理论

1）近代城市规划产生的历史背景

16世纪末至17世纪初，欧洲爆发的资产阶级革命将整个西欧都推上了资本主义制度的发展轨道。资本主义制度代表了一种更为先进的生产关系，直接促进了17世纪后半叶西方世界中科技的突飞猛进，带来17世纪后半叶至18世纪生产力的大飞跃，并最终导致18世纪下半叶开始席卷欧洲的工业革命。到了19世纪，整个西方社会基本上都建立了资本主义制度并迎来了机器大生产的时代，人类的文明与社会发展从此掀开了新的历史篇章。

由于工业生产方式的改进和交通技术的发展，传统的古典城市空间结构已经无法适应新的发展现实。农业劳动生产率的提高和资本主义制度的建立，导致大量破产农民向城市集中，各大城市都面临着人口的爆发性增长。人口的快速增长使得城市原有的居住设施严重不足，旧的居住区不断沦为贫民窟，提供给工人的新建廉价住房更是粗制滥造，不仅设施严重缺乏，基本的通风、采光不能满足，而且居住密度极高，服务配套设施不全，导致了传染疾病的大范围流行。这种糟糕的城市环境卫生状况加剧了社会矛盾，引起了社会各阶层人士的关注，从19世纪中叶开始，西方国家出现了大量有关寻求解决城市问题方案的讨论,诸如霍华德的"田园城市"、玛塔的"带形城市"、戈涅的"工业城市"、西谛的城市形态研究等等,成为现代城市规划思想和理论形成的重要基础。

2) 近代城市规划的探索实践

(1) 空想社会主义的启蒙。早在资本主义社会早期,面对资本家对农民、工人极端残酷的剥削,很多怀有社会良知的先驱们已经开始质疑资本主义制度的合理性,并思考和探索理想的国家、城市形态。他们普遍认为,推翻、埋葬资本主义制度,建立以公有制为主体、消灭剥削的民主社会,是解决剥削问题的根本途径,这些思想家们的各种理论与概念被统称为"空想社会主义"。

近代历史上的空想社会主义思想最初起源于英国人文主义者托马斯·莫尔(Thomas More,1478—1535)的"乌托邦"概念,随后又影响了圣西门(Saint-Simon,1760—1825)、查尔斯·傅立叶(Charles Fourier,1772—1837)、罗伯特·欧文(Robert Owen,1771—1858)等多位空想社会主义者。这些空想社会主义者不仅通过著书立说来宣传和阐述他们对理想社会的坚定信念,同时还通过一些实验来推广和实践自己的理想。虽然空想社会主义者的理论、实践在当时的西方世界中几乎没有产生实际的影响,但是这种先进的思想和理念却对后来城市规划思想理论(包括霍华德的"田园城市"理论)的发展产生了重要的作用。

(2) 英国关于城市卫生和工人住房的立法。1842年英国政府提出了《关于英国工人阶级卫生条件的报告》,这一报告成为政府开始关注城市卫生状况和工人住房问题的转折点。1848年英国通过《公共卫生法》,规定了地方当局对污水排放、垃圾堆集、供水、道路等方面应负的责任。由此开始,英国通过一系列卫生法规建立起一整套对城市卫生问题的干预和控制手段。对工人住宅的重视促成了如1868年的《贫民窟清理法》、1890年的《工人住房法》等一系列法规的出台。英国改善城市居住环境的行动对欧洲国家产生了巨大影响,19世纪中叶后"公司城"作为资本家就近解决工人的居住需求、提高工人的生产力而出资建设和管理的小型城镇,开始在西方各国大量出现。

(3) 城市美化运动。通常所说的"城市美化运动",主要是指19世纪末至20世纪初欧美许多城市为缓解日益严峻的城市病、恢复城市的良好环境和吸引力而进行的一系列景观改造活动。城市美化运动首先开始于美国,其前奏是1850年代末开始的"公园运动",在奥姆斯特德(Olmsted)的率领下,纽约在1859年首先建设了第一个现代意义的城市开敞空间——纽约中央公园。城市美化运动的目的是通过创造一种新的物质空间形象和秩序,恢复城市中由于工业化的破坏性发展而失去的视觉美与和谐生活,从而改进人们的生存环境。这种景观环境改造理念改善了城市运行机能,开创了促进城市中人与自然相融合的新纪元,并催生了后来景观建筑学、园林规划和城市绿地规划等学科的兴起与发展。

3) 现代城市规划的奠基：田园城市理论

在19世纪中期以后的种种社会改革思想和实践的影响下，英国人霍华德（E. Howard）于1898年出版了《明天：通往真正改革的平和之路》（*Tomorrow: a Peaceful Path to Real Reform*）的论著，提出了著名的"田园城市"（Garden City）理论。"田园城市"的提出，既标志着近现代城市规划学科出现了比较完整的理论体系和实践框架，也标志着现代城市规划的诞生。

针对当时城市（尤其是像伦敦这样的大城市）所面对的城市问题，霍华德提出用一个兼有城市和乡村优点的理想城市——"田园城市"作为解决方案。"田园城市"是为健康、生活以及产业而设计的城市，它的规模足以提供丰富的社会生活，但不应超过这一程度；四周要有永久性的农业地带围绕；城市的土地归公众所有，由委员会受托管理。

霍华德"田园城市"理论的整体思路形成过程大致如下：

（1）调查。首先以伦敦为对象展开了综合而深入的城市问题及原因调查。

（2）分析。城市和乡村都有相互交织的有利因素与不利因素，因此可以利用两者的优点形成一个城乡磁体——"田园城市"。这是一种新的城市形态，既可以具有高效能与高度活跃的城市生活，又可兼有环境的宁静、美丽如画的乡村景色，并认为这种城乡结合体能产生人类新的希望、新的生活与新的文化。

（3）观念。当城市达到一定规模以后应该停止增长，"安于成为更大体系中的一部分"，而其过量的部分应该由附近的另一城市来接纳，即形成多中心复合的城镇组群。

（4）模式。"田园城市"包括城市和乡村两个部分。田园城市的居民生活于此、工作于此，同时也可使每户居民都能够方便地接近乡村自然空间，在田园城市的边缘地区设有工厂、企业。城市的规模必须加以限制，每个田园城市的人口限制在3万人，中心城市为5万—6万人，这样一组城市的总人口规模为25万人左右。若干个田园城市围绕着中心城市呈圈状布置，借助于快速的交通工具（铁路）可以便捷地往来于它们之间。在城市之间是农业用地、森林、疗养院等，作为永久性保留的绿色空间（图5-3）。

（5）措施。霍华德还为实现田园城市设想进行了细致的考虑，他对建设资金的来源、土地的分配、城市财政的收支、田园城市的经营管理等都提出了具体的建议。他认为，工业和商业不能由公营垄断，要给私营经济发展的条件，但是城市中的所有土地必须归全体居民集体所有，使用土地必须交付租金。城市的收入全部来自租金，在土地上进行建设、聚居而获得的增值仍归集体所有。

（6）实践。霍华德于1899年组织了田园城市协会，宣传他的主张。1903年他组织了"田园城市有限公司"，筹措资金购置土地，建立了第一座田园城市——莱彻沃斯。

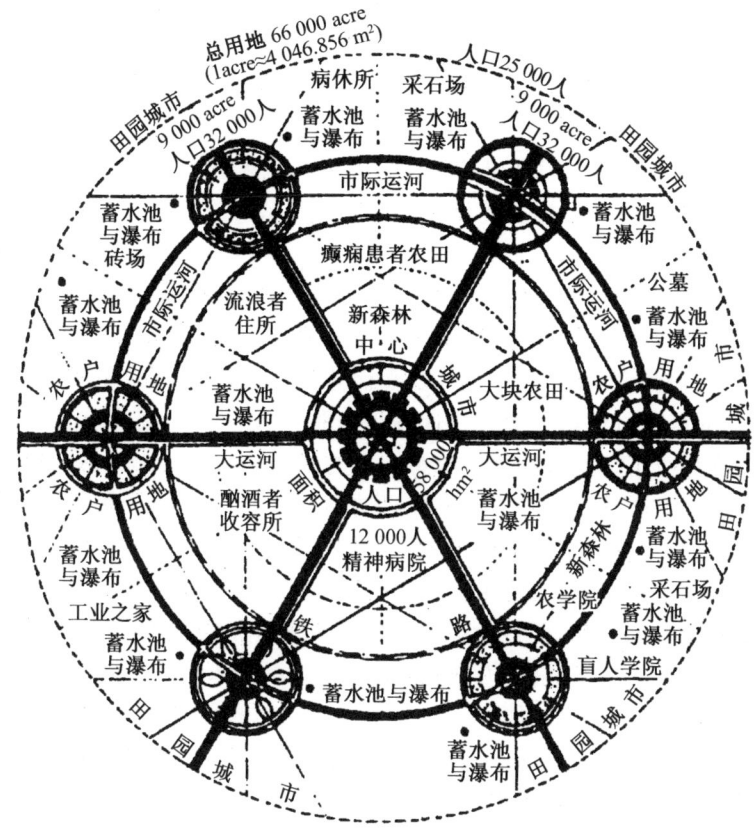

图 5-3　霍华德的田园城市模式

有必要指出的是,"田园城市"是一个综合的城市规划、发展、建设模式,不同于我们常说的以景观营建为主的"花园城市"。"田园城市"也不同于"卫星城市",虽然"田园城市"是"卫星城市"的思想渊源,而且结构有类似之处,但本质区别在于:"卫星城市"中的中心城市与卫星城市在规模、功能等方面相差极为悬殊,是对大城市、特大城市空间与功能进行疏解的一种手段;而"田园城市"是一组中心城市与周边田园城市规模、功能相差不大的平衡组群,强调的是城乡统筹发展形态。

概要而言,霍华德的"田园城市"对近现代城市规划发展的重大贡献在于以下方面:

(1) 在城市规划指导思想上,摆脱了传统规划用来显示统治者权威或张扬规划师个人审美情趣的旧模式,提出了关心人民利益的宗旨,这是城市规划思想立足点的根本转移。

(2) 针对工业社会中所出现的严峻、复杂的城市问题,摆脱了就城市论城市的狭隘观念,从城乡结合的角度将其作为一个体系来解决。

(3) 设想了一种先驱性的模式,一种比较完整的规划思想与实践体系,对现代城市规划思想及其实践的发展都起到了重要的启蒙作用。

(4) 首开了在城市规划中进行社会研究的先河,以改良社会为城市规划的目标导向,将物质规划与社会规划紧密地结合在一起。

5.1.3　20世纪以来西方现代城市规划思想与理论

1) 西方现代城市规划思想与理论发展的总体分期

20世纪以来,西方现代城市规划思想、理论发展可以划分为四个时期。

(1) 1900年代至二战前,这是一些精英分子对现代城市规划思想进行各种探索、实践的时期,为战后功能主义思想垄断地位的确立奠定了基础。

(2) 二战后至1960年代末,以现代建筑运动为支撑的功能主义规划思想,在战后西方城市重建和快速发展过程中发挥了积极且重要的作用,从而最终完成了现代城市规划思想体系的确立并达到其认知的顶峰。

(3) 1970年代至1980年代末,西方社会在这个时期经历了巨大的社会转型,也就是进入了通常所说的"后现代社会",社会价值观体系处于混沌交织的过程中,社会文化论在城市规划思想中占据了主导地位。

(4) 1990年代后,西方社会基本恢复了平静和秩序,但是随着经济、政治全球化的深入以及通信、互联网等技术的发展,人们不得不深刻地思考一些至关人类未来发展的重大问题,例如全球化的影响、可持续发展、增长与发展、以人为本、治理(Governance)、智慧城市、生态城市等等,城市规划思想的探索面对着一幅崭新的社会图景。

2) 二战前西方重要的城市规划思想与理论

19世纪末至20世纪初是西方城市规划思想与理论繁盛发展的时期,下面主要介绍几个重要的规划思想与理论:

(1) 格迪斯的区域规划思想及学说

苏格兰生态学家格迪斯注意到工业革命、城市化对人类社会的影响,他通过对城市进行生态学的研究,强调人与环境的相互关系。在1915年出版的著作《进化中的城市》中,他通过周密分析地域环境的潜力和限度对于城市布局形式与地方经济体系的影响关系,突破了当时常规的城市概念,提出把自然地区作为规划研究的基本框架。他指出,工业的集聚和经济规模的不断扩大已经造成了一些地区的城市发展显著集中,使城市结合成巨大的城市集聚区(Urban Agglomeration)或者形成组合城市(Conurbation)。在这样的条件之下,原来城市规划应当首先是城市地区的规划,即将城市、乡村的规划纳入统一的体系之中,使规划包括若干个城市以及它们周围所影响的整个地区。

格迪斯认为城市规划要取得成功,就必须充分运用科学的方法来认识城市。他综合运用哲学、社会学和生物学的观点,揭示了城市在空间和时间发展中所展示的生物学和社会学方面的复杂性。他强调在进行城市规划前要进行系统的调查,取得第一手的资料,通过勘察了解所规划城市的历史、地理、社会、经济、文化、美学等因素,把城市的现状和地方经济、环境发展潜力以及限制条件联系在一起进行研究,在此基础上进行城市规划工作。他的名言是"先诊断后治疗",由此而形成了影响至今的现代城市规划经典过程,即"调查—分析—规划"。格迪斯被公认为现代区域综合研究和区域规划的创始人,是使城市、区域研究由分散走向综合的第一人。

(2) 作为微观社区组织的邻里单位理论

美国学者C.佩里很早就认识到居住地域作为一种场所空间的内在社会文化含义,他借用社会学中的"社区"思想,于1929年提出了"邻里单位"(Neighbourhood Unit)的概念,将其作为构成居住区乃至城市的细胞。"邻里单位"以一个不被城市道路分割的小学服务范围作为邻里单位的尺度,讲求空间宜人景观的营建,强调内聚的居住情感,重视居民对居住社区的整体文化认同和归属感(图5-4)。佩里认为这不仅是一种创新的设计概念,而且是一种社会工程,它将帮助居民对所在的社区和地方产生一种乡土观念。邻里单位模式对后来直至今天世界各国的居住区规划(或社区规划)都产生了重大的影响。

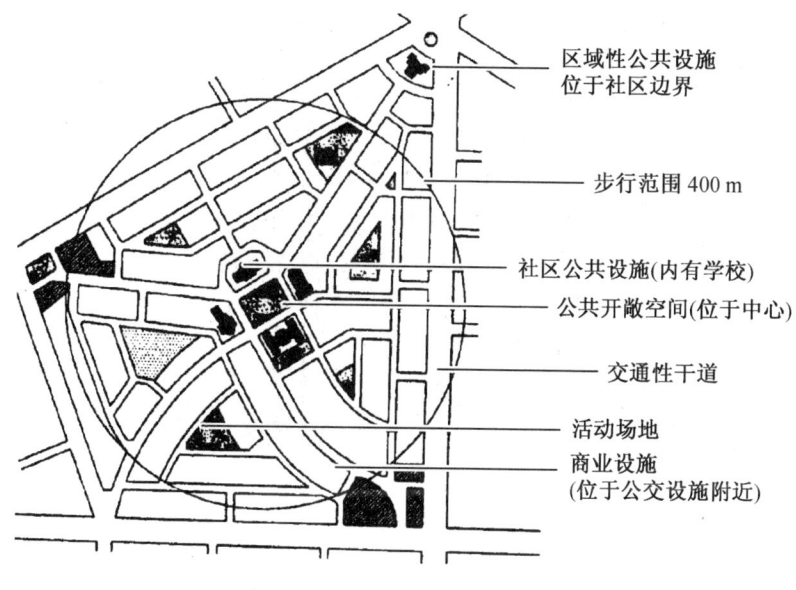

图 5-4　邻里单位模式

(3) 分散主义、集中主义的争论与统一

针对大城市、特大城市因为过度聚集而产生的城市问题,许多人给出了不同的解决方案,其中最主要的两种思想冲突就是应该采取"分散主义"还是"集中主义"。霍华德的田园城市体现了一种分散主义的思想,而美国建筑师赖特提出的"广亩城市"更是分散主义思想的代表。广亩城市依托小汽车、通信等技术支撑而彻底解体了城市,发展出一种完全分散的、低密度的生活居住形态。这种空间形态虽然满足了中产阶级、高收入人群对田园环境的向往,但是却牺牲了城市的规模经济和集聚活力,更对资源环境造成了巨大的压力和破坏,是一种并不值得提倡的规划思想。

与分散主义思想相反,现代建筑与城市规划运动的领军人物柯布西耶则希望通过对大城市结构的重组、内部改造,使这些城市能够重新适应社会发展的需要。1922年柯布西耶发表了"明日城市"的规划方案,从功能和理性角度出发阐述了集中主义城市的解决方案:城市的平面是严格的几何形构图,矩形和对角线的道路交织在一起,核心思想是提高市中心的建设强度,建立大运量、立体化的交通系统,全面改造老城区,提供充足的绿地、空间和阳光。1931年的"光辉城市"规划方案是集中主义城市的进一步深化。柯布西耶认为城市是必须集中的,只有集中的城市才有生命力,由于拥挤而带来的城市问题是完全可以通过技术手段进行改造而得到解决的,所有的城市应当是"垂直的花园城市",而不是水平向的田园城市(图5-5)。

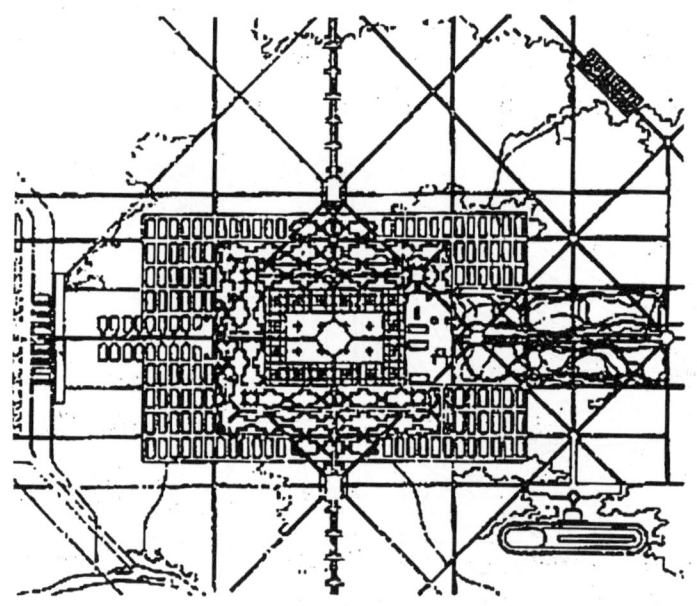

图5-5 柯布西耶的集中主义城市模式

作为现代城市规划原则的倡导者和执行的中坚力量,柯布西耶的上述设想充分体现了他对现代城市规划的一些基本问题的理解,并形成了理性功能主义的城市规划思想。这种思想集中体现在由他主导撰写的《雅典宪章》(1933年)之中,深刻地影响了二战后全世界的城市规划和城市建设。而他本人的实践活动一直到了1950年代初应邀主持印度昌迪加尔规划时才得以充分施展,该项规划当时由于严格遵守《雅典宪章》的原则、布局规整有序而得到普遍的赞誉。但是1960年代以后,随着城市规划领域对人文、社会因素的重视,柯布西埃的功能理性规划思想受到了越来越多的批判。

集中主义、分散主义这两种规划思路,也显示了两种完全不同的规划思想和规划体系:霍华德的规划理念基于社会改革的理想,在其论述的过程中更多地体现出人文关怀和对社会经济的关注;柯布西耶则从建筑师的角度出发,对工程技术的手段更为关心,并希望以物质空间的改造来改造整个社会。集中主义、分散主义这两种规划思路的冲突,直到沙里宁的"有机疏散理论"(Organic Decentration)出现才得以统一。

1943年美国建筑师伊利尔·沙里宁在著名的《城市:它的发展、衰败和未来》一书中详尽地阐述了有机城市、有机疏散的思想。沙里宁认为,城市与自然界的所有生物一样,都是有机的集合体,因此城市规划建设应努力实现有机的秩序。为了缓解城市机能过于集中所产生的弊病,使城市逐步恢复有机的秩序,沙里宁提出了有机疏散理论,认为城市作为一个有机体,和生命有机体的内部秩序一致,不能任由其无限集聚,而要把城市的人口和工作岗位有机分散到合理的地方。他将城市活动划分为日常性活动和偶然性活动,通过"对日常活动进行功能性的集中"和"对这些集中点进行有机的分散",使原先密集的城市得以实现有机疏散。他指出,前一种方法能给城市的各个部分带来适于生活和安静的居住条件,而后一种方法则可以给整个城市带来功能秩序和工作效率。换个角度讲,有机疏散就是把传统大城市的拥堵区域分解成若干个集中单元,并把这些单元组织成为"在活动上相互关联的有功能的集中点",再将它们彼此之间用保护性的绿化地带隔离开(图5-6)。有机疏散思想对二战后欧美各国改善大城市问题,尤其是通过卫星城建设来疏散特大城市的功能与空间产生了重要影响。

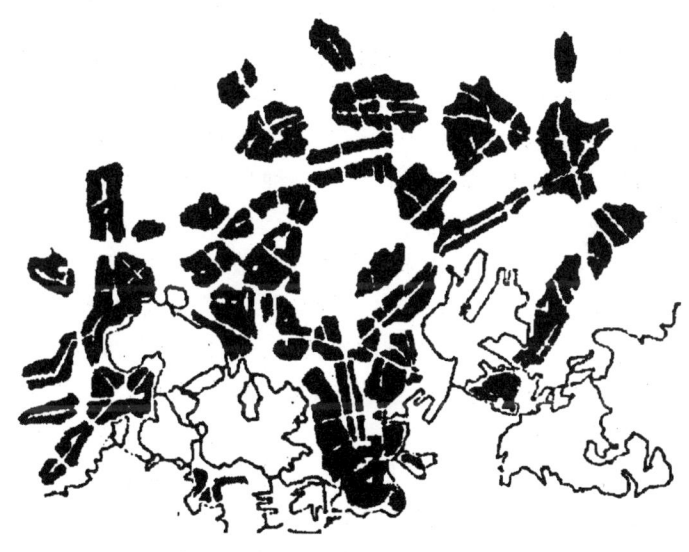

图5-6 沙里宁的有机疏散模式

3) 二战后至1960年代末西方主要的城市规划思想与理论

(1) 卫星城理论与新城运动

1920年代,恩温(R. Unwin)进一步发展了霍华德的思想并提出了"卫星城"的概念。卫星城既是一个经济上、社会上、文化上具有现代城市性质的独立城市单位,同时又是从属于某个大城市的派生产物。卫星城的概念强化了其与中心城市(又称母城)的依赖关系,在功能上又强调对中心城的疏解,因此往往被视作中心城市某一功能疏解的接受地,由此出现了工业卫星城、科技卫星城甚至卧城等不同功能类型,并成为中心城市功能组成的一部分。1944年阿伯克隆比(P. Abercrombie)完成的大伦敦规划,通过在伦敦周围率先建设卫星城以疏解伦敦的人口和职能,对现代城市规划产生了深远的影响。从二战后的战后恢复重建,到西方经济和城市快速发展时期,大多数国家都有不同规模的卫星城建设,其中尤以英国最为典型(一般称之为"新城运动")。如今,卫星城(新城)已经成为分散大城市过于集聚的功能和人口,在更大的区域范围内优化城市空间结构、解决环境问题、实现功能协调的重要规划手段。

(2) 环境行为研究与城市设计

1960年代以后,随着城市大规模物质空间建设的结束,人们对空间内在社会、文化、精神方面的要求不断提高,生态环境保护、历史文化保护、城市更新等成为西方城市规划的重要内容。城市规划中越来越多地引入环境科学、行为科学的内容,这与现代科学尤其是人文科学的发展有着重要的关系,反映了人们对城市发展、城市规划的理解愈趋综合化。城市环境不再仅仅被视为一个视觉艺术空间的问题,而且更被理解为一种综合的社会交往场所。1960年代在美国出现了现代"城市设计"(Urban Design)的概念,城市设计将城市视作一个包括三维空间、时间变化在内的四维空间,强调人与空间的内在互动,强调景观设计对人们活动、心理感知的重要意义。《大不列颠百科全书》中对城市设计的定义是:"城市设计是对城市环境形态所做的各种合理处理和艺术安排。"但正如当时城市设计的提出者所言:"城市设计的出现并不是为了创造一门新的学科,而是对以前忽视空间人性关怀的一种弥补。"城市设计作为一种观念,应该渗透到城市规划建设的全过程中去。

4) 1970年代至1980年代末西方主要的城市规划思想与理论

1960年代末以后,西方资本主义社会发生了深刻的变化。这种深刻的转变与经济发展的阶段、产业结构的调整、社会结构的变动、人们需求的转变、国际形势的变化等等都密切相关,集中体现为社会生活的各个领域变化节奏加快、冲突加剧、不确定性增强。这一时期,西方资本主义社会矛盾异常复杂,引发了西方思想家们对人、对社会、对未来的深切关注和思考,并形成和发展了丰富多元的现代(后现代)社会思潮。

总体上说,1970年代至1980年代是一个西方社会生活各个领域思潮都处于混沌交锋的大转型时期。在对现代主义的反思和批判过程中,城市规划由单纯的物质空间塑造逐步转向对城市社会文化的关注;由城市景观的美学考虑转向对具有社会学意义的城市公共空间及城市生活的创造;由巴洛克式的宏伟构图转向对普遍环境感知的心理研究。总之,开始从社会、文化、环境、生态等各种视角,对城市规划进行新的解析和研究。新马克思主义热潮在城市研究、城市规划领域再度兴起,强调运用政治经济观来深入分析资本主义社会的结构性矛盾,主要表现为:①对规划中社会公正问题的关注;②对社会多元性的重视;③强调人性化的城市设计;④注重对城市空间现象背后的制度性思考。按照新马克思主义的视角来理解,城市规划的本质更接近于政治,而不是技术或科学,城市规划被视为以实现特定价值观为导引的政治活动。由此,西方的城市规划学科、研究与实践也开始了从工程技术向公共政策的重大转向。

5)《雅典宪章》与《马丘比丘宪章》

现代城市规划发展基本经历了两个阶段:第一阶段从霍华德的"田园城市"理论开始,经过1920年代、1930年代现代建筑运动的推进,以《雅典宪章》(1933年)的发布为代表,其实践活动主要集中于战后西方城市重建和快速发展阶段;第二阶段自1960年代末以来,以《马丘比丘宪章》(1977年)的发布为代表,逐渐建立了新的规划思想与方法,这一阶段仍在持续。《雅典宪章》依据科学理性主义的思想方法,对城市中普遍存在的问题进行了全面分析,提出了城市规划应当处理好居住、工作、游憩和交通的功能关系,并把该宪章称为现代城市规划的大纲。1970年代后期,面对世界城市化趋势和城市规划过程中所出现的新内容、新问题,发布了《马丘比丘宪章》。该宪章申明,《雅典宪章》仍然是这个时代的一项基本文件,它提出的一些原理今天仍然有效;但是随着时代的进步,城市发展面临着新的环境,而且人类对城市规划也提出了新的要求,《雅典宪章》的一些指导思想已不能适应当前形势的发展变化,因此需要进行修正。而《马丘比丘宪章》所提出的内容,正是"理性派所没有包括的,单凭逻辑所不能分类的种种一切"。

《雅典宪章》和《马丘比丘宪章》都是对当时的规划思想进行总结,并对未来发展指出方向的现代城市规划发展历史纲领性文件。通过这两部文件内容的对比,我们可以总览现代城市规划发展的基本趋势。

(1) 城市规划:由物质空间规划走向综合空间规划

《雅典宪章》的思想方法是奠基于物质空间决定论基础之上的。这一思想认为,在城市规划中通过对物质空间变量的控制,就可以形成良好的环境,而这样的环境就能自动地解决城市中的社会、经济、政治问题,促进城市的发展和进步,这是《雅典宪章》所提出来的功能分区及其机械联系的思想基础。虽然认识到影响城市发展的因素是多方面的,但《雅典宪章》仍将城市规划视为一种"基于长、宽、高三维空间……的科学"。《马丘比丘宪章》则摒弃了《雅典宪章》机械主义和物质空间决定论的思想基石,宣扬社会文化论的基本思想。《马丘比丘宪章》认为,物质空间只是影响城市生活的一项变量,而且这一变量并不能起决定性的作用,起决定性作用的应该是城市中各人类群体的文化、社会交往模式和政治结构。城市规划"必须对人类的各种需求做出解释和反应",并"应该按照可能的经济条件和文化意义,提供与人民要求相适应的城市服务设施和城市形态"。

(2) 城市规划:由功能分割走向系统综合

《雅典宪章》最为突出的内容就是提出了城市的功能分区,将城市中的各种活动划分为居住、工作、游憩和交通四大类,各自都有其最适宜发展的条件,以便给生活、工作和文化分类与秩序化。功能分区在当时有着重要的现实意义和历史意义,它对于当时大多数城市无计划、无秩序发展过程中所出现的问题,确实可以起到缓解和改善的作用。《马丘比丘宪章》则指出,《雅典宪章》所崇尚的功能分区"没有考虑城市居民人与人之间的关系,结果使城市患了贫血症,在那些城市里建筑物成了孤立的单元,否认了人类的活动要求流动的、连续的空间这一事实"。过度强调纯粹功能分区,导致人情冷漠、空间单调、缺乏生气等等社会问题。因此,《马丘比丘宪章》明确提出,"在今天,不应当把城市当作一系列的组成部分拼在一起考虑,而必须努力去创造一个综合的、多功能的环境"。

(3) 城市规划:由描绘终极状态步入动态循环过程

《雅典宪章》认为,城市规划的基本任务就是制定规划方案,而这些规划方案的内容都是关于各功能分区的"平衡状态"和建立"最合适的关系",鼓励对城市发展终极状态下各类用地关系进行描述,并"必须制定必要的法律以保证其实现"。《马丘比丘宪章》则认为城市是一个动态系统,要求"城市规划师和政策制定人必须把城市看作在连续发展与变化过程中的一个结构体系"。1960年代以后,系统思想和系统方法在城市规划中得到了广泛的运用,直接改变了过去将城市规划视作对终极状态进行描述的观点,更强调城市规划的过程性和动态性。《马丘比丘宪章》在对这一系列理论进行总结的基础上做了进一步的发展,提出"区域和城市规划是个动态过程,不仅要包括规划的制定,而且要包括规划的实施。这一过程应当能适应城市这个有机体的物质和文化的不断变化"。城市规划就是一个不断模拟、实践、反馈的循环过程,只有通过这样不间断的连续过程才能更有效地与城市发展相协同。

(4) 城市规划:由专家意志的表达转向对公众参与的鼓励

受传统精英主义思维的影响,《雅典宪章》对规划师、专家等社会精英的主导作用尤为重视,强调"规划师必须以专家所做的准确研究为依据"。在此思想的指导下,城市规划就成为一种少数专业人员表达他们意志,并以此来规范城市社会各类群体和个人行为的手段。1960年代中期以后,随着西方社会的转型,公众参与成为城市规划的一个重要内容。大卫多夫在1960年代初提出的"规划的选择理论"和"倡导性规划"概念,成为城市规划公众参与的理论基础:规划不应当以一种价值观来压制其他多种价值观,而应当为多种价值观的体现提供可能,规划师就是要表达这些不同的价值判断并为不同的利益团体提供技术帮助。在规划的过程中要让广大的市民参与规划的编制和讨论,并让公众能真正参与到规划的决策过程之中。《马丘比丘宪章》不仅承认公众参与对城市规划的极端重要性,而且更进一步提出"城市规划必须建立在各专业设计人员、城市居民以及公众和政治领导人之间的系统的、不断的互相协作配合的基础上",并"鼓励建筑使用者创造性地参与设计和施工",指出"人民的建筑是没有建筑师的建筑"。如今,公众参与被包括中国在内的世界许多国家的城市规划立法和制度所保障。

6) 1990年代以来的多元规划观

进入1990年代,国际环境的转变、技术与生产方式的变化、生活方式的转型等等,都使得城市问题变得更加复杂、变化莫测,已经没有一种理论、方法能够被运用来整体地认识城市、改造城市。多元思潮蓬勃兴起,城市规划的理论与实践探索已经进入了一个更为广阔的背景之中。全球化、治理、生态、可持续、文化、智慧等等,成为主导新时期城市规划思想的关键词。泰勒(Taylor)曾经将这段时期西方城市规划领域所关注的重要议题列为五个方面:城市经济的衰退和复苏;超出传统阶级视野并在更广范围内讨论社会的公平;应对全球生态危机和响应可持续发展要求;回归对城市环境美学质量以及文化发展的需要;地方的民主控制和公众参与要求。这其中既有新环境催生的对新规划思想的探索,也有对传统规划思想、规划价值观的螺旋性上升认识。世纪之交,美国的《规划专员杂志》(*Planning Commissioners Journal*)(1999年)提出了21世纪现代城市规划发展的九大趋势,主要包括以下方面:

(1) 开发者与环境保护主义者的合作。城市规划由以前的开发型规划走向环境整治型的规划,如划定各种鼓励开发区、引导开发区、限制开发区、禁止开发区等等,强调开发与保护相结合。

(2) 对公众参与的日益重视。随着城市社团力量的壮大,非政府力量对城市规划的干预作用增强,城市治理(Urban Governance)等思潮日益壮大。

(3) 网络空间对土地利用的影响。随着信息网络技术的发展,城市空间正在发生着新的、根本性的演变,这对传统的城市空间、城市规划提出了巨大的、全新的挑战。

(4) 更加紧凑的开发与混合使用的空间。随着资源环境的趋紧,紧凑发展成为越来越主动的需求。随着城市复兴、创新创意活动的发展,传统单一的商业中心转变为综合中心,传统单一的用地与空间组织模式日益被混合功能用地与空间所取代。

(5) 开放空间网络与绿色通道。网络化的空间、开放空间、绿色通道可以给城市发展、布局带来更大的弹性。郊区化、逆城市化的过程及信息、交通技术的发展,也使得开放空间网络成为可能,并成为一种主动的需求。

(6) 交通和土地利用整体规划的拓展。交通是构成城市物质环境结构的框架,现代城市受交通及其方式的发展而变化,必须在规划中将交通与城市土地利用、空间规划进行整体的协同考虑。

(7) 贫困人群和老龄人的需求不断增长。随着社会极化的加剧及老龄化社会的到来,城市规划必须考虑这种社会环境的变化,并满足不同人群尤其是弱势群体产生的种种要求。

(8) 城市中心区的复苏。1980年代以后,一些国家实施了有力的"再城市化"策略,通过对原有市中心地区的功能与环境改造,努力复苏、创造一个充满活力的城市中心。

(9) 区域合作不断受到重视。在经济全球化的今天,城市要增强竞争力,就必须通过与其他城市的协作来实行双赢、多赢,区域合作更加受到重视。

5.2 中国城乡规划思想与理论发展

5.2.1 中国古代城市规划思想与理论

1) 雏形城市时期

考古证实,中国最早的城市雏形产生于原始社会末期的龙山文化时代。这一时代出现了中国第一批古城邑——由夯土墙或石墙围绕起来的大型聚落,但是由于它并不具备城市的实际职能与文化形态,因此只是一种"带围墙的村庄"。直到公元前 1500 年左右,随着奴隶社会的较大发展,商代产生了第一批相对完整意义上的早期城市。

2) 古典城市时期

在西周至战国时期(约公元前 11 世纪至公元前 2 世纪末),中国城市逐步形成了"城郭分野相依"的古典形态格局。春秋战国是中国历史上第一个"筑城运动时期",也是第一次城市建设的高潮。西周作为中国奴隶制社会发展的重要时代,形成了完整的社会等级制度和宗教法礼关系,对于城市形制也形成了相应的严格规则。《周礼·考工记》记载的"匠人营国,方九里,旁三门,国中九经九纬,经涂九轨,左祖右社,前朝后市,市朝一夫",成为影响中国几千年古代城市营建的基本范式,对中国传统城市的礼制风格产生了重大的影响(图 5-7)。《周礼·考工记》中对于不同城市营建的等级也有严格的规范,如"建国立城邑,有定所,高下大小,存乎王制""大都不过三国之一,中五之一,小九之一"等等,这同样也是礼制规范的体现。

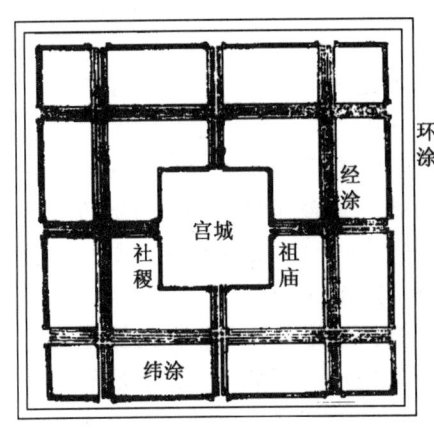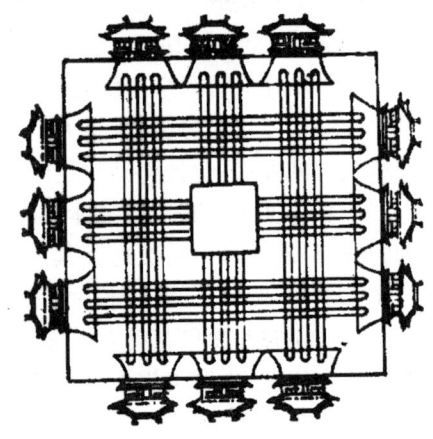

图 5-7 周王城营建模式

春秋战国时代是古代中国从奴隶制向封建制的过渡时期,群雄纷争和战乱频繁,也是各种社会变革思想蓬勃发展的"诸子百家"时代。这个时代也是中国古代城市规划思想的多元化时代,既有以《周礼·考工记》为代表的礼制营城规范;也有以《管子·乘马》为代表的山水有机营城思想,强调"因天材,就地利,故城郭不必中规矩,道路不必中准绳"的自然至上理念。例如,后来明代都城南京的规划就充分体现了管子的山水营城思想(图5-8)。

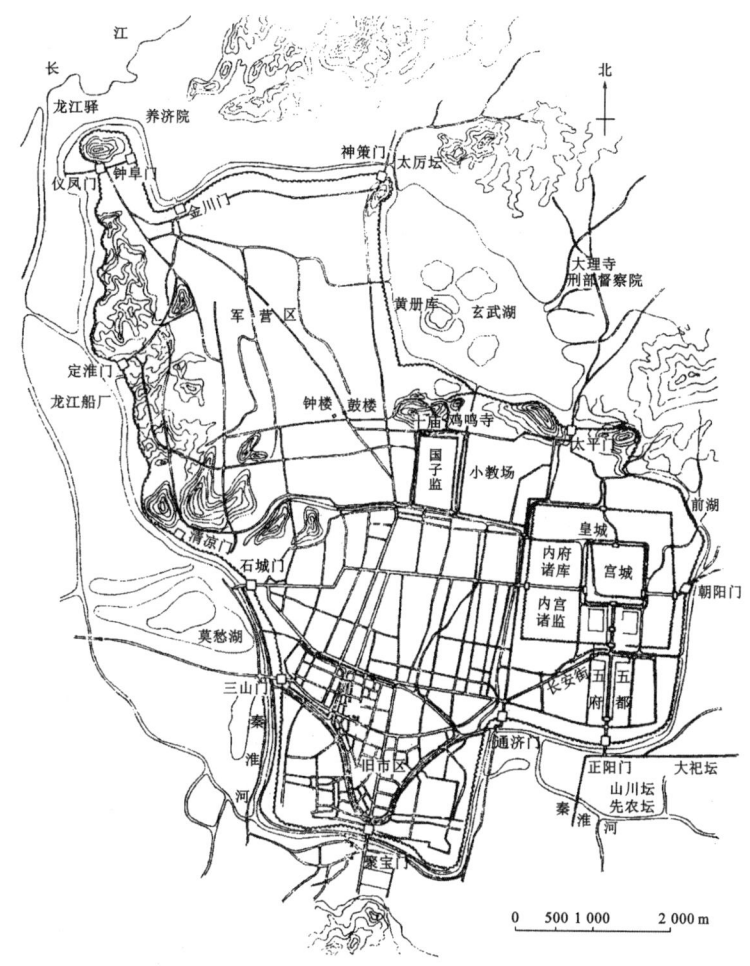

图5-8　南京城依托自然山水的灵活布局

3) 中期传统城市时期

中期传统城市时期大约从公元前2世纪末的秦汉到唐代末期。汉武帝时代为巩固皇权统治,"废黜百家,独尊儒术",儒家的核心思想就是社会等级、宗法关系,从此,《周礼·考工记》所代表的礼制思想开始对中国封建社会城市的规划建设产生了主体性的影响。从曹魏邺城、唐长安城(图5-9)到元大都、明清北京城,《周礼·考工记》对城市形制尤其是都城的影响极其深远。这一时期城市规划建设的主要特征有三点:①城市的整体性加强,组合成一个紧密的整体;②受"尊儒崇礼"思想的影响,城市内部各功能要素在布局上呈现出尊卑有别的礼制秩序；③具有严格的功能分区和"里坊"制度。

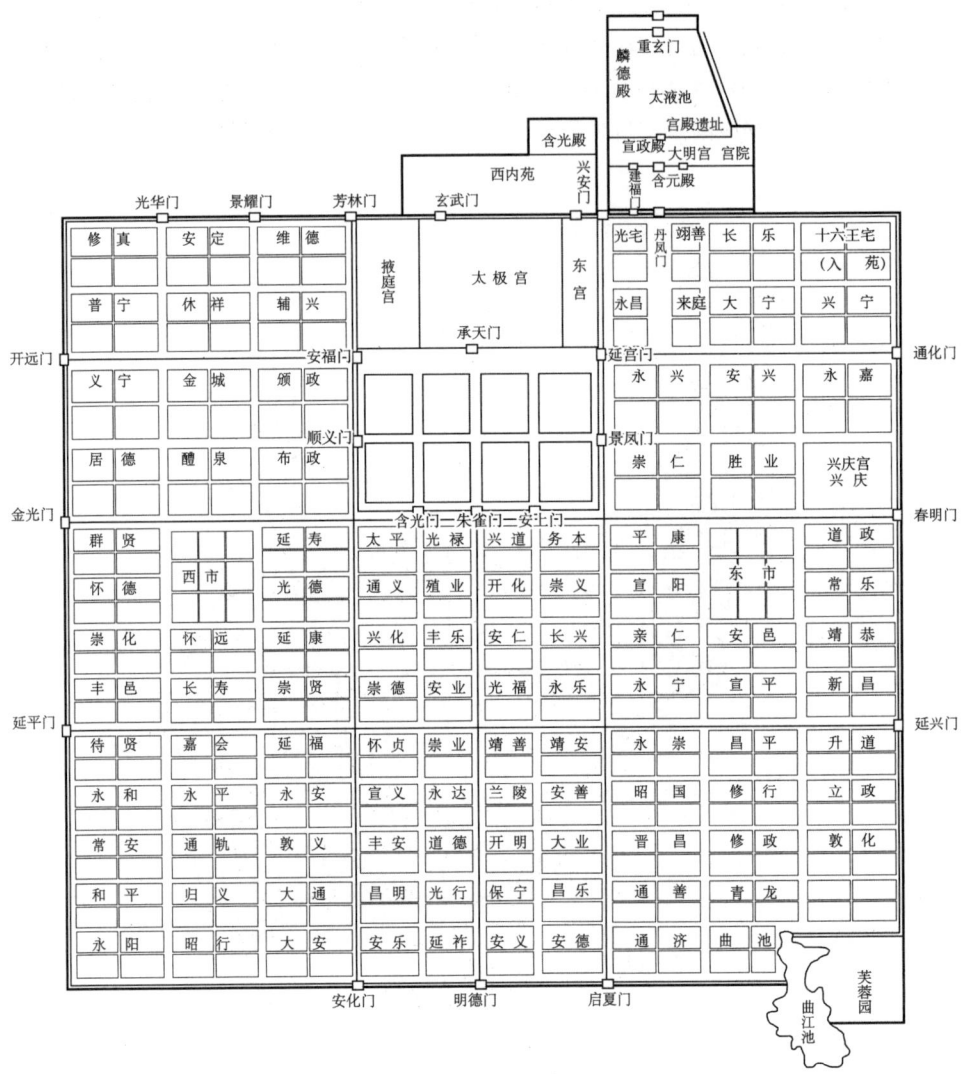

图 5-9　唐长安城规划

4）后期传统城市时期

后期传统城市时期大约从北宋到 19 世纪末的晚清。由于商品经济的发展，城市的功能日渐增多，尤其是经济、生活功能的强化，使得城市的世俗化特征日益明显。因而，这一时期的城市规划一方面表现为对传统城市主体礼制风格的继承和发展，另一方面也开始出现了对严格的里坊结构、封闭的城垣形制的重大变革，这在一定程度上形成了适应商品经济发展而相对自由的城市风格。北宋时期，商品经济和世俗生活的发展开始冲破《周礼·考工记》的礼制约束，首都汴梁城（开封）出现了如《清明上河图》所描绘的那样熙熙攘攘的商业大街，封闭的"里坊"制度开始解体。

总体而言,中国古代城市规划建设的思想、理论主要受到以下因素的影响[2-3]:

(1) 早期的耕作制度。"井田制"奠定了中国早期城市方格网状空间格局的基本形式,如《周礼·考工记》中所用的"夫"就是井田的丈量单位。

(2) 传统的营建技法。如中国早期的城市大多出现在北方平原地区,受当时当地的气候与建筑材质的影响,出现了封闭的院墙体系及方正平直的格局。

(3) 特有的文化观念。如天圆地方说、天人感应等思想,表现在城市中象征性的构图和布局;阴阳五行思想和易学说,表现在城市布局中对方位、数字、对偶等的应用;相土形胜风水说,尤其表现在城市规划的选址与总体格局中。

(4) 封建政治制度。封建政治制度所形成的特有文化价值观念也左右着城市规划的思想,如《礼记·乐记》中讲道:"礼者,天地之序也;乐者,天地之和也。序,故群物兼别;和,故百物兼化。"所以,我国古代城市规划尤其强调等级尊卑、序列感。

(5) 社会经济发展形态。不同经济社会发展时期,城市功能的变化会导致城市形态、营建风格的相应变化。例如,北宋汴梁城出现里坊解体和沿街买卖的现象,就是市场经济和市民阶层发展壮大的结果。

5.2.2 中国近代城市规划思想与理论

近代中国受到西方社会经济与思想文化的强烈冲击,具有典型的半殖民地、半封建社会的特征,城市规划发展围绕两条基本脉络展开:一是西方外来资本主义社会经济形态,及其相伴随的新的城市物质要素和结构形式的渗入,由点及面、由渐及盛的扩展过程;二是本土传统的封建社会经济形态在外来资本主义社会经济形态的强大影响下逐步解体,并被动地重构新型城市的艰难过程——表现为对西方模式的照搬或"中国化处理"。可以说,中国近代城市规划的发展演变始终围绕着中国传统城市规划的近代化,以及西方城市规划思想的本土化而展开。

这一时期,中国城市规划开始受到西方城市规划思想的广泛影响。起初主要是向租界、殖民城市学习,洋务运动后开始直接派遣中国留学生学习西方城市建设技术与规划方法,诞生了第一批具有西方留学背景的市政、公共卫生、建筑与城市规划专业人才,极大地推动了中国城市规划向近代科学的转型[4]。在半殖民地半封建的时代背景下,一部分中国城市的发展与建设始于帝国主义的殖民活动,殖民者在其长期占领的城市中围绕其掠夺和侵占目的展开规划建设,这一类型的典型城市包括青岛、哈尔滨、大连和长春等。近代交通的快速发展催生了一批因区位优势而得到发展建设的城市,以郑州、蚌埠、石家庄等为代表。此外,还有随着民族资本工商业的发展而进行的城市规划与建设活动[5],如南通、无锡、汕头等。

总体来看,近代中国城市规划的理论与实践表现为两大类:一类完全套用当时西方所流行的规划思想和手法,甚至直接由西方人进行规划,例如大量的租界城市(图5-10);另一类引入西方的学说并进行"中西结合"的应用,如上海规划、南京首都规划(图5-11)。中国近代最早自己编制的城市规划出现在1922年由汕头市政当局编制的《市政改造计划》,规划结合地形对城市道路网进行梳理,并借鉴花园城的理念将城市划分为商业、工业、住宅、行政等功能区。1927年南京国民政府成立后开始推行市建制,为加强城市建设与管理,南京、上海、重庆、杭州、成都、南昌、长沙、武昌、芜湖等一些城市开始着手编制城市规划。1929年南京国民政府正式公布了南京《首都计划》,这个规划充分借鉴了当时西方先进的规划理念,同时结合中国古典城市规划的思想,是我国近代城市规划史上一部正规、系统的规划文件,对其后中国的城市规划发展具有较大的启迪作用。

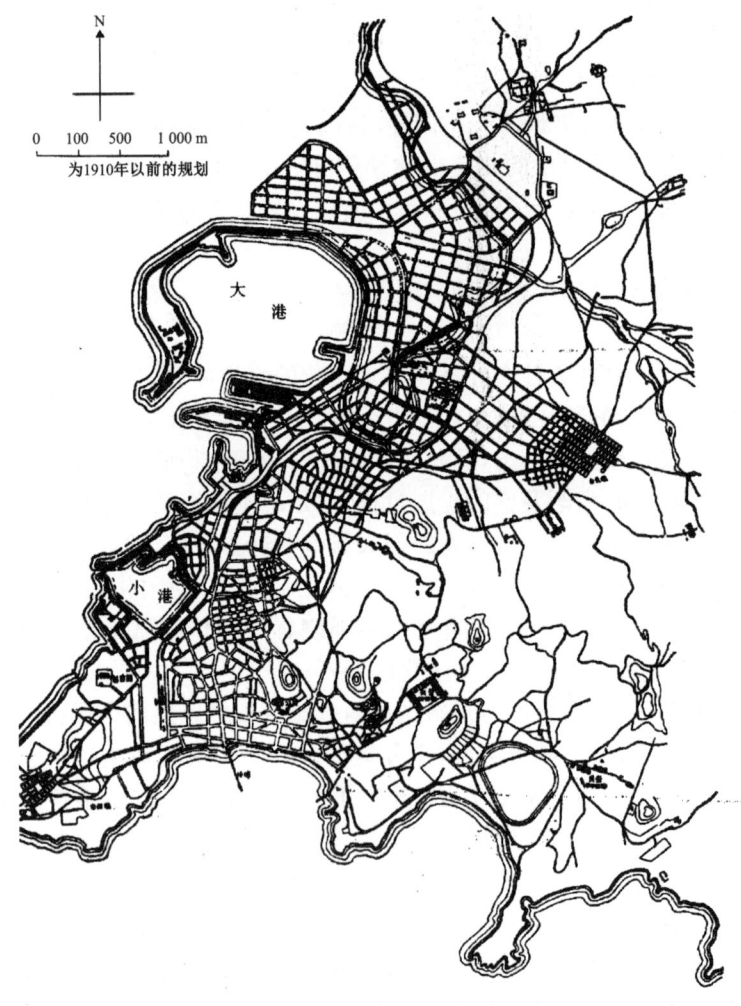

图5-10 德国人编制的青岛规划

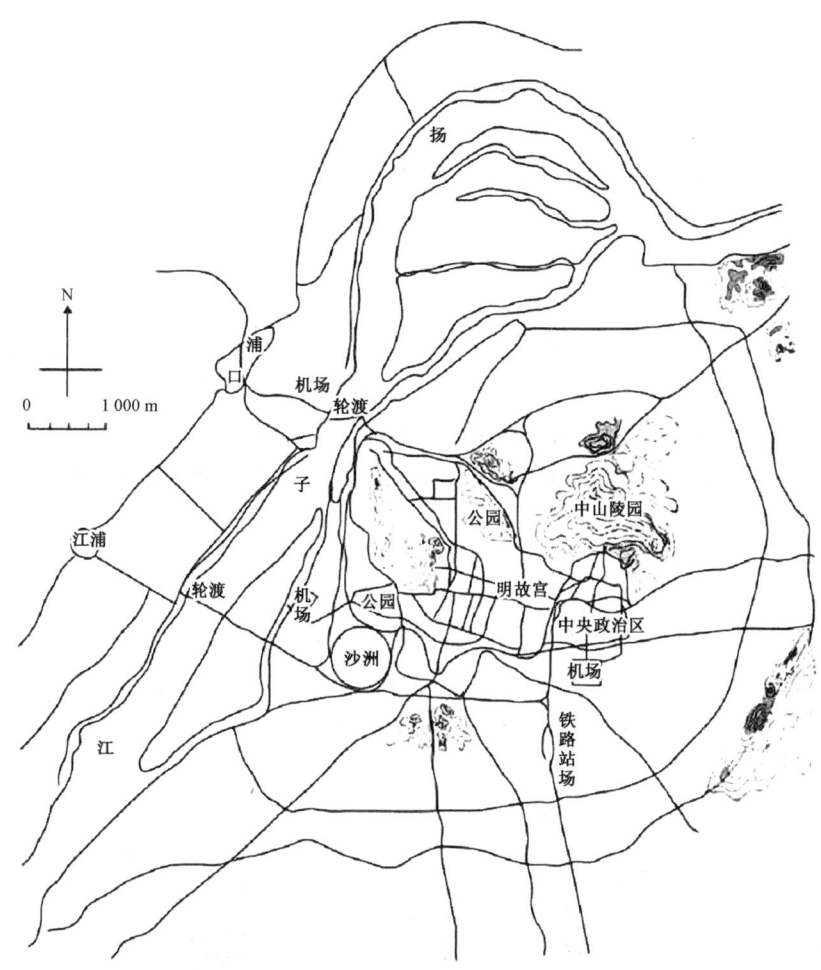

图 5-11 南京《首都计划》城市总图

5.2.3 新中国成立后城市规划思想与理论

新中国成立后,社会体制的巨大变革影响到社会经济发展的方方面面,城市规划与建设也进入一个新的发展阶段,但是过程曲折。总体来说,新中国成立后城市规划思潮的演变可以划分为以下五个阶段:

1) 落实生产力布局的城市规划(1949 年至 1960 年代初)

新中国成立之初,国家经济由于多年战争濒临崩溃,又同时受到西方资本主义阵营的孤立与排挤,内忧外患的发展环境迫使新中国选择全面倒向苏联,在政治、经济、社会等各个领域建立了以自上而下高度集权为特征的运行体制。中央政府通过统一的计划对国民经济社会发展实行全面管理,并通过城市规划向地方政府分配建设资源[6]。在城市规划的理论与实践中,停止引用西方规划理论,转而全面学习苏联规划理论与模式。将城市作为主要用于工业生产的载体,强调"变消费型城市为生产型城市",生活空间被极度压缩，城市生活设施被作为工业生产的配套则按照最简单、最经济的原则进行[7]，以尽可能地降低工业化、城市化的成本。这一时期的规划被作为在空间上落实国民经济建设计划和重大项目布局的工具，其主要职责是服务于工业生产和意识形态的需要，规划思维体现出强烈的自上而下、计划性、指标性和工程技术性色彩。

在新中国成立初期的10年间，城市规划被纳入计划经济体系，成为国民经济和社会发展计划的延续与空间落实，作为指导生产项目布局和城市建设的技术工具，与国家经济社会发展需求紧密结合，在支撑短时间内建立社会主义工业体系方面做出了巨大贡献[8]。该时期强烈的计划经济体制特征、急于求成的空想主义思潮，以及对城市现代化的片面性、简单化认知，都束缚着城市规划价值观的正确发展与广泛拓展。

2）极"左"主义思潮下的城市规划（1960年代初至"文化大革命"结束）

1960年代后，中国陷入极"左"的社会思潮之中，政治运动席卷全国，经济社会事业多处于废弛停顿状态。城市规划被视为"扩大城市差别"的"修正主义"而受到了批判[9]，曾经作为落实发展计划重要工具的城市规划也走向低潮，只有在应对国家重大工业项目建设需求时，才有限地开展城市规划工作[7]。这一时期的城市规划思想仍然深受苏联模式的影响，而且具有强烈的极"左"意识和鲜明的阶级斗争烙印。

3）科学理性主义思潮下的城市规划（1970年代末至1990年代初）

"文化大革命"结束后，国家迎来改革开放浪潮，西方国家的规划思想与理论随同资本、技术等一并进入中国。科学主义的社会思潮在当时的中国蔚然成风，城市规划研究与实践也显著表现出对"科学化"的强烈追求。城市空间被抽象为点、线、面组合而成的系统，数学模型等计量方法被运用于对城市空间演化过程及规律的模拟，在城市规划领域得到积极应用。这一时期的城市规划非常注重对城市空间演化规律的研究，引入了西方许多关于城市研究、城市规划的理论和方法。尤其是经济地理（城市地理）等理科力量的介入，将综合思想、科学分析思维引入中国规划界，为城市规划提供了崭新的研究领域、研究视角和研究方法，开启了中国城市规划多元化发展的局面。

4）增长主义导向下的城乡规划（1990年代中期至2010年代初）

随着全球化的深度和广度不断拓展，1990年代初中国顺应时代浪潮进一步扩大对外开放，明确提出建立社会主义市场经济体制。1990年代推进了分税制、分权化、城乡土地使用制度、住房市场化等一系列重大的改革，中央政府在赋予地方政府更多权力、更多可支配资源的同时，也将更多的增长压力转移至地方，促成了"增长主义"政策体制与整体环境的全面形成。国家和社会治理思想的变化、央地关系的调整及市场化转型，都深刻地影响了这一时期中国城乡规划的理论与实践选择。这一时期的城乡规划在相当程度上扮演了支撑政府实现增长主义目标的手段，成为地方政府经营土地等城市各类资产、管控空间秩序和营造景观环境的重要工具，更承担了提高城市竞争力、促进城市发展的重要任务。

单一增长目标导向下的经济高速发展与快速的城镇化进程,迅速暴露出种种问题:城市空间无序扩张,城乡之间、区域之间发展不平衡加剧,经济增长与社会、文化、生态等多元发展目标之间极度失衡……有鉴于此,2003年后中央提出了"科学发展观""五个统筹""和谐社会"等一系列思想,意图扭转长期以GDP为中心的经济发展方式,促进经济、社会、生态等各个方面的统筹,尤其开始关注民生、关注区域、关注乡村,规划的工作领域也真正开始从"城市规划"拓展至"城乡规划"。在2008年实施的《中华人民共和国城乡规划法》中,城乡规划的属性明确实现了从"工程技术"向"公共政策"的转变。然而,增长主义模式的巨大惯性难以在短期内根本扭转,地方政府仍然奉行增长主义的发展策略,中央政府与地方政府之间的发展价值取向、关注的核心利益产生了越来越大的偏差。城乡规划在服务国家新发展理念与满足地方增长主义诉求之间艰难平衡,缺乏一以贯之的内在价值体系和行为准则[10],表现出比较明显的"价值观—行动分裂"。

5)国家治理体系重构中的城乡规划(2012年以后)

2010年后,全球进入后金融危机时代,全球生产、贸易分工格局及金融体系发生深刻变化,中国发展的内外环境日益严峻。中共十八大、十九大做出中国经济步入"新常态"的判断,提出深化改革、美丽发展、创新发展等一系列新目标,以及"五大发展理念"、生态文明建设、高质量发展、国内国际双循环等新要求。国家发展的价值取向、模式与路径都发生了重大转变,持续了近20年的增长主义模式走向终结[11]。新时代的国家发展纲领不仅仅是应对和消化增长主义时期所累积的种种问题,而且要在更高的目标征程中解决"美好生活需要和不平衡不充分的发展之间的矛盾",实现中华民族伟大复兴的中国梦。在此背景下,城乡规划的功能角色、社会认知及其思想方法均发生了显著的变化,并融合进了新的国土空间规划工作之中。

(1)需要从治国理政的高度来认识、理解城乡规划(国土空间规划)。也就是说,城乡规划(国土空间规划)不仅从工程技术明确转向了公共政策,而且成为国家实现治理体系和治理能力现代化的重要组成部分,要在国家多层级治理架构下发挥对国土空间的规范、协调等重要作用,同时也将在政府—市场—社会关系调整中发挥更加突出的作用。

(2)城乡规划(国土空间规划)的价值取向发生重大转变。从长期以来强调(或者事实上)促进城市经济增长、城镇化数量水平提高等"数字目标的增长",转变为关注以人为中心的新型城镇化,促进高质量发展、区域协调发展、城乡可持续发展、社会和谐共享等一系列"综合目标"的实现。国土空间规划要求中央、地方各级政府承担起更加综合有力的资源与空间管控职能,实现对资源的更好保护与更高效利用,促进形成更加均衡、美丽、永续的国土空间格局。

(3) 城乡规划（国土空间规划）的内容重点发生重大调整。从长期保障城市发展增长的需求，转变为生态优先、引导发展、刚性管控，不再是"以需求定空间供给"，而是首先要明确生态环境保护的基底、耕地保护的底线，以有限的空间供给来约束无限的空间增长需求。

(4) 更加强调中国本土规划的理论与实践探索。由于过去长期照搬苏联和西方的理论、经验，中国城乡规划在过去发展中出现了"一手的规划实践，二手的规划理论"的尴尬现象。中共十八大以后，在"四个自信"的指引下，中国城乡规划的理论与实践发生了明显转向，强调构建中国本土规划的理论体系，增强民族自信、传承中国文化、总结中国经验，进而向世界贡献解决问题的"中国方案"。这在雄安新区规划、北京通州新行政中心区规划等实践中，得到了鲜明的体现。

(5) 更加强调城乡规划（国土空间规划）的引领地位、科学性、严肃性与持续性。中央对城乡规划高度重视，提出要认识、尊重、顺应城市发展规律，科学决策、科学规划；明确了城乡规划（国土空间规划）要发挥"战略引领、刚性管控"的作用；提出要坚守规划要求，要坚持"一张蓝图干到底"，要有"功成不必在我"的持之以恒的精神；等等。

5.3 土地利用规划与主体功能区规划的基本思想

5.3.1 国外土地利用规划的理论与实践发展

1826年德国学者杜能提出的农业区位理论是较早的关于土地规划利用的理论，19世纪末城市规划先于土地利用规划发展起来，有关城市土地利用的土地功能分区方法得到了极大的发展。1930年代，以控制论为基础的现代土地利用规划开始兴起，这一时期的研究着重于土地利用规划所要完成的目标、为实现规划可能采取的途径和政策措施，分析各种政策、措施可能造成的各种土地利用后果，并期望从中找出最令人满意的规划方案。土地评价是土地利用规划的基础，1953年美国垦殖局提出的灌溉地适宜性分类体系、1961年美国农业部提出的土地潜力评价系统、1976年苏联农业部提出的全苏土地评价方法等均对世界有较大影响，其中美国农业部颁布的土地潜力评价系统是世界上第一个较为全面的土地评价系统。1960年代后期，土地利用规划开始吸收生态学思想，1976年联合国环境规划署（UNEP）首次提出生态开发的概念，强调土地开发利用规划应与生态环境相协调、相适应。

进入1980年代，可持续发展思想对土地利用规划提出了"持续"管理的要求。联合国粮食及农业组织（FAO）于1993年发表了《可持续土地利用管理评价大纲》，提出可持续土地利用必须同时考虑保持和提高生产力、降低生产风险、保护土地（自然）资源的潜力、防止土壤与水质的退化，以及经济上可行，社会可以接受，这五个方面已成为衡量土地利用规划实施效果的重要标准。FAO 于 1993 年出版了《土地利用规划指南》,对土地利用规划的本质和目的、规划的尺度和对象等理论问题进行了明确的界定。该指南认为,土地利用规划是一个对土地、水资源潜力及对土地利用和社会经济条件改变的系统评价过程,其目的是为了选择、采用并实施最佳的土地利用方案,以满足对未来土地资源安全供给与可持续使用的需要。1994 年范里尔(H. N. Vanlier)等在《可持续土地利用规划》一书中指出,可持续土地利用规划是为了正确选择各种土地利用区位,改善农村土地利用的空间条件,长久保护自然资源而制定的土地利用政策,以及实施这些政策的操作指南。

二战以前,英、美等发达国家土地利用规划实践工作的开展缓慢、规模较小。土地利用规划的主要内容是土地利用分区,并在每一分区中制定不同的使用规划或规范,而城市土地利用规划的内容则要丰富得多。二战以后,大规模的城市建设对城市土地利用规划提出了包括土地及建筑物的征地补偿、土地增值费征收等在内的众多问题,土地利用规划的内容得到了进一步拓展,并产生了两个新的分支学科:一是土地利用设计,它详尽地把土地利用分布表现在图纸上,同时还包括行动、图形以及多方面的政策;二是土地分类规划,它不仅是详细的土地利用规划,而且是发展政策的总体图,尤其是适合于乡村、大城市和处于城市化中的开发区,以及抑制城市化的保护区。与此同时,城市土地利用规划进一步拓展其内容体系,发展了两个新的规划类型:一是政策规划,其重点在于目标与政策的书面说明,规划的内容主要包括目标、现状、方案以及与目标配套的政策,确定需要解决的问题,并指出执行规划的原则;二是开发管理规划,它通过一系列的分析与目标确定,为地方政府的职能部门指明在未来 10—20 年内所采取的操作程序,包括详细说明规划的内容、地理范围、时间安排、任务布置,以及区域间规划协调的正式文件。

1980 年代以来,城市土地利用规划已发展成为集设计、政策与管理为一体的现代综合规划,其主题内容已扩展到自然环境和人工环境的建设。规划的成果也从原来简单的政策说明,发展成为文本、数据、图纸和事件相结合的综合体,涉及环境、社会、经济、住宅、基础设施方面的政策,阐明全面开发策略的土地分类图、标明特殊用途的设计图、注明开发的标准及开发管理计划。遥感、地理信息系统和数学分析手段的发展,也极大地提高了土地利用规划的科学性、工作效率和精确度。

国外土地利用规划尽管发展历史较长,但其理论、方法并未像城市规划那样形成完整的体系。正如联合国粮食及农业组织的普内尔(Purnell)所指出的,"土地利用规划方法论并没有像土地评价方法那样发展成熟,甚至有关土地利用规划所包含的内容还存在争议,一些实践者把他们的任务限制在土地利用方式的实体设计和布局上;另一些实践者则定位土地利用规划为通过立法来控制土地利用。联合国粮食及农业组织至今还没有一个指导土地利用规划的纲要"。

5.3.2 我国土地利用规划的理论与实践发展

中国古代早有土地利用规划的萌芽。《禹贡》对全国因地制宜整治土地进行了论述,在传说中大禹因山川高低、大小之势,将全国土地分为九州,解决了水的自然灾害,创立了农业生产的有利条件,这可能是中国历史上最早的"土地利用规划"。西周后期对田块的规划已注意到日照和水源等条件并出现了"井田制",井田规划是我国早期土地利用规划的雏形,它反映了当时田赋管理对组织土地利用的需要。《周礼》中规定大司徒掌握土地之图(九州土壤),并创立了"土会""土宜""土均""土圭"的工作方法,进行土地规划、土壤研究和管理等方面的工作。但是在长期的封建社会中,土地利用规划发展相当缓慢,也并非一项稳定持续的政府工作。

新中国成立以后,现代土地利用规划由苏联传入中国,当时称之为"土地整理",1950年代后期改称为"土地规划"。新中国的土地利用规划历程,首先是随着国营农场的建立对农场土地进行全面规划。农业合作化以后特别是人民公社期间,全国开展了内容比较广泛的人民公社土地利用规划工作,这期间的土地利用规划主要侧重于农业土地利用,主要是为了巩固和发展农村集体经济创造必要的土地条件和保障。1950年代中期直到1970年代末,我国的土地利用规划理论基本沿袭苏联的计划模式。1980年代开始,我国在土地资源调查、农业区划、土地利用总体规划、农村土地利用规划等方面做了大量工作,土地利用规划理论方法取得初步进展。1986年国家土地管理局的成立,标志着土地利用规划与管理开始走上正式的轨道,进入了土地利用规划发展的新时期。1987年国家提出了"十分珍惜和合理利用每寸土地,切实保护耕地"的基本国策,同年《中华人民共和国土地管理法》颁布实施,正式确立了土地利用规划的法律地位,逐步建立起国家、省、地(市)、县、乡(镇)五级土地利用规划体系,并在随后的实践中不断发展完善。

总体而言,改革开放以后我国自上而下进行了三轮土地利用规划,其规划思想与实践重点也发生了很大的变迁。

(1) 以保障建设用地为核心的第一轮土地利用总体规划(1986—2000年)

在计划经济、商品经济双轨制的背景下,这轮土地利用规划具有服务经济发展的特点。规划初步确定了土地利用规划的基本程序,探索了我国土地利用规划的内容和方法,建立了五级土地利用规划体系,奠定了我国土地利用规划的基础。

(2) 以耕地总量动态平衡为核心的第二轮土地利用总体规划(1996—2010年)

这一轮土地利用规划以耕地保护为主要特点,以实现耕地总量动态平衡为目标,自上而下修编和审批,对耕地保有量、建设用地占用总量等主要用地指标进行逐级控制,使各级规划成为一个完整的体系;确定了"指标+分区"的土地利用模式,县级和乡级规划通过用途分区确定每一块土地的用途,为实施土地用途管制奠定了基础;此外,还发布了土地利用规划编制的相关规程和土地利用规划的审批办法等。

(3) 以节约和集约用地为核心的第三轮土地利用总体规划(2006—2020年)

面对快速城镇化需求与耕地保护矛盾的严峻现实,为加强土地管理、更好地发挥土地利用总体规划的作用、促进土地合理利用,2005年启动新一轮土地利用总体规划的修编。这轮规划主要体现出以下特点:①转变土地规划理念,从技术导向走向公共政策。区分约束性指标和预期性指标,强化土地利用的战略研究,重视土地利用规划实施保障措施、政策设计,改变了"重编制,轻实施"的问题。②从指标为主到指标与空间管制兼顾,增强了规划的弹性。加强建设用地空间管制,划分土地利用空间管制分区,对各类用地空间、基本农田、建设用地等的布局与管制提出明确要求。③从耕地保护到节约集约用地,体现了规划目标的综合性。规划以耕地保护为前提,以土地节约集约利用为核心,以控制建设用地为重点,并兼顾土地利用与经济发展、生态环境保护之间的协调关系。此外,开始对土地利用总体规划进行环境影响评价。

改革开放以后,我国土地利用规划的理论和实践都取得了一定的成果,建立了国家、省、市、县、乡五级规划体系;建立并逐步完善了"指标+分区"的土地利用规划模式,制定了土地利用总体规划编制的办法和规程;相应的土地利用规划实施管理、相关的制度建设也日益完善。随着国家统一的国土空间规划体系建立,土地利用规划的这些重要思想与方法在实践工作中得到了较好的继承与发展。

5.3.3 国土规划的思想与实践探索

早在1930年代,美国在罗斯福总统期间推动了田纳西河流域的国土综合规划与治理,涉及弗吉尼亚、北卡罗来纳、田纳西、佐治亚、亚拉巴马、密西西比、肯塔基等州。由于田纳西河流域规划和治理开发具有广泛的综合性,为此成立了专门的田纳西河流域管理局,全面负责国土规划、生产力布局、水利开发利用、自然资源保护等广泛工作。这个庞大的系统性工程取得了巨大的成功,经过半个世纪的综合治理后,田纳西河流域已发展成为一个经济相当发达的地区。二战后,面对经济高速发展、快速城镇化及其带来的区域发展失衡、生态环境破坏等危机,西方尤其是欧洲以及东方的日本等国家普遍开展了以促进生产力协调布局、生态环境保护、资源有序利用、空间协调发展等综合目标为一体的国土规划工作,并取得了显著的成效。

1980年代初,中国领导人出访西欧归来,对西欧国家重视国土整治工作甚为赞赏,1981年4月中共中央书记处会议提出"要搞好我国国土整治工作"。随后,国家建委提交了《关于开展国土整治工作的报告》并获得国务院批准,国土开发整治成为这一时期国家建委的首要工作任务。1981年11月国家建委正式成立国土局(国家土地管理局),各省区也随之成立了国土管理机构,国土规划工作当即开展。与全国普遍实行的"从点到面"的渐进式改革方式一样,为探索、积累国土整治与规划的经验,国土局在1982—1984年主要邀请南京大学、中国科学院地理研究所等高校及研究机构,先后完成了吉林松花湖地区、豫西焦作、新疆巴音郭楞蒙古自治州、湖北宜昌地区四个试点地区的国土规划,并于1982年7月和9月先后在松花湖和宜昌组织召开北、南两个经验交流和现场考察会,以推广试点地区的国土规划经验。试点区域涉及自然生态地区(吉林松花湖地区)、资源开发与经济发展地区(豫西焦作、湖北宜昌)、少数民族边远落后地区(新疆巴音郭楞蒙古自治州)等多种类型,因此,这一轮试点工作在后续国土规划的编制中发挥了重要的实践指导与经验借鉴作用。

1984年7月,国家计委发出《关于进一步搞好省、自治区、直辖市国土规划试点工作的通知》,要求进一步搞好国土规划试点工作,试点范围随即扩大,增加了宁夏回族自治区南部、浙江宁波滨海、新疆阿尔泰等十多个地区。截至1984年,国土规划试点地区增加到20多个,全国已经有一半以上的省、自治区、直辖市开展了国土规划试点工作。1985年国家计委专门成立全国国土规划办公室,着手编制我国首个全国国土总体规划纲要,1989年基本完成并上报国务院审批。在大规模组织编制全国国土总体规划纲要的同时,许多省区都陆续开展了省级和地市一级(部分到县级)的国土规划,部分重点地区也开始着手编制跨区域的国土规划,如攀西—六盘水地区、湘赣粤交界地区、晋陕蒙接壤地区、乌江干流沿岸和金沙江下游地区的国土综合开发规划,以及京津唐、沪宁杭地区的国土规划等。

1987年8月,国家计委发布《关于印发〈国土规划编制办法〉的通知》,正式将国土规划工作纳入国家计划工作序列,以作为编制中长期计划的重要基础。《国土规划编制办法》对国土规划的性质、任务、编制单位与类型、编制与审批程序、实施办法等一系列重大问题都进行了明确规定,成为国土规划编制与审批工作的重要政策依据。在国土规划的推动下,以国土资源综合开发利用与整治为主题,涉及从全国到各省市(个别到县)不同层次的区域规划在全国范围内拉开序幕。截至1993年初,全国100%的省和自治区、67%的地级市以及30%的县和县级市都编制了国土规划。此次全国范围内的国土规划高潮一直延续到1991年,这期间国家计委通过发布《关于印发〈国土规划编制办法〉的通知》(1987年)、《关于加强省级国土规划工作的通知》(1989年)等法规文件,不断巩固国土规划工作的重要性、严肃性与作用地位,持续推动国土规划工作在全国范围内的开展。

但是,后来受到国家政府部门职能调整、国家施政方针变化等原因的影响,几经修改的《全国国土总体规划纲要(草案)》上报国务院后未得批复,最后只是作为国家计委系统内部参照执行文件下发。国土规划职能划归后来新成立的国土资源部后,并没有像土地利用规划那样受到高度重视;加之国土规划本身涉及经济、社会、空间、交通、生态环境等诸多领域,实际上是一个非常综合性的区域规划,其与国土资源部比较单一的部门职能并不匹配,国土规划的理论与实践探索工作随即陷入低谷。直到多年以后,国土资源部又重新启动编制了《全国国土规划纲要(2016—2030年)》,并由国务院于2017年1月3日印发。该纲要部署了全面协调和统筹推进国土集聚开发、分类保护、综合整治和区域联动发展的主要任务,是有关国土空间开发与保护的战略性、系统性、基础性规划。该纲要的出台,正值国家新一轮机构改革并新组建自然资源部、整合空间规划职能的前夕,其对随后的全国国土空间规划编制起到了重要的参考作用。

5.3.4 主体功能区规划的基本思想

相比于城乡规划、土地利用规划、国土规划等,我国的主体功能区规划建立、发展的历史较短。改革开放以后,在社会经济高速发展的同时,区域发展失衡、空间开发失序、生态环境破坏、自然资源和要素空间配置效率低下等问题也日益突出。在此背景下,国家在"十一五"期间明确提出了主体功能区规划的概念,即根据不同区域的资源环境承载力、现有开发强度和发展潜力,统筹谋划未来人口分布、经济布局、国土利用和城镇化格局。主体功能区规划将国土空间划分为优化开发、重点开发、限制开发和禁止开发四类区域,分别确定各类分区的主体功能定位,明确开发方向,控制开发强度,规范开发秩序,完善开发政策,以形成人口、经济、资源环境相协调的空间开发格局。

主体功能区规划本质上属于一种空间政策区划,通过划分不同的空间分区单元并配给不同的政策机制保障,来实现统筹国土空间发展的目标。主体功能区的这些思想与做法,在国际上也是空间规划编制与实施中普遍的现象,充分体现了空间规划作为一种公共政策的属性特点。简要而言,主体功能区规划的价值目标取向主要表现为以下方面:

1)统筹开发与保护的目标

在主体功能区规划中通过"主体功能"这一概念,将开发和保护两类目标复合在一起。开发程度的高值区和保护程度的高值区分别是开发主导型、保护主导型的区域,因此在具体区划中,标识开发程度的指标就成为开发主导型区域划分的主导指标,标识保护程度的指标就成为保护主导型区域划分的主导指标。但对于四类分区之外的中间过渡类型的划分,则缺乏合适的处理,这给一部分区域带来类型归属的困难,进而给功能建设和相应配套政策带来不便。

2)兼顾效率与公平的追求

区域发展理论与实践表明,过度强调均衡发展往往会影响国家整体实力的快速提高及效率;但是非均衡发展又往往导致区域差异扩大、影响"公平",导致整体发展效率的下滑甚至崩溃。"公平"和"效率"两者是对立和统一的关系,主体功能区规划通过赋予不同区域承载不同的功能,使复杂多样的功能类型并存在一个方案中,达到空间协调和区域统筹发展的目标。主体功能区规划强调"公平"和"效率"双重目标取向:一方面通过优化和重点开发城市群地区,增强城市群地区的发展能力,提高我国整体发展效率和国际竞争力;另一方面通过运用财政转移支付等手段,改善禁止开发区、限制开发区内民众的生活质量,缩小基本公共服务水平的区域差距,实现公平发展。

主体功能区规划体现了一种重要的区域统筹协调发展思想,其强调根据地方自然资源禀赋、开发现状与发展条件进行综合分析,因地制宜、分层分级划分不同的主体功能区,建立"空间主体类型＋差异化政策分区"的规划方法,对于国土空间规划工作具有十分重要的指导意义。

5.4 国土空间规划的核心理念

国土空间规划整合了城乡规划、土地利用规划、主体功能区规划等重要的空间规划类型,因此,相关规划的思想与理论都在国土空间规划中得到了不同程度的承继和发展。同时,与原有的城乡规划、土地利用规划、主体功能区规划等空间规划类型相比,国土空间规划体系更加注重落实新发展理念,聚焦生态文明建设,促进高质量发展;更加注重坚持以人民为中心,满足人民对高质量美好生活向往的愿望;更加致力于提高空间治理体系和治理能力现代化。简要而言,其核心理念主要包括如下四个方面:

5.4.1 坚持全要素保护、全过程思维、全系统规划

与以往各类空间规划相对单一、片面的发展或保护目标不同,国土空间规划是全要素、全过程、全系统的规划。兼顾保护与发展,兼顾各类空间要素的统筹协同,目标是形成生产空间集约高效、生活空间宜居适度、生态空间山清水秀,以及安全和谐、富有竞争力和可持续发展的国土空间格局。国土空间规划的核心理念,首先体现在对"山水林田湖草沙"等全域全要素的保护,通过"陆海统筹、区域协调、城乡融合"以及各类保护与发展要素的综合统筹,实现全要素生产率的进一步提升,科学有序统筹布局生态、农业、城镇等功能空间。国土空间规划更加强调全过程思维、全系统的规划,规划编制审批体系、规划实施监督体系、法规政策体系、技术标准体系构成"四梁八柱",全方位支撑国土空间规划的运行。

5.4.2 强化战略引领,推进协调发展

国土空间规划是体现国家意志的约束性规划,目的是把国家重大决策

部署以及国家安全战略、区域发展战略、主体功能区战略等重要战略,通过约束性指标和管控边界逐级落实到最终的详细规划等实施性规划上,保障国家重大战略的落实和落地,提升国土空间开发保护质量和效率。国土空间规划是自上而下编制的,下级规划要服从上级规划,专项规划和详细规划要落实总体规划,充分体现了国土空间规划在国土空间开发保护中的战略引领和刚性管控作用。

5.4.3 坚持底线思维,促进绿色发展

长期以来,我国扩张型、粗放式、唯增长论的发展方式造成了生态系统退化、环境污染严重、资源能源约束趋紧的严峻局面,直接影响到人民福祉、民族的未来生存和发展。国内国外的双重压力,倒逼我国的发展方式必须从粗放型向集约型、从外延型向内涵型、从资源消耗型向创新驱动型转变。在生态资源环境紧约束的背景下,文化、社会、经济、政治的发展都离不开对生态的有效保护,生态文明建设的要求应当成为国土空间规划工作的核心价值观。要努力实现在有限空间上的无限高质量发展,并在此基础上建立一整套的评价标准和操作规则,发挥国土空间规划在国家生态文明建设中的基础性作用。

5.4.4 体现以人为本,推进高质量发展

国土空间规划是实现高质量发展和高品质生活的重要手段。中共中央、国务院在《关于建立国土空间规划体系并监督实施的若干意见》中明确提出,国土空间规划"是坚持以人民为中心、实现高质量发展和高品质生活、建设美好家园的重要手段"。国土空间规划要"综合考虑人口分布、经济布局、国土利用、生态环境保护等因素,科学布局生产空间、生活空间、生态空间""坚持陆海统筹、区域协调、城乡融合,优化国土空间结构和布局,统筹地上地下空间综合利用,着力完善交通、水利等基础设施和公共服务设施,延续历史文脉,加强风貌管控,突出地域特色"。以人民为中心的高质量发展是国土空间规划的核心目标和最终落脚点,应当建立"人本主义"的生态文明,实现基于"人与自然和谐共生"的人类可持续发展。

简要而言,国土空间规划应该着重实现如下的核心目标:①高质量发展,即通过"创新、协调、绿色、开放、共享"的发展理念,实现国土空间利用效率的提高,实现社会经济发展与资源环境消耗脱钩,逐步形成"集约和高效"的国土;②高品质生活,即通过宜居城乡环境、"魅力功能区"等的建设,实现国土空间供给质量的升级,逐步形成"美丽而富饶"的国土;③高水平治理,即通过"纵向到底、横向到边、多方参与、协同推进"的体制建设,实现国土空间治理能力的提升,逐步形成"统筹与善治"的国土。

第5章参考文献

［1］尼格尔·泰勒. 1945年后西方城市规划理论的流变[M]. 李白玉,陈贞,译. 北京:中国建筑工业出版社,2006.

［2］胡俊. 中国城市:模式与演进[M]. 北京:中国建筑工业出版社,1995.

［3］庄林德,张京祥. 中国城市发展与建设史[M]. 南京:东南大学出版社,2002.

［4］郭建. 中国近代城市规划文化研究[D]. 武汉:武汉理工大学,2008.

［5］傅崇兰,白晨曦,曹文明,等. 中国城市发展史[M]. 北京:社会科学文献出版社,2009.

［6］侯丽. 国家模式建构与地方差异:京沪两地1950年代规划编制的苏联影响之比较[J]. 城市规划学刊,2017(2):113-120.

［7］张京祥,罗震东. 中国当代城乡规划思潮[M]. 南京:东南大学出版社,2013.

［8］王凯. 我国城市规划五十年指导思想的变迁及影响[J]. 规划师,1999,15(4):23-26.

［9］华揽洪. 重建中国:城市规划三十年(1949—1979)[M]. 李颖,译. 北京:三联书店,2006.

［10］段进. 中国城市规划的理论与实践问题思考[J]. 城市规划学刊,2005(1):24-27.

［11］张京祥,赵丹,陈浩. 增长主义的终结与中国城市规划的转型[J]. 城市规划,2013,37(1):45-50,55.

第5章图片来源

图5-1、图5-2源自:沈玉麟. 外国城市建设史[M]. 北京:中国建筑工业出版社,1989.

图5-3源自:张京祥. 西方城市规划思想史纲[M]. 南京:东南大学出版社,2005.

图5-4、图5-5源自:沈玉麟. 外国城市建设史[M]. 北京:中国建筑工业出版社,1989.

图5-6源自:张京祥. 西方城市规划思想史纲[M]. 南京:东南大学出版社,2005.

图5-7源自:董鉴泓. 中国城市建设史[M]. 3版. 北京:中国建筑工业出版社,2004.

图5-8源自:叶骁军. 中国都城发展史[M]. 西安:陕西人民出版社,1988.

图5-9源自:李德华. 城市规划原理[M]. 3版. 北京:中国建筑工业出版社,2001.

图5-10、图5-11源自:董鉴泓. 中国城市建设史[M]. 3版. 北京:中国建筑工业出版社,2004.

6　国土空间规划的体系

6.1　空间规划体系与类型

6.1.1　空间规划体系及其影响因素

在全球众多国家的规划系统中，"空间规划"都被用来描述国家、区域、城市的各种战略性、地方性规划过程，以及反映政治、经济、社会发展的各个方面[1]。空间规划体系是一系列土地利用、空间管制协议的集合，它的形成和演进与一个国家或地区的社会经济、行政结构、法律体系及文化价值密切相关[2]。空间规划体系是一个国家工业化和城镇化发展到一定阶段，为协调各级空间规划的关系，实现国家竞争力、可持续发展等空间目标而建立的空间规划系统。空间规划体系可以解读为由各类空间规划共同组成的，共同预测、规制、引导、统筹实现人地关系协调发展过程，具有逻辑一体性和功能开放性的综合公共管理体系。

城乡规划长期被认为是局限在一定区域范围内的、针对土地利用和建成环境的物质空间形态规划，世界各国原有空间规划体系基本均是在这种观念下形成的。早期的空间规划一般是被作为一个实践性的问题来研究，随着政治、经济与社会过程的不断推进，英国乃至欧盟不断赋予空间规划更加多样、更加充实的内涵。1980年代以来，随着理论上空间的社会意义被认知，以及实践中空间与非空间因素的相互作用在各种尺度上均日益普遍而复杂，空间规划逐渐被意识到是经济、社会、文化、生态等政策的地理表达，应具有多尺度、综合性的特征和相应的规划体系。

一个国家的空间规划体系是在特定地域和社会经济发展背景下，受多种因素影响而形成的。历史文化传统、自然禀赋与基本国情、行政体制、政权组织、经济体制等等，都是影响空间规划体系形成的重要因素。由于各国政治、经济和社会发展背景的差异，空间规划建立的初衷、管制手段、主要内容和实施效果也各不相同，但是对于任何一个国家而言，空间规划都是保障公共权益、完善市场体系、提高竞争力、进行宏观调控不可缺少的手段。因此，空间规划体系既是一个国家治理体系的重要组成部分，也是国家实现治理体系与治理能力现代化的重要抓手。

行政体制对国家空间规划的建立起到基础性决定作用。"一级政府、一级事权、一级规划",规划权与国家治理体系相匹配,这是世界各国构建空间规划体系的基本原则。政权组织形式影响空间规划的主要内容,从世界范围看,单一制国家、联邦制国家所建立的空间规划体系有着本质的区别:一般来说,单一制国家自上而下都有比较完备的空间规划体系,中央政府对地方空间规划具有较大的影响干预权;而在联邦制国家,空间规划更多地属于地方事务,地方空间规划具有较强、较具体的开发控制作用,而中央政府的空间规划则比较偏重战略性、宏观指导性[3-4]。作为典型的联邦制国家,美国甚至没有覆盖全国的国家空间规划,土地用途管制分区完全属于地方自治权利。经济体制决定国家空间规划体系的运行模式,经济体制也影响不同层级空间规划发挥作用的方式和程度。市场化程度高的国家普遍更加重视地方空间规划的作用和灵活应变性,而市场化程度低的国家一般则更强调国家空间规划的管控作用。此外,经济和社会发展阶段也深刻影响国家空间规划体系的转变,例如二战后的英国、日本、德国等国家的空间规划体系都进行了许多与时俱进的调整变化。

6.1.2 空间规划体系的类型

空间规划体系包括了行政体系、法规体系和运行体系,国际上空间规划体系的类型众多,可从不同角度进行划分。

从规划运作的法律和行政制度背景出发,戴维斯等人总结出了盎格鲁·撒克逊体系和大陆体系;纽曼和索恩利总结出北欧类(丹麦、芬兰和瑞典)、不列颠类(爱尔兰和英国)、日耳曼类(奥地利和德国)和拿破仑一世类(比利时、法国、意大利、卢森堡、荷兰、葡萄牙和西班牙)四类规划体系。

从国家政体角度出发,空间规划可以分为中央集权国家的空间规划体系(日本)、联邦制国家的空间规划体系(德国)、联盟和联邦国家的空间规划体系(欧盟)[5]。

从国家和地方主导的程度进行划分,空间规划可分为国家规划主导型(法国)、国家地方互动型(德国)、地方规划主导型(英国)。

此外,从规划编制和实施的角度出发,空间规划可以分为控制型、指导型规划体系。控制型规划体系的规划执行以技术过程为主,指导型规划体系更多地表现为政治行为[6](表 6-1)。

表 6-1 空间规划体系分类

划分标准	类型	代表国家
以规划内容为标准	区域经济发展政策型	法国、葡萄牙
	综合型	荷兰、德国

续表 6-1

划分标准	类型	代表国家
以规划内容为标准	土地利用型	英国、爱尔兰
	城市设计与环境美化型	意大利、西班牙
以规划目的为标准	引导发展型	日本
	控制不平衡型	韩国
	综合治理型	中国、新加坡
以规划体系结构网络为标准	垂直型	德国、中国
	网络型	日本
	自由型	美国、加拿大

6.1.3 发达国家空间规划体系变迁的经验借鉴

"空间规划"广泛存在于全球众多国家的治理体系之中，但是各国的空间规划体系之间具有极大的差异，即使在空间规划体系发展较为完善的西方发达国家，也并不存在着统一的空间规划体系，而是与各个国家的制度架构、发展阶段、主要矛盾甚至党派政治等密切相关。例如法国作为单一中央集权制国家，其空间规划体系更体现出中央政府的垂直控制能力，空间规划非常强调国家与区域层面战略的实施及对地方的引导；而德国作为联邦制国家的代表，其空间规划体系受到政体的影响而表现出明显的纵向分权特点，地方市镇规划成为规划体系的主体与核心。

此外，从西方发达国家空间规划的发展历程看，一个国家的空间规划体系也并非固定不变，而是随着国家治理需求的变化进行适应性的调整。以英国为例，其空间规划体系随着经济形势的变化、执政党派的更迭，以及政府、市场、社会之间权利关系的演变而反复：在二战结束后到1970年代的这段时期里，受到国家凯恩斯主义治理模式的影响，空间规划主要作为国家宏观调控和自上而下进行空间管制的手段，以单一发展规划为主；而从1970年代末开始到1990年代，随着新自由主义、企业化政府等治理思想成为主流，国家层面的管控持续遭到削减，形成纵向分权的"结构规划"＋"地方规划"的二级体系；从1990年代末起，受到经济全球化和随之兴起的"治理"思潮影响，中央政府对空间规划的集权控制再度增强，最终表现为"国家规划政策文件"＋"区域空间战略"＋"地方发展框架"的三级空间规划体系；而在2008年全球金融危机爆发后，随着新一轮新自由主义政策的推行，为激发地方经济发展的活力，规划权利被再度下放，此前的"区域空间战略"被废除，空间规划体系被简化为纲领化的"国家规划政策框架"＋"地方发展框架"，在后者之下还有更微观的、面向实施的邻里发展规划。

总体而言，西方发达国家的空间规划体系普遍受到国家—市场—社会间关系及国家治理模式变化的牵引，随着政治、经济、社会环境的变化而不断进行着适应性的调整，各级政府间的规划事权划分明确，中央政府重点强调宏观战略、指引的编制，地方层面则更多地负责具体的发展任务安排。虽然西方发达国家的这些发展经验对中国有一定的借鉴意义，但是由于国家制度背景、发展环境的巨大差异，中国的空间规划体系改革不可能简单复制西方国家的模式，而是需要与中国的政治体制、行政管理模式、发展阶段、主要矛盾等更加紧密地契合，从而探索出空间规划的"中国道路""中国模式"。

6.2 中国的国土空间规划体系

新中国成立以来，各级各类空间规划在支撑经济与城镇化快速发展、促进国土空间合理利用和有效保护方面发挥了积极作用。但不容忽视的是，规划类型过多、内容重叠冲突、审批流程复杂、周期过长，以及地方规划朝令夕改等问题，严重制约了中国空间规划体系的整体效能发挥。因此，建立全国统一、责权清晰、科学高效的国土空间规划体系，整体谋划国土空间开发保护格局，具有强烈的现实需求与重大的战略意义。

6.2.1 中国国土空间规划体系的总体构成

2018 年新组建的自然资源部的重要职责之一是建立统一的空间规划体系并监督实施[7]，以满足更具挑战性的现代化国家治理需求。这一重大而根本性的变革，开启了中国空间规划体系的深化改革过程。2019 年 5 月中共中央、国务院发布《关于建立国土空间规划体系并监督实施的若干意见》，明确提出了国土空间规划体系"五级三类四体系"的基本构成[8]（图 6-1），逐步建立起"多规合一"的规划编制审批体系、实施监管体系、法规政策体系和技术标准体系。这标志着中国国土空间体系已初步完成顶层设计，形成了"四梁八柱"的总体架构，并将在日后的实践中不断发展、完善。

1）国土空间规划体系的"五级"

"五级"是指对应我国的行政管理体系，将国土空间规划分为五个层级，分别是国家级、省级、市级、县级和乡镇级。各级国土空间规划的侧重点有所不同，具体如下所述：

国家级国土空间规划侧重战略性，以贯彻国家重大战略和落实大政方针为目标。

省级国土空间规划侧重协调性，既要落实国家发展战略、主体功能区战略等要求，也要促进省域城镇化健康发展、城乡区域协调发展。

市县级、乡镇级国土空间规划侧重实施性。其中市级国土空间规划应

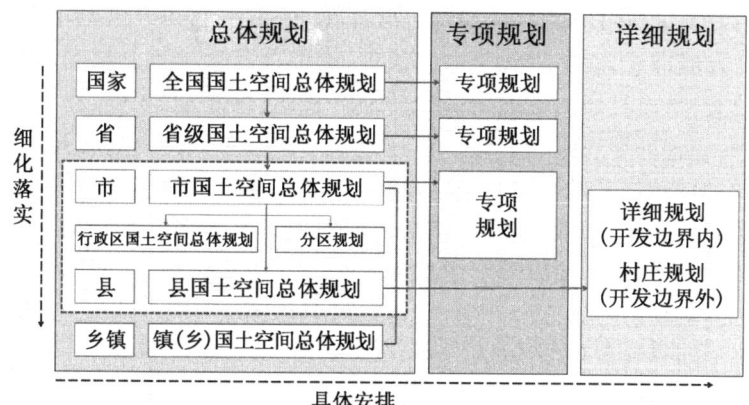

图 6-1 中国国土空间规划编制的"五级三类"体系

当结合本市实际,落实国家级、省级层面的战略要求,发挥空间引导功能和承上启下的控制作用。县级国土空间规划除了落实上位规划的战略要求和约束性指标以外,重点突出空间结构布局,突出生态空间修复和全域整治等内容。乡镇级国土空间规划突出土地用途和全域管控,对具体地块的用途做出确切的安排。

需要说明的是,并不是每个地区都要按照五级规划一层一层地编制国土空间规划[9]。有的地区国土面积比较小,可以将市级、县级国土空间规划与乡镇级国土空间规划合并编制,有的乡镇也可以以几个乡镇为单元进行联合编制。总体上,各地区要根据实际情况,因地制宜、实事求是,建立起适合本地区发展实际需要的空间规划体系。

2)国土空间规划体系的"三类"

"三类"是指国土空间规划的类型,分为总体规划、详细规划、相关的专项规划。国土空间总体规划是详细规划的依据、相关专项规划的基础;相关专项规划要相互协同,与详细规划做好衔接。

(1)总体规划

总体规划强调综合性,是对一定区域(如行政区全域)范围所涉及的国土空间保护、开发、利用、修复等进行全局性的安排。

国家级国土空间总体规划对国土空间开发、资源环境保护、国土综合整治和保障体系建设等做出总体部署与统筹安排,对涉及国土空间开发、保护、整治的各类活动具有指导和管控作用,对相关国土空间专项规划具有引领和协调作用,是战略性、综合性、基础性的规划。国家级国土空间总体规划由自然资源部会同相关部门组织编制,经全国人大常委会审议后报中共中央、国务院审批。

省级国土空间总体规划是对全省国土空间保护、开发、利用、修复的总体安排和政策总纲,是编制省级相关专项规划、市县级国土空间总体规划的总遵循。省级国土空间总体规划由省人民政府组织编制,经省人大常委会审议后报国务院审批。

市县级国土空间总体规划是对市县域的空间发展蓝图和战略部署,是落实新发展理念,实施高效能空间治理、促进高质量发展和高品质生活的空间政策,是市县域国土空间保护、开发、利用、修复和指导各类建设的全面安排、综合部署和行动纲领。市县级国土空间总体规划要体现综合性、战略性、协调性、基础性和约束性,落实和深化上位规划要求,为编制下位国土空间总体规划、详细规划、相关专项规划和开展各类开发保护建设活动、实施国土空间用途管制提供基本依据。市县级国土空间总体规划一般包括市县域和中心城区两个层次:市县域要统筹全域全要素规划管理,侧重国土空间开发保护的战略部署和总体格局;中心城区要细化土地使用和空间布局,侧重功能完善和结构优化。市县域与中心城区都要落实重要管控要素的系统传导要求,并做好上下衔接。市县级国土空间总体规划由市、县(市)人民政府组织编制,除需报国务院审批的城市国土空间总体规划外,其他市县级国土空间总体规划经同级人大常委会审议后,逐级上报省人民政府审批。

乡镇级国土空间总体规划是对上级国土空间总体规划以及相关专项规划的细化落实,允许乡镇级国土空间总体规划与市县级国土空间总体规划同步编制。各地可因地制宜地将几个乡(镇、街道)作为一个规划片区,由其共同的上一级人民政府组织编制片区(乡镇级)国土空间总体规划。中心城区范围内的乡镇级国土空间总体规划经同级人大常委会审议后,逐级上报省人民政府审批,其他乡镇级国土空间总体规划由省人民政府授权设区市人民政府审批。

(2) 详细规划

详细规划强调实施性,一般是在市县以下组织编制,以总体规划为依据,是对具体地块用途、开发强度、管控要求等做出的实施性安排。详细规划是实施国土空间用途管制、核发城乡建设项目规划许可、进行各项建设的法定依据。

各地应当根据国土空间开发保护利用活动实际,合理确定详细规划编制单元和时序,按需编制。根据生态、农业、城镇空间的不同特征,依总体规划确定的规划单元分类编制详细规划。在城镇开发边界内的详细规划(主要是控制性详细规划),由市、县(市)自然资源主管部门组织编制,报同级人民政府审批;在城镇开发边界外的乡村地区,以一个或几个行政村为单元,由乡镇人民政府组织编制"多规合一"的村庄规划(详细规划),报上一级人民政府审批。根据实际需要,还可以编制郊野单元、生态单元、特定功能单元等其他类型的详细规划,由市、县(市)自然资源主管部门或由市、县(市)自然资源主管部门会同属地乡镇人民政府、管委会组织编制,报同级人民政府审批。

(3) 专项规划

国土空间专项规划是在总体规划的指导约束下,针对特定区域(流域)或特定领域,在国土空间开发保护利用上做出的专门安排。一般包括自然保护地、湾区、海岸带、都市圈(区)等区域(流域)的空间规划,以及交通、水利、能源、公共服务设施、军事设施、生态修复、环境保护、文物保护、林地湿地等领域的专项规划。除法律法规已经明确编制审批要求的专项规划外,其他专项规划一般由所在区域自然资源主管部门或相关行业主管部门牵头组织编制,经国土空间规划"一张图"审查核对后报本级人民政府审批,批复后统一纳入国土空间规划"一张图"及其信息系统。

3) 国土空间规划的"四体系"

"四体系"是指国土空间规划的编制审批体系、实施监督体系、法规政策体系和技术标准体系。

(1) 编制审批体系

规划编制审批体系即各级各类国土空间规划的编制和审批,强调不同层级、类别规划之间的协调与配合。国土空间规划编制体系中的"五级"体现了一级政府一级事权,实现全域全要素规划管控,同时也强调各级规划的侧重点不同;"三类"规划的定位更加清晰,总体规划是战略性总纲,相关专项规划是对特定区域或特定领域空间开发保护的安排,详细规划则做出具体细化的实施性规定,是规划许可的依据。从审批权限看,针对不同层级的国土空间规划采取了分级审批的设置,体现了对应各级政府事权、自上而下管控、建构现代化治理体系的思想。

(2) 实施监督体系

实施监督体系即国土空间规划的实施和监督管理,主要包括:①以国土空间规划为依据,对所有国土空间分区分类实施用途管制。②按照"谁组织编制、谁负责实施""谁组织审批、谁负责监管"的原则,建立健全国土空间规划动态监测评估预警和实施监管机制,逐层授权、层层监督[10]。③按照"以空间定计划、以存量定计划、以效率定计划、以占补定计划"的要求,加强用地、用海、用林、用矿等自然资源要素配置的区域统筹力度,完善自然资源利用年度计划管理,保障规划稳步实施。④强化国土空间规划的底线约束和刚性管控,制定各类空间控制线的管控要求,并开展各类空间控制线划区定界工作。

(3) 法规政策体系

法规政策体系是对国土空间规划体系的法规政策支撑,主要包括:①国家层面国土空间规划及其相关立法;②国土空间规划的相关地方性法规建设;③支撑国土空间规划实施的人口、自然资源、生态环境、财税、金融、投资、城乡建设等配套政策,这需要多部门的协调合作。

(4) 技术标准体系

技术标准体系是对国土空间规划体系的技术支撑。国土空间规划是"多规合一"的规划,需要对城乡规划、土地利用规划、主体功能区规划等原有技术标准体系进行重构,建构统一的国土空间技术标准体系,并制定各类各级国土空间规划编制技术规程[11]。为了保障国土空间规划所要求的精准传导、有效实施、及时监控,国家建立统一底板、统一数据标准、分层分级管理的国土空间规划信息平台,在信息平台上统一进行规划编制与实施管理。中国地域广阔、区域自然条件与发展基础差异巨大,各地也应根据自身特点,进一步研究具有地方特色的国土空间规划导则、技术方法。

6.2.2 国土空间规划与发展规划的关系

长期以来,中国的规划类型众多,简要归类可以划分为两大类型:空间规划与发展规划。其中,发展规划主要是国民经济和社会发展规划,国民经济和社会发展规划是全国或者某一地区经济、社会发展的总体纲要,是具有战略意义的指导性文件;空间规划过去则被分割为城乡规划、土地利用规划、主体功能区规划等诸多类型,彼此冲突矛盾。国土空间规划实现了对诸多空间规划类型的整合,形成了统一的空间规划体系。但是,空间规划与发展规划之间依然存在着相互脱节的现象,为此,需要进一步处理好国土空间规划与发展规划的关系。

2018年中共中央、国务院发布的《关于统一规划体系更好发挥国家发展规划战略导向作用的意见》中指出,"立足新形势新任务新要求,明确各类规划功能定位,理顺国家发展规划和国家级专项规划、区域规划、空间规划的相互关系,避免交叉重复和矛盾冲突"[12]。根据"下位规划服从上位规划、下级规划服务上级规划、等位规划相互协调"的原则,建立以国家发展规划为统领,以空间规划为基础,以专项规划、区域规划为支撑,由国家、省、市县各级规划共同组成定位准确、边界清晰、功能互补、统一衔接的国家规划体系(图6-2)。在统一的国家规划体系中,发展规划居于规划体系的最上位,是其他各级各类规划的总遵循,国土空间规划、专项规划、区域规划等均须依据发展规划进行编制。

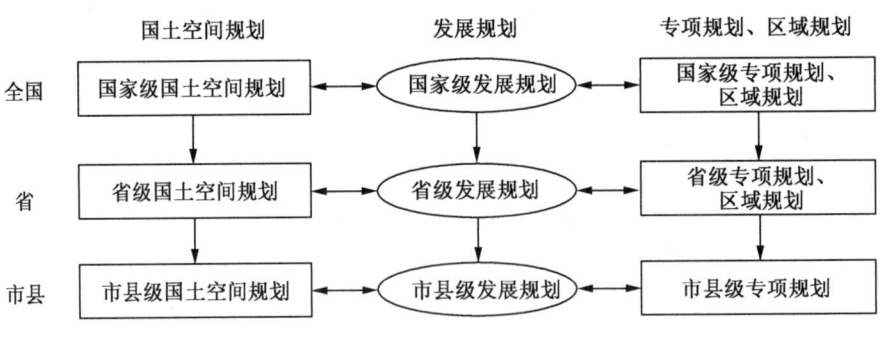

图6-2 统一的国家规划体系

6.3 国土空间规划编制的基本内容

中国作为一个国土幅员辽阔、自然条件差异巨大、区域发展情况差别巨大的国家,必须建立分级分类的国土空间规划编制体系,不同层级的国土空间规划对应不同层级政府的责任与事权,规划内容侧重关注不同的问题,规划空间的落实体现不同的精度,空间管制体现不同的内容和深度。如此,才能使得国土空间规划兼顾国家意志与地方发展实际,兼顾刚性管控与弹性活力,从而保证各个层级的国土空间规划科学、合理、可实施。

6.3.1 国家级国土空间规划

国家级国土空间规划应当以贯彻国家重大战略和落实大政方针为目标,提出较长时间内全国国土空间开发的战略目标和重点区域规划,制定和分解规划的约束性指标,确定国土空间开发利用整治保护的重点地区和重大项目,提出空间开发的政策指南和空间治理的总体原则。国家级国土空间规划的重点内容主要包括以下方面:

(1) 体现国家意志导向,维护国家安全和国家主权,谋划顶层设计和总体部署,明确国土空间开发保护的战略选择和目标任务。
(2) 明确国土空间规划管控的底数、底盘、底线和约束性指标。
(3) 协调区域发展、海陆统筹和城乡统筹,优化部署重大资源、能源、交通、水利等关键性空间要素。
(4) 进行地域分区,统筹全国生产力组织和经济布局,调整和优化产业空间布局结构。
(5) 合理规划城镇体系,合理布局中心城市、城市群或都市圈。
(6) 统筹推进大江大河流域治理,跨省区的国土空间综合整治和生态保护修复,建立以国家公园为主体的自然保护地体系。
(7) 提出国土空间开发保护的政策宣言和差别化空间治理的总体原则。

6.3.2 省级国土空间规划

省级国土空间规划是落实国家发展战略要求、对省域空间发展保护格局进行统筹部署、指导市县等下层次国土空间规划的基本依据,具有战略性、综合性和协调性。纵向上,要落实国家规划或相关上位规划的目标和战略,明确本级规划的底线和重点,提出对下位规划的控制与引导要求;横向上,要统筹省级有关部门的各类空间性规划(专项规划),明确各部门的空间使用和管理边界。省级国土空间规划的重点内容主要包括以下方面:

(1) 落实国家规划的重大战略、目标任务和约束性指标。
(2) 综合考虑区域发展战略、空间结构优化、空间发展与保护、空间统筹与管制、城镇体系组织、乡村振兴等"一揽子"要求,提出省域国土空间组织的总体方案。
(3) 合理配置国土空间要素,在省域内因地制宜地划定地域分区,突出永久基本农田集中保护区、生态保育区、旅游休闲区、农业复合区等功能区,明确相应的用途管制要求。明确国土空间整治修复的空间区域与总体要求。

(4) 提出省域内重大资源、能源、交通、水利等关键性空间要素的布局方案,突出对历史文化、风貌特色保护与塑造等方面的要求。

(5) 强化国土空间区际协调,对跨省区边界区域、跨市县行政区区域的重大空间要素配置、自然资源保护与利用、基础设施协调建设等,提出相应的建议或要求。

(6) 制定保证省级国土空间规划实施的保障政策。

6.3.3 市级国土空间规划

市级国土空间规划应当结合本市实际,落实国家级、省级的战略要求,发挥空间引导功能和承上启下的控制作用,注重保护和发展的底线划定及公共资源的配置安排,重点突出市域中心城市的空间规划,合理确定中心城市的规模、范围和结构。市级国土空间规划的重点内容主要包括以下方面:

(1) 落实国家级和省级规划的重大战略、目标任务和约束性指标,提出提升城市能级和核心竞争力、实现高质量发展、创造高品质生活的战略指引。

(2) 确定市域国土空间保护、开发、利用、修复、治理的总体格局,构建与市域自然环境、发展实际相契合的可持续的城乡国土空间总体格局。

(3) 确定市域总体空间结构、城镇体系结构,明确中心城市性质、职能与规模,落实生态保护红线、划定市级城镇开发边界、城市周边基本农田保护区等有关强制性区界。

(4) 落实省级国土空间规划所提出的山水林田湖草沙等各类自然资源保护、修复的规模和要求,明确约束性指标,并对下位规划提出传导要求。

(5) 统筹安排市域交通、水利、电力等基础设施布局和廊道控制要求,明确重要交通枢纽地区选址和轨道交通走向;提出公共服务设施建设标准和布局要求;统筹安排重大资源、能源、水利、交通等关键性空间要素。

(6) 对城乡风貌特色、历史文脉传承、城市更新、社区生活圈建设等提出原则要求,塑造以人为本的宜居城乡环境,满足人民群众对美好生活向往的需求。

(7) 建立健全从全域到功能区、社区、地块,从总体规划到专项规划、详细规划,从地级市、县(县级市、区)到乡(镇)的规划传导机制,明确下位规划需要落实的约束性指标、管控边界、管控要求等。

(8) 在规划期内提出分阶段规划实施目标和重点任务,明确保障支撑国土空间规划实施的有关政策机制。

6.3.4 县级国土空间规划

县级国土空间规划除了落实上位规划的战略要求和约束性指标以外，要重点突出空间结构布局，突出生态空间修复和全域整治，突出乡村发展和活力激发，突出产业对接和联动开发。县级国土空间规划的重点内容主要包括以下方面：

（1）落实国家和省域重大战略决策部署，落实区域发展战略、乡村振兴战略、主体功能区战略和制度，落实省级和市级规划的目标任务和约束性指标。

（2）划分国土空间用途分区，确定开发边界内集中建设地区的功能布局，明确城市主要发展方向、空间形态和用地结构。

（3）以县域内的城镇开发边界为限，划定县域"集中建设区"与"非集中建设区"，分别构建"指标＋控制线＋分区"的管控体系，集中建设区重点突出土地开发模式引导。

（4）确定县域镇村体系、村庄类型和村庄布点原则，明确县域镇村体系组织方案，统筹布局综合交通、基础设施、公共服务设施、综合防灾体系等。

（5）划定乡村发展和振兴的重点区域，提出优化乡村居民点空间布局的方案，提出激活乡村发展活力、推进乡村振兴的路径策略。

（6）明确国土空间生态修复目标、任务和重点区域，安排国土综合整治和生态保护修复重点工程的规模、布局与时序。

（7）根据县情实际、发展需要和可能，在县域内因地制宜地划定国土空间规划单元，明确单元规划编制指引。明确国土空间用途管制、转换和准入规则。

（8）健全规划实施动态监测、评估、预警和考核机制，提出保障规划落地实施的政策措施。

6.3.5 乡镇级国土空间规划

乡镇级国土空间规划是乡村建设规划许可的法定依据，重在体现落地性、实施性和管控性，突出土地用途和全域管控，充分融合原有的土地利用规划和村庄建设规划，对具体地块的用途做出确切的安排，对各类空间要素进行有机整合。乡镇级国土空间规划的重点内容主要包括以下方面：

（1）落实县级规划的战略、目标任务和约束性指标。

（2）统筹生态保护修复，统筹耕地和永久基本农田保护，统筹乡村住房布局，统筹自然历史文化传承与保护，统筹产业发展空间，统筹基础设施和基本公共服务设施布局，制定乡村综合防灾减灾规划。

（3）根据需要因地制宜地进行国土空间用途编定，制定详细的用途管制规则，全面落地国土空间用途管制制度。

（4）根据需要并结合实际，在乡（镇）域范围内以一个村或几个行政村为单元编制"多规合一"的实用性村庄规划。

村庄规划的主要任务包括以下方面[13]：

① 统筹村庄发展目标。落实上位规划要求，充分考虑人口资源环境条件和经济社会发展、人居环境整治等要求，研究制定村庄发展、国土空间开发保护、人居环境整治目标，明确各项约束性指标。

② 统筹生态保护修复。落实生态保护红线划定成果，明确森林、河湖、草原等生态空间，尽可能多地保留乡村原有的地貌、自然形态等，系统保护好乡村自然风光和田园景观。加强生态环境系统修复和整治，优化乡村水系、林网、绿道等生态空间格局。

③ 统筹耕地和永久基本农田保护。落实永久基本农田和永久基本农田储备区划定成果，落实补充耕地任务，守好耕地红线。统筹安排农、林、牧、副、渔等农业发展空间，推动循环农业、生态农业发展。完善农田水利配套设施布局，保障设施农业和农业产业园发展合理空间，促进农业转型升级。

④ 统筹历史文化传承与保护。深入挖掘乡村历史文化资源，划定乡村历史文化保护线，提出历史文化景观整体保护措施，保护好历史遗存的真实性。防止大拆大建，做到应保尽保。加强各类建设的风貌规划和引导，保护好村庄的特色风貌。

⑤ 统筹基础设施和基本公共服务设施布局。在县域、乡镇域范围内统筹考虑村庄发展布局以及基础设施和公共服务设施用地布局，规划建立全域覆盖、普惠共享、城乡一体的基础设施和公共服务设施网络。以安全、经济、方便群众使用为原则，因地制宜地提出村域基础设施和公共服务设施的选址、规模、标准等要求。

⑥ 统筹产业发展空间。统筹城乡产业发展，优化城乡产业用地布局，引导工业向城镇产业空间集聚，合理保障农村新产业新业态发展用地，明确产业用地用途、强度等要求。除少量必需的农产品生产加工外，一般不在农村地区安排新增工业用地。

⑦ 统筹农村住房布局。按照上位规划确定农村居民点布局和建设用地管控要求，合理确定宅基地规模，划定宅基地建设范围，严格落实"一户一宅"。充分考虑当地建筑文化特色和居民生活习惯，因地制宜地提出住宅的规划设计要求。

⑧ 统筹村庄安全和防灾减灾。分析村域内的地质灾害、洪涝等隐患，划定灾害影响范围和安全防护范围，提出综合防灾减灾的目标以及预防和应对各类灾害危害的措施。

⑨ 明确规划近期实施项目。研究提出近期急需推进的生态修复整治、农田整理、补充耕地、产业发展、基础设施，以及公共服务设施建设、人居环境整治、历史文化保护等项目，明确资金规模及筹措方式、建设主体和方式等。

6.4 专项规划与规划研究

作为由自然要素、经济要素、社会要素、空间要素等众多要素交织构成的巨系统，国土空间的矛盾问题、发展规律极其复杂。不言而喻，国土空间规划工作并非仅仅依靠上述五个层级、三种类型的国土空间规划编制就能全部实现，相关的专项规划、大量深入前瞻的规划研究都是不可或缺的。一方面，实际工作中大量的专业性规划仍然需要依靠相关的专业部门、行业专家进行编制，它们作为"专项规划"统一纳入国土空间规划的体系中来；另一方面，我们需要对城乡、区域发展中的许多重要问题进行深入的专题性研究，寻找解决问题的方案，这就是"规划研究"。

在国土空间规划体系中，专项规划、专题研究将发挥重要的支撑性作用。以"千年大计"雄安新区为例，专项规划和专题研究是雄安新区规划体系的重要组成部分。其规划体系可以概括为"1+4+54"的体系，其中，"1"是指《河北雄安新区规划纲要》；"4"是指《河北雄安新区总体规划（2018—2035年）》《河北雄安新区起步区控制性规划》《河北雄安新区启动区控制性详细规划》《白洋淀生态环境治理和保护规划（2018—2035年）》这四个综合性规划；"54"是指以防洪、水系、海绵城市、排水防涝等22个专项规划，以及水资源保障、清洁能源利用、城市住房制度等32个重大专题研究组成的支撑体系。总之，我们需要通过大量的专项规划、规划研究来支撑和完善国土空间规划体系，要构架好各类专项规划、规划研究向法定规划转化的桥梁、路径，切实发挥其对国土空间保护与利用的积极作用，不断提高国土空间规划的科学性、前瞻性、合理性、可操作性。

6.4.1 专项规划

专项规划是针对国土空间开发保护的重点领域和薄弱环节、关系全局的重大问题而编制的规划，是国土空间总体规划中若干主要方面、重点领域的展开、深化和具体化。专项规划的编制必须符合总体规划的总体要求，并与总体规划相衔接。

国土空间规划肩负着统筹全域空间要素，兼顾保护、发展和修复等重要职能，不可避免地要涉及大量的相关专项规划，如公共服务体系规划、给水排水规划、电力电信规划、供热供气规划、防洪防灾规划等。除了自然资源部门自身编制的有关专项规划外，有关部门也会相应编制各自部门的专项规划。国土空间规划体系中的专项规划，既要参照各有关部门编制的专项规划，并将其作为重要的依据，又要与各部门编制的专项规划有所区别——国土空间规划中的专项规划一般不如专业部门制定的专项规划那么具体和技术化，它只是对各专项空间布局进行原则性、轮廓性的安排，因此它并不能代替专业部门的具体规划工作；但是，各部门编制的专项规划往往是从本部门单一角度进行考虑,而国土空间规划中的专项规划则是在对国土空间总体发展的合理规划基础上,对各种专项规划进行统筹考虑后制定的整体最优方案。因此,各专业部门应该与自然资源部门及时沟通、相互反馈,以使相关规划协调统一。

6.4.2 规划研究

每一个区域、城市在不同时期的具体发展中面临的重大问题都不尽相同,国土空间规划需要因地制宜、寻找针对性的问题解决方案,各种专题性的规划研究作用就显得尤为必要。在国土空间规划体系中,专题研究通过识别影响城乡与区域发展的重大问题并进行科学论证,提出针对性的解决方案,能够对包括国土空间总体规划在内的综合性规划、相关专项规划的编制提供强有力的支撑,是提高国土空间规划科学性的重要保障。

从西方发达国家空间规划体系构建的经验来看,法定规划政策文件形成的背后,都离不开大量非法定规划、规划研究的支撑和储备。从此前中国城乡规划的实践发展看亦是如此,如果没有发展战略规划的前期研究,城市总体规划的一些重大问题就无法明确;如果没有城市设计的前期研究,就无法进行精准的控制性详细规划;如果没有大量的专题科学研究,就无法支撑许多技术标准与规范的出台。可见,非法定规划、规划研究不仅可以作为法定规划的决策参考和技术支撑,而且也是保障科学、合理编制法定规划的重要前提。在国土空间规划体系中,需要吸收相关规划开展专题研究的有益经验,根据实际需要,积极开展聚焦解决国土空间规划重大前提性问题、前瞻性政策的专题研究。

第 6 章参考文献

[1] TEWDWR-JONES M, GALLENT N, MORPHET J. An anatomy of spatial planning: coming to terms with the spatial element in UK planning[J]. European Planning Studies, 2010, 18(2): 239-257.

[2] 蔡玉梅,吕宾,潘书坤,等. 主要发达国家空间规划进展及趋势[J]. 中国国土资源经济, 2008, 21(6): 30-31, 48.

[3] 赵珂. 空间规划体系建设重构:国际经验及启示[J]. 改革, 2008(1): 126-130.

[4] 杨荫凯,刘洋. 加快构建国家空间规划体系的若干思考[J]. 宏观经济管理, 2011(6): 17-19.

[5] 顾林生. 国外国土规划的特点和新动向[J]. 世界地理研究, 2003, 12(1): 60-70.

[6] 于立. 控制型规划和指导型规划及未来规划体系的发展趋势:以荷兰与英国为例[J]. 国际城市规划, 2011, 26(5): 56-65.

[7] 张京祥,林怀策,陈浩. 中国空间规划体系 40 年的变迁与改革[J]. 经济地理, 2018, 38(7): 1-6.

[8] 中共中央,国务院. 关于建立国土空间规划体系并监督实施的若干意见[EB/

OL]. (2019-05-23)[2020-04-15]. http://www.gov.cn/zhengce/2019-05/23/content_5394187.htm.
[9] 罗攀.自然资源部:国土空间规划按层级内容分为"五级三类"[EB/OL].(2019-05-27)[2020-04-15]. http://www.rmzxb.com.cn/c/2019-05-27/2352712.shtml.
[10] 杨保军,陈鹏,董珂,等.生态文明背景下的国土空间规划体系构建[J].城市规划学刊,2019(4):16-23.
[11] 中国城市规划网.自资部领导解读《中共中央 国务院关于建立国土空间规划体系并监督实施的若干意见》[EB/OL].(2019-05-27)[2020-04-15]. https://mp.weixin.qq.com/s/eEJpkDUpxI1Yp7erGfKArQ.
[12] 中共中央,国务院.关于统一规划体系更好发挥国家发展规划战略导向作用的意见(中发〔2018〕44号)[Z].北京:中共中央办公厅秘书局,2018.
[13] 自然资源部办公厅.关于加强村庄规划促进乡村振兴的通知[EB/OL].(2019-06-08)[2020-04-15]. http://www.gov.cn/xinwen/2019-06-08/content_5398408.htm.

第6章图表来源

图6-1源自:笔者根据《中共中央 国务院关于建立国土空间规划体系并监督实施的若干意见》整理绘制.

图6-2源自:笔者根据武廷海.国土空间规划体系中的城市规划初论[J].城市规划,2019,43(8):9-17修改绘制.

表6-1源自:翟国方,顾福妹.国土空间规划国际比较[M].北京:中国建筑工业出版社,2019.

7 国土空间管控与用途管制

随着城镇化与工业化快速推进以及经济社会持续发展,我国国土空间开发利用格局发生了明显变化,过度依赖高资源消耗与高污染排放的粗放型发展模式致使区域空间开发失衡、"三生空间"冲突加剧、资源环境约束趋紧等问题愈发突出。如何构建基于资源环境承载力与国土空间开发适应性评价基础上的适宜、可持续的国土空间开发保护格局,是开展国土空间规划的前提性、基础性工作。

7.1 资源环境承载力与国土空间开发适宜性评价

7.1.1 资源环境承载力评价

1)资源环境承载力的概念及其评价的意义

资源环境承载力探讨的是人类及其社会经济活动与资源环境协调发展的关系。资源环境承载力源于早期生态学领域所提出的承载力概念,逐渐演变为反映资源环境本底和经济社会活动间交互程度的科学度量概念。资源环境承载力泛指在自然环境和生态系统不受危害的前提下,一定地域空间的资源禀赋和环境容量所能承载的人口与经济规模。也可以将资源环境承载力理解为:基于一定发展阶段、经济技术水平和生产、生活方式,一定地域范围内资源环境要素能够支撑的农业生产、城镇建设等人类活动的最大规模。

开展资源环境承载力评价,引导国土空间开发保护,促进形成节约资源和保护环境的空间格局、用地结构和发展方式,是贯彻国家生态文明体制建设和应对国土空间开发进程中资源环境紧约束问题的必然要求。简要而言,开展资源环境承载力评价具有以下重要意义[1-2]:

(1)开展资源环境承载力评价是优化国土空间开发格局和协调"三生空间"的现实需要。控制区域国土开发强度,调整空间功能布局结构,促进生产空间集约高效、生活空间宜居适度、生态空间山清水秀,亟须以资源环境承载力评价为依据,对国土空间进行分区分类管理,并严格加强用途管制。

(2)开展资源环境承载力评价是主体功能区规划编制和空间用途管

制的必要前提。主体功能区划明确将国土空间划分为不同的分区,不同主体功能区资源环境承载力的差异,使得其国土空间用途、开发利用与保护方式各异;同时,划定生产、生活、生态空间开发管制界限,落实用途管制,明确资源环境承载力与国土空间开发保护的关系,也要以承载力相应指标的监测作为国土空间用途管制的基础与依据。

(3) 开展资源环境承载力评价是建立国土空间规划体系的重要基础。国土空间规划体系是全域全要素的综合性空间规划,需要从空间层面上对地区产业、人口等要素的集聚特征,以及资源环境要素的整合效应进行综合把控,也必须将资源环境承载力评价作为规划编制的重要基础。

2) 资源环境承载力评价的内容

根据资源环境承载主体的涵盖范围划分,可将承载力评价分为两类:第一类是以某一具体的自然要素作为研究对象,即单要素承载力评价,主要包括土地、水、环境、生态等;另一类则是从要素整合的角度出发进行的综合承载力评价,如区域承载力等。资源环境承载力具有地域性、限制性、外部性、非线性和不确定性等显著特征,且越来越强调综合性与系统性[3]。如今,资源环境承载力评价已不再是仅仅关注某一单项资源或单一环境要素约束的可承载水平,而是强调人类发展对区域资源开发与利用、生态退化与破坏、环境损益与污染等多维度的综合影响,即对资源环境承载力的综合评估与集成评估[4]。

3) 资源环境承载力评价的原理

资源环境承载力评价旨在衡量区域资源环境本底条件对人类特定生产、生活的承载水平,其科学基础一方面在于资源可得性、最大持续产量与资源支持力;另一方面则是环境容量、环境吸收或同化能力,以及环境支撑力。资源环境承载力评价将经济社会同人口、资源、生态环境予以集成,探索经济社会与资源环境要素间的相互作用机理,建立要素间的定量关系[5]。

资源环境承载力评价的核心内容之一,在于评价指标体系构建。科学、合理的资源环境承载力评价指标体系,不仅应涵盖特定区域经济社会、自然环境、资源生态系统中诸多要素的现状,还可以在时间和空间维度上进行比较,反映区域环境承载力的变化状况,以辅助决策[6]。国际学界和诸多机构都提出了具有代表性的评价体系,其中最具影响力的为联合国环境规划署所提出的集合驱动力、压力、状态、影响和响应五大概念框架的DPSIR模型。同时,基于评价指标体系研发评价模型亦是资源环境承载力评价的重要方面。当前较为常用的方法理论包括多要素叠置分析法、比较法、短板原理法等:①多要素叠置分析法基于一系列评价指标,通过数学模型处理和指标加权,展开叠置分析,最终得出一个表征资源环境承载水平的综合指数;②比较法则首先选定一个资源环境承载状态合理的区域,然后将研究区域的各项指标与其对比,从而评价研究区的承载情况;③短板原理法则是依据短板效应,认为区域综合承载力水平最终取决于对经济社会发展具有"瓶颈"作用的制约因素,在计算出各个单因素承载力后,取各单因子最小值作为最终的综合承载水平[5]。

4) 资源环境承载力评价的流程与方法

资源环境承载力评价侧重于区域综合承载力评价,即在多要素单项评价的基础上,运用空间叠加、线性加权等方法展开资源环境承载力集成评价[7]。

(1) 资源环境要素单项评价。按照评价对象和尺度差异遴选评价指标,对土地资源、水资源、环境、生态和灾害五类自然要素进行单项评价,并针对不同功能指向与评价层级分别构建相应的评价指标与方法。具体而言,土地资源评价涵盖坡度、高程、土壤质地等指标,以农业生产和城镇建设为功能指向;水资源评价涵盖降水量、水资源可利用量等水资源丰度指标,以农业生产和城镇建设为功能指向;环境评价涵盖土壤、大气和水环境容量等指标,以农业生产和城镇建设为功能指向;生态评价涵盖生态系统服务功能重要性、生态敏感性和盐渍化敏感性等指标,以生态保护和农业生产为功能指向;灾害评价涵盖气象灾害、地质灾害和风暴潮灾害危险性等指标,以农业生产和城镇建设为功能指向(表7-1)。

(2) 资源环境承载力集成评价。基于资源环境要素单项评价的分级结果,根据生态保护、农业生产、城镇建设三方面的差异化要求,综合划分生态指向的生态保护等级以及农业、城镇指向的承载力等级,表征国土空间的自然本底条件对人类生活、生产活动综合支撑能力;承载力等级按取值

表 7-1 资源环境要素单项评价框架

单项评价	要素内涵	评价方法
土地资源	土地资源评价主要表征区域土地资源对农业生产、城镇建设的可利用程度。针对农业功能和城镇功能指向,分别采用农业耕作条件、城镇建设条件作为评价指标,通过坡度、高程等综合反映	$f(农业耕作条件 / 城镇建设条件) = f([坡度], [高程])$
水资源	水资源评价主要表征区域水资源对农业生产、城镇建设的保障能力。针对农业功能和城镇功能指向,通过水资源的丰富程度反映	$f(农业耕作条件 / 城镇建设条件) = f([降水量], [水资源可利用量])$
环境	环境评价主要表征区域环境系统对经济社会活动所产生的各类污染物的承受能力,以及热量等环境条件对农业发展的支撑能力。针对农业功能和城镇功能指向,分别采用农业生产气候和环境条件、城镇建设环境条件作为评价指标反映	$f(农业耕作条件) = f([光热条件], [土壤环境容量])$ $f(城镇建设条件) = f([大气环境容量], [水环境容量])$
生态	生态评价主要是识别区域生态系统服务功能相对重要和敏感或脆弱程度相对较高的生态地区,通过生态系统服务功能重要性、生态敏感性反映	$f(生态保护条件) = f([生态系统服务功能重要性], [生态敏感性])$
灾害	灾害评价主要表征区域灾害对农业生产和城镇建设的影响。选择气象灾害风险作为农业生产影响评价指标;选择地震危险性、地质灾害危险性作为城镇建设影响评价指标	$f(农业耕作条件) = f([气象灾害风险])$ $f(城镇建设条件) = f([灾害危险性])$

由低至高可划分为Ⅰ级、Ⅱ级、Ⅲ级、Ⅳ级、Ⅴ级等若干不同的等级(表7-2)。

表7-2 资源环境承载力集成评价方法

功能指向	集成评价方法	评价等级修正
生态保护	$f(eco) = \max(\alpha_1, \alpha_2) = \max(\sum \alpha_{1n}, \sum \alpha_{2n})$ α_1 为生态系统服务功能重要性(α_{1n} 包括生物多样性维护、水源涵养、水土保持、防风固沙、海岸防护等);α_2 为生态敏感性(α_{2n} 包括水土流失、沙化、石漠化、海岸侵蚀等)	根据生态廊道(植被、山体、湿地水域等廊道)重要性对生态保护等级进行修正
农业生产	$f(agr) = f(\beta_1, \beta_2, \beta_3, \beta_4)$ β_1 为土地资源条件(坡度、土壤质地);β_2 为水资源条件;β_3 为活动积温;β_4 为土壤环境容量	根据气象灾害危险性(干旱、雨涝、高温热害、低温冷害等)和盐渍化敏感性对农业生产等级进行修正
城镇建设	$f(urb) = f(\gamma_1, \gamma_2, \gamma_3)$ γ_1 为土地资源条件(坡度、高程);γ_2 为水资源条件;γ_3 为地质灾害危险性(地震、崩塌、滑坡、泥石流、地面沉降、地面塌陷等)	根据环境容量(大气、水)和气候舒适度对城镇建设等级进行修正

7.1.2 国土空间开发适宜性评价

1) 国土空间开发适宜性的概念及其评价的意义

所谓国土空间开发适宜性,是指在资源环境承载力评价的基础上,在维系生态系统健康可持续的前提下,综合考虑资源环境要素、区位条件以及经济社会发展情况等,判定具体国土空间进行农业生产、城镇建设等人类活动的适宜程度(图7-1)。我们也可以将国土空间开发适宜性评价理

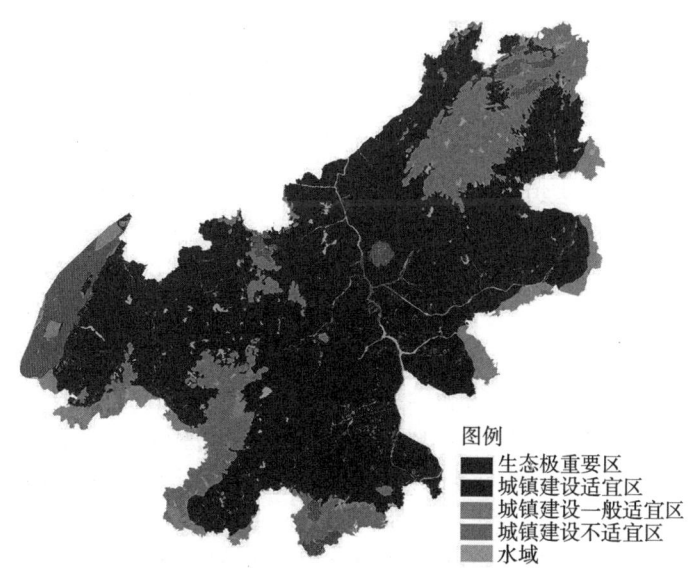

图7-1 南京市江宁区国土空间开发适宜性

解为:依据国土空间的自然、生态和社会经济属性,评价国土空间对预定功能用途的适宜与否、适宜程度以及限制状况。

国土空间开发适宜性反映了人类对国土空间的开发和建设用地的占用,强调以土地空间承载的多宜性来满足人类对国土空间开发的多样化、多层次需求[8]。国土空间开发适宜性追求国土空间的综合功能效用,需要社会经济和生态系统的多维支撑,不仅要考虑城镇空间开发适宜性,而且需将农业生产、生态保护等不同开发利用方式纳入其中,主要包括三个方面的内涵:①人类发展,即城镇建设空间的选址应在自然条件良好、避开灾害风险的稳定区域,以保障人类安全与发展需要;②粮食保障与经济效率,即在保障粮食供应等人类生活基本需要的同时,形成高效有序的经济空间组织形态;③生态安全,即要求各类开发建设活动需与自然生态、资源环境本底条件相协调,维护生态系统服务功能并实现可持续发展。

以国土空间开发适宜性评价为基础,实施国土空间用途管制并进行"三区三线"等区界的划定,这是国土空间规划编制的核心内容之一。国土空间开发适宜性评价是优化国土空间开发格局,合理布局农业、生态与建设空间的基础和依据。

2) 国土空间开发适宜性评价方法

国土空间开发适宜性评价是面向国土空间用途管制的综合评价,鉴于此,国土空间开发适宜性评价具有空间尺度大、评价目标多两大特点[8]。首先,国土空间开发适宜性评价往往以行政区全域为评价范围,涉及国家、省域、市域等大尺度空间,侧重于宏观尺度的评价;其次,国土空间开发适宜性评价是一种多维度、多目标的技术手段,是集成建设用地适宜性评价、农业用地适宜性评价、生态适宜性评价等多功能用途的全域国土空间的综合性评价。开展国土空间开发适宜性评价需先进行土地资源、水资源、环境、生态以及灾害等自然要素单项评价,以确定农业、城镇和生态等不同适宜功能的承载等级,并划分各功能的备选区域,最后综合各修正因素以确定不同的适宜性等级[9-10]。

国土空间开发适宜性评价旨在衡量国土空间对支撑人类生产、生活的适宜程度,同样基于指标选取和模型构建。一方面,国土空间开发适宜性指标体系具有综合性、多维度、系统性等特征;另一方面,随着地理信息系统(GIS)技术、人工智能算法等新兴模型方法的引入,国土空间开发适宜性评价方法呈现出多元化特征。国土空间开发适宜性评价主要包括以下三个方面(表7-3):

(1) 生态保护重要性评价。开展生态系统服务功能重要性评价、生态敏感性评价,集成得到生态保护重要性,划分为极重要、重要、一般等不同等级。生物多样性维护、水源涵养、水土保持、防风固沙、海岸防护等生态系统服务功能越重要,或水土流失、石漠化、土地沙化、海岸侵蚀等生态敏感性越高,且生态系统完整性越好、生态廊道的连通性越好的区域,其生态保护的重要性等级越高。

表 7-3 国土空间开发适宜性评价框架

评价维度	单项评价	集成评价
生态保护重要性评价	α_1 为生态系统服务功能重要性(生物多样性维护功能重要性、海岸防护功能重要性); α_2 为生态敏感性(水土流失敏感性、沙化敏感性、石漠化敏感性、海岸侵蚀敏感性)	取生态系统服务功能重要性和生态敏感性评价结果的较高等级构建判别矩阵 $f(eco)=f(\alpha_1,\alpha_2)$,并基于生态廊道和生态系统完整性修正评价等级
农业生产适宜性评价	β_1 为土地资源条件(地形坡度、土壤质地); β_2 为水资源条件(降水量/干旱指数/水总量控制指标模数); β_3 为气候(活动积温); β_4 为环境(土壤环境容量); β_5 为灾害(干旱、雨涝、高温热害、低温冷害、大风灾害等); β_6 为生态(土壤盐渍化敏感性)	取水土资源基础和光热条件评价结果构建判别矩阵 $f(agr)=f(\beta_1,\beta_2,\beta_3)$,并基于土壤环境容量、盐渍化敏感性、气候灾害和地块集中连片度修正评价等级
城镇建设适宜性评价	γ_1 为土地资源条件(地形坡度、地形起伏度); γ_2 为水资源条件(水资源总量模数); γ_3 为气候(舒适度); γ_4 为环境(大气、水环境容量); γ_5 为灾害(地质灾害、风暴潮灾害危险性); γ_6 为区位优势度(交通条件)	取水土资源基础评价结果构建判别矩阵 $f(urb)=f(\gamma_1,\gamma_2)$,并基于气候舒适度、环境容量、灾害危险性、区位优势度和地块集中连片度修正评价等级

(2) 农业生产适宜性评价。开展农业生产的土地资源、水资源、气候、环境、生态、灾害等单项评价,集成得到农业生产适宜性,划分为适宜、一般适宜、不适宜等不同等级。地势越平坦,水资源丰度越高,光热越充足,土壤环境容量越高,气象灾害风险越低,且地块规模和连片程度越高的区域,其农业生产适宜性的等级越高。

(3) 城镇建设适宜性评价。开展城镇建设功能指向的土地资源、水资源、气候、环境、灾害、区位等单项评价,集成得到城镇建设适宜性,划分为适宜、一般适宜、不适宜等不同等级。地势越平缓,水资源越丰富,水气环境容量越高,人居环境条件越好,自然灾害风险越低,且地块规模和集中程度越高,地理及交通区位条件越好的区域,其城镇建设适宜性的等级越高。

需要说明的是,资源环境承载力评价、国土空间开发适宜性评价是编制国土空间规划的重要基础,但是我们也不能将这两项工作进行绝对化、狭隘化的理解。由于资源环境具有系统性、开放性、关联性、动态性、复杂性等特点,我们很难静态地对一个封闭地域尤其是行政区域的资源环境承载力进行精确的评价。而且,随着技术水平、社会经济发展与产业转型升级等影响,一个地区的生态环境承载力可以显著提高(例如,以色列就在沙漠环境中发展高科技农业并大规模建设城镇),所以我们必须要用发展、动态的思维来理解资源环境承载力。由于国土空间在很多情况下往往同时具有多种适宜性(例如珠三角、长三角地区的土地,既最适宜农耕,也最适宜城镇建设,也非常适宜作为生态绿色空间),不存在唯一、简单的用途适宜性,所以国土空间开发适宜性评价也无法得出客观、唯一的答案。在实践中,我们就必须根据实际情况,综合考虑自然生态保护、空间开发绩效、现状利用格局、发展前景等因素,对具体的国土空间进行最优用途的选择。总而言之,国土空间开发适宜性不是由精确公式演算所确定的客观结果,而是对国土空间适宜用途进行综合比较、理性选择的结果。

从这个意义上理解,资源环境承载力评价、国土空间开发适宜性评价都不可能也不应该作为"精确科学",其更重要的价值是作为一种我们必须尊重自然环境、追求空间适宜可持续用途的规划理念,其评价结果可以作为国土空间布局的重要参考,而不是僵化、固化的最终结论。

7.2 主体功能空间划定与区界管控

所谓空间的主体功能,是指基于不同区域的资源环境承载力、适宜用途、现有开发密度、未来发展潜力等因素综合考虑,将特定区域确定为某种特定主体功能定位类型(但并不排斥兼容一定的其他功能)的一种空间单元(图 7-2)。

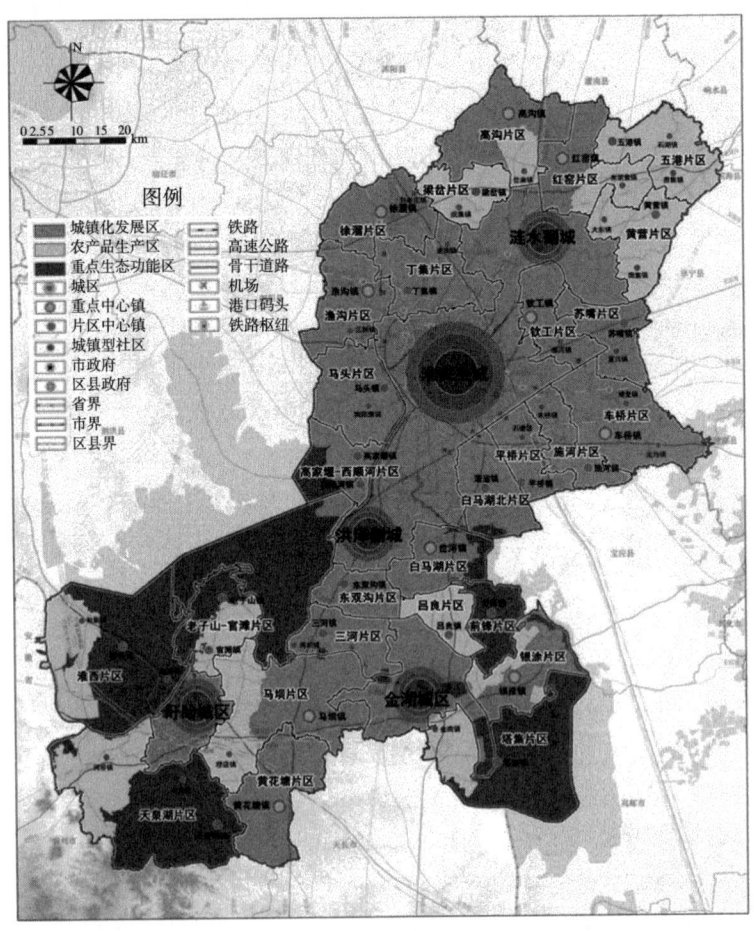

图 7-2　淮安市域主体功能分区

需要指出的是,对应于不同尺度的空间地域,其主体功能划分与确定的精度是不一样的:在宏观的区域尺度,主体功能主要是基于空间适宜保护或开发建设、适宜生态或农业等角度进行总体划分的;在中观的市县域尺度,可以根据片区的主导功能进行空间用途分类(例如工业区、商业区、居住区、村庄建设区、一般农业区等);而到了微观的空间尺度,对每一块城乡用地确定的具体功能分类,事实上也是明确空间使用的主体功能。因此,我们也可以将主体功能区看作一个差异化功能分区的理念或战略,它贯穿、体现在国土空间规划的各个层面。在不同的空间地域尺度,划分相应的国土空间主体功能并实行分区用途管制,是国土空间规划编制与实施管理的重要内容。

7.2.1 以"三区三线"为主体的区界管控

1)"三区三线"的内涵与特征

在国土空间规划中划定各类不同的区界,是实现国土空间分层分级分类管控的重要抓手,其中最主要的是"三区三线"划定。所谓三区,分别是指城镇空间、农业空间、生态空间;所谓三线,分别是指界定"三区"的生态保护红线、永久基本农田控制线、城镇开发边界控制线。"三区三线"是要求严格管控的国土空间边界区域,亦是一定时期内的安全底线、约束界线和发展边界。其中,划定生态保护红线,实行最为严格的生态保护制度,是维护国家生态安全和实现可持续发展的安全底线;划定永久基本农田控制线,严控城镇化快速进程中对耕地尤其是对城市周边地区优质耕地的挤占,是维护国家粮食安全的约束界线;划定城镇开发边界控制线,是限制城市无序蔓延和优化国土开发空间格局的发展边界(图7-3)。"三区三线"作为国土空间规划的"底盘",是国土空间用途管制的基础[11-12](表7-4)。

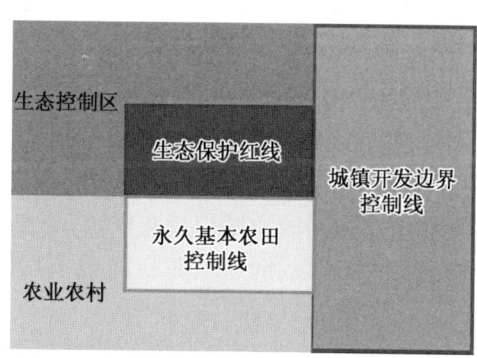

图7-3 "三区三线"关系示意图

划定"三区三线"是优化国土空间布局、实施国土空间用途管制、协调人地关系的重要途径。各区、各线之间功能互补、相互关联,具有以下特征:

(1)空间关系方面,"三区"空间上互不重叠,但功能上相互渗透。"三区三线"不交叉重叠,其首要任务是对国土空间进行主体功能的划分。但除主体功能外,三类空间范围内依然会存在着一定的其他功能,如农业空间主要承担农产品供给,但区内仍会有一些生活功能和生态功能;城镇空间、生态空间等亦然。

表 7-4 "三区三线"的内涵与特征

各类管控空间		内涵	特征
"三区"	生态空间	指具有自然属性、以提供生态服务或生态产品为主体功能的国土空间,包括森林、草原、湿地、河流、湖泊、滩涂等各类生态要素	承担生态服务和生态系统维护等功能,以自然生态景观为主划定。该空间配套严格的保护规程,明确所禁止的开发建设行为,确保建立高标准的保护格局
	农业空间	指以农业生产和农村居民生活为主体功能、承担农产品生产和农村生活功能的国土空间,包括永久基本农田、一般农田等农业生产用地,以及村庄等农村生活用地	承担农业生产和农村生活等功能;形成严格的农田保护体系,明确所保留的乡村居民点布局导向,以及允许适度的开发建设内容,维护田园生态格局
	城镇空间	指以城镇居民生产、生活为主体功能的国土空间,包括已建和规划建设的城镇区域、产业集聚区块,以及开发建设需要管控的区域	承担城镇建设和发展城镇经济等功能;该空间要明确城市化空间布局,提出产业、基础设施、公共服务配套等建设导向,形成高效生产力布局
"三线"	生态保护红线	指依法在重点生态功能区、生态环境敏感区和脆弱区等区域划定的严格管控边界	圈定生态空间范围内具有特殊或重要生态功能、必须强制性严格保护的区域,是保障和维护国家生态安全的底线和生命线
	永久基本农田控制线	指需要永久性保护的基本农田区域	是农业生产空间中高产优质的耕地,是维护国家粮食安全的基本用地空间
	城镇开发边界控制线	指城市周边独立、连续的管控界线,用以限制城市无序蔓延、管理城镇用地	根据城镇规划用地规模和国土开发强度控制要求,兼顾城镇布局和功能优化的弹性,应包括城镇建设用地规模控制区域和城镇潜在增长空间

(2) 功能结构方面,"三线"是对"三区"核心功能的体现。生态保护红线、永久基本农田控制线、城镇开发边界控制线,分别围合的是生态空间、农业空间、城镇空间的核心部分,需采取最为严格的用途管制措施。

(3) 作用机制方面,"三区三线"存在相互制衡的有机联系。生态保护红线、永久基本农田控制线共同成为城镇生态屏障,形成城镇开发的实体边界,约束城镇无序蔓延的态势,倒逼城镇空间内节约集约用地和优化布局。

(4) 划定基础方面,"三区三线"具有共同的数据底图。"三区三线"的划定,以自然资源相关调查评价成果、资源环境承载力及国土空间开发适宜性评价成果为基础,共享同一套空间数据和底图。

2) "三区三线"划定的原则

"三区三线"划定需遵循多规合一的系统思维、可持续发展的底线思维,以及适应发展规律的历史思维。首先,三条控制线的划定需在横向上落实主体功能区战略和制度,统筹全域陆海空间,按照统一底数、统一标准、统一平台、统一管理的要求,在国土空间规划中优化落实三条控制线,确保互不交叉冲突;纵向上则需结合不同层级国土空间规划的编制实施,实现三条控制线的逐级落实。其次,三条控制线是国土空间开发与保护的底线,在可持续发展背景下,"三线"划定应基于资源环境保护底线和开发利用上限,推动形成节约资源和保护环境的空间格局、产业结构、生产与生活方式,提升国土空间开发利用质量和效益。最后,生态系统保护、农业生产和城镇发展各有自身规律,要尊重顺应自然和经济社会发展规律,并充分利用现有的各类自然资源和生态环境调查评价成果,在已有数据基础、成果底图、技术指南、管控要求等工作基础上,循序渐进开展[13](图 7-4)。具体如下所述[14-15]:

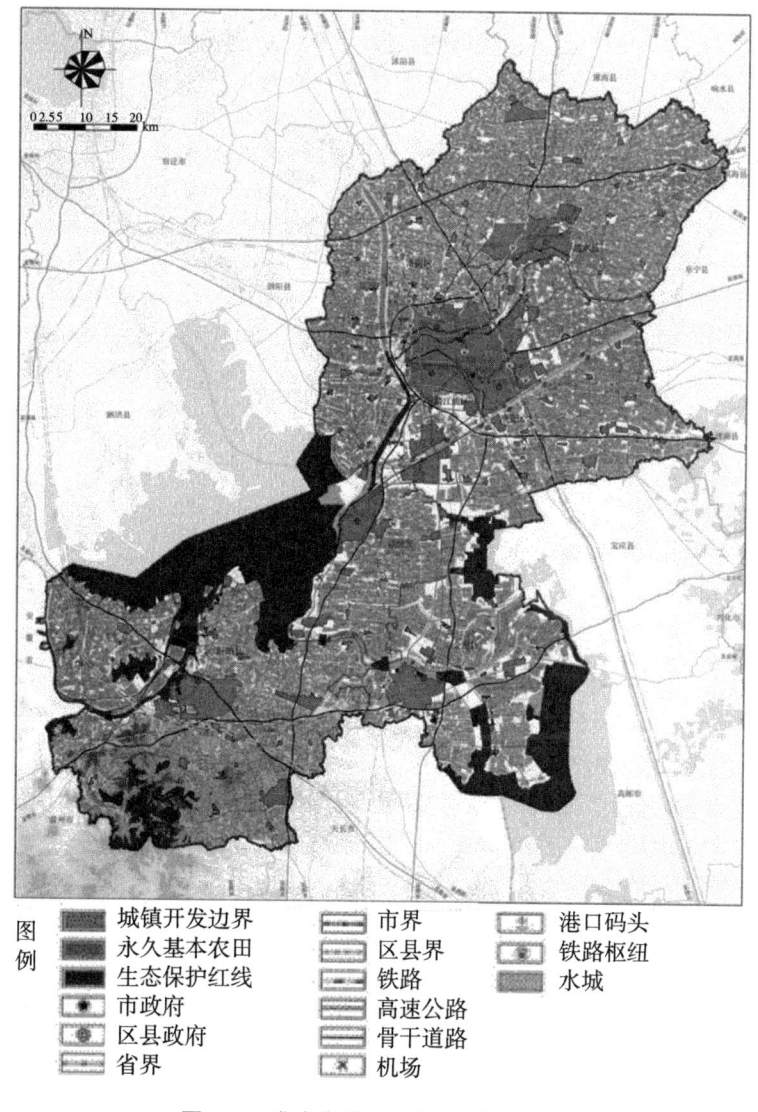

图 7-4 淮安市域国土空间规划控制线

(1) 充分利用已有工作成果,统一"底数""底图"。科学落实"三区三线"划定,需要以统一、客观、时效性强的国土空间基础数据为"底数""底图"。应在全国土地利用现状调查成果的基础上,参考整合基础地理国情普查,森林、草原、湿地和海洋等其他各类自然资源调查评价成果和有关规划成果,形成统一的数据库。

(2) 以资源环境承载力、国土空间开发适宜性"双评价"为依据,科学划定。"三区三线"是国土空间规划的核心内容,资源环境承载力和国土空间开发适宜性"双评价"则是其划定的重要依据。

(3) 落实主体功能区战略,明晰主次有序划定。生态保护红线根据生态功能重要性和脆弱性划定,将生态功能极重要区域及生态环境极敏感脆弱区域优先划入;永久基本农田控制线的划定则基于粮食生产潜力,将分布集中连片、质量等级较高、生态环境较好的耕地优先划入;城镇开发边界控制线的划定则是统筹考虑城镇发展需求与区位条件,避让生态保护红线、永久基本农田控制线,形成城镇集中建设、紧凑布局、宜居发展的空间界限。

(4) 生态与农业空间保护优先,协调冲突统筹划定。在各类功能区、界线划定出现矛盾时,应以生态空间、农业空间保护优先为原则,注重生态保护红线、永久基本农田控制线的整体性、连续性、稳定性,确保生态保护红线、永久基本农田保护面积不减少。

(5) 以国土空间规划体系为载体,垂直传导逐级划定。依托统一的国土空间规划体系,配合不同层级国土空间规划任务和不同层级政府管理事权,自上而下逐级划定。其中,国家级国土空间规划需协调省际划定方案,明确国家级重大基础设施廊道布局;省级国土空间规划要确定三条控制线总体格局及重点区域的管控,并做好上下级区域衔接;市县级国土空间规划要协调制定实施管控细则,明确需要保障的基础设施规模布局;乡镇级国土空间规划则需明确并细化三条控制线和各类空间实体边界,确保不交叉冲突。

3) 城镇开发边界控制线的划定

在"三条线"中,与经济社会发展关系最密切、划定工作最复杂的是城镇开发边界控制线。

城镇开发边界控制线是在一定时期内因城镇发展需要,可以集中进行城镇开发建设、以城镇功能为主的区域边界,涉及城市、建制镇以及各类开发区等。城镇开发边界控制线内分为城镇集中建设区、城镇弹性发展区(有条件建设区)和特别用途区(特定功能区)。在编制市县国土空间总体规划时,应遵循节约保护优先、顺应城镇发展需求、提升人居环境品质、为城镇发展留有空间等原则,因地制宜地划定城镇开发边界控制线,防止城镇无序蔓延,促进城镇发展由外延扩张向内涵提升转变,推动形成边界控制线内城镇集约高效、宜居适度,边界控制线外山清水秀、开敞舒朗的国土空间格局。城镇开发边界控制线应在统筹考虑城镇集中建设区、城镇弹性发展区、特别用途区的基础上综合划定。

(1) 城镇集中建设区。基于城镇集中建设现状,依据城镇发展定位和规划城镇建设用地规模,综合城镇空间结构优化调整需求,明确城镇增量建设空间布局和存量建设空间调整方案,确定城镇集中建设的空间格局,将规划集中连片、规模较大、形态规整的地域确定为城镇集中建设区。现状建成区,规划集中连片的城镇建设区和城中村、城边村,依法合规设立的各类开发区,国家、省、市确定的重大建设项目用地等,应划入城镇集中建设区。

（2）城镇弹性发展区,也称"有条件建设区"。根据地方实际,城镇弹性发展区可采用合理发展导向、底线约束导向两种方法校核划定。采用合理发展导向划分时,在与城镇集中建设区充分衔接关联的基础上,避让重要生态空间,尽量避免占用永久基本农田,在适宜进行城镇开发的地域合理划定城镇弹性发展区。城镇弹性发展区面积不宜过大,要做到规模适度、设施支撑可行。采用底线约束导向划分时,优先完整避让生态保护红线和永久基本农田,根据城镇集中建设区周边适宜进行城镇开发的地域空间余量,划定城镇弹性发展区。结合两种划分方案,权衡利弊,统筹协调后划定城镇弹性发展区,城镇弹性发展区布局应有利于城镇开发边界的形态规整和边界内空间结构的优化调整。

（3）特别用途区,也称"特定功能区"。根据地方实际,特别用途区包括对城镇功能和空间格局有重要影响、与城镇空间联系密切的山体、河湖水系、生态湿地、风景游憩空间、防护隔离空间、农业景观、古迹遗址等地域空间。

城镇开发边界控制线（图7-5）应尽可能避让生态保护红线和永久基本农田控制线,要做好与城镇集中建设区的蓝绿空间衔接,形成完整的城镇生态网络。城镇开发边界控制线应尽量利用国家有关基础调查明确的边界、各类地理边界线、行政管辖边界、保护地界、权属边界、交通线等界线,做到清晰可辨、便于管理。

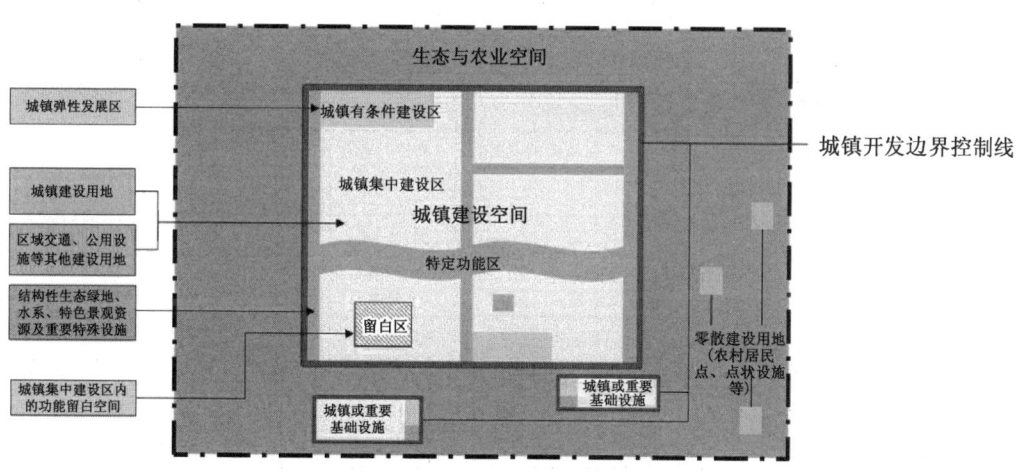

图 7-5 城镇开发边界控制线的构成示意

7.2.2 空间规划管控及其传导机制

过去的城乡总体规划、土地利用总体规划均建立了从国家到乡镇层面较为完整的实施传导体系，在此基础上进一步发展完善并建立国土空间规划的传导体系。结合我国行政体系的架构，国土空间管控传导机制在纵向上形成国家、省级、地方三个层面的分级体系，横向上则会形成经济社会类规划（发展规划）与空间类规划并行的局面，二者既各司其职又紧密衔接，既相辅相成又相互校核。

国家层面国土空间规划以宏观性、战略性和指导性为主，强调对自然资源、耕地等的总量和底数的把控。该层级需明确下一层级空间的主体功能，并依据形势发展进行主体功能结构的战略性调整。省级层面国土空间规划以区域协调和格局塑造为主，强调对总量、底数和质量的把控。一方面，进一步细化落实国家战略和目标，统筹省域经济社会发展和国土空间规划，明确开发与保护的格局关系，划定"三区三线"；另一方面，协调地方之间的发展权益，均衡发展诉求，同时兼顾跨区域的协调发展。地方市县层面规划以统筹兼顾和细化实施为主，总量和底数、质量和效率兼顾，并形成"1+3+N"的综合体系，即一类空间规划，三类开发、整治、保护规划，以及N类专项规划。在统筹方面，承接国家战略，落实发展目标和主体功能，细化"三区三线"，全域统筹与功能统筹相结合，制定发展策略；在实施方面，衔接管理划定实施单元，制定实施策略，制定N个发展保护类专项规划（图7-6）。

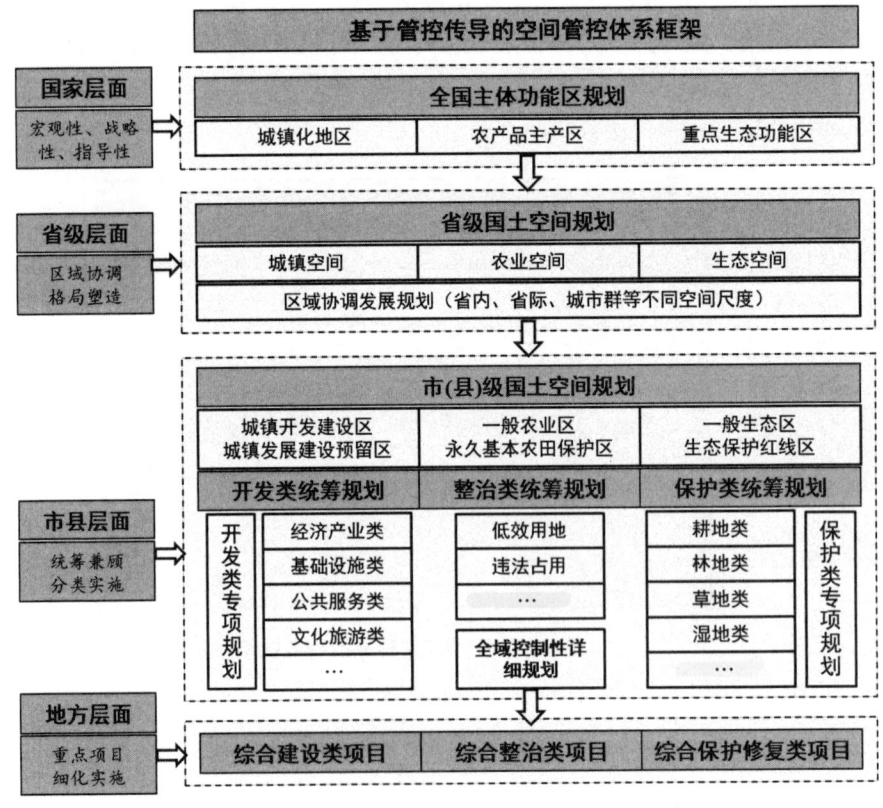

图7-6 国土空间规划的管控传导体系框架

7.3 国土空间用途管制

7.3.1 空间用途管制的源起与发展

中共十九大以后,国家提出了建立国土空间规划体系并监督实施的要求,相应也就出现了国土空间用途管制。国土空间用途管制源于土地用途管制的扩展,经历了一个发展的过程,大致可划分为土地用途管制(耕地)、生态要素用途管制、自然生态空间用途管制、国土空间用途管制四个发展阶段(图 7-7)。

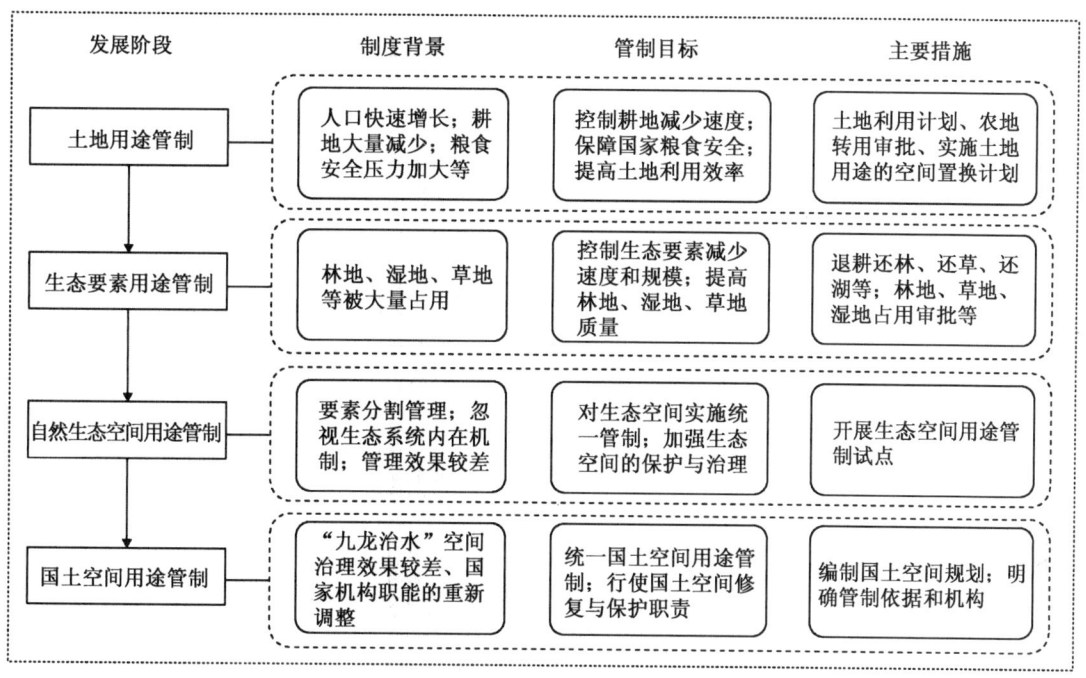

图 7-7 空间用途管制的背景、目标与措施演变过程

改革开放后很长一段时期,在国家强化土地用途管制特别是耕地用途管制后,地方政府为规避监管或实现耕地总体占补平衡,开始占用重要的生态用地和低丘缓坡地,挤占了大量的绿色生态空间,破坏了区域的生态环境。为解决林地、草原、湿地等生态用地减少和被破坏等问题,国家逐步扩大、转向对部分生态用地开展用途管制,按要素分门别类实行用途管制的制度逐渐建立。这种用途管制有利于突出管制重点,但对生态系统的整体性、系统性考虑不足,用途管制政策的协调性也不够[12]。2013 年中共十八届三中全会首次提出"建立空间规划体系,划定生产、生活、生态空间开发管制界限,落实用途管制",以及"完善自然资源监管体制,统一行使所有国土空间用途管制职责"的总体要求。2017 年国土资源部印发《自然生态空间用途管制办法(试行)》,提出建立覆盖全部自然生态空间的用途管制

制度,加强"山水林田湖草沙"整体保护、系统修复、综合治理,标志着空间用途管制进入自然生态空间用途管制的阶段。

2017年中共十九大报告首次明确要求对全部国土空间均实行用途管制。但当时空间管理的权限分散在不同部门,权利分割、事权错配,交叉重叠、手段冲突、权责不清,"九龙治水"的现象十分普遍,导致行政效率低下,用途管制政策缺乏协同,难以对空间进行有效管理[16]。为了解决生态要素管制的部门分割,提高国土空间用途管制的效能,中央决定设立国有自然资源资产管理和自然生态监管机构,统一行使所有国土空间用途管制和生态保护修复职责。2018年将国土资源部的主要职责、住房和城乡建设部的城乡规划管理职责、国家发展和改革委员会的主体功能区规划职责、水利部的水资源调查和确权登记管理职责、农业部的草原资源调查和确权登记管理职责、国家林业局的森林和湿地等资源调查和确权登记管理职责、国家海洋局的职责、国家测绘地理信息局的职责等进行整合,新组建自然资源部,统一对自然资源开发利用和保护进行监管,建立空间规划体系并监督实施。

国土空间规划以空间治理和空间结构优化为主要内容,是实施国土空间用途管制和生态保护修复的重要依据。2019年5月中共中央、国务院印发《关于建立国土空间规划体系并监督实施的若干意见》,进一步指出要以"空间规划体系为基础,国土空间用途管制为手段,实现国土空间治理体系与治理能力的现代化"。至此,国土空间用途管制的机构、依据、权责等内容基本明确。

7.3.2 国土空间用途管制的内涵

国土空间开发与保护目标取向的多重性导致不同利益群体之间的博弈,政府必须使用行政权力介入国土开发利用的各环节,以保证规划目标和管控要求得以有效传导,最终实现保护资源环境、保障经济发展的目标,这就需要对国土空间进行用途管制。总之,用途管制是实施国土空间规划的核心机制和手段。所谓国土空间用途管制,是指在国土空间规划确定的空间用途、开发利用限制条件等的基础上,在国土空间准入许可、用途转用许可、开发利用监管等环节对各类国土空间用途或功能进行监管。国土空间用途管制是在摸清自然资源现状的基础上,落实"三区三线"管控要求,实施差别化的区域准入制度,明确城乡全域各种土地用途转换规则,最终建立起从资源现状到规划蓝图的一整套转化机制[17]。

国土空间用途管制需要规范各主体的行为和利益约束,主要措施包括以下方面:

(1)设置空间准入条件。根据不同类型国土空间的自然与经济属性制定差别化的用途管制规则,根据保护目标和开发利用特点制定不同的空间准入和用途转用规定。上级政府通过制定符合未来发展要求的开发利用与保护条件(如建设规模、强度、布局、环境保护等),并要求各级政府、职责部门严格依法进行项目预审和审批,确保使用者具有依据管制规则开发利用国土空间的能力和意识。

(2) 限制国土空间用途转用。统筹各类国土空间保护与合理利用,实现耕地保有量、森林覆盖率、自然岸线保有率、环境质量等同步提升。通过严格限制国土空间用途转用,维护在市场竞争中处于劣势的开发与保护活动,同时维护国土空间规划的严肃性,保证各类开发利用活动符合资源环境承载力和国土空间开发适宜性的要求。增强刚性约束力和弹性调节灵活性,总量严格管控与年度规模动态调整相结合,以保障重大建设项目落地。建立严格用途转用下的弹性调节方法。对基本农田、自然资源岸线、生态红线内区域要强化其管制刚性,原则上禁止改变用途;对其他一般性农用地、生态空间等,允许根据社会经济发展需求进行合理调整,但必须设置严格的调整规定。同时,对土地要探索以"盘活存量"取代"占补平衡"的调节方式,鼓励以"盘活存量"的方式来满足城乡新发展空间的需求。

(3) 强化开发利用监管。要想实现国家对国土空间开发与保护的利益目标,必须加强对国土开发利用的严格监管,对开发利用者各种偏离国家利益的倾向形成威慑,约束开发利用行为,使国土空间开发利用符合规划预期的目标。对国土空间开发利用活动的全过程进行监管,在区域层面上,加强对各级行政区域范围内城镇建设、农业生产、生态保护三类国土空间的综合监管,侧重对约束性指标数量和质量的双重考核;在功能区层面上,加强对各类功能区内开发与保护现状的监管,尤其是对城镇空间、农业空间、生态空间的实际开发与保护绩效进行评价和监管;在地块层面上,重视对项目落地实施情况的监管,完善建设项目用地或用海控制指标,加强对使用者执行空间准入前置条件的考核(包括建设项目容积率、投资强度、绿地率等具体指标,以及生态修复项目的实施成效等)。

7.3.3 国土空间用途管制的主要方面

1) 城镇开发边界内外的管控

城镇开发边界概念源于 20 世纪 70 年代美国提出的"城市增长边界",为了抑制城市无序蔓延、实现精明增长而采取的一种"增长管理"手段,可被视为一种城市土地管理和空间治理的政策集成工具。划定和实施城镇开发边界的目的,在于控制城市发展的规模和引导其空间发展方向,保护自然资源和生态环境,进而实现城镇与整个国土空间的可持续发展。划定城镇开发边界是实施新型城镇化战略的有效举措,是推动生态文明建设、落实最严格耕地保护制度和节约集约用地制度的重要保障,亦是国土空间规划管制的重要内容。边界内属于城镇空间,是实施城市规划、建设和管理的主要区域;边界外属于生态空间和农业空间,是实施乡村振兴战略、落实生态保护与耕地保护的主要区域。城镇开发边界内外的管控重点是平衡"建"与"非建"的管理,协调刚性管控与弹性管理的关系。

城镇开发边界内的管控应以"严控增量、盘活存量、集约复合、弹性适应"为原则,建设用地管理应符合城镇规划用途管制要求。城镇开发边界外,除因规划需要确需建设的线性工程用地、点状设施项目、特殊用地,原则上不能组织开展城市市政基础设施和公共服务设施建设,不得颁发城镇建设用地规划许可,不可安排土地征转、提供建设用地指标。另外,城镇开发边界外的农村建设活动,应符合村庄规划和农民建房的相关规定。

城镇开发边界内外建设用地的差异化政策是边界管控的核心。对于城镇开发边界内的建设用地管控,实施刚性约束和弹性管控相结合。对边界内城镇空间规模的刚性约束是管控的重点内容;同时,城镇规划建设用地规模边界作为弹性控制线被引入,即允许城镇规划用地的布局在规模不变的前提下根据实际发展情况进行一定的微调,以提高城镇规划建设用地的弹性;建设项目在有条件建设用地内的选址,应符合一定的程序和条件,确保选址的合理性(图7-8)。对城镇开发边界外的建设用地实施分类管控:一方面,对于现状建设用地原则上应逐步迁出,不再新建;另一方面,对于新的建设需求严格管控。鉴于未来发展具有不确定性,有些项目如旅游开发等活动有可能需要在城镇开发边界外进行,对于这类项目应设计差别化的管控措施,依据其开发建设需要对规模、功能、程序等进行规定——一定规模以下的特定功能区的建设,可以经法定程序批准即可建设;而超过一定规模的建设活动,则需先修改城镇开发边界才能予以进行。

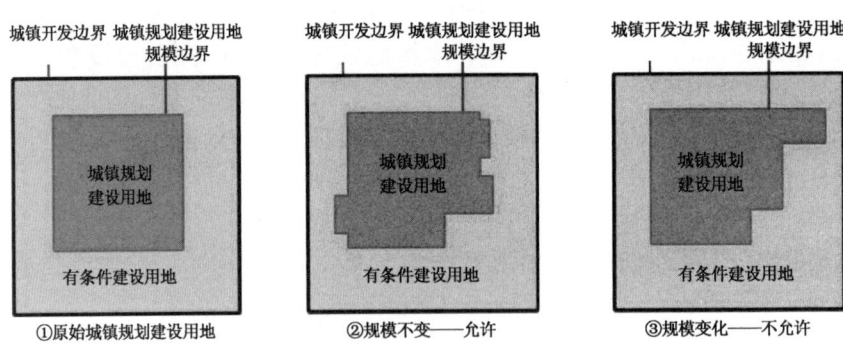

图7-8　城镇开发边界的弹性管控机制

在管控机制方面,城镇开发边界内应建立对用地主体的发展引导机制。根据土地的自然条件、区位条件、经济社会条件和未来城市发展规划等,将城镇开发边界内的可开发建设区域划分为优先发展区、允许发展区、限制发展区等;不同的级次区域在用地指标供给、建设条件控制、转让交易限制、管理税费等方面实施差异化政策(例如,对优先发展区给予优先供给、快速审批、容积率奖励、代征减免、税费返还等优惠),以促进开发边界内的建设空间更为有序、有效利用。而在城镇开发边界外,则以生态保护、耕地保护优先为原则,积极构建生态补偿机制。一方面,可以实施分区管控,将城镇开发边界外的区域划分为核心生态保护区、一般农林资源区、其他用地区、城市发展备用区等,既体现了保育生态的底线思维,也为城镇开发边界机动有序地调整做好准备;另一方面,城镇开发边界以外的地区应在保护之外更强调奖励政策,如通过生态补偿奖励、跨地区转移支付等政策措施,平衡一些地区因生态保护、耕地保护而导致的发展权损失,激发地方保育生态、保护耕地、维护生态格局的积极性。

2) 永久基本农田管控

耕地即专门种植农作物并能够正常收获的土地,广义上是指维持人类生存及农业可持续发展的基本资源,我国《土地利用现状分类》(GB/T 21010—2017)中,将其划分为熟地、新开发、复垦、整理地和休闲地等不同类型。我们在实践中常常又将农田分为永久基本农田与一般农田。所谓永久基本农田,指能保障一定时期人口及经济社会稳定发展的农产品需求,在国土空间规划中所确定的不得占用的耕地。相应的,除永久基本农田外的其他农田则为一般农田。永久基本农田是优质、连片、稳定、永久的耕地,一旦划定就要实施永久性保护,是保障国家粮食安全、促进绿色农业和精品农业发展,以及实施乡村振兴战略的重要载体。我国的永久基本农田与许多国家的优质农地、重要保护农地等概念相似,皆在农地保护中发挥重要作用。

划定永久基本农田并实行特殊保护,是贯彻落实最严格的耕地保护制度的基本要求,是维护国家粮食安全和社会稳定的关键举措。同时,加强永久基本农田控制线管控,对促进乡村振兴战略实施、引导城镇空间布局优化,以及推进生态文明建设等方面都具有重要意义。对于永久基本农田的保护与管制,重点在于统筹管控性保护、建设性保护、激励约束性保护等方面。

(1) 管控性保护,即要求落实严格保护永久基本农田要求,从严管控非农建设活动占用永久基本农田。永久基本农田一经划定,任何单位和个人不得擅自占用,或者擅自改变用途,禁止破坏和闲置荒芜永久基本农田。坚决防止永久基本农田"非农化",除法律规定的能源、交通、水利、军事设施等国家重点建设项目选址无法避让的之外,其他任何建设都不得占用。加强永久基本农田保护红线管控,在开展城镇建设活动和基础设施布局等相关规划过程中,不得突破永久基本农田保护红线;确有重大工程、特殊项目无法避让永久基本农田的,必须经过充分的可行性论证和依法审批,按照"保护优先、布局优化、优进劣出、提升质量"的原则和永久基本农田补划程序进行。

(2) 建设性保护,即要求加大永久基本农田及其配套设施的建设力度。开展高标准永久基本农田建设,改良土壤质量,提高永久基本农田的质量等级。完善耕地质量监测体系,开展相关的耕地质量评定与评价工作。因地制宜地划定永久基本农田整备区,将土地整治补充的优质耕地、新建成的高标准农田优先纳入永久基本农田补划储备库,为永久基本农田补划和布局微调整创造条件。

(3) 激励约束性保护,即要求完善永久基本农田保护激励约束机制,落实永久基本农田保护责任。重点是落实政府领导考核评价机制和耕地保护激励机制,严格考核审计,严肃执法监督。建立和完善耕地保护激励机制,充分调动农村集体经济组织、农民管护和建设永久基本农田的积极性,建立健全永久基本农田社会共管体系。

7.3.4 城乡建设用地的统筹管控

城乡建设用地涉及内容、类型十分广泛,其规模、分布与地区经济社会发展状况密切相关,同时也受到规划用途管制,并存在总量和增量的约束性限制。城乡建设用地是区域发展、城镇与乡村人口、经济社会发展的重要载体,其总量和增量规模既受到人口规模和经济发展水平的影响,又会反向促进或制约人口规模和经济发展。当前,我国仍总体处于城镇规模扩张阶段,城镇建设用地外延式扩张与乡村建设用地扩张、存量土地低效利用等情况并存,因此,城乡建设用地节约集约利用是我国建设用地用途管制的重点。

在我国现行发展环境中,由于土地财政对地方经济发展的贡献度很大,很多城市在实践中存在着明显的"重新增用地开发、轻存量用地盘活"倾向,致使新增建设用地无序蔓延,同时存量用地的闲置低效问题突出。当城乡建设用地总规模接近甚至突破规划限定的"天花板"时,城市发展必须由"外延式扩张"转向"内涵式发展",通过实施"存量"用地挖潜和盘活机制(诸如城乡建设用地增减挂钩、农村建设用地整治、城市更新等),以控制建设用地"总量"、减少建设用地"增量"、盘活城乡建设用地"存量"并提升用地"质量"、用好城乡建设用地"流量",即通过"五量"协同,多途径共同实施对城乡建设用地的有效管控,以实现建设用地节约集约利用的目标(图7-9)。

实施城乡建设用地的用途管制,实行建设用地总量、增量、存量、流量和质量"五量"协同管控,其主要原则和措施如下:

(1) 总量控制。在不突破规划总量的前提下,可适度增加区域建设用地规模并用于城乡基础设施建设、区域产业发展和生态环境保护等功能。在发展过程中,应合理确定各区域土地开发强度控制目标,严格落实建设用地空间管制制度,科学划定城镇开发边界、优化空间结构转变,有效控制建设用地总量。

(2) 增量递减。利用差别化与市场化方式配置新增建设用地,优先支持重大基础设施建设、保障性住房和战略性新兴产业发展;加大存量用地在供地中的比重,建立增量用地计划与存量用地盘活的指标配比机制,逐渐降低年度增量用地,稳定总量规模。

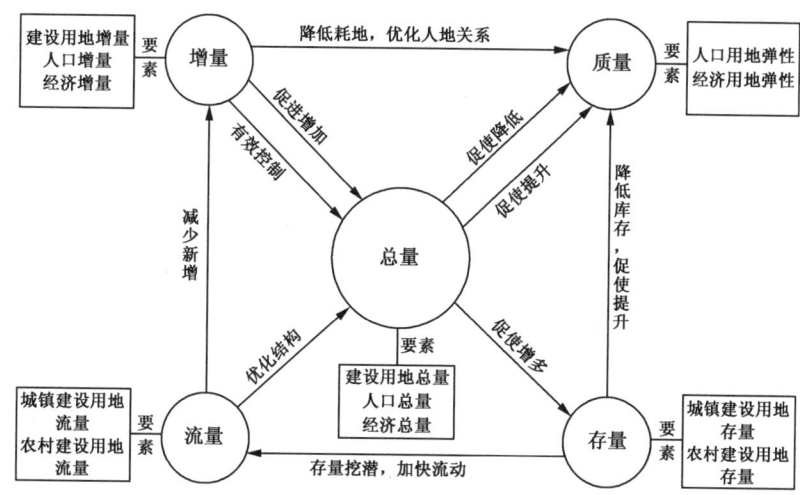

图 7-9 基于"五量"协同的建设用地管控机制

（3）存量优化。查清城镇低效用地范围，明确可盘活存量用地规模、空间分布、利用方向和开发时序；着力开展闲置土地专项清理，依法加大查处力度或予以收回，有效提高建设用地批后供地率和使用率；依法依规有序开展农村集体经营性建设用地的流转，逐步建立城乡统一的建设用地市场，通过存量用地盘活促进区域内涵发展。

（4）流量增效。通过建设用地"减量瘦身"来倒逼城市功能提升，鼓励城镇空闲土地再开发，盘活农村建设用地和推进工矿废弃地复垦利用；规范有序开展城乡建设用地增减挂钩与城市更新工程，确保城乡建设用地总量不增加、结构更优化；探索农村宅基地退出条件和补偿机制，促进城乡协调发展。

（5）质量提升。健全城镇建设用地产业准入和建设项目用地节地评价制度，依据节地评价结果确定供地规模；探索土地使用权退出机制，以及工业用地长期租赁、先租后让、租让结合等供地方式；引导土地立体开发、功能复合利用，逐步实现区域零增量供地和空间高效发展。

7.3.5 土地用途分区和管制规则

1）土地用途分区

国土空间规划是实施土地用途管制的依据，土地用途管制是落实和实施国土空间规划的手段。土地用途分区是土地用途管制的重要内容和核心。所谓土地用途分区，是对土地利用类型区的划分，一般分为地域分区、用地分区。地域分区是指依据规划区域的自然条件、资源的区域特征、土地利用现状、社会经济发展水平与发展前景差异等情况，确定不同区域土地利用的方向、结构与布局的宏观分区；用地分区则是指依据具体土地的适宜性特点，结合国民经济和社会发展的需求与条件，确定具体地块未来用途的微观分区（一般是在城镇开发边界内与村庄建设区进行）。

划分土地用途分区时，应该考虑如下原则：①宏观分区应针对各地的具体情况，留有余地，使分区具有一定的战略性、灵活性。②微观分区应以主导用地类型为主，同时有条件、有限制地允许一些其他利用类型的存在，以保证实际操作中有一定的应变弹性。③应当体现空间层次性，用途类型的划分要在同一尺度、同一层次上进行。按土地主导用途的一致性进行一级分区，将同一主导用途下的差异性在二级分区中体现出来。④应当体现并满足政府对土地利用控制的需要，保证分区控制具有法律化、制度化的支撑（详见表9-2中有关内容）。

针对不同用途的分区制定相应的管制规则，是土地用途管制的重要内容。要依据分区管制规则，制定不同层面、不同类型的国土空间规划。城镇用地的分区管制规则，应包括土地用途的规定、地块规模限制、土地利用强度（容积率、建筑密度、建筑物高度、人口容量等）限制、环境条件（空地率、绿化率）限制、安全间距（防火间距、消防通道等）限制、相邻关系限制、红线（道路红线、建筑后退红线）限制等。乡村土地的分区管制规定，应包括土地用途的规定、用途变更的规定、非主导用途使用规定、地块面积规模与设施水平限制、土地利用中的禁止行为（如农业用地分区内不得建窑、建坟、挖沙、采石、取土堆放固体废弃物等）[18-19]。

2）土地用途管制的实施管理

所谓土地用途转变，是指土地利用从一种现状用途转变为另一种用途的过程。对于符合分区管制目标的用途应予以引导，对于不符合者应加以限制或否决。土地用途转变要执行规划许可制度，也就是采取颁发规划许可证的办法以控制土地用途的改变。

农用地转移的管制可分为限制转移管制、许可转移管制两类。所谓限制转移管制，即依据国土空间规划，划定一定数量的农用地（主要是耕地）作为特殊保护区域严格加以管制，如划定永久基本农田保护区，对于这类特殊保护区域不得进行转用，或必须经严格审批程序并满足占补平衡等要求后方可转用，以保持农用地保有量的平衡和稳定。所谓许可转移管制，即根据规划布局的要求，允许一部分农用地进行规定用途的转用。

非农用地用途管制主要包括增量非农业建设用地、存量非农业建设用地的用途管制，其中增量非农业建设用地的用途管制与农用地许可转移管制密不可分，存量非农业建设用地的用途管制是指存量建设用地土地利用结构调整和土地利用方向置换的管制。当前存量土地用途管制的对象主要有以下几个方面：①土地使用用途因用地功能的改变而发生的调整，如旧城改造、污染企业搬迁、产业"退二进三"等。②土地使用用途和方式因土地使用、经营方式的改变而发生的调整，如原地翻建等。③因土地资产处置方式发生变化的调整，如划拨土地入市、企业改制土地资产的处置等。④对低效使用或闲置土地的再利用。

除此之外，对生态用地也应该实行用途管制，以明确保护和适当使用的规则。需要指出的是,土地用途管制并不意味着规划的土地用途是绝对不可改变的。因为,影响土地利用的经济社会条件及其他条件随着时间的推移而在不断地发展变化,人们对未来发展的预见能力、认识能力是有限的,规划内容与实际发展之间的偏差不可避免,客观上对国土空间规划、土地用途管制也提出了必要的动态调整要求[18-19]。

第7章参考文献

[1] 李小云,杨宇,刘毅.中国人地关系演进及其资源环境基础研究进展[J].地理学报,2016,71(12):2067-2088.

[2] 毛汉英,余丹林.环渤海地区区域承载力研究[J].地理学报,2001,56(3):363-371.

[3] 封志明,杨艳昭,闫慧敏,等.百年来的资源环境承载力研究:从理论到实践[J].资源科学,2017,39(3):379-395.

[4] 张林波,李文华,刘孝富,等.承载力理论的源起、发展与展望[J].生态学报,2009,29(2):878-888.

[5] 牛方曲,封志明,刘慧.资源环境承载力评价方法回顾与展望[J].资源科学,2018,40(4):655-663.

[6] 刘文政,朱瑾.资源环境承载力研究进展:基于地理学综合研究的视角[J].中国人口·资源与环境,2017,27(6):75-86.

[7] 樊杰,王亚飞,汤青,等.全国资源环境承载能力监测预警(2014版)学术思路与总体技术流程[J].地理科学,2015,35(1):1-10.

[8] 喻忠磊,张文新,梁进社,等.国土空间开发建设适宜性评价研究进展[J].地理科学进展,2015,34(9):1107-1122.

[9] 何常清.国土空间开发适宜性评价的若干思考[J].江苏城市规划,2019(4):44-45.

[10] 唐常春,孙威.长江流域国土空间开发适宜性综合评价[J].地理学报,2012,67(12):1587-1598.

[11] 刘冬荣,麻战洪."三区三线"关系及其空间管控[J].中国土地,2019(7):22-24.

[12] 黄征学,蒋仁开,吴九兴.国土空间用途管制的演进历程、发展趋势与政策创新[J].中国土地科学,2019,33(6):1-9.

[13] 祁帆,贾克敬,常笑.在国土空间规划中统筹划定三条控制线的五大趋向[J].中国土地,2019(12):4-8.

[14] 韩青,于立,陈有川.规划转型背景下的国土空间开发适宜性评价研究[J].西部人居环境学刊,2019,34(5):34-39.

[15] 岳文泽,王田雨.资源环境承载力评价与国土空间规划的逻辑问题[J].中国土地科学,2019,33(3):1-8.

[16] 田志强.国土空间用途管制的思考[J].城乡规划,2019(2):104-107.

[17] 陈群弟,陈露,余炜楷.国土空间用途管制的演变特征和路径选择:从土地利用规划到国土空间规划[C]//中国城市科学研究会.2019城市发展与规划论文集.北京:中国城市出版社,2019.

[18] 王万茂.土地资源管理学[M].2版.北京:高等教育出版社,2010.

［19］朱道林. 土地管理学[M]. 2版. 北京：中国农业大学出版社，2016.

第7章图表来源

图7-1源自：南京市规划和自然资源局江宁分局.《南京市江宁区国土空间总体规划（2021—2035年）》，2023年5月.

图7-2源自：据南京大学城市规划设计研究院.《淮安市国土空间总体规划（2021—2035）》完善.

图7-3源自：笔者根据有关资料整理绘制.

图7-4源自：南京大学城市规划设计研究院.《淮安市国土空间总体规划（2021—2035）》.

图7-5源自：笔者根据《市级国土空间总体规划编制指南（试行）》修改绘制.

图7-6源自：战强，张韶月，刘彤起. 机构改革背景下基于管控传导的空间规划体系探索[C]//中国城市规划学会. 共享与品质：2018中国城市规划年会论文集. 北京：中国建筑工业出版社，2018.

图7-7源自：笔者根据有关资料整理绘制.

图7-8源自：吕冬敏. 浅谈空间规划中"三区三线"的划定与管制[C]//中国城市规划学会. 共享与品质：2018中国城市规划年会论文集. 北京：中国建筑工业出版社，2018.

图7-9源自：曲衍波，张凤荣，姜广辉，等. 基于生态位的农村居民点用地适宜性评价与分区调控[J]. 农业工程学报，2010，26(11)：290-296.

表7-1至表7-4源自：笔者根据有关资料整理绘制.

8 区域发展与空间规划

8.1 区域的特征与区域发展

8.1.1 区域的概念与特征

不同学科对于"区域"的概念有不同的理解：地理学把"区域"看作地球表面的一个自然与人文空间单元；经济学把"区域"理解为一个在经济上相对完整的经济单元；政治学把"区域"看作国家实施行政管理的行政单元；社会学则把"区域"解释为具有人类某种相同社会特征（如语言、宗教、民族、文化等）的聚居社区。区域经济学家胡佛（E. M. Hoover）认为，"区域就是对描写、分析、管理、规划或制定政策有用的一个地区统一体"[1]。基于国土空间规划的认知角度，我们可以将区域的概念简要表述为：区域是依一定的目的、准则在地球表面划定的一个空间地域，它以某些物质或非物质客体特征而区别于其他空间范围，区域是人类经济活动及其必要的生产要素存在、运动所依赖的载体。

区域具有以下基本属性：①区域是地球表面的一部分，是人们按照不同的要求或目的对空间加以划分而得出的，是主观对客观的反映，是客观存在的。②区域具有一定的范围或界线。区域的范围有大有小，有的区域具有明确的界线，而有些区域则没有明确的界线，其界线往往具有过渡性特征，是一个由"量变到质变"的地带。③区域具有一定的体系结构形式。区域具有层级性，可以划分成不同的级别或层次，因而区域间存在着不同层级区域间的纵向关系和同级区域间的横向关系。一个区域由不同的功能要素组成，可以划分成不同的功能空间；同时，每个区域又可能是上一层级区域的组成部分。

简要而言，区域具有整体性（或系统性）、结构性和动态性等基本特征。

1）整体性（或系统性）

区域内各组成要素间通过相互联系渗透、融合，形成一个具有强烈内在联系的统一整体，即区域的整体性。按照系统论的观点，区域的整体功能并非各要素功能的简单相加，而是优于或大于各要素功能的一种新功能，即整体大于各组分之和。区域的整体性是形成区域同一性的原因，也使得区域内某一局部的变化可能导致整个区域的变化。区域内某种资源的发现和开发利用，某个发展政策或战略的实施，可能导致区域经济社会发展及其空间结构发生变化，从而导致新的区域格局产生。

2）结构性

区域的结构性是指构成区域的各要素间存在着包括空间位置、功能联系、作用地位等方面的关系，如区域城乡结构、城镇体系结构、经济地域结构等。区域的结构性表现在区域各组成要素间的联系及其空间组织特征（即区域的空间结构）方面，一般来讲，区域空间结构由点、线、面三个基本要素组成。区域空间结构中的"点"是经济社会活动在空间上的聚集地，多指不同规模和职能的居民点。"线"即连接不同等级的"点"，并为其提供人员、能源、物资和信息交流的各种交通、通信、能源供应和给排水等线状设施。这种线状设施及其与"点"之间的相互通联即构成网络，经济社会活动沿线状设施排列布局并在区域发展中发挥重要作用，便形成区域发展轴。"面"是被"点"和"线"影响的网络化区域，反映区域经济社会活动在地理空间上的面状分布范围，如农业生产空间、城市辐射影响范围、某种商品的市场范围等。区域的结构性特征还表现在区域划分的层次性上，即地表任何区域都可与同等级若干区域共同组成更高一级的区域，同时区域内部又可进一步划分出次一级的区域，各级区域间呈镶嵌关系。

3）动态性

区域的动态性是指构成区域的要素自身及其相互作用关系、区域外围环境等的变化，导致区域本身发生变化的特征。区域实体空间并非均质不变，通常一个区域的特征在其中心区域典型地段表现得最清楚、最全面，但到区域的边缘，其特征就慢慢地与相邻区域的特征融合起来。因此，区域界线往往是一个过渡带，具有模糊性。

总体而言，整体性（或系统性）与结构性是区域最基础的特性，区域的结构性是整体性（或系统性）的反映，同时也是区域内部地域分异性的表象。根据这种思想，区域划分也应该具有层次性。根据尺度、目的的不同，我们可以将区域划分为不同层次的亚区域。高层级的大区域要具有一定的相似性和整体功能，它可以是一个国家，甚至是超出国界的世界性区域；低层级的小区域可以小到最基本的结构功能单位，如县域、乡镇等。每一个区域都是上一层级区域的功能单位，同时又可划分为若干个承载细分功能的下一层级区域[1]。

8.1.2 城市发展与区域发展的关系

城市并非一种孤立存在的空间形态，它与其所在的区域是相互联系、相互促进、相互制约的辩证关系。用一句话可以概括城市与区域的关系——城市是区域增长、发展的核心，区域是城市存在与支撑其发展的基础。区域发展支持了城市的发展，城市又在发展中反作用于区域，城市与区域可谓共生共荣。城市作为经济发展的中心,都有其相应的一定范围的经济区域作为腹地。每个城市的发展都离不开区域的背景,一个城市的形成与发展受到相关区域的资源与其他发展条件的制约;而城市的发展,会会对周边的地域产生物质、能量、信息、社会关系等交换作用。随着经济社会发展的加深,城市与区域的发展关系愈加密不可分,城市和区域共同构成了统一、开放的巨系统,城市与区域发展的整体水平越高,它们之间的相互作用就越强。

在全球竞争时代,区域的角色与作用正在发生着巨大的变化。当今,与全球一体化相伴而生的一个重要趋势是区域一体化。1990年代以来,面对经济全球化的深化和挑战,发达的资本主义国家普遍进行了政府重塑等角色转型,以及将治理权利向区域转移的战略。这包括国家权力的下放,以及城市间通过联盟方式将某些权力上交以形成新的制度竞争优势(例如各种大都市区、区域性组织的兴起),进一步突出了区域在全球经济竞争中的地位和作用。区域被看作当今全球竞争体系中,协调经济社会生活的一种最先进形式和竞争优势的重要来源。很多城市为了在全球竞争体系中获得更好的发展,而在一定的区域内通过各种方式联合起来,一些中心城市与其所在的区域共同构成了参与全球竞争的基本空间单元(如大都市区、都市圈、城市群等)。

总之,作为区域经济社会发展的核心,城市是不能孤立、单独存在的,区域条件对城市发展的影响是广泛且深远的。因此,我们在国土空间规划中对城市进行研究与规划时,不仅需分析城市本身的各种条件,而且应当首先分析影响城市发展的各种区域性因素:区域整体的经济社会发展水平、区域自然条件与生态承载能力、区域发展的条件差异、区域的基础设施水平等等,即要建立"从大到小"的空间研究分析观念。

8.1.3 区域空间结构的形成与演化

区域空间作为承载人类生产与生活的场所,各种经济社会活动都会在空间上反映出来。经济活动在多种区位因素影响下的集中与扩散,会构成并推动区域经济的非均衡增长;而区域经济的非均衡增长,又会使一定空间范围内原有的各种经济社会客体和现象的位置、相互结合关系、聚集规模及形态发生相应的变化[2]。区域的非均衡增长理论认为,由于规模经济和聚集经济效益的存在,在市场力量的引导下,经济活动倾向于集中在某些地域。因此,区域经济空间最基本的地域结构模式就是"核心—外围"的二元结构。法国经济学家佩鲁指出,增长并非同时出现在区域内的所有地方,它以不同的强度首先出现在一些增长点或增长极上,然后通过不同的渠道进行扩散,并最终对整个区域经济产生不同的影响。

区域经济非均衡运动在区域空间上形成了相应的地域结构,这种结构的组织模式并不是长期稳定不变的,而是随着区域经济的发展而发生变化。其总的变化趋势是,从极化导致的二元性加强,向核心扩散导致的二元性削弱演化,进而实现区域空间在新的经济发展水平上的均质化;但是,随之在新的因素促发下又形成区域新的非均衡结构,区域的地域结构又进入新一轮的演化。总之,对于一个区域而言,均衡状态是暂时的,而非均衡则是常态。区域地域结构的演化具有明显的阶段性特点,我国学者陆大道将其主要分为以下四个阶段[3]:

1) 低水平平衡阶段

在低水平平衡阶段,区域经济以农业为主体,生产力水平低下。在一定的地域范围内以若干分散孤立的小城镇(或居住地)为中心,形成小地域范围经济活动的封闭式循环。小城镇之间缺乏联系,城镇没有形成规模等级体系,经济社会发展非常缓慢,地域结构表现为低水平的平衡和稳定状态。

2) 聚集、二元结构形成阶段

在聚集、二元结构形成阶段,经济社会快速发展,工商业在少数具有优势区位的经济中心城市开始聚集。受规模收益递增以及聚集经济效益的影响,这些中心城市进入极化增长阶段,并逐渐成长为核心区,其他地区则成为受其支配的外围区,区域空间的二元结构形成。区域内初步形成等级化的城镇体系,城镇之间的联系以不同等级之间的纵向联系为主。

3) 扩散、三元结构形成阶段

在扩散、三元结构形成阶段,经济进入高速增长时期,科学技术快速发展,第三产业蓬勃发展,各产业部门之间的前后向关联进一步加深,综合交通运输体系基本形成。由于城市产业空间集聚的外部不经济以及新的劳动地域分工,高层次的和非标准化的经济活动在向大城市集中的同时,大批量、标准化生产方式的企业以及较低层次的经济活动则开始向城市边缘和外围区扩散,区域内第二级、第三级中心地得到迅速发展。如此,区域早先的单一核心结构逐渐变化成为多核心结构,各种核心之间的横向联系也日益密切,区域内总体形成核心、都市边缘区、外围区的三元结构。

4) 区域空间一体化阶段

在区域空间一体化阶段,区域进入后工业化发展时期,经济社会发展达到很高水平,现代化的交通和通信网络广泛应用,区域内的经济社会发展不平衡状况基本消失。区域的总体地域结构以均衡化、网络化、等级规模合理化为主要特征,处于高水平的均衡、稳定阶段。但是,这种区域发展的均衡状态不是持久的,随着区域内外新的发展环境、发展动力与发展因素的变化,区域内的城镇又会进入新一轮的不平衡发展阶段。

8.2 城镇体系的内涵与特征

8.2.1 城镇体系的概念与内涵

任何一个城市都不可能孤立地存在,城市与城市之间、城市与外部区域之间总是在不断地进行着物质、能量、人员、信息等各种要素的交换与相互作用。正是这种相互作用，才把区域内彼此分离的城市（镇）结合为具有特定结构和功能的有机整体，即城镇体系。简要而言，城镇体系指在一个相对完整的区域或国家中，由不同职能分工、不同等级规模、空间分布有序的城镇，组成联系密切、相互依存的城镇群体。这个概念有以下几层含义：①城镇体系是以一个相对完整区域内的城镇群体为研究对象，不同的区域有不同的城镇体系。②城镇体系的核心是中心城市，没有一个具有一定经济社会影响力的中心城市，就不可能形成有现代意义的城镇体系。③城镇体系是由一定数量的城镇所组成的。城镇之间存在着性质、规模和功能方面的差异，这些差别和特色则是客观的和人为作用而形成的区域分工产物。④城镇体系最本质的特点是相互联系，通过不同区位、等级、规模、职能，城镇之间形成纵向和横向的各种联系，从而构成一个有机整体。

城镇体系是区域内的城市发展到一定阶段的产物，是兼有自然、经济、政治、文化等多种层面表征的自然—社会复合系统。城镇体系的构成一般需具备以下条件：①城镇群体内部各城镇在地域上是邻近的，具有便捷的空间联系。②城镇群体内部各城镇均具有自己的功能和形态特征。③城镇群体内部各城镇从大到小，从主到次，从中心城市到一般集镇，共同构成整个系统内的等级序列，而这个系统本身又从属于一个更大的系统。

8.2.2 城镇体系的基本特征

城镇体系具有可称之为"系统"的共同特征，即群体性与整体性、关联性、等级层次性、开放性以及动态性[4]（图8-1）。

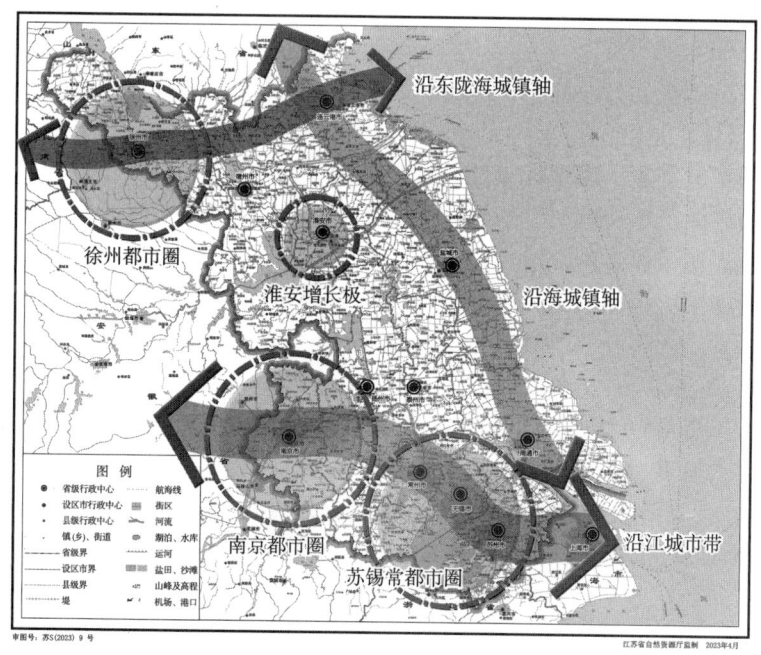

图8-1 江苏省域城镇体系规划

1) 群体性与整体性

城镇体系是由一群或一组（视城镇体系规模大小及其所处区域实际情况而定）城镇共同构成的整体，一个或少数几个城镇是无法构成城镇体系的。同时，城镇体系也是由城镇、联系通道、联系流和联系区域等要素按一定规律组合而成的有机整体。当其中某一个组成要素发生变化，如一条新交通线建成、某一项区域资源开发、某一个城镇发展迅速或日趋衰退，都可能通过交互作用和反馈来影响城镇体系。

2) 关联性

城镇体系关联性特征，主要是指城镇体系内各城镇在经济、文化、社会生活等各方面相互依赖、互为依存，彼此之间具有不可分割的关系。首先，城镇体系内部一个城镇或部分城镇的变化，会通过城镇间的互相制约、互相依赖的关系影响到其他城镇，乃至整个城镇体系的发展。其次，城镇体系的存在与发展是与其外部地域环境分不开的，它们既依赖于区域而发展，又反作用于区域，促进区域经济社会的发展。

3) 等级层次性

一个系统由不同等级层次的子系统构成，城镇体系按其区域系统及其作用大小可以分成若干等级，如全国的城镇体系由大区级、省区级城镇体系组成，下面层次有地区级、县级的城镇体系。这几个等级层次既可以是行政区划所对应的范围，也可以是跨行政区划的特定地域类型城镇体系。每个城镇体系一般均拥有一个在区域中起"龙头"作用的最高级中心，这就是首位中心城市。各级中心城市的腹地范围既有专属部分，也有交叉共有部分。因此，区域内各城市的辐射范围往往交叉重叠，具有空间地域浸润性模糊的特点。

4) 开放性

城镇体系的开放性特征，是指城镇体系本身及其所有城镇在其发挥功能作用、正常运行的过程中，与外界环境产生密切的相互作用，呈现出不同程度的扩散特征。城镇体系的开放性有两个层次：其一是城镇体系内部各城镇的开放行为；其二是城镇体系作为一个整体，对其外部地域环境的开放行为。城镇体系的开放性可从开放程度与开放方式两个方面认识：开放程度反映了城镇体系向外界开放及与外界相互依存的程度；开放方式则是城镇体系向外界开放的具体行为特点。

5) 动态性

对于任何一个城镇体系来说，它总存在于一定环境之中，处于体系孕育、产生、发展、成熟、衰退和消亡的持续变化过程之中，与外部环境之间总有着物质、能量和信息的交换。同时，随着区域经济发展和城镇化进程的发展，城镇体系内各个城镇职能、规模及布局形态，也随着地域物质、能量和信息的变化处于不断地变化之中。

8.2.3 全球化时代的城镇体系

当今世界,城市发展的重要特点是全球城市化与城市全球化。21世纪全球已迈入城市时代,城市化人口超过50%,城市正在成为整个社会的主体,以城市为中心来组织、带动、服务于整个经济社会发展已是明显的时代特征。世界城市体系基本形成并处于动态变化之中,城市间的职能等级正按照新的国际劳动地域分工进行重组。新的国际劳动地域分工不同于以产业和产品分工为中心的、水平分工的、旧的国际劳动地域分工,其特点是在以市场为导向、以跨国公司为核心的经济活动全过程中,各个环节(管理策划、研究开发、生产制造、流通销售等)实现了垂直功能分工。

1975年菲布瑞克(A. P. Phiebrick)提出"中心职能学说",将城市功能划分为由上而下的七个等级:领导、控制、交换、转运、批发、零售、消费。弗里德曼(Friedmann)在研究世界城市体系中提出,在全球化时代评价一个城市的地位与作用,不在于其人口规模的大小,而在于其参加国际经济社会活动的程度及其调控和支配资本的能力。据此,弗里德曼在1980年代提出新的核心—边缘理论,将全球城市划分为不同的等级体系[5]。由此可以认为,在全球化的时代,城市等级系统取决于各城市参与全球经济社会活动的地位与程度,以及其占有、处理、支配资本和信息的能力,城市职能结构应以各城市在经济活动组织中的地位分工为依据。

8.2.4 城市—区域演化的新地域类型

随着经济与社会的发展、交通与通信技术的进步,以及全球化背景下资本与要素流动的加剧,城市与区域发展高度关联、紧密一体,形成了城市连绵区、城市群、都市圈、大都市地区等新的城市—区域空间形态,这些都是城市化高度发达阶段的种种新地域类型。从地域范围上讲,首先城市连绵区的空间范围最大,一个城市连绵区常常是一个国家的经济走廊;其次是城市群,一个城市连绵区常常包括几个城市群;最后是都市圈、大都市地区,一个城市群可以包括若干个都市圈、大都市地区(图8-2)。

随着全球化的发展,又出现了一些全球城市区域(Global City Region)。全球城市区域强调特定区域在世界体系中所扮演的特殊功能,更多地关注于全球生产体系中生产服务业的部分。全球城市区域是在全球化高度发展的前提下,以紧密的经济社会联系为基础,由全球城市及其腹地内经济实力较为雄厚的二级大中城市扩展联合而形成的一种独特区域空间现象,中国的长三角地区、珠三角地区正在快速成长为全球城市区域。这些全球城市区域已经成为当代全球经济空间的重要组成部分,发挥着超国家的影响[6]。

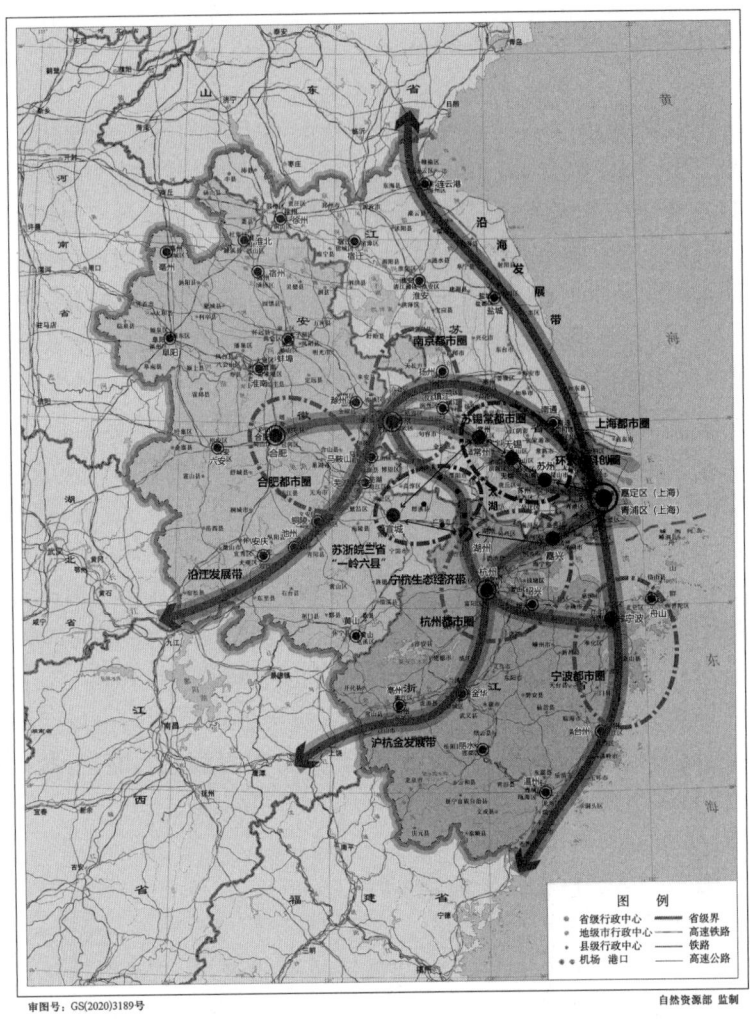

图 8-2　长三角大都市连绵区

8.3　区域国土空间规划

8.3.1　区域规划及其发展

区域规划是指在一个特定的地区范围内,根据国民经济和社会发展长远计划、区域的自然条件及经济社会条件,对区域的产业、城镇居民点、重要工程设施等进行全面的发展规划,并做出合理的空间配置,使一定地区内社会经济各部门和各分区之间形成良好的协作配合,从战略意义上保证国民经济社会的合理发展、空间协调布局,实现经济效益、社会效益与生态效益的统一。

1920 年代开始尤其是二战以后,工业化和城市化的快速发展以及生产力的巨大进步,迅速改变了原有的区域经济结构、社会结构和生活环境;

工业和交通设施高度集中,大城市人口持续增长,土地供应越来越紧张,空气、水体等环境卫生状况严重恶化等,导致经济社会发展与区域空间组织之间的矛盾日益复杂化、尖锐化。在这种情况下,为了建立和保持区域生产、生活的适宜条件和状况,各国的区域发展纷纷提出了要对经济社会的地域结构进行重整,将工业生产适当分散布局,规划开发新区,控制疏散大城市人口,加强土地利用的管理,改善原有的区域交通运输网,进行环境保护与整治等,区域规划被认为是解决这些问题的重要前提与手段。二战以后,很多西方国家以及苏联等社会主义国家都结合国内经济的恢复和发展,在一些发达的城市地区和重要的城市工矿地区开展了大量的区域规划工作。到了1960年代,区域规划的思想已经被广泛而深入地接受,在许多西方国家,各种类型的区域规划已经成为一项经常性甚至是制度性的重要工作。

在经济全球化的背景下,国家、城市的竞争力都越来越依赖于区域的竞争力,区域规划成为促进区域竞争力提升的一种重要措施。1990年代以后,世界范围内特别是欧洲国家掀起了新一轮区域规划的高潮。欧盟各国为了促进持续发展、增强全球竞争力、共同实现区域与城市空间的集约发展,编制了《欧洲空间展望》的跨国规划。21世纪以来,大伦敦的发展战略规划、兰斯塔德地区规划(将阿姆斯特丹、海牙、鹿特丹城市群作为整合体协同参与欧洲和世界事务)、柏林/勃兰登堡统一规划,以及第三次、第四次纽约区域规划等等,都强调在更大的区域范围内加强整体联系,实现共同繁荣、社会公平与环境改良的目标。因此可以说,全球化时代的区域规划已不再是仅仅解决区域内自身发展中所遇到的某些具体问题,而更关注增强区域吸引力和竞争力,以获取更多发展机会等空间形态以外的内容,即区域规划更多地具有了空间政策的内涵,成为参与全球性竞争的一种战略手段。

中国的区域规划工作始于1950年代,伴随着新中国成立后的大规模基本建设而开展。"(区域规划是)为了搞好工业的合理布局,落实国民经济的长远计划,使城市规划有充分的依据"(1980年中共中央《关于开展区域规划工作的决定》)。在学习欧洲、日本等国经验的基础上,1980年代中期我国开始编制全国和各省、市、区的国土总体规划,以综合开发整治为特征的不同层次的区域规划在全国范围内全面展开。国土总体规划内容包括国土资源的基本状况、国土开发整治的目标、国土开发的地域总体布局、综合开发的重点地区、基础产业布局、国土整治与保护等内容,实际上就是综合性的区域规划。1990年代初以后,随着中国向市场经济体制转轨,区域规划工作在很大程度上受到了削弱。2010年代以后,随着经济全球化、国家与地方经济发展的需要及部委机构职能的变化,各类的区域性规划又大量出现,随之也导致了区域空间规划的重叠、交叉的混乱局面。城镇体系规划曾经是区域规划、国土规划中的重要内容,在区域规划被削弱的1990—2010年代,城镇体系规划的内容却实现了大大拓展,在一定程度上扮演了区域规划的作用。从广义上讲,区域国土空间规划也属于区域规划的一种类型,或者可以视为区域规划的重要组成部分。

8.3.2 区域国土空间规划的作用与编制原则

区域国土空间规划主要包括全国国土空间规划、省级国土空间规划、市县域国土空间规划,以及跨地区、特定类型区域等国土空间规划。区域国土空间规划旨在一定地域范围内,落实上级国土空间发展战略与管控要求,对区域国土空间开发格局进行统筹部署。区域国土空间规划是促进本区域城镇化健康发展和城乡区域协调发展的重要手段,是规范区域内各项资源空间保护与开发建设活动秩序、实施国土空间用途管制和编制下一层次国土空间规划的基本依据,具有战略性、综合性、协调性的特点。

1) 区域国土空间规划的作用

(1) 发挥统筹区域资源保护和有序高效利用的功能

对区域资源环境承载力和国土空间开发适宜性进行科学评价,深入认识影响区域发展的各项要素及相互作用机制,恰如其分地评价区域发展条件。在此基础上,统筹区域资源的保护和利用,明确区域内哪些地方可以开发、哪些地方不可以开发,或者哪些地方的开发建设将对生态环境产生不利影响而应限制开发等,促进形成要素有序自由流动、主体功能约束有效、基本公共服务均等、资源环境可承载的区域协调发展格局。

(2) 发挥上下衔接、指导下位国土空间规划编制的功能

区域国土空间规划重在统筹区域、跨地区空间板块的协调发展,以区域均衡、高质量、可持续发展为目标。区域国土空间规划具有上下衔接的作用,落实上位国土空间规划要求,向下传导主体功能区与有关规划管控要求,并做好对区域内发展差异分区及相关配套措施的研究,指导区域内的下位国土空间规划尤其是市县国土空间规划的编制。

(3) 发挥对重大建设项目及重大基础设施布局的综合协调功能

重大建设项目对于区域的整体发展起到助推器作用,重大基础设施的布局通常需要从区域层面进行整体考虑。区域国土空间规划应避免"就城市论城市"的思想,综合考察区域发展态势,从区域整体效益最优化的角度实现对重大基础设施、重大项目的合理布局,以及对建设时序的调控。

(4) 发挥协调、促进城市间有序竞争与合作的功能

全球化带来资本等发展要素的快速流动,交通、信息技术的便捷性进一步加剧了这种态势,促成了国家和区域城镇体系在更广域尺度上形成更开放、更网络化的空间格局,城市之间的竞争与合作也更为频繁。区域国土空间规划应积极顺应这一趋势,探索建立新的区域治理体系与规则,通过对劳动力、土地、资本、创新及制度等生产要素的结构性调整,从区域整体优化发展的角度指导各个城市的合理发展,促进城市间形成有序的竞争与合作关系,实现资源最优配置、空间最优布局、功能最佳协同。

2)区域国土空间规划的编制原则

(1)坚守资源生态底线,因地制宜保护与发展

区域国土空间规划是实现区域可持续发展的重要手段。在主体功能区定位的前提下,进一步明晰战略、规划和政策的约束性[7]。强化不突破区域资源环境承载力限制的意识,强化区域国土空间规划在空间开发保护方面的基础和平台功能,使未来空间开发、社会和经济发展均建立在"与自然和谐共生"的基础上。另外,区域国土空间规划一方面应与国家社会经济发展目标、方针政策相一致,符合国家的城市与区域发展政策;另一方面又要符合地方实际和发展特点,具有可行性。

(2)区域空间整体协调发展

在经济全球化、市场经济、城镇化等大背景作用下,区域系统的开放性大大增强,区域内部与外部之间,区域内部的城乡之间、城镇之间、乡村之间既密切相关,又相互竞争。应从区域整体观出发,协调不同类型空间开发中的问题和矛盾,通过时空布局强化分工与协作,有效协调各城市在规模、发展方向、基础设施布局等方面的矛盾,协调城乡之间、产业之间的发展与布局,避免重复建设,以取得区域国土空间利用与保护的整体效益最大化。

(3)协同促进经济社会发展、城镇化与空间布局优化

经济社会发展是城镇化的基础,城镇化又对经济社会发展具有极大的促进作用,而经济社会发展、城镇化又必然投影到空间布局之上。区域国土空间规划应把这些方面紧密地结合起来,把产业布局、资源开发、人口转移等与城镇化进程紧密联系起来,把经济社会发展战略、城镇化过程与国土空间规划紧密结合起来,实现国土空间对经济社会发展的有力承载以及空间布局的最优化。

8.3.3 区域及省域国土空间规划的内容

1)区域国土空间规划的主要内容

从广义上讲,区域国土空间规划包括全国、省区、跨行政区域(跨省区、跨市县域)、市县域的国土空间规划,尤其以省区、跨行政区域的国土空间规划为主。市县域的国土空间规划一般不单独编制,而是作为市县国土空间总体规划的重要组成部分,这将在第9章中予以阐述。区域国土空间规划是实现经济社会发展目标,合理保护、配置和利用区域空间资源,引导区域城镇化与城乡合理发展,协调和处理区域空间中关键矛盾和问题的重要手段,对区域内下位国土空间规划的编制具有重要的指导作用。区域国土空间规划的主要内容包括以下方面[8]:

(1)分析发展条件并确定总体发展战略

准确评价区域发展条件是合理确定区域发展方向的重要基础,可以明确区域未来发展的有利条件和不利因素,扬长避短,有的放矢。评价区域发展条件通常包括区域自然条件、资源条件、区位条件、经济社会发展基础

条件等。区域的社会、文化、科技实力、投资环境,以及生态环境等"软"条件,越来越成为区域发展的重要评价条件。区域发展条件的评价可以采用定性与定量相结合、单因子和复合因子相结合的方法,利用横向、纵向比较手段进行,全面分析区域发展的优势、劣势、机遇、挑战等(SWOT 分析),作为确定区域发展战略的依据。区域发展定位的内容包括:区域发展性质与功能定位,经济、社会和生态发展的目标定位等。区域发展条件分析、区域发展定位等的确定不能"就区域论区域",而是要跳出本区域,从更大区域乃至国家、全球层面来分析本区域。

区域发展战略是基于对区域整体发展的分析判断而做出的重大的、具有决定全局意义的谋划,是区域国土空间规划的关键性内容。区域发展战略包括战略方针、战略模式、战略阶段、战略重点、战略措施,以及具体的战略目标等,包含了生态保护与利用、经济发展、社会发展、城镇发展等方面。这些区域发展战略需要在区域国土空间上进行落实。

(2) 制定区域生态安全与耕地空间保护的总体格局

区域生态系统与区域耕地保护空间是保障区域经济社会可持续发展的基础,必须保持自然资源各类要素的平衡关系不被打破,自然环境不遭到破坏,一个部门的经济活动不对另一个部门造成损害。因此,需要在区域国土空间规划中统筹安排生态空间,以及包括耕地在内的各类自然资源的保护与利用格局,在此基础上确定区域空间布局的总体结构。

调查分析区域生态环境质量现状与存在问题,重点是人类活动与自然环境的长期影响,以及相互作用的关系和结果。对区域空间的生态适宜性进行评价,分析生态环境对区域经济社会发展可能的承载力,评价结果可以为区域国土空间开发的潜力评价和空间管制提供依据。制定区域生态空间、耕地空间保护的目标和总量控制要求,划分生态空间、农业空间与城镇空间。

(3) 区域国土空间管制与协调规划

区域国土空间规划要立足区域资源保护利用的基本情况与发展战略,明确重点地区的城镇发展、重要基础设施的布局和建设、生态建设和资源保护等要求;明确区域社会经济活动在空间上的落实,与上一层次空间、周边区域空间的协调,以及区域空间内部各层次区域空间之间的协调。协调的重点是区域功能分区、基础设施的共建共享、生态环境建设等,并提出协调的原则、标准和政策。

(4) 合理布局产业空间与城乡聚落体系

明确区域产业结构的发展趋势,确定区域的主导产业及产业链等。区域国土空间规划要考虑各产业部门在地域空间上的相互关系,以及在空间地域上的组合形式,协调好各产业部门的空间布局。规划区域城乡居民点体系的总体空间格局,建立完善的城乡居民生活和生产网络,集聚发展空间和资源,促进设施的区域共建共享,促进资源环境保护及区域生产、生活水准的整体提升。区域国土空间规划要确定区域城镇发展战略和总体布局,确定城镇体系等级规模结构、职能组合结构、地域分布结构及城镇体系网络系统(三结构—网络),并提出重点发展城镇及其近期建设的建议。必须统筹城乡体系,将乡村居民点体系纳入区域城镇化的大背景下进行整体规划,确定乡村地区非农产业布局和居民点建设的原则。

(5) 构架区域重大基础设施支撑系统

区域基础设施对生产力布局、区域发展与空间布局有着重要影响,应与经济社会发展同步甚至有一定的超前发展,区域基础设施规划应考虑保障发展、生态环境优先、适当超前、讲求效益的原则。基础设施可分为生产性基础设施、社会性基础设施两大类:生产性基础设施是为生产力系统的运行直接提供条件的设施,包括交通运输、能源、网络通信、供水、排水、供电、供热、供气、仓储,以及防灾设施等;社会性基础设施包括教育、文化、体育、医疗、商业、金融、贸易、旅游、园林、绿化等设施。区域国土空间规划要在对各类基础设施发展现状进行分析的基础上,根据区域人口和社会经济发展的要求,预测未来对各种基础设施的需求量,确定各类重大基础设施的数量、等级、规模及空间布局。

2) 省域国土空间规划的内容

省区是我国重要的一级行政区,是相对完整的自然、经济、行政管理区域空间单元。省级国土空间规划是一类重要的区域规划,一般需要单独编制。它是对全国国土空间规划的落实和深化,是一定时期内省域国土空间保护、开发、利用、修复的政策和总纲,是编制省级相关专项规划、市县等下位国土空间规划的基本依据,在国土空间规划体系中发挥承上启下、统筹协调的作用,具有战略性、协调性、综合性和约束性。

省域国土空间规划的主要内容包括以下方面:

(1) 研究确定省域国土空间发展重大战略。按照主体功能区战略、区域协调发展战略、可持续发展战略等国家战略部署,以及省级党委政府有关发展要求,研究相关重大战略对省域国土空间的具体要求。结合实际,开展国土空间开发保护重大问题(如国土空间目标战略、城镇化趋势、开发保护格局优化、空间利用效率和品质提升、生态保护修复和国土综合整治等等)研究。

(2) 进行现状评价与风险评估,研判省域国土空间开发利用需求。通过资源环境承载力和国土空间开发适宜性评价,分析区域资源环境禀赋特点,提出农业生产、城镇发展的承载规模和适宜空间,评估国土空间开发保护现状问题和风险挑战。结合城镇化发展、人口分布、经济发展、科技进步、气候变化等趋势,研判国土空间开发利用需求。

(3) 确定省域国土空间开发总体格局。落实国家重大战略,按照全国国土空间规划的相关要求,结合省域实际,明确省级国土空间发展的总体定位,确定国土空间开发保护目标与国土空间规划指标体系,确定省级国土空间开发保护战略,研究并确定省域国土空间开发保护格局。落实国家级主体功能区,完善和细化省级主体功能区,按照主体功能定位划分政策单元,确定协调引导要求,明确管控导向。统筹划定生态保护红线、永久基本农田、城镇开发边界等控制线。识别生态系统,划定生态空间,明确省域国家公园、自然保护区、自然公园等各类自然保护地布局、规模和名录。落实全国国土空间规划所确定的耕地和永久基本农田保护任务,因地制宜地划定农业空间并提出有关指标控制要求,按照乡村振兴战略和城乡融合要求,实施差别化国土空间利用政策。依据全国国土空间规划所确定的建设用地规模,结合主体功能定位,综合考虑经济社会、产业发展、人口分布等因素,确定城镇体系的等级和规模结构、职能分工,提出城市群、都市圈等区域协调重点地区的空间格局,引导大中小城市和小城镇协调发展与空间布局。以重要自然资源、历史文化资源等要素为基础,以区域综合交通和基础设施网络为骨架,以重点城镇和综合交通枢纽为节点,加强生态空间、农业空间和城镇空间的有机互动,实现人口、资源、经济等要素的优化配置,促进形成省域国土空间网络化(图8-3)。

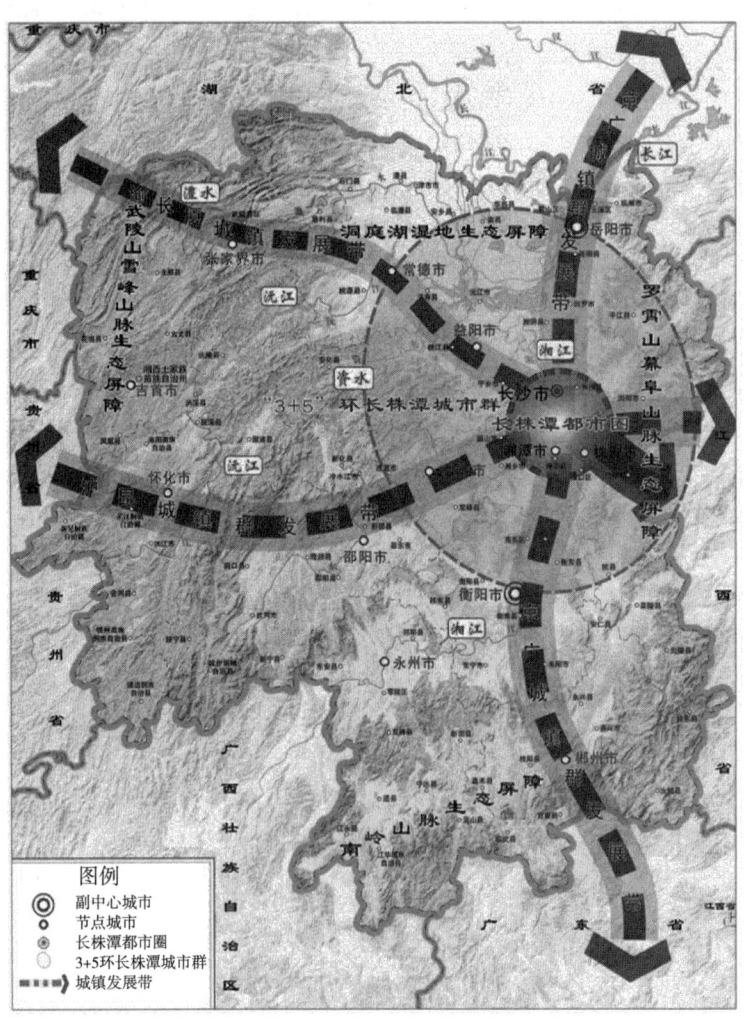

图8-3　湖南省国土空间规划总体格局

(4) 明确资源要素保护与利用的有关要求。按照山水林田湖草沙系统的保护要求,统筹各类自然资源的保护利用,确定自然资源利用上线和环境质量安全底线,提出水、土地、能源等重要自然资源的供给总量、结构以及布局调整的重点和方向。沿海省份要明确海洋开发保护空间,提出海域、海岛与岸线资源保护利用目标。以严控增量、盘活存量、提高流量为基本导向,提出建设用地结构优化、布局调整的重点和时序安排。系统建立包括国家文化公园、世界遗产、各级文物保护单位、历史文化名城名镇名村等在内的历史文化保护体系,保护自然特征和审美价值,构建历史文化与自然景观网络,明确各种涉及保护和利用的空间管控要求。

(5) 优化确定省域空间发展的基础支撑体系,推动生态修复与国土空间综合整治。落实国家重大交通、能源、水利、信息通信等基础设施项目的空间布局和规划要求,明确省级重大基础设施项目、建设时序安排,构建与国土空间开发保护格局相适应的基础设施支撑体系,统筹各类区域基础设施布局。考虑气候变化可能造成的环境风险,提出防洪排涝、抗震、防潮、人防、地质灾害防治等有关标准和规划要求,明确省级综合防灾减灾重大项目布局、时序安排及应对措施。落实国家所确定的生态修复和国土综合整治的重点区域、重大工程,针对省域生态功能退化、生物多样性降低、用地效率低下、国土空间品质不高等问题区域,提出生态修复和国土空间综合整治的目标、重点区域、重大工程。

(6) 区域协调及对下位规划、相关规划的传导约束。加强区域协调,做好与相邻省份的协商对接,促进省际生态格局完整、环境协同共治、产业优势互补、基础设施互联互通、公共服务共建共享。加强省内流域和重要生态系统统筹,明确省域重点区域的引导方向和协调机制,明确分区发展指引和管控要求,推动生态补偿机制的建立和实施。以省域国土空间格局为指引,通过分区传导、底线管控、控制指标、名录管理、政策要求等方式,对市县级规划编制提出指导约束要求。综合统筹相关专项规划的空间需求,协调各专项规划的空间安排。

第8章参考文献

[1] 崔功豪,魏清泉,刘科伟,等.区域分析与区域规划[M].3版.北京:高等教育出版社,2018.
[2] 郝寿义,安虎森.区域经济学[M].2版.北京:经济科学出版社,2004.
[3] 陆大道.区位论及区域研究方法[M].北京:科学出版社,1988.
[4] 杨培峰,甄峰,王兴平,等.区域研究与区域规划[M].北京:中国建筑工业出版社,2011.
[5] 崔功豪.当前城市与区域规划问题的几点思考[J].城市规划,2002,26(2):40-42.
[6] 周振华.全球城市区域:全球城市发展的地域空间基础[J].天津社会科学,2007(1):67-71,79.

[7] 樊杰. 我国国土空间开发保护格局优化配置理论创新与"十三五"规划的应对策略[J]. 中国科学院院刊,2016,31(1):1-12.

[8] 吴志强,李德华. 城市规划原理[M]. 4版. 北京:中国建筑工业出版社,2010.

第 8 章图表来源

图 8-1 源自:江苏省人民政府.《江苏省城镇体系规划(2015—2030)》. 底图源于:江苏省标准地图服务官网. 江苏省自然资源厅监制(2023年4月). 审图号:苏S(2023)9号.

图 8-2 源自:笔者根据有关资料整理绘制. 底图源于:标准地图服务官网. 自然资源部监制. 审图号:GS(2020)3189号.

图 8-3 源自:湖南省自然资源厅.《湖南省国土空间总体规划(2021—2035)》(公示版).

9 城市空间布局规划

9.1 市县国土空间总体规划编制的主要内容与要求

市县国土空间总体规划是市县空间发展的指南、可持续发展的空间蓝图，是实施国土空间用途管制的基本依据，是实施国土空间规划管理的基本工具，是编制详细规划、相关专项规划的前提条件。其编制要遵循的原则包括：生态优先、底线管控，全域统筹、城乡融合，以人为本、提升品质，多规合一、空间优化。尊重客观规律，发挥比较优势，体现地方特色，统筹优化陆海、城乡、区域国土空间，实现对市县国土空间的全域覆盖、全要素管控。

9.1.1 规划编制的空间层次

设区市总体规划包括市域、市辖区和中心城区三个空间层次：市域应当明确全域管控和统筹协调措施，提出对县级规划的控制要求；市辖区应当明确国土空间规划分区、控制线划定、国土空间用途结构优化、城镇体系（镇村布局）、综合交通、市政公用和公共服务设施、空间特色塑造、国土空间综合整治和生态修复等规划内容；中心城区应当明确功能布局、空间结构优化和重要设施布局要求。设区市可以组织编制区国土空间总体规划或市国土空间总体规划的分区规划。

县（县级市）总体规划包括县（县级市）域和中心城区两个空间层次：县（县级市）域应当明确国土空间规划分区、控制线划定、国土空间用途结构优化、城镇体系（镇村布局）、综合交通、市政公用和公共服务设施、空间特色塑造、国土空间综合整治和生态修复等规划内容，提出对乡镇的控制要求；中心城区应当明确功能布局、空间结构优化和重要设施布局要求。农场、盐场、林场等特殊区域可作为乡镇级单元，统筹纳入所在地市县总体规划考虑。中心城区范围指城镇开发边界内的集中建设区，包括集中的建成区（规划建设用地）和相关功能组团等。邻近功能组团、居委会的规划集中建设区应当划入中心城区。

9.1.2 进行相关重要问题与专题研究

各地应结合市县实际,先行开展国土空间开发保护现状评估和风险评估("双评估")、资源环境承载力和国土空间开发适宜性评价("双评价"),深入开展现行空间规划实施评估,有针对性地开展城镇化与人口变化、战略定位和发展目标、自然资源保护和利用、综合交通、历史文化保护、公共服务和基础设施、国土空间综合整治和生态修复等专题研究,为总体规划编制奠定坚实基础。

9.1.3 总体规划编制的主要内容与要求

(1)现状分析与形势研判。其主要包括发展现状认知、灾害风险评估、相关规划实施评估和"双评价"工作,因地制宜地识别自然资源利用、生态保护、国土空间开发、人居环境建设、经济社会发展等方面存在的主要问题,分析未来国土空间开发保护所面临的重大机遇与挑战,梳理重大发展趋势和重大战略对国土空间发展的要求,明确总体规划的重点。

(2)拟定战略定位与发展目标。落实上位国土空间规划要求,立足本市县域自然资源禀赋和经济社会发展阶段实际,尊重客观规律,因地制宜、实事求是地确定本市县国土空间发展战略和中心城市定位。落实上位国土空间规划目标,研究确定市县总体及分阶段发展目标,制定规划指标体系。规划指标主要分为约束性指标和预期性指标(表9-1)。

表9-1 市县国土空间总体规划指标体系表

编号	指标项	指标属性	指标层级
一、底线管控			
1	生态保护红线面积(km²)	约束性	全域
2	用水总量(亿 m³)	约束性	全域
3	永久基本农田保护面积(km²)	约束性	全域
4	耕地保有量(km²)	约束性	全域
5	建设用地总规模(km²)	约束性	全域
6	城乡建设用地规模(km²)	约束性	全域
7	规划流量指标(hm²)	预期性	全域
8	林地保有量(km²)	约束性	全域
9	湿地面积(km²)	约束性	全域
10	自然岸线保有率(%)	约束性	全域
11	新增生态修复面积(km²)	预期性	全域

续表 9-1

编号	指标项	指标属性	指标层级
二、结构效率			
12	常住人口规模(万人)	预期性	全域
13	常住人口城镇化率(%)	预期性	全域
14	人均城镇建设用地(m^2)	预期性	全域
15	人均应急避难场所面积(m^2)	预期性	中心城区
16	道路网密度(km/km^2)	预期性	中心城区
17	每万元 GDP 水耗(m^3)	预期性	全域
18	每万元 GDP 地耗(m^2)	预期性	全域
三、生活品质			
19	公园绿地、广场步行 5 分钟覆盖率(%)	预期性	中心城区
20	卫生、养老、教育、文化、体育等社区公共服务设施 15 分钟步行可达覆盖率(%)	预期性	中心城区
21	城镇人均住房面积(m^2)	预期性	全域
22	人均体育用地面积(m^2)	预期性	全域
23	每千名老年人拥有养老床位数(张)	预期性	全域
24	医疗卫生机构千人床位数(张)	预期性	全域
25	人均公园绿地面积(m^2)	预期性	中心城区
26	城镇生活垃圾回收利用率(%)	预期性	全域
27	公共交通占全方式出行比例(%)	预期性	中心城区
28	农村生活垃圾处理率(%)	预期性	全域

注：各地可因地制宜地调整指标体系。

（3）研究制定国土空间开发保护策略。围绕市县国土空间发展战略定位和发展目标，协调保护和开发关系，从自然资源保护和开发利用、国土空间品质提升、国土整治和生态修复、支撑体系完善等方面提出发展策略，引导国土空间开发保护方式转变，提升国土空间开发保护质量和效率，实现生产空间集约高效、生活空间宜居适度、生态空间山清水秀。落实上位要求，明确市县国土空间发展任务及相应的空间资源配置要求。结合上位或跨区域国土空间协同发展要求，提出本市县与周边地区在自然资源保护、生态环境治理、交通互联互通、基础设施和公共设施共建共享等方面的跨界协同要求。合理安排陆海资源开发利用的总量、时序和空间分布，明确陆海统筹开发保护的目标、格局、策略和措施。

（4）统筹确定市县空间利用保护的总体格局。落实主体功能区战略，在战略定位引领下，在"双评价"基础上，综合考虑自然资源本底条件以及城乡、产业、交通、水利、能源等发展类要素布局，强化底线约束，体现分区差异化发展策略，优化市县域城镇空间结构、农业空间结构、生态空间结构，构建国土空间开发保护总体格局（图 9-1）。

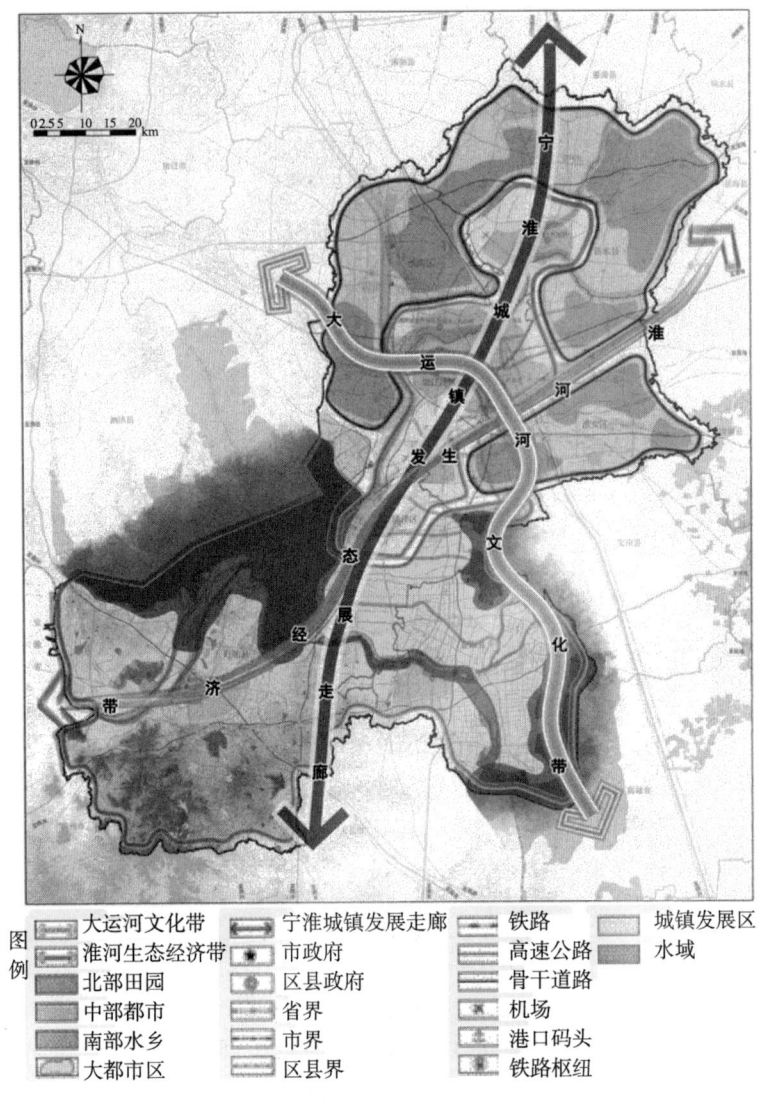

图 9-1 淮安市国土空间总体格局

落实上位国土空间规划要求,综合考虑人口分布、经济布局、国土利用、生态环境保护等因素,遵循市县域全覆盖、不交叉、不重叠的基本原则,统筹陆海空间,划定市县域国土空间一级分区,在中心城区划分规划二级分区,并提出分区管控要求(图 9-2),沿海市县要进一步细化海洋利用功能分区。规划一级分区主要包括以下几类:生态保护区、生态控制区、农田保护区,以及城镇发展区、乡村发展区、海洋发展区等。在城镇发展区、乡村发展区、海洋发展区内,又分别细分规划二级分区,具体类型和含义见表 9-2。

以"双评价"为基础,上下联动、衔接协调,统筹划定生态保护红线、永久基本农田、城镇开发边界三条控制线。根据实际情况,可以标示市县辖区内的历史文化保护线、主要河湖水系、重大基础设施廊道控制线等,并做好空间协调,建立综合管控机制,明确提出约束内容和管控规则。

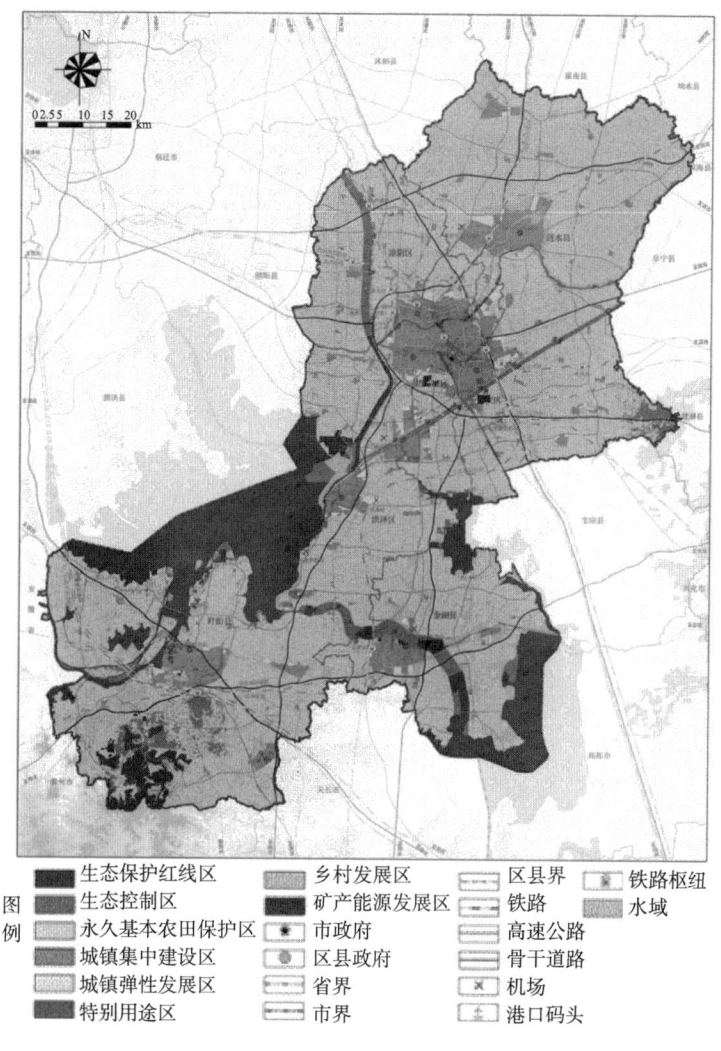

图 9-2 淮安市域国土空间规划分区

表 9-2 市县域国土空间总体规划基本分区

序号	一级分区	二级分区	管制类型	含义	管控要求
1	生态保护区	自然保护地核心保护区	禁止建设区	经批准的生态保护红线内,自然保护地的核心保护区	按照国家有关规定,严格进行空间管制,禁止任何无关的建设
		自然保护地一般控制区		经批准的生态保护红线内,自然保护地的一般控制区	
		自然保护地以外的区域		经批准的生态保护红线内,自然保护地以外的区域	
2	生态控制区	—	限制建设区	生态保护红线外,需要予以保留原貌、强化生态保育和生态建设、限制开发建设的陆地和海洋自然区域	"详细规划(村庄规划)+规划许可"
3	农田保护区	—	限制建设区	永久基本农田相对集中、需要严格保护的区域	严格依法保护,任何单位和个人不得随意占用、调整

9 城市空间布局规划

续表 9-2

序号	一级分区	二级分区		管制类型	含义	管控要求
4	城镇发展区	城镇集中建设区	居住生活区	允许建设区	以住宅建筑和居住配套设施为主要功能导向的区域	"详细规划＋规划许可"
			综合服务区		以提供行政办公、文化、教育、医疗等为主要功能导向的区域	
			商业商务区		以提供商业、商务办公等就业岗位为主要功能导向的区域	
			工业物流区		以工业、仓储物流及其配套产业为主要功能导向的区域	
			绿地休闲区		以公园绿地、广场用地、滨水开放空间、防护绿地等为主要功能导向的区域	
			交通枢纽区		以机场、港口、铁路客货运站等大型交通设施为主要功能导向的区域	
			战略预留区		应对发展不确定性、为重大战略性功能控制的留白区域	
		城镇弹性发展区		有条件建设区	为应对城镇发展的不确定性，在满足特定条件下方可进行城镇开发和集中建设的区域	"详细规划＋规划许可"（未调整为城镇集中建设区，不得编制详细规划）
4	城镇发展区	特别用途区		限制建设区	为完善城镇功能，提升人居环境品质，保持城镇开发边界的完整性，根据规划管理需划入开发边界内的重点地区，主要包括与城镇关联密切的生态涵养、休闲游憩、防护隔离、自然和历史文化保护等区域	"详细规划＋规划许可"，同时明确可准入项目类型
5	乡村发展区	村庄建设区		允许建设区	城镇开发边界外，规划重点发展的村庄、集镇和保留现状、不再扩大规模的村庄（含集镇）；规划整理、复垦的村庄和集镇不得划入村庄建设区	编制村庄规划，作为开展国土空间开发保护活动、实施国土空间用途管制、核发乡村建设项目规划许可、进行各项建设等的法定依据；"详细规划＋规划许可"和"约束指标＋分区准入"
		一般农业区		限制建设区	以农业生产为主要利用功能导向划定的区域	
		林业发展区			以规模化林业发展为主要利用功能导向划定的区域	
		其他用地区			乡村发展区内未划入村庄建设区、一般农业区、林业发展区的其他区域	

续表 9-2

序号	一级分区	二级分区	管制类型	含义	管控要求
6	海洋发展区	渔业利用区	限制建设区	以渔业基础设施建设和增养殖等渔业利用为主要功能导向的海域	"分类管理＋用海准入"
		交通运输用海区	允许建设区	以港口建设、航道利用、锚地利用、路桥建设等为主要功能导向的海域	
		工业用海区		以工业利用为主要功能导向的海域	
		矿产与能源用海区		以油气和固体矿产等勘探、开采，以及盐田和可再生能源利用为主要功能导向的海域	
		旅游休闲娱乐用海区		以开发利用滨海和海上旅游资源为主要功能导向的海域，包括旅游基础设施建设海域	
		特殊利用区		以海底管线铺设，污水达标排放、倾倒，军事、科研、海岸防护等特殊利用为主要功能导向的海域	
		海底工程区		以电缆管道、海底隧道、场馆等设施建设为主要功能导向的海域	
		无居民海岛利用区		允许适度开展开发利用活动的无居民海岛	"清单＋详细规划＋规划许可"
		海洋预留区	限制建设区	规划期内为重大项目用海用岛预留的后备发展区域	严禁随意开发；确需开发利用，应先调整功能

按照集约适度、绿色发展的要求，综合考虑"双评价"、资源环境承载力、人口分布、经济布局、重大交通设施布局、城镇发展阶段和发展潜力等因素，框定总量，限定容量，因地制宜地划定本级中心城区的城镇开发边界，划示下辖城镇单元的开发边界。城镇开发边界原则上应形态规整、清晰可辨、便于监测管控。城镇开发边界内要预留一定比例的留白区，为未来发展留有空间。

（5）明确用途管制分区与相应管控要求。加强对建设用地（用海）的空间管制，按照保护资源与环境优先、有利于节约集约资源的要求，结合国土空间布局安排，划定国土空间用途管制分区，包括允许建设区、有条件建设区、限制建设区和禁止建设区。

允许建设区是规划中确定的，允许作为建设用地（建设项目用海）的空间区域，区内国土空间主导用途为建设用地（建设项目用海）。

有条件建设区是为了应对未来发展的不确定性，增强规划的适应性，满足特定条件后可进行城镇开发和集中建设的区域，对应城镇弹性发展区。该区应与城镇总体功能结构、主要拓展方向相匹配，在空间上尽可能与允许建设区连片。

限制建设区是允许建设区、有条件建设区和禁止建设区以外的区域，国土空间主导用途为生态涵养、农业生产、渔业利用、自然和历史文化保护、海洋发展预留等区域，是发展农林牧渔业生产，开展国土综合整治和生态修复、永久基本农田建设的主要区域，区内禁止开发性、生产性建设活动。

禁止建设区为具有特殊重要生态功能或生态敏感脆弱、必须强制性严格保护的区域，对应生态保护红线内的自然保护地核心保护区。区内国土空间主导用途为生态保护，原则上禁止人为活动。

(6) 资源要素的保护与利用。其主要包括：生态保护格局，统筹山水林田湖草沙等各类要素，明确市县域生态保护格局、生态保护红线规划等，提出辖区自然保护地体系、生态屏障和廊道，确定水源涵养、水土保持、生物多样性保护等重要生态功能区布局结构，明确保护利用要求（图9-3）；

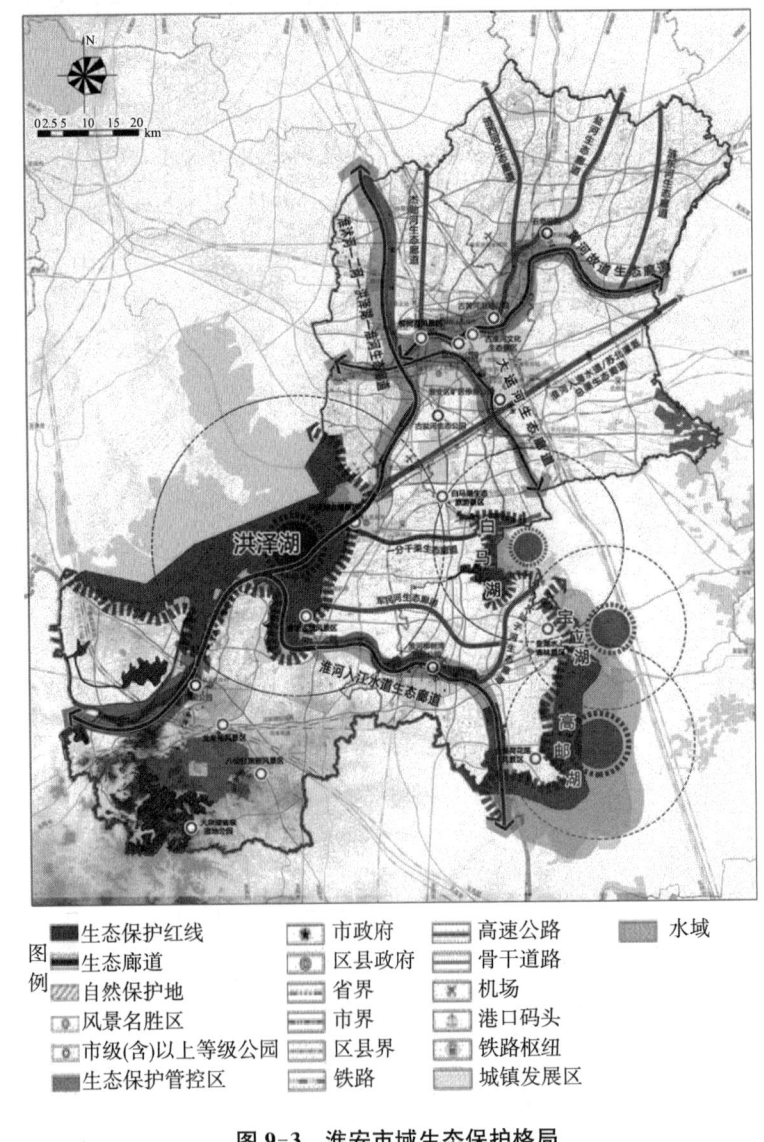

图9-3　淮安市域生态保护格局

国土空间用途结构优化,对市县域国土空间要素进行总体安排,提出国土空间优化利用的总体原则和目标任务,分解国土空间优化利用的任务指标,提出农林用地、建设用地、自然保护与保留用地、海洋利用等主要用地、用海的规模和比例;明确水资源利用和湿地保护、耕地资源保护利用、林地资源保护利用、矿产资源保护利用、海洋保护利用、海岛与海岸保护利用等的相关数量、区位与管制要求;历史文化保护,全面梳理各类历史文化遗存,明确历史文化名城、名镇、名村以及历史文化街区等保护对象,建立保护名录。建立健全体现地方特色的历史文化保护体系,划定历史文化保护线,并提出保护要求。

(7) 城乡融合发展的策略与路径。以资源环境承载力为基础,综合区位条件、经济社会发展水平、人口发展态势等因素,科学预测规划期末的人口规模,提出与国土空间格局相协调、与资源调控方式相关联、与人口结构相适应的城镇化发展战略和目标。明确中心城区人口规模(常住人口和服务人口),提出下辖县(市)人口规模方案和城镇化发展要求。综合确定市县域城镇体系,提出不同层级城镇的规模等级、职能定位和协调发展等要求。对辖区内、中心城区外的乡镇,明确规划指标传导和空间管控的要求。根据乡村振兴战略实施需要,提出市县域自然村庄分类和布局的原则和要求,同步明确辖区内的村庄布点,以及乡村地区国土空间用途管制规则和建设管控要求,指导下位村庄规划编制和乡村地区各类开发建设活动的实施。

按照控制总量、减少增量、盘活存量、用好流量、提升质量的要求,确定全域土地利用结构,明确建设用地指标控制要求和分解方案,提出建设用地结构优化、布局调整的重点和方向。在中心城区鼓励用途混合,可以划定混合用地,确定用途转用规则。鼓励对尚未明确用途的用地进行功能留白,明确使用规则,为未来的布局优化、重大项目落地预留空间。

(8) 中心城区布局优化。综合考虑生态环境保护、城镇空间演化、重大设施与廊道控制、行政管理主体、职住平衡、特色景观塑造、新城建设与老城更新关系协调等因素,控制城市空间无序蔓延,统筹城市功能布局,研究确定中心城区空间结构,按照严控增量、盘活存量、留有弹性的原则,提出相应的发展引导要求(图9-4)。

与城市空间结构相协调,综合考虑城市战略定位、城市性质、城市能级、服务人口、功能特色等因素,构建城市中心体系,明确各级中心的功能定位,提出相应的发展引导要求。

明确中心城区各功能分区的空间范围和发展指引,对各类建设用地提出总量和结构性控制要求。根据人口规模和住房需求,合理预测住房规模和结构。优化中心城区产业用地结构和布局,协调重要产业园区与中心城区的关系,促进产城融合。建立城市蓝线、绿线、黄线控制体系,明确纳入总体规划管控的重要水体、结构性绿地及重大基础设施,对其他水系、绿地、基础设施提出建设标准、布局原则等控制要求,由下位规划、相关专项

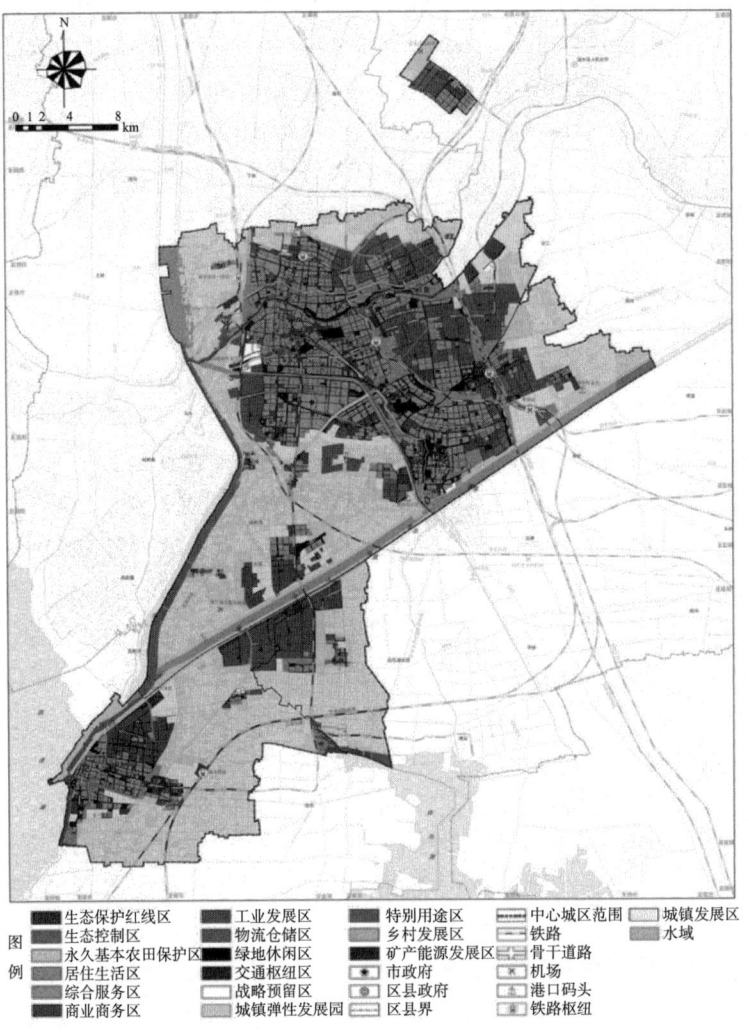

图 9-4 淮安市中心城区空间规划分区

规划、详细规划深化落实。

梳理中心城区的空间景观要素,尊重城市自然山水格局,传承历史文脉,明确城市风貌特色定位,构筑地方特色鲜明的城市空间景观系统。确定城市设计重点控制区范围及管控原则,提出城市开发强度分区及容积率、密度等控制指标,以及建筑风貌、高度、视廊、天际线等控制要求,形成尺度宜人、疏密有度、收放有序、错落有致的城市空间形态。确定公园绿地总量和人均标准,提出绿地系统等级体系,划定城市结构性绿地的控制范围,明确各级绿地的服务半径覆盖率等均好性要求。保留、维护中心城区自然河道、湿地等城市生态用地,提出开敞空间与游憩网络的规划目标、布局原则和管控措施。

按照留改拆并举、传承历史、体现公平、持续发展的原则推进城市更新。结合城镇低效用地再开发、老旧小区改造等,深入研究、合理确定城市更新的目标、策略和空间布局，划定更新区域。重视历史风貌保护和特色塑造，注重改善市民居住条件，促进城市功能完善和品质提升。统筹地上地下空间资源的综合开发利用，因地制宜地明确城市地下空间资源的利用目标和战略等要求，划定中心城区地下空间集中建设区和管制区范围。

（9）整合优化综合交通系统。强化综合交通体系与空间资源、土地利用的协同布局，确定综合交通发展目标与战略，提出交通资源配置策略及主要规划指标。明确航空港、铁路枢纽、海港及内河港口等交通枢纽选址，统筹安排市县域内的高速公路、国省干道、铁路、三级及以上等级航道、跨江跨海通道等重大交通设施功能定位、布局、廊道控制要求及与周边城市的衔接关系。完善综合交通设施布局，突出绿色交通地位，发挥交通引导发展作用。加强城市交通网络与区域交通网络的衔接，落实重大交通基础设施在中心城区范围内的布局。按照级配合理、通达便捷的原则，完善城市道路网系统，明确道路网的布局形态、路网密度等总体要求，确定主干路及以上级道路布局、综合交通枢纽的功能和布局，提出公共交通、步行和自行车交通、物流与货运交通以及城市停车发展的目标、原则。

（10）建立健全要素支撑体系。深入调研影响城市发展的安全风险和灾害类型，加强气候变化影响及灾害风险评估；掌握地质灾害易发区、地震断裂带、重大安全敏感设施等准确资料，明确辖区抗震、防洪排涝、人防、消防、地质灾害防治等方面的规划目标、设防标准与防灾分区，提出主要防灾基础设施、应急服务设施布局方案。沿海城市应强化因气候变化造成海平面上升的灾害应对措施。强化易燃易爆设施、危化品生产储运等危险源的科学布局，根据需要预留大型危险品存储设施用地，加强生态安全、环境保护、安全防护等要求的规划落实，构建韧性可靠的城乡安全体系。明确中心城区重要防灾减灾设施、中心避难场所、应急救援通道等的规划布局，提高城市安全保障水平和应急保障能力。强化医疗和公共卫生等设施规划，提高应对突发重大公共卫生事件的能力。

确定能源结构，明确能源消耗总量控制目标和能源结构调整方向。落实上位规划所确定的重大市政公用设施布局。明确市域给水、供电、燃气、供热、雨水污水、通信、环卫等市政公用设施的规划目标、配置标准与设施规模，提出重大市政公用设施布点、廊道控制要求和邻避设施用地控制要求。明确区域性水利、电力能源、油气管线、国防军事等重点项目清单和安全防护要求。明确中心城区重要公用设施布局方案。

综合考虑城市人口规模和结构、城镇化目标和策略、地方条件差异，构建符合地方实际的公共服务设施体系。明确市域教育、卫生、养老、文化体育、殡葬等城乡基本公共服务设施布局原则和标准；明确中心城区公共服务设施构成、布局原则和标准，提出15分钟社区生活圈构建方案，制定综合服务区及重大公共服务设施布局方案。

立足市县域山水林田湖草沙整体格局、城镇村空间形态和地方文化特色,确定风貌特色定位。明确需要保护的自然山水景观风貌区域,提出全域空间特色引导和管控要求。注重城乡风貌特色差异性,对乡村地区分类分区提出风貌、高度控制等空间形态塑造和管控要求,体现田园风光、当地特色。

(11) 提出国土空间综合整治和生态修复的要求。坚持山水林田湖草沙系统修复理念,落实上位国土空间规划所确定的国土空间综合整治和生态修复重点区域与重大工程。结合本地实际,提出市县域国土空间综合整治和生态修复的目标任务,划定不同整治修复类型的重点区域,确定重点工程目录。

(12) 明确规划管控对下位规划、专项规划的传导要求。市县域总体规划要向下位层面的空间规划提出明确传导要求,主要包括:主要约束性指标的分解,上下联动优化落实生态保护红线,明确下位城区、城镇规划的建设用地规模,划示城镇开发边界并明确优化原则;明确需要划定历史文化保护线的保护对象名录,需要跨区域协调的线性基础设施名单并明确下位规划落实要求,划定国土空间基本分区并对下位规划提出优化、深化的原则。设区市总体规划应划定分区范围,明确分区定位、各分区人口和建设用地规模、重大基础设施和重要公共服务设施、城市绿线和蓝线等传导要求,并制定将功能分区细化至用地分类的基本规则。

市县域总体规划要加强对重大专项领域趋势和需求的研判,加强对各专项系统的统筹和协调。总体规划对专项规划要明确相关专项目标、指标和空间布局,并提出约束性要求和纲领性技术指引。国土综合整治与生态修复、综合交通、轨道交通线网、历史文化保护、镇村布局等重要专项规划,可与总体规划同步编制。专项规划之间应当相互协同,避免重叠与冲突。

(13) 编制近期行动计划与重点建设项目清单。加强宏观形势研判,根据上位规划近期实施要求与本级国民经济和社会发展规划,对近期实施做出统筹安排,提出近期实施目标和重点任务,明确近期约束性指标和管控要求。以规划为依据做好年度空间规模预测,安排好年度实施计划,实现计划与规划的科学衔接。根据分阶段实施目标和重点任务,对重点建设项目及土地资源配置做出统筹安排,形成重点建设项目清单,指导年度建设项目计划、土地储备与项目的空间落实。

9.1.4 总体规划的强制性内容

市县国土空间总体规划中须明确有关强制性内容,其修改、调整要受到严格的限制,主要包括:城乡建设用地规模、生态保护红线面积、耕地保有量、永久基本农田保护面积、自然岸线保有率、用水总量和强度指标及分解;城镇开发边界面积、中心城区建设用地规模;生态屏障、生态廊道和生态系统保护格局,自然保护地体系;生态保护红线、永久基本农田、中心城区城镇开发边界,以及历史文化保护线等控制线;国土空间规划分区和用途管制规则;重大交通枢纽、重要线性工程网络、城市安全与综合防灾体系、地下空间集中建设区、邻避设施等设施布局;城乡公共服务设施配置标准,城镇政策性住房和教育、卫生、养老、文化体育等城乡公共服务设施布局原则和标准;中心城区范围内的结构性绿地、水体等开敞空间的控制范围和均衡分布要求;通风廊道的格局和控制要求,中心城区范围内的城镇开发强度分区及容积率、密度等控制指标,高度、风貌等空间形态控制要求。

9.1.5 市县国土空间规划用地用海分类

国土空间规划要求建立全域城乡统一的用地用海分类体系,对于市县国土空间总体规划而言,需要明确相应每一片(块)土地、海域的用途功能。但是,由于市县域总体范围一般较大,为了既能总体确定市县域用地用海的空间功能,又要满足向下位规划明确功能传导及进行用途细化的需要,国土空间用地用海的分类必须根据不同的空间单元尺度,采取分级细分的方式。目前,自然资源部颁发的《国土空间调查、规划、用途管制用地用海分类指南(试行)》按照资源利用的主导方式划分用地用海类型,共设置了 24 种一级类、106 种二级类及 39 种三级类(表 9-3),并设定了相应的代码。国土空间总体规划的用地用海分类原则上以一级类为主,可细分至二级类;国土空间详细规划、市县层级涉及空间利用的相关专项规划,原则上使用二级类和三级类。

用地用海分类体系适用于自然资源管理的全过程,包括自然资源调查、国土空间规划、用途管制等工作。这个用地用海分类体系具有如下特点:第一,对国土空间实现了全域全要素覆盖,统筹了陆域国土空间、海洋资源利用的相关用途;第二,在陆域实现了对建设用地、非建设用地的全覆盖,以及对地上、地下空间的全覆盖;第三,实现城乡用地一体化管理,对城镇、乡村土地用途进行了细分,实现城乡并列、同一口径;第四,应对城市未来发展的不确定性,针对暂未明确规划用途、规划期内不开发或特定条件下开发的用地,增设一级类"留白用地"。

表 9-3 国土空间规划的用地用海分类

序号	一级类	二级类	三级类
01	耕地	水田、水浇地、旱地	—
02	园地	果园、茶园、橡胶园、其他园地	—
03	林地	乔木林地、竹林地、灌木林地、其他林地	—
04	草地	天然牧草地、人工牧草地、其他草地	—

续表 9-3

05	湿地	森林沼泽、灌丛沼泽、沼泽草地、其他沼泽地、沿海滩涂、内陆滩涂、红树林地	—
06	农业设施建设用地	乡村道路用地	村道用地、村庄内部道路用地
		种植设施建设用地、畜禽养殖设施建设用地、水产养殖设施建设用地	—
07	居住用地	城镇住宅用地	一类城镇住宅用地、二类城镇住宅用地、三类城镇住宅用地
		城镇社区服务设施用地、农村社区服务设施用地	—
		农村宅基地	一类农村宅基地、二类农村宅基地
08	公共管理与公共服务设施用地	机关团体用地、科研用地	—
		文化用地	图书与展览用地、文化活动用地
		教育用地	高等教育用地、中等职业教育用地、中小学用地、幼儿园用地、其他教育用地
		体育用地	体育场馆用地、体育训练用地
		医疗卫生用地	医院用地、基层医疗卫生设施用地、公共卫生用地
		社会福利用地	老年人社会福利用地、儿童社会福利用地、残疾人社会福利用地、其他社会福利用地
09	商业服务业用地	商业用地	零售商业用地、批发市场用地、餐饮用地、旅馆用地、公用设施营业网点用地
		商务金融用地、其他商业服务业用地	—
		娱乐康体用地	娱乐用地、康体用地
10	工矿用地	工业用地	一类工业用地、二类工业用地、三类工业用地
		采矿用地、盐田	—
11	仓储用地	物流仓储用地	一类物流仓储用地、二类物流仓储用地、三类物流仓储用地
		储备库用地	—
12	交通运输用地	铁路用地、公路用地、机场用地、港口码头用地、管道运输用地、城市轨道交通用地、城镇道路用地、其他交通设施用地	—
		交通场站用地	对外交通场站用地、公共交通场站用地、社会停车场用地

续表 9-3

序号	一级类	二级类	三级类
13	公用设施用地	供水用地、排水用地、供电用地、供燃气用地、供热用地、通信用地、邮政用地、广播电视设施用地、环卫用地、消防用地、干渠、水工设施用地、其他公用设施用地	—
14	绿地与开敞空间用地	公园绿地、防护绿地、广场用地	—
15	特殊用地	军事设施用地、使领馆用地、宗教用地、文物古迹用地、监教场所用地、殡葬用地、其他特殊用地	—
16	留白用地		—
17	陆地水域	河流水面、湖泊水面、水库水面、坑塘水面、沟渠、冰川及常年积雪	—
18	渔业用海	渔业基础设施用海、增养殖用海、捕捞海域	—
19	工矿通信用海	工业用海、盐田用海、固体矿产用海、油气用海、可再生能源用海、海底电缆管道用海	—
20	交通运输用海	港口用海、航运用海、路桥隧道用海	—
21	游憩用海	风景旅游用海、文体休闲娱乐用海	—
22	特殊用海	军事用海、其他特殊用海	—
23	其他土地	空闲地、田坎、田间道、盐碱地、沙地、裸土地、裸岩石砾地	—
24	其他海域		—

9.2 城市发展战略研究

9.2.1 城市发展战略研究的内涵与内容

城市是承载经济、社会、空间发展的巨型系统,城市发展受到自身发展基础、内外环境的深刻影响,在发展过程中也面对着许多不确定性的因素。因此,对城市空间进行规划,必须首先研究城市发展战略,理清对城市发展中许多重大的、战略性问题的认识,并做出科学合理的判断和选择。从国际情况看,研究城市发展战略并编制城市发展战略规划,是城市空间规划中的重要前置性内容,也有学者认为将其性质定位为"研究"更为合适[1]。

战略规划本质上是对城市长期发展具有重大影响的要素的综合协调和安排,兼具了引领性、综合性、协同性和及时应变的特点,能够成为地方政府落实保护责任、服务国家战略、优化资源配置的综合平台,是弥合、链接法定空间规划体系与地方治理诉求的重要工具。战略规划是以战略性和空间性为中心,在多层次的宏观分析对比基础上,以城市发展目标、城市发展定位和规模、都市区空间结构模式、交通框架以及当地突出的产业和环境问题为重点,提出空间发展战略和结构方案,为城市政府提供发展的思路、策略、框架并作为城市总体规划编制的指导[2](图 9-5)。其核心内容包括两个层面:其一是城市的长期发展目标和包括社会经济等各方面在内的发展战略,以及城市空间发展方向和空间布局等宏观长远问题;其二是与城市近中期发展密切相关的问题研究,包括近中期土地开发策略、城市重大基础设施布局等方面。总之,战略规划关注的是城市整体和长远发展的战略问题[3]。

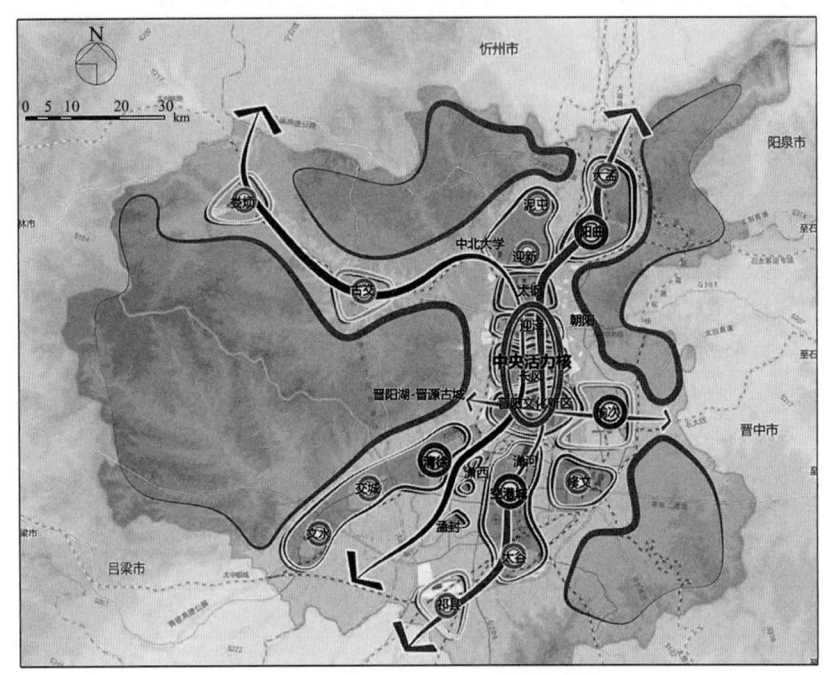

图 9-5 太原市城市发展战略规划

城市发展战略的制定应依据如下原则:一是要因地制宜,切合城市自身的特点和实际,不能生搬硬抄其他城市的"成功模式"。二是要以人为本,充分考虑人的需求的满足和自我价值的实现,考虑社会各阶层利益的关系处理,维护社会公平正义。三是尊重自然,协调好经济发展与自然环境的关系,保证人与自然的和谐共存。四是把握阶段,城市处于不同的发展阶段时,会有不同的阶段性任务,也应选择不同的发展模式[4]。城市发展战略研究主要包括总体战略目标、区域战略、产业发展战略、社会发展战略、生态保护利用战略、空间发展战略、重要体制机制创新等内容(图 9-6)。

9.2.2 城市发展战略研究的主要方法

1) 内外发展环境分析

审视环境是考察城市未来发展前景的重要步骤,其目的是寻找、确认

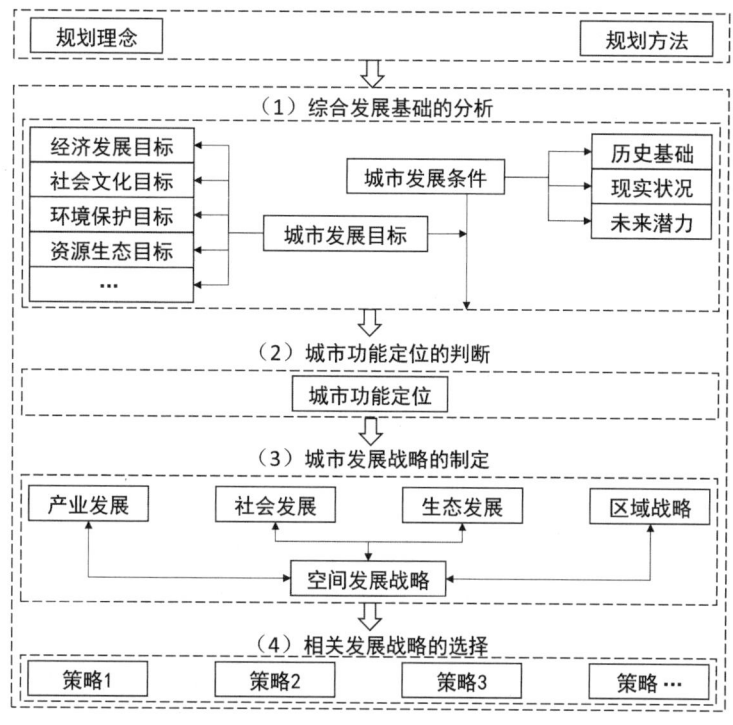

图9-6 城市发展战略研究技术流程

对城市未来至关重要的若干问题。我们可以综合选择自然地理分析、历史分析、流分析等多层次、多角度分析的方法[5],通过历史发展趋势、对标比较分析、经济发展预测、公众参与调查等分析方式,锁定城市发展过程中的关键性问题。在识别出这些战略问题后,有必要做进一步分析,对城市所涉及的每个战略问题做出更为精确的图景预测。这一分析主要根据两个部分完成[6]:①外部分析,指出外部环境所带来的关键性风险和良机;②内部分析,列明所涉及的每项战略问题的组织实力和薄弱点。我们也可以从"纵向""横向"两个方面来解读城市:"纵向"是以城市的"过去—现在—未来"为轴向,解剖所研究城市历史演变与发展的过程,从中找出它的某些规律和影响它发展的条件,从而推测、预见它未来的发展方向和途径;"横向"是指"比较",即与区域内其他城市、与国内国外同类城市之间的比较,以找出自身的问题与差距。基于城市科学是一种交叉性学科的特点,决定了在研究方法上必须采取综合分析的方法,或者说是在分析基础上的综合[1]。

2) SWOT分析

SWOT分析法是从企业战略制定方法中借鉴而来,用以系统确认城市所面临的优势(Strength)和劣势(Weakness)、机会(Opportunity)和威胁(Threat),并据此提出应对战略的方法。SWOT分析提供了一个有效的整体视角以诊断城市发展是否健康,战略的制定必须着眼于城市自身资源禀赋与外部形势的良好契合。优势和劣势的分析一般是围绕着城市的内部环境,对区位条件、自然条件、社会历史条件、经济条件、城市建设条件等方面进行分析比较;而城市发展的机会和威胁则多是从城市的外部环境进行分析。这些分析既要深入,又要全面,要采用系统的方法和整体的思维,对城市发展的方方面面进行考察[1]。

3) 多情景预测

城市的发展面临着复杂且不确定的内外环境,不能简单套用纯粹、线性的增长规划范式,缺少不同情景的发展预案,将可能给城市带来不可逆的经济社会成本和巨大的风险。因此,战略研究需要对城市发展的多种情景进行系统讨论,通过对多方案的得失、利弊权衡来明确城市发展的关键策略,并提出可供备选的应对方案[7]。

情景规划通过分析影响城市发展的主要不确定性因素及其可能状态,构建在综合要素状态下城市发展的可能情景,对不同情景进行结果模拟及比较分析,继而得出控制性(或引导性)的城市发展策略,为城市发展保留战略性空间;并通过对发展时机的识别,选择相应的空间方案,为城市依据发展时机及发展环境的不同,在不同情景下转换发展战略提供可能(图9-7)。

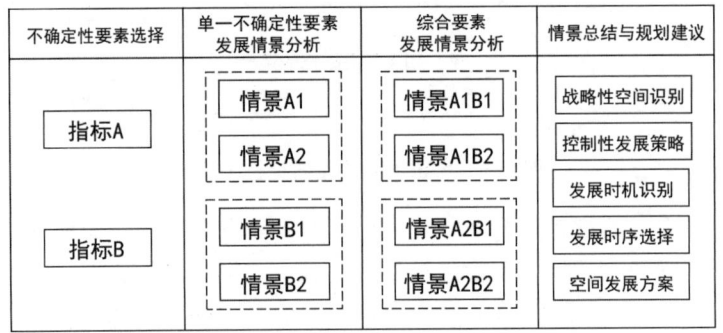

图9-7 不确定性视角下情景规划分析流程图

4) 战略包方法

"战略包"方法是在严密的研究流程下,将城市发展的战略选择分解为若干个独立的子战略,每个子战略都不是孤立的一条措施,它们代表了城市发展的几个重要节点或对象,相互之间可能产生交集。子战略是总战略所选择的战略包的组成部分,而每个子战略之下都包含了相应的措施、手段或具体形象特征,构成了针对子战略的战略包。"战略包"方法强化了各个战略的操作性和实现率,摒弃了"点子集锦"式的战略规划编制方法,有效地强化了各种创造性思维火花之间的内在逻辑关系,将其组织成为有力的工具,具有明确的事务导向型和清晰的目标。

9.2.3 城市职能与性质

1) 城市职能

城市职能是指城市在一定地域内的经济社会发展中所发挥的作用和承担的分工。城市是相对于乡村而言的一种高级聚落形式,是人类生产与生活活动高度聚集的场所,所以具有多种多样的职能,城市职能的着眼点就是城市基本活动部分。按照城市职能在城市生活中的作用,可将其划分为以下不同类型:

(1) 一般职能和特殊职能。一般职能是指所有城市都必须具备的那一部分职能,如为本城居民服务的居住职能、教育职能、文化职能、商业职能、服务职能、管理职能、食品生产、印刷出版、公用事业等。特殊职能是指那些只为个别城市所具有的职能,如采矿业、机械加工业、旅游业、科技创新、信息中心、体育中心等,特殊职能较能体现城市性质。一般职能与特殊职能的分类有助于加深人们对城市职能的理解,但这只是一种静态的分类方法,它不能揭示城市职能与城市成长机制的关系,于是便有了基本职能与非基本职能之分。

(2) 基本职能和非基本职能。基本职能是指城市为城市以外地区服务的职能;非基本职能则是城市为城市自身居民服务的职能。城市经济基础理论表明,基本职能是城市发展主动、主导的促进因素。

(3) 主要职能和辅助职能。城市的主要职能是城市职能中比较突出的、对城市发展起决定作用的职能。为主要职能服务的一系列其他职能,即城市的辅助职能。

2) 城市性质

城市性质是指城市在一定地区、国家以至更大范围内的政治、经济与社会发展中所处的地位和担负的主要职能,由城市形成与发展的主导因素的特点所决定,由该因素组成的基本部门的主要职能所体现。城市性质关注的是城市最主要的职能,是对主要职能的高度概括。城市性质是对城市发展战略目标质量的高度概括,是城市发展的目标总纲,必须抓住主要矛盾,突出重点,切忌面面俱到。城市性质的确定,将会给城市发展带来持久而深远的影响。

不同的城市性质决定着各个城市规划的不同特点,对城市规模的大小、城市用地的布局结构以及各种市政公用设施的水平起着重要的指导作用。在编制城市总体布局规划时,首先要确定城市的性质,这是确定城市产业发展重点及一系列技术经济措施,及其相适应的技术经济指标的前提和基础。例如,交通枢纽城市和风景旅游城市,它们在城市用地构成上有着明显差异。明确城市的性质,便于在城市规划中把规划的一般原则与城市的个性化特点结合起来,使城市规划更加切合实际。

城市性质的确定,可从两个方面去认识:一是从城市在国民经济的职能方面去认识,就是指一个城市在国家或地区的经济、政治、社会、文化生活中的地位和作用。但对于多数城市,尤其是发展到一定规模的城市而言,常常兼有经济、政治、文化中心职能,区别只是在于不同范围内的中心职能。城镇体系规划规定了区域内城镇的合理分布、城市的职能分工和相应的规模,因此,城镇体系规划是确定城市性质的主要依据。二是从城市形成与发展的基本因素中去研究,认识城市形成与发展的主导因素,这是确定城市性质的重要方面。确定城市性质，一般遵循如下的原则：

（1）独特性原则。城市性质反映了城市的本质属性，它具有独特性，必须从与其他城市的对比中，找出城市的特色职能，从而确定其性质。

（2）主导性原则。城市性质是城市主要职能的反映，而作为主要职能不会有很多，它对城市的产生与发展起着决定性的作用，因此，确定城市性质必须贯彻主导性原则。

（3）时效性原则。城市总是处于不断的发展变化之中，不同时期它所履行的主要职能有所不同，所表现出的城市性质也不完全一样。

（4）前瞻性原则。拟定城市性质，指明其未来的发展方向，目的是为了指导城市建设，规范其发展历程，因此，所拟定的城市性质必须具有前瞻性。

9.2.4 城市发展的规模预测

城市规模是以城市人口和城市用地总量所表示的城市的大小，对城市的用地及布局形态有重要影响。城市规模是科学编制城市总体布局规划的前提和基础，是市场经济条件下政府转变职能、合理配置资源、提供公共服务、协调各种利益关系、制定公共政策的重要依据，是国土空间规划与经济社会发展目标相协调的重要组成部分。

城市用地规模是指城市发展边界内各项城市用地的总和，其通常的预测依据是城市人口规模以及相应的人均城市用地面积标准，计算方法如下：城市用地规模＝城市人口规模×人均城市建设用地。因此，城市人口规模就成为城市规模预测工作的重要内容。城市人口规模就是城市人口总数，编制城市总体布局规划时，通常将城市建成区范围内的实际居住人口视作城市人口，即在建设用地范围中实际居住的户籍非农业人口、户籍农业人口以及暂住期在一年（或半年）以上暂住人口的总和。城市人口的统计范围应与相应地域范围一致，即现状城市人口与现状建成区、规划城市人口与规划建成区要相互对应。

总体规划中所采用的城市人口规模预测方法主要有以下几种：

（1）时间序列法。从人口增长与时间变化的关系中找出两者之间的规律，建立数学公式来进行预测。这种方法要求城市人口要有较长的时间序列统计数据，而且人口数据增减没有大的起伏。此种方法适用于相对封闭、历史长、影响发展因素较缓和的城市。

（2）相关分析法（回归分析法）。找出与人口关系密切、有较长时序的统计数据，且易于把握的影响因素（如就业、产值等）进行相关性预测。此种方法适用于影响因素的个数及作用大小比较确定的城市，如工矿城市、海港城市。

（3）区位法。根据城市在区域中的地位、作用来对城市人口规模进行分析预测。如确定城市规模分布模式的"等级—大小"模式、"断裂点"分布模式。此种方法适用于城镇体系发育比较完善、等级系列比较完整、接近克里斯泰勒中心地理论模式地区的城市。

（4）劳动平衡法、劳动比例法或职工带眷系数法。用基本人口、服务人口及总人口的比例关系来确定人口规模，或者用生产性劳动人口与总人口的比例来确定人口规模，或者根据职工人数与部分职工带眷情况来计算城市人口发展规模。此种方法适用于将有较大发展、国民经济和社会发展规划比较具体落实、人口统计资料比较齐全的中小城市和新兴工业区。

（5）综合平衡法。根据城市的人口自然增长和机械增长来推算城市人口的发展规模。此种方法适用于基本人口（或生产性劳动人口）的规模难以确定的城市，需要有历年来城市人口自然增长和机械增长方面的调查资料。

由于城市发展内外环境具有很大的不确定性，对城市未来人口规模的预测是一种建立在经验数据之上的估计，其准确程度受多方因素的影响，并且随着预测年限的增加而降低。因此，在实践中多采用以一种预测方法为主，同时辅以多种方法校核的手段来最终确定城市未来的人口规模。还有一些方法不宜单独作为预测城市人口规模的方法，但可以作为校核方法使用，例如环境容量法（门槛约束法）。所谓环境容量法，就是根据环境条件的约束性要求（环境承载的极值）来确定城市允许发展的最大规模。有些城市受某些自然条件的限制比较大，如水资源短缺、地形条件恶劣、断裂带穿越城市、地震威胁大、可建设用地严重受限等，这些问题都不是目前的技术条件所能轻易解决的，或是要投入大量的人力和物力而导致经济上、生态环境上不可行，总之，由城市人口的增长而增加的经济效益明显低于扩充环境容量所需的成本。因此，环境容量在一定条件下就成为限制城市人口规模增长的关键性因素。

9.3 城市空间结构及其类型

9.3.1 城市空间结构与城市形态

结构是各种事物中各组成部分或各要素之间的关联方式，是表征各种事物存在的一个基本事实。城市空间结构（Urban Spatial Structure）是指城市各功能区的地理位置及其分布特征和组合关系，它是城市功能组织在空间上的投影，具有内部结构、边缘区结构和外部结构之分。城市空间结构的演化本质上在于社会经济的发展，促使了城市职能分化、城市规模扩大，这一切在空间上就表现为城市空间结构的变化。

城市形态（Urban Form）是聚落地理中的一个十分重要的概念，它包含了城市的空间形式（Spatial Pattern）、人类活动和土地利用的空间组织、城市景观（Urban Landscape）的描述和类型学（Morphology）分类系统等多方面的内涵。关于城市形态的概念，学者们有着不同的认识，并随着研究的深入而得到发展，归纳起来主要有以下几种：①城市形态是城市空间的外部轮廓形状；②城市形态是城市空间结构的整体表征形式；③城市形态是城市平面、立面的形状和外观。有的学者认为,"城市形态是一种复杂的经济、文化现象和社会过程;是在特定的地理环境和一定的社会发展阶段中,人类各种活动和自然因素相互作用的综合结果;是人们通过各种方式去认识、感知并反映城市整体的意象总体"。也有学者认为城市形状、空间结构和形态是三个不同的概念,城市形状和结构是城市形态中两个重要的特征,因此可以把城市形态定义为:由结构(要素的空间布置)、形状(城市外部的空间轮廓)和相互关系(要素之间的相互作用和组织)所组成的一个空间系统。但是在实际的规划研究工作中,鉴于两者的紧密关联性,往往对城市空间结构、城市形态并不做十分明确的区分。

有关城市空间结构形态的早期研究,芝加哥城市生态学派的代表人物伯吉斯、霍依特以及哈里斯和乌尔曼等提出了城市空间结构的三大经典模式,即同心圆模式、扇形模式和多中心模式。

(1) 伯吉斯的同心圆模式。美国芝加哥大学社会学教授 E. W. 伯吉斯(Burgess)于 1925 年提出同心圆城市地域结构理论。这一理论认为,城市以不同功能的用地围绕单一的城市核心,有规则地向外扩展形成同心圆结构。这一理论实质上将城市的地域结构划分为中央商务区(CBD)、居住区和通勤区三个同心圆地带。

(2) 霍依特的扇形模式。H. 霍依特(Hoyt)于 1939 年提出了城市地域结构的扇形理论。他通过对众多北美城市地价分布的考察得出,城市的发展总是从市中心向外沿主要交通干线或沿阻碍最小的路线向外延伸。中央商务区位居中心区,批发和轻工业区沿交通线从市中心向外呈楔状延伸。由于中心区、批发和轻工业区对居住环境的影响,高房租区沿一条或几条城市交通干道从中心区开始向郊区呈楔状延伸。

(3) 哈里斯—乌尔曼的多核心模式。C. D. 哈里斯(Harris)和 E. L. 乌尔曼(Ullman)发现,大城市除中央商务区以外还有支配一定地域的其他核心存在,表现出多核心的结构。越是规模大的城市,其核心就越多、越专门化,城市是由若干不连续的地域所组成,这些地域分别围绕不同的核心而形成和发展,中央商务区不一定居于城市的几何中心。

二战结束后,西方城市经济、社会与空间得到迅速发展,城市与其周围的地区越来越保持着一种非常深刻的相互依存关系,它们之间已经不再仅限于城、郊的依附型关系,而是构成了一个统一的地域——大都市地区。针对这种现象,有关学者提出了现代城市空间结构的诸多模式,其中代表性的主要有以下方面:

(1) 迪肯森三地带模式。1947 年 R. E. 迪肯森(Dikinson)在伯吉斯的同心圆理论基础上,进一步提出三地带理论,即城市地域结构从市中心向外发展按中央地带、中间地带、外缘地带或郊区地带的顺序排列,开创了城市边缘区(即所谓中间地带)研究的先河。

(2) 城市空间结构的竞租模型。拉特克利夫(R. V. Ratcliff)在 1949 年提出较完整的城市土地利用经济模型,认为城市土地利用形态取决于城市土地利用的效率,城市空间结构与土地利用是通过城市中各种功能活动相互竞争最优区位的过程实现的。城市中通达性高的地方地价高,因此城市中各种不同功能活动对其区位的选择是权衡两个因素而做出的,即该项功能活动的区位中心化要求,以及它们所能支付地租的能力。事实上,二战后西方的城市空间结构发生了很大变化,尤其是现代高速公路、地铁等快速交通的发展,改变了原来城市单中心发展的状况。决定区位选择的因素也呈现多样化,地价不仅仅受距离城市中心直接距离的影响,而且也受到交通节点分布、通达性效果、环境氛围等多因素的影响。

(3) 塔弗等人的城市地域理想结构模式。1963年 E. J. 塔弗(Taaffe)、B. J. 加纳(Garner)与 M. H. 蒂托斯(Teatos)根据城市发展,提出了城市地域理想结构模式。这个土地利用结构模式主要由五个部分组成:①中央商务区。②中心边缘区。本区由中央商务区向四周延伸,商业地段、工业小区和住宅区分布其间。③中间带。本区具有混合型社会经济活动特征,由高级单元住宅区、中级单元住宅区和低级单元住宅区组成。④外缘带。本区为城市新区,主要集聚了轻工业区及中等收入者的住区。同时,环城道路和区域性干道枢纽大多位于这一地带,使之既与市中心保持密切的联系,又具有广阔的用地空间,所以各种大型办公、购物中心均分布于此区。⑤近郊区。本区由于城市对外高速公路向外围的辐射,交通条件便利,逐步形成近郊住宅区、近郊工业区和近郊农牧区等。

(4) 洛斯乌姆的区域城市结构。1975年 L. H. 洛斯乌姆(Russwurm)在研究了城市地区和乡村腹地以后发现,在城市地区和乡村腹地之间存在着一个连续的统一体,并提出了区域城市结构:城市核心区,大致包含了相当于城市建成区和城市新区地带的范围;城市边缘区(Urban Fringe)位于城市核心区外围,是郊区城市化和乡村城市化集中的地区,发展成为介于城市和乡村间的连续统一体;城市影响区位于城市边缘区外部,是城市对其周围地区的投资区位选择、市场分配、产品流通、技术转让、产业扩散等多种经济因素共同作用所波及的最大地域范围,并逐渐过渡到另一个城市的影响区;乡村腹地位于城市影响区的外围,由一系列乡村原野组成,与城市没有明显的紧密联系。

(5) 穆勒的大都市地域结构模式。1981年穆勒(Muller)在研究了日益郊区化的大都市地区后,对哈里斯和乌尔曼的多核心模式做了进一步的扩展,建立了一种新的大都市地域结构模式。穆勒提出大都市地域结构模式由四个部分组成:①衰落的中心城市;②内郊区;③外郊区;④城市边缘区。在大都市地区,除衰落中的中心城市外,在外郊区正在形成若干个小城市,它们依据自然环境、区域交通网络、经济活动的内部区域化,形成各自特定的城市地域,再由这些特定的城市地域共同组合成大都市地区(Metropolitan Area)。

(6) 耶茨和加纳的现代城市空间结构模式。耶茨(M. Yeates)和加纳(B. Garner)在《北美的城市》一书中,提出了一个现代城市用地结构的描述性模型:城市的第一圈层是中央商务区,它是土地利用强度最为发达的地区,是大商店、娱乐、金融部门的集中地;第二圈层是中央商务区的边缘地带,其中有些部门是从中央商务区扩散出来的;第三圈层是内城,主要是低收入者的居住地,有些地段也聚居了中上层阶层;再外的第四圈层是城市内郊,是最初郊区化发展的地区,有较老的区域性购物中心,居住者属于多个不同阶层,也有一些工业园;第五和第六圈层都是1960年代后发展起来的,受高速公路发展的影响很大,由于郊区化的进一步发展,这里形成了现代化的大型室内购物中心以及现代工业园、商务区。

9.3.2 城市空间结构的类型和影响因素

1) 城市空间结构的类型

为了直观表述的需要,我们按照城市总体形态及其道路骨架形式,可以将常见的城市空间结构分为六类(图9-8)。

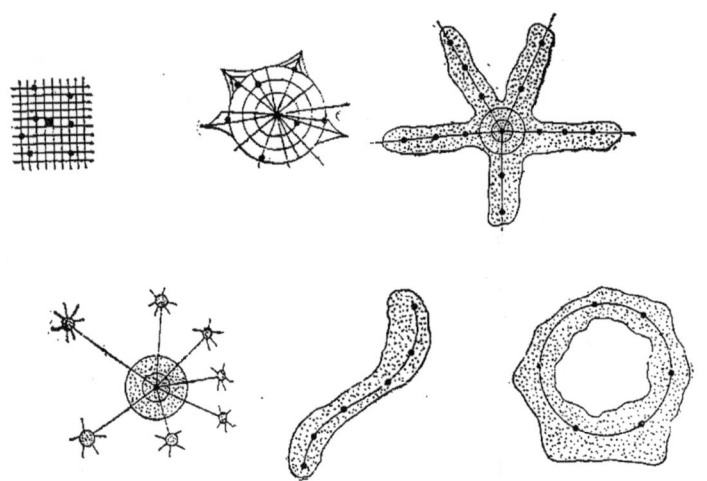

图9-8 常见的城市空间结构形态

（1）格网状城市。这种结构形态较为规整,一般由横向和纵向的干道构成整个城市的骨架,城市方位的辨识性较好,城市空间持续生长容易,交通路径具有多选择性,但是也容易造成布局与景观上的单调。

（2）环形放射状城市。这种结构形态主要由放射形和环形的交通网络构成城市的整体骨架。这种结构形态的城市,内外交通的通达性一般较好,但是有着很强的向心性发展趋势,容易诱导各种要素向市中心的集聚而造成拥挤。

（3）星状城市。这种结构形态的城市往往是由于沿着交通走廊发展的结果,沿着对外交通走廊串珠状地分布着若干城镇组团,它们与中心城区发生着紧密的联系,但是相互之间的联系一般较少。

（4）组团状城市。这种结构形态一般是根据自然地形或其他空间要素的分割而形成的,整个城市不是集聚的团块状,而是分散为若干功能、用地相对独立的组团,它们相互之间通过便捷的交通联系在一起,共同构成一个完整的城市功能系统。组团状城市可以避免城市集中摊大饼发展的缺陷,可以与周边的自然生态环境保持较好的接触,也保留了较大的空间发展弹性。但是,组团状城市也容易造成基础设施投入成本偏大、某些组团功能单一而发展动力不足等问题。

（5）带状城市。这种结构形态的城市往往是受地形限制,沿主要交通干道发展而形成的。带状城市虽然具有和自然环境紧密接触的优势,但是往往会造成交通过于集中于城市空间少数主轴线上,同时随着城市规模的扩大,城市基础设施的建设、配套成本也会大量增加。

（6）环状城市。这种结构形态和带状城市有一定的相似之处,往往是城市空间围绕一个水面或山体而呈带状延长,形成环形的结构形态。环状城市一般环湖或环山而建,可以较好地保持城市与自然环境的接近。但是,环形城市发展到后期,很难避免不向中心部分扩展并侵蚀生态空间。

此外,按照城市伸展轴的组合关系、用地聚散状况和平面几何形状,也可将城市结构形态划分为集中型城市、群组型城市两大类型(表9-4)。需要说明的是,上述的区分都是为了简化研究、简化表述的需要,事实上一个城市尤其是大城市、特大城市的空间结构形态,多是由上述各种类型叠合而成的。客观而言,并不存在一个绝对、普适的最优城市空间结构形态,对任何一种城市空间结构优劣的评价,如果脱离了具体城市特点、具体环境条件来讲都是没有意义的。但是,我们可以通过研究分析去尽量找到一种适合具体城市、具体发展阶段需要的较好结构。

表9-4 城市典型结构形态分类标准与基本特征

城市结构形态类型	典型形态	城市用地聚散程度	伸展轴特征	几何形状
集中型城市	块状	单块城市用地,紧凑度较高	伸展轴短,与城市半径的比值<1.0	通常为规整紧凑的团块状
	带状	单块城市用地,紧凑度较小	两个不同方向的超长轴,与城市半径的比值>1.6	狭长的长条形
	星状	单块城市用地,紧凑度居两者之间	有三个或三个以上的超长伸展轴	放射型形状
群组型城市	双城	两块分离的城市用地	沿一条主要伸展轴发展	两个分离组团串联形成
	带状群组	三块以上的城市用地	沿一条主要伸展轴发展	若干个分离的组团沿直线或曲线呈带状分布
	块状群组	三块以上的城市用地	由主要伸展轴和次要伸展轴构成网络	在一个区域围绕一个主要城市呈团块状密集分布

2) 影响城市空间结构的因素

一个城市之所以具有某种特定结构与形态,这首先与城市所处的地理环境有很大关系。平原地区城市的结构和形态较为规整,山区城市的结构与形态则相对变化较大,受地形、地貌条件制约较深。同样,沿海、沿江城市的结构与形态与内陆地区城市的结构与形态也有较大的差别。另外,政治、经济和文化等因素对城市结构及形态的影响也是巨大的。

(1) 经济因素。城市经济的优越性在于它的集聚经济和规模经济,不同产业组织的区位偏好和空间组织形式影响着城市空间结构。福特式工业大制造时代强调生产的规模经济,因此常常可以在城市中见到巨大的工厂和统一的工业区;弹性生产时代则强调个性,重品质而非数量,企业的规模小得多,在空间上也更为灵活分散;现代零售业倾向于大规模、专业化经营,其市场影响范围大于传统零售业;在全球化和知识经济时代下,CBD日益成为城市区域的商务中心、金融中心和跨国公司所在地,要求有更好的自然环境和先进的交流设施。

(2) 技术因素。交通和通信技术直接影响着城市的空间结构,交通技术进步使单位距离的时间成本减少,直接促进了城市规模的扩大,如边缘城市(Edge City)在新古典经济学视角下的解释,是规模经济、可移动性和交通费用相互作用下的产物。在网络信息社会,信息服务设施的建设使得人们可以在网络服务覆盖的地区进行学习、工作和娱乐,创造了更多的异地交流方式,城市离心力大大增强。因此,随着信息基础设施的建设发展,城市空间结构也会出现一定的分散化、灵活化倾向。

(3) 社会因素。一方面,城市文化传统形塑了公共空间的空间结构,内化于城市居民的日常活动,影响着人们对空间的选择与需求,深刻影响着城市空间的布局和形态;另一方面,城市社会空间结构包括人口结构、贫富分化等因素影响了城市的要素构成,从而影响着城市空间结构。例如,老龄化社会、青年型社会对城市空间的需求类型是不同的,处于不同成长阶段的家庭在城市中居住的区位选择也不相同。再如经济实力较好的阶层居住在环境较好的地区,而经济拮据的外来人群往往只能租住城中村的出租屋或是郊区的简陋住房。

(4) 政策因素。政治体制不同往往会影响土地制度,从而影响土地利用的结构形态。资本主义国家强调私人利益,一般实行土地私有制;社会主义国家强调集体利益,因此多实行土地公有制(国有制)。我国改革开放前城市用地实行行政划拨,行政因素对城市空间结构塑造起到关键作用;而西方城市用地则以市场交易为主,市场因素对城市空间结构起着主要作用。任何现代城市的空间结构都是被一系列复杂的制度网所覆盖,城市用地政策及其相配套的调控手段规定了区域的性质和空间活动,反过来又影响个体和集体的行为模式,即制度也在塑造空间[8]。

9.3.3 城市空间的精明增长

二战以后,美国等一些国家经历了城市增长的高潮、放任的郊区化,造成了畸形的城市蔓延(Urban Sprawl),由此导致巨大的生态危机与经济社会负效应,1990年代后不得不开始检讨传统的这种不受控制的城市增长方式。1997年美国马里兰州首先提出了精明增长(Smart Growth)的概念,进而提出要对土地开发活动进行管制以提高城市空间增长的综合效益,即增长管理(Growth Management)的思想。简单地说,实现城市的精明增长是目标,而实施增长管理是实现这个目标的重要手段。

1) 精明增长的目的与做法

一般认为精明增长有三个主要目的:①通过对城市增长采取可持续、健康的方式,使得城乡居民中的每个人都能受益;②经济、环境、社会可持续发展之间的相互耦合,使得增长能够达到经济、环境、社会的公平;③新的增长方式应该使新、旧城区都有投资机会以得到良好的发展,因此精明增长特别强调对城市外围有所限制,而更要注重发展现有城区。为此,美国规划界提出"精明增长"的10条原则包括:①混合式多功能的土地利用;②垂直的紧凑式建筑设计;③能在空间样式上满足不同阶层的住房要求;④建设步行式社区;⑤创造富有个性和吸引力的居住场所;⑥增加交通工具种类的选择;⑦保护空地、农田、风景区和生态敏感区;⑧加强利用和发展现有住区;⑨做出可预测的、公平和产生效益的发展决定;⑩鼓励公众参与等。

简要而言,精明增长提出的基本做法主要有如下一些方面:

(1) 保持良好的环境,为每个家庭提供步行休憩的场所。扩展多种交通方式,借鉴新城市主义的思想,强调以公共交通和步行交通为主的开发模式。

(2) 鼓励市民参与规划,培育社区意识。鼓励社区间的协作,促进共同制定地区发展战略。

(3) 通过有效的增长模式,加强城市的竞争力,改变城市中心区衰退的趋势。

(4) 强调开发计划应最大限度地利用已开发的土地和基础设施,鼓励对土地利用采用"紧凑模式",鼓励在现有建成区内进行"垂直加厚"。

(5) 打破绝对的功能分区思想和严格的社会隔离局面,提倡土地混合使用、住房类型和价格的多样化。

"精明增长"理论被应用于解决城市蔓延问题,并提供了紧凑式发展的新开发模式,如公交导向发展模式(TOD)、划定城市增长边界等,产生了良好的效应。

2) 增长管理及其手段

为了实现精明增长的目标,需要依托增长管理等政策手段。增长管理强调的主要方面包括：①它是一种引导市场与私人开发过程的公共的、政府的行为；②管理是一种动态的过程，而不仅仅是编制规划与后续的行动计划；③必须强化预测并适应发展，而并不仅仅是为了限制发展；④应能提供一定的机会和程序，来决定如何在相互冲突的发展目标之间求得适当的平衡；⑤必须确保地方的发展目标，同时兼顾地方与区域之间的利益平衡。

"增长管理"与其说是一种理论，不如说是一套庞大的集区域经济发展、社会平衡、法律功效于一体的日常操作机制，其核心思想就是要把握城市开发的地点、程度和时机，着重从两个方面入手：①在城市不该生长的地方坚决制止生长；②在城市可以生长的地方，控制开发的量和度。在具体做法中，增长管理一般是通过划分城市增长的不同类型区域，对那些需要促进增长的地区（优先资助区）予以鼓励和支持，而对不应该增长的地区（非优先资助区）则要求坚决予以控制，反映到空间开发的分配中通常划分为三种用地模式：城市化地区、不可开发地区、有条件发展地区。最著名的增长管理实践是美国俄勒冈州划定的"城市增长界线"（Urban Growth Boundaries，UGBs）——将所有城市增长都限定在界线之内，其外只发展农业、林业和其他非城市用途，在这个 UGBs 内包含已建设用地、闲置土地，以及足以容纳未来 20 年城市增长需求的新土地。除了通过规划管控以外，增长管理的手段还包括法规、计划、税收、行政手段等多方面。

实行增长管理与精明增长的措施，在北美地区取得了大量的积极效果：在一定程度上遏止了城市的蔓延，保护了土地和生态环境；有助于保护与改善社区生活质量，保证老街坊和商业区的活力；确保各社区之间的财政与社会公平；政府借此拓展了住房和就业机会，降低了公共、私人开发过程中的投资风险等。

3）新城市主义的空间结构

新城市主义是体现精明增长理念的一种代表性理论。1993 年 J. 康斯特勒出版了《无地的地理学》，严厉地指出二战以来美国松散而不受节制的城市发展模式造成了城市沿着高速公路无序向外蔓延的恶果，以及由此所引发的巨大的环境和社会问题。他提倡要改变这种发展模式，必须从以往的城市规划中寻找合理因素，改造目前因为工业化、现代化所造成的人与人之间的隔膜、城市庞大无度的状况，即新城市主义（New-Urbanism）理论。

新城市主义以"终结郊区化蔓延"为己任，倡导"以人为中心"的设计思想，努力重塑多样性、人性化、社区感的城镇生活氛围。新城市主义主要强调的是通过重新改造由于郊区化发展而被废弃的旧市中心区，使之重新成为居民集中的地点以建立新的密切邻里关系和城市生活内容，后来也发展到对有关郊区城镇采用紧凑开发的模式。从这个意义上理解，新城市主义是对西方过去城市更新、城市复兴政策的推进。新城市主义者给自己制定的明确任务包括：①修复大城市区域现存的市镇中心，恢复与强化其核心作用；②整合与重构松散的郊区，使之成为真正的邻里社区及多样化的地区；③保护自然环境；④珍存建筑遗产，其最终目的是要扭转和消除由于郊区化无序蔓延所造成的不良后果,重建宜人的城市家园。为此,他们提出了三个方面的核心规划设计思想:①重视区域规划,强调从区域整体的高度看待和解决问题;②以人为中心,强调建成环境的宜人性以及对人类社会生活的支持性;③尊重历史和自然,强调规划设计与自然、人文、历史环境的和谐性。

新城市主义提倡采取一种有控制的、公交导向的"紧凑开发"模式,被普遍认为是一种可持续的城市形态。从侧重于小尺度的城镇内部街坊角度,提出了"传统邻里发展模式"(Traditional Neighborhood Development,TND),类似于佩里的邻里单位模式;从侧重于整个大城市区域层面的角度,彼得·卡尔索普(Peter Calthorpe)则提出了"公交导向发展模式"(Transit Oriented Development,TOD)(图9-9)。TND、TOD是新城市主义规划思想所提出的空间重构的典型模式,其共同体现了新城市主义规划设计的最基本特点:紧凑、适宜步行、功能复合、可支付性以及珍视环境。总之,新城市主义成功地把多样性、社区感、俭朴性和人性尺度等传统价值标准,与当今的现实生活环境有机结合起来。

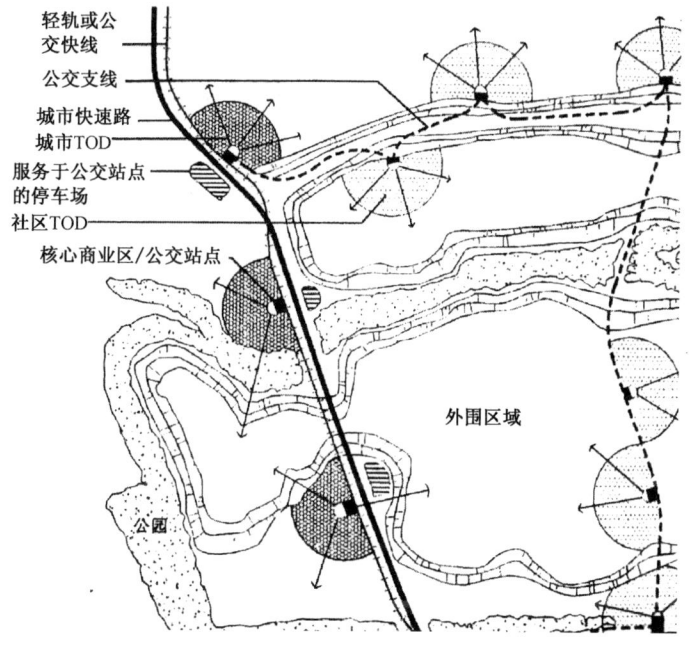

图 9-9 新城市主义的 TOD 形态

9.3.4 城市空间的精明收缩

20世纪中后期以来,欧洲、美洲、亚洲乃至大洋洲都先后出现城市收缩的现象,甚至出现了底特律这样的城市因为衰退、收缩而导致公共财政破产的现象。城市收缩主要是源于经济全球化所带来的全球范围内城市增长不断分化的结果,不同于早先人口流动主要集中发生在城乡之间(即在城镇化作用下,乡村人口向城市转移而带来城市人口的不断增长),在全球化环境中城市之间、区域之间展开了激烈的竞争,导致城市、区域之间产生繁荣、衰败的分化,一部分城市、地区因为资本转移、产业外迁、人口流失而愈发处于竞争弱势端。从这个意义而言,增长与收缩是城市发展变化的一枚"硬币"两面(表9-5),城市收缩是全球化带来全球工业体系重构与城市竞争格局重塑的结果之一,对于全球化环境中的城市与区域而言,增长与收缩这两个进程可以同时发生、并行不悖。

表9-5 "精明增长"与"精明收缩"的比较

类型	精明增长	精明收缩
目标	应对城市蔓延,抑制城市粗放扩张	维持活力,提升区域效率
对象	处于增长阶段的地区	处于衰退或终将走向衰退地区
核心理念	区域生态公平前提下倡导科学公平的发展观	以积极主动的态度面对经济规模、人口减少的状况
资源配置	资源优化重组	资源合理退出与优化重组
发展模式	限制增长边界	适度、渐进的收缩模式
实施措施	系统规划、划定增长边界、填充式开发和再开发、发展权转移	存量规划、弹性规划、培育增长极
发展动力	政府主导、市场运作、公众参与	政府主导、市场运作、公众参与
具体目标	保护农地、保护环境、繁荣经济、提高居民生活质量	保持活力、繁荣经济、提高居民生活质量

1) 城市收缩的成因、机制与效应

城市收缩的现象、特征非常多元,有着深刻的地方性背景和地方性成因。从人口减少的生成机制看,有人口流失造成的总量绝对减少,人口自然结构变化造成的总量相对减少,抑或两者结合共同造成的结果。人口减少的生成机制是由于不同的城市收缩驱动力所造成的,前者主要是由于经济结构调整、生态环境恶化、城镇空间结构调整而造成的;而后者主要是社会结构演化的结果。

从收缩的驱动力看,城市收缩主要源于内部转型压力、外部环境变化等多因素共同作用下城市整体均衡格局(经济、社会、生态、空间中的一维或多维结构)被打破的结果:①经济结构调整。全球化和区域化带来资本、劳动力、技术等生产要素的流动,导致老工业基地的衰落与转型,许多城市由于过度依赖传统发展路径、产业结构转型滞后,导致经济衰退、就业减少及人口减少;部分城市服务业所带来的就业岗位难以补足由工业衰退所流失的就业岗位,结果造成人口结构置换困难和总量减少。②社会结构演化。老龄化与少子化导致人口自然增长为负,总量减少,例如德国、日本的城市收缩许多是因为这方面的原因。③生态环境恶化。气候变化导致部分地区人居环境恶化、宜居度降低,进而带来人口、产业的流失。④城镇空间调整。在区域、城市不同的空间尺度上均存在着发展重点的不同,那些"发展中心"地区不断吸引人口、经济、资本等要素,而边缘空间则处于生产要素流失的境况,由此加剧了空间的分异。例如在郊区化进程中,郊区成为人口、产业聚集的重点,这导致了中心城区的衰落;在城市中心复兴的过程中,城市中心对人口与活动的吸引力显著增强,由此可能导致一些郊区新城处于收缩。

2) 对城市收缩效应的辩证认识

当我们谈到城市收缩效应的时候,必须与另一个概念——"城市衰退"(Urban Decline)进行比较。事实上这两个概念之间存在着一定的差异:城市衰退是一个负面的词汇,而城市收缩则是一个具有中性色彩的概念。它们所带来的效应也是不同的:城市衰退是一个被动的、糟糕的结果,而城市收缩有可能是被动与主动并存的过程,很多的收缩是因为衰退而致,但也可能是城市为了实现新一轮更聚焦的增长而主动采取的策略性收缩。之所以常常简单地混淆城市收缩与城市衰退的区别,甚至主观刻意回避对城市收缩的承认,归根到底是我们对于"增长"的痴迷——在全球竞争的环境中,恐怕没有哪个城市愿意主动承认、屈服于衰退和收缩的现实。

然而随着后工业化社会的发展,民众生活水平逐步提升、价值观念发生变化,城市的"宜居性"越来越取代单纯的经济增长而成为城市竞争力的核心组成部分,城市作为"增长机器"的角色趋于减弱,"人居之所"的角色日益得到重视,城市发展的目标不再是简单的经济增长,而是塑造一个更为宜居、有活力的城市。在后工业化、网络化时代,面对无法扭转的人口减少、经济减速、传统物理空间需求减少等趋势,收缩并非仅仅是因为城市衰退的结果,它也有可能被作为一种主动的应对策略——拆除空置建筑、精简城市规模,通过精准有效的应对措施(例如产业结构转型、人口质量提升、主动发展聚焦等)来打造紧凑的空间环境,提升城市发展的效率与可持续性,从而主动避免城市的衰退。

3) 中国城市收缩类型与机制的独特性

中国过去数十年"增长主义"所累积的大量问题与深层矛盾,决定了未来中国更有可能遭遇城市收缩的普遍性危机。相对于西方国家的城市收缩,中国城市收缩的类型更为复杂多样,其影响机制也与西方国家有着显著的不同。中国的城市收缩主要分为三种类型:趋势型收缩、透支型收缩、调整型收缩,其中趋势型收缩也是欧美国家最常见的类型,而透支型收缩、调整型收缩则更多的是中国特定国情下的产物。

(1) 趋势型收缩

所谓趋势型收缩,就是在国家大的经济发展格局、城镇化格局中属于要素的净流出地区,而且从长远来看这种要素流出的趋势难以扭转,且日益加大,这些地区、城市面临着难以抗拒的收缩压力。应该说,处于趋势型收缩的城市基本上也是经济衰退的城市。例如美国的产业、人口由北方冰雪地带向南方阳光地带的转移就是如此,北方地区尤其是五大湖地区作为传统的制造业基地,过去几十年来一直经历着要素外流的巨大挑战,许多城市辉煌不再,收缩显著。近年来中国一些资源依赖型地区、资源枯竭型地区、区位劣势显著地区、欠发达地区的城市尤其是中小城市,也已经表现出趋势型收缩。

(2) 透支型收缩

所谓透支型收缩,就是在某一特定的"大发展阶段"城市盲目扩张,为了增长而不切实际地拉大城市空间发展的框架,不仅政府超前投入了大量的公共财力,而且吸引了市场的大量盲动行为;但是当遇到经济下行的危机或结构调整的压力时,城市发展动力显著减弱,人口不足、要素集聚力不足,导致城市面临持续累积的危机,不得不去产能、去库存,这样的城市就面临着透支型的收缩。透支型收缩并不意味着城市一定陷入了不可扭转的趋势性、绝对性衰退,它有可能只是面临阶段性的增长乏力,因此这种收缩尚属于暂时性、局部性的危机。但是,如果不能很好地应对透支型收缩,或者内外发展环境、动力基础长期难以改善,则有可能演变为趋势型的收缩。透支型收缩是中国城市收缩中一类常见的现象,也是具有鲜明"中国特色"的收缩类型。其之所以常见,是因为这种收缩现象的成因与中国特色的增长环境、政府绩效考核、土地财政及税收体制等密切相关。

(3) 调整型收缩

所谓调整型收缩,是指城市为了应对当前与未来可能问题,而主动调整发展模式与路径,改变传统外延扩张性的发展模式,收缩或局部收缩城市的发展空间,或者收缩城市原先的规划框架和规模,从而实现更加聚焦、紧凑的增长,着力提升城市发展的质量。调整型收缩的城市未必陷入了明显的衰退,有些甚至是尚处于高速的增长过程之中,主要是城市政府主动采取积极的策略来进行控制和应对,避免城市的简单粗放发展,以实现更可持续、更高品质的精明增长。

在中国采取调整型收缩策略的城市主要包括两类:一类是因为考虑到国内外经济形势、产业等的变化,从而主动转型、升级原有的产业,加快对传统工业园区与旧城空间等存量用地的升级改造,主动采取措施收缩城市过大的发展框架,修正原先不切实际的规划蓝图;另一类是城市过度集聚导致空间不经济,住房、交通、污染等城市问题日益严峻,必须主动采取措施来控制城市规模的无限增长,甚至是采取强制手段向外疏散人口与产业,最典型的就是向通州副中心、雄安新区主动疏解北京的"非首都功能",严控城市空间规模、人口规模的扩张。调整型收缩是城市发展中及时采取的明智之举,未必需要等到衰退真正、全面发生时才被动应对,而是提前预判、主动出击,让城市发展顺利地实现模式转型、路径转轨和质量升级。

我们应该看到,一方面,国际、国内大的发展形势变化,以及中国国土空间、城镇化格局与经济发展格局的非均衡性,中国未来必将有众多的城市面临着收缩甚至是衰退的压力;另一方面,相比于西方国家,中国特色的各级强势政府握有制定城市发展策略、调控发展资源的巨大能力。统筹考虑以上两个方面的因素,如果更多的城市政府能够清醒、理智而前瞻地采取主动的收缩策略,将能使得这些城市很好地规避未来可能的衰退风险,有效地降低代价。构建一个弹性、可生长、可收缩的城市空间结构是至关重要的,这是城市能得以保持发展持续性的关键;我们必须改变粗放扩张的发展路径,更多地关注城市的内涵发展,注重存量规划时代的城市更新;积极进行城市结构重整,聚拢发展重点,提升空间品质魅力,增强空间发展活力。还需要说明的是,与城市的收缩相比,由于中国的城镇化水平尚未达到稳定的状态(2023年时中国城镇化率约为66%),城乡二元结构还比较显著,所以在未来相当长一段时期内,乡村地区的收缩将更为显著。如何有序实现乡村人口与空间的精明收缩,避免出现简单、失控的大面积乡村衰败,是中国科学理性实施乡村振兴战略的重要内容。

9.4 城市空间布局的原则与方法

9.4.1 城市总体布局的主要模式

城市总体布局模式是对不同城市形态的概括表述,城市形态与城市的性质规模、地理环境、发展进程、产业特点等相互关联,具有空间上的整体性、特征上的承传性和时间上的连续性。一般来说,城市总体布局主要有以下两种模式:

(1) 集中式城市总体布局。这种布局的主要特点是城市各项建设用地集中连片发展,就其道路网形式而言,可分为网络状、环状、环形放射状、混合状,以及沿江、沿海或沿主要交通干道带状发展等模式(图9-10)。集中式布局的优点是:①布局紧凑,节约用地,节省建设投资;②容易低成本配套建设各项生活服务设施和基础设施;③居民工作、生活出行距离较短,城市氛围浓郁,交往需求易于满足。集中式布局的缺点是:①城市用地功能分区不十分明显,工业区与生活居住区紧邻,如果处理不当,易造成环境污染;②城市用地大面积集中连片布置,不利于城市道路交通的组织,因为越往市中心,人口和经济密度越高,交通流量越大;③城市进一步发展,会出现"摊大饼"的现象,即城市居住区与工业区层层包围,城市用地连绵不断地向四周扩展,城市总体布局可能陷入混乱。

(2) 分散式城市总体布局。这种布局的主要特点是城市分为若干相对独立的组团,组团之间大多被河流、山川等自然地形、矿藏资源或对外交通系统分隔,组团间一般都有便捷的交通联系。这种发展形态是受到城市用地条件限制而产生的(图9-11)。分散式布局的优点是:①布局灵活,城市用地发展和城市容量具有弹性,容易处理好近期与远期的关系;②接近自然,环境优美;③各城市物质要素的布局关系井然有序,疏而有致。分散式布局的缺点是:①城市用地分散,浪费土地;②各城区不易统一配套建设基础设施,分开建设成本较高;③如果每个城区的规模达不到一个最低要求,城市氛围就不浓郁;④跨区工作和生活出行成本高,居民联系不便。

图 9-10　常州城市集中式布局的规划结构

图 9-11　武汉城市组团分散式的规划结构

城市布局形式是在多种因素的共同作用下形成的,是随着生产力的发展、城市性质的演进、城市规模的扩张、城市发展阶段的演变而不断发展变化的。一般来说,中小城市总体布局模式以向心集中型为主,总体上趋于单中心、紧凑的空间结构;而大城市、特大城市更倾向于多中心、分散式总体布局模式,从而形成"中心城区+卫星城"的大都市区结构。

9.4.2 城市空间布局的主要原则和内容

1) 城市空间布局考虑的因素

城市土地利用格局的形成,是土地利用用途对其区位条件选择的结果。城市土地利用格局的形成源于城市的建立,不同原因建立的城市其土地利用方式不同,土地利用格局结构也不一样。

城市建设和发展受到生产力布局规律的制约。二战以后,西方国家的城市空间结构发生了很大变化,尤其是现代高速公路、地铁等快速交通及通信网络的发展,极大地改变了原来城市单中心发展的状况。决定区位选择的因素也呈现多样化,地价不仅仅受直接距离的影响,而且也受到交通节点分布、通达性效果、环境氛围等多因素的影响。例如,在市中心向郊区放射性道路沿线,以及放射性道路和环形高速公路的交叉点,往往也是商业、服务业、制造业的集聚地,或为地价的次高点。

城市土地利用格局的形成主要取决于城市居民生产和生活的需要,人口总是向劳动报酬高的地域转移,生产企业总是向生产成本较低的地域迁移,商贸总是在人流、物流和信息流流量大、市场发达的地区集聚,科技和管理机构总是向信息资源丰富、消息灵通的地方迁移。城市中不同部门对土地区位的选择,形成了不同的土地利用格局。

城市土地利用格局也是城市中不同土地用途进行空间竞争后的结果。不同的用地行为对城市土地地价的承受能力是不一样的,一般来讲,综合区位条件越优越、环境越好地段的用地,将不断被能够承受高昂地价的用地行为(如商贸、商务办公、高档居住等)所占据,而对地价承受能力比较低的用地行为(如仓储、工业等)则不断外迁(图9-12)。

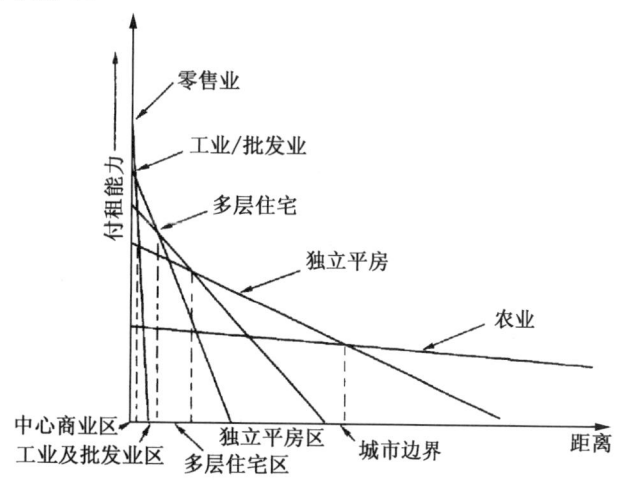

图9-12 城市土地利用的竞租模型

我们对城市空间进行布局,一方面需要认识、尊重并顺应城市空间发展的规律,但是另一方面也要认识到,完全放任地价竞租、市场选择等因素的作用,会导致城市空间布局的失序、失衡,许多具有公共利益、生态价值的空间将难以保证,城市的社会经济可持续发展难以保证。因此,空间规划的更大意义在于主动影响、干预、调控城市空间布局的形成,使之符合城市发展的多元目标,统筹实现经济、社会与生态效益的统一。

简要而言,城市空间布局中考虑的主要因素有以下方面:

(1) 各种用地所承载的功能对用地的要求。例如,居住用地要求具有良好的环境,商业用地要求居于人流密集地区、交通设施完备,工业用地要求用地规则平整、对外运输方便等(表9-6)。

(2) 各种用地的经济承受能力。在市场经济环境下,各种用地所处位置及其相互之间的关系主要受经济因素影响。对地租(地价)承受能力强的用地种类,例如商业用地、商务金融用地在区位竞争中通常处于有利地位,当商业商务用地规模需要扩大时,往往会侵入其临近的其他种类的用地,并取而代之。

(3) 各种用地相互之间的关系。由于各类城市用地所承载的功能之间存在相互吸引、排斥、关联等不同的关系,城市用地之间也会相应地反映出这种关系。例如,大片集中的居住用地会吸引为居民日常生活服务的商业用地,而排斥那些有污染的工业用地或其他对环境有影响的用地。

(4) 规划因素。虽然总体规划需要研究和掌握在市场作用下各类城市用地的分布规律,但这并不意味着对不同性质用地之间放任它们自由竞争。国土空间规划所体现的基本精神恰恰是政府对市场经济的有限干预、主动干预,以保证城市空间发展整体的公平、健康和有序。因此,国土空间规划的既定政策也是左右各种城市用地位置及相互关系的重要因素。

表9-6 城市主要用地类型的空间分布特征

用地种类	居住用地	商务商业用地(零售业)	工业用地(制造业)
功能要求	较便捷的交通条件、较完备的生活服务设施、良好的居住环境	便捷的交通、良好的城市基础设施	良好、廉价的交通运输条件,大面积平坦的土地
地租承受能力	中等—较低(不同类型的居住用地对地租的承受能力相差较大)	较高	中等—较低
与其他用地关系	与工业用地、商务用地等就业中心保持密切联系,但不受其干扰	需要一定规模的居住用地作为其服务范围	需要与居住用地之间保持便捷的交通,对城市其他种类的用地有一定的负面影响
在城市中的区位	从城市中心至郊区,分布范围较广	城市中心、副中心或社区中心	下风向、下游的城市外围或郊外

2) 城市空间布局的主要原则[9]

(1) 城市空间布局的一般原则

① 点面结合,统筹安排城乡空间。要注重区域协调,把城市视为一个

点,而将其所在的区域或更大的范围视为一个面,点面结合,分析研究城市在区域国民经济发展中的地位和作用。如此,城市与乡村、工业与农业、市区与郊区才能得到统筹考虑、全面安排。

② 功能协调,统筹城市各类用地布局。城市中的用地类型众多,各自有着不同的区位偏好要求,但是相互之间又会产生影响。要合理布置好对城市发展极其重要但又可能对城市生活、空间结构产生重大影响的各类产业用地,特别是工业用地的布局。统筹协调产业空间、居住空间、交通运输、公共绿地等用地之间的关系,根据具体实际,处理好空间功能分区与功能混合的关系。

③ 兼顾新旧,统筹旧区改造与新区的发展需要。新区与旧区要实现共融、协调发展、相辅相成,使新区为转移旧区某些不合适的功能提供可能,为调整、充实和完善旧区功能和结构创造条件。随着中国城镇化阶段的发展及国土资源空间约束的趋紧,需要越来越关注存量空间的再利用和城市的更新,努力让城市中衰退的地区实现复兴。

④ 结构清晰,交通支撑有力且内外交通便捷。要合理划分、组织城市的功能分区,使功能明确、规模适当,避免将功能不兼容的用地混淆在一起,造成相互干扰;但也不要片面追求单纯的功能分区,要避免将功能区划分得过于单一,导致空间联系离散。通过多层次、多类型的交通网络有机联系城市各功能区,实现市内交通与对外交通差异有序、方便衔接。

⑤ 时序得当,留有发展余地。城市需要不断发展、更新、完善和提高,要注重城市用地功能组织及其发展的时序,在各个阶段都能互相衔接、配合协调。特别要合理确定近期建设方案,加强预见性,在布局中留有余地,空间上适当"留白"——在定向、定性上具有可调整性,在定量上具有可伸缩性,在空间定位上具有可变动性。

(2) 城市总体布局的艺术性

城市总体布局应当在满足城市相关功能要求的前提下,聚焦以人为本、以人民为中心的目标,努力满足人民群众对美好生活的需求。充分利用自然和人文条件对城市空间进行整体设计,创造优美宜居、充满魅力的城市环境和形象(图 9-13)。

① 城市用地布局艺术。城市用地布局艺术指用地布局上的艺术构思及其在空间的体现,把山川河湖、名胜古迹、园林绿地、有保留价值的建筑等有机组织起来,要处理好历史与现代、本土与外来、人工与自然等的关系,形成城市景观的整体框架。

② 城市空间布局体现城市审美要求。城市之美是城市环境中自然美与人工美的结合,不同规模的城市要有适当的比例尺度,城市之美在一定程度上反映在城市尺度的均衡、功能与形式的统一上。不要搞奇奇怪怪的建筑,要努力避免"千城一面"的城市形象。

③ 城市空间景观的组织。城市中心和干道的空间布局都是形成城市景观的重点,是反映城市面貌和个性的重要因素。城市总体布局应通过对

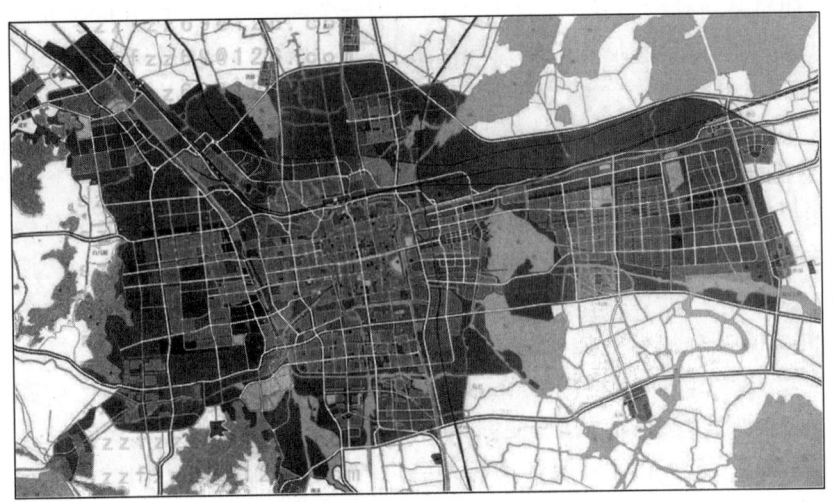

图 9-13　苏州山水城市总体空间格局

节点、路径、界面、标志、区域等的有效组织,创造出具有特色的城市中心和城市干道的艺术风貌。城市轴线是组织城市空间的重要手段,通过轴线,可以把城市空间组成一个有秩序、有韵律的整体,以突出城市空间的序列感和秩序感。

④ 继承历史传统,突出地方特色。在城市总体布局中,要充分考虑每个城市的历史传统和地方特色,保护好有历史文化价值的建筑、建筑群、历史街区,使其融入城市空间环境之中,创造独特的城市环境和形象,突显对中华文化的自信。

3) 城市空间布局的主要内容

为了满足各项城市活动的需要,就必须有相应的不同功能的城市用地进行承载。各种城市用地之间,有的相互间有联系,有的相互间有依赖,有的相互间有干扰,有的相互间有矛盾,这就需要在城市总体布局中按照各类用地的功能要求以及相互之间的关系,加以统筹组织,使城市空间成为一个协调的有机整体(图 9-14)。因此,城市总体布局任务的核心是城市用地的功能协调组织,主要包括以下一些方面:

(1) 按居住区、居住小区等组成梯级布置,形成城市生活居住区

城市生活居住区的规划布置,应能最大限度地满足城市居民多方面和不同程度的生活需要。一般情况下,城市生活居住空间由若干个居住区组成,根据城市居住区布局情况配置相应公共服务设施的内容和规模,满足合理的服务半径,形成不同级别的城市公共活动中心(包括市级、居住区级等中心),这种梯级组织能更好地满足城市居民的实际需求。城市居住空间根据人口规模和服务半径的不同,又分为居住区、居住小区和居住组团等不同的层次结构。

(2) 按居民工作、居住、游憩等活动的特点,形成城市的公共活动中心体系

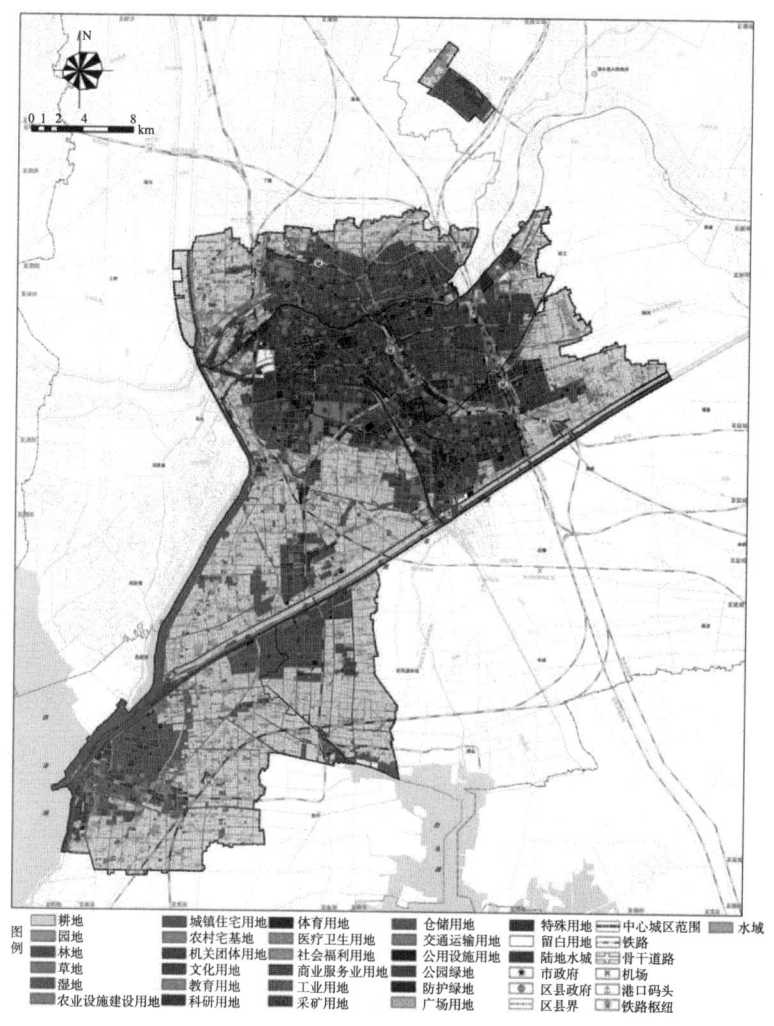

图 9-14 淮安市中心城区用地布局

城市公共活动中心通常是指城市主要公共建筑物分布最为集中的地段,是城市居民进行政治、经济、社会、文化等公共生活的中心,是城市居民活动十分频繁的地方。如何选择城市各类公共活动中心的位置,安排什么内容,以及如何合理规划,就成为城市总体布局的任务之一。这些公共活动中心包括社会政治公共活动中心、科技教育公共活动中心、商业服务公共活动中心、文化娱乐公共活动中心、体育公共活动中心等不同类型,在一个城市中根据实际情况,这些中心可以单独设置,也可以若干类型中心进行组合设置。

(3) 按组群方式布置工业企业,形成城市工业集中区

工业是城市经济发展的重要内容,发展工业是推动城镇化进程、保持城市经济社会可持续发展的必要手段之一。由于工业用地的选址要求不一、占地普遍较大,而且具有不同程度的外部影响效应,因此,合理安排工业区与其他功能区之间的位置,处理好工业与居住、交通运输等各项用地

9 城市空间布局规划 | 197

之间的关系,是城市总体布局的重要任务。

由于现代化的工业组织形式和工业劳动组织的社会需要,无论在新城建设还是旧城改造中,都力求将那些单独的、小型的、分散的工业企业按其性质、生产协作关系和管理系统,组织成综合性的生产联合体,或按组群分工相对集中地布置成工业区。工业区要协调好与水陆交通系统的配合,协调好工业区与居住区的方便联系,控制好工业区对居住区、商业区、休憩区等功能区及对整个城市的环境干扰。

(4) 结合自然资源禀赋条件与城市各功能要素,有机组织蓝绿系统与休憩空间

绿地、水面等自然资源基底是改善城市环境、调节小气候、构成城市休憩游乐场所的重要因素,应把它们均衡分布在城市各功能组成要素之中,并尽可能与郊野大片绿地(或农田)相连接,与江河湖海水系相联系,与城市总体特色风貌景观塑造相结合,形成完整、有机的城市蓝绿空间体系。居民的休憩与游乐场所,包括各种公共绿地、文化娱乐和体育设施等,应将它们合理地分散组织在城市中,以最大限度地方便居民日常利用。在城市总体布局中,既要考虑在市区(或居住区)内设置可供居民休憩与游乐的场所,也要考虑在市郊独立地段建立规模较大的休憩空间,以满足城市居民的短期(如节假日、双休日等)休憩与游乐活动需要。布置在市区的休憩空间一般以综合性公园等形式出现,而布置在市郊的则一般为森林公园、风景名胜区、休闲营地、大型游乐场等,近年来,城市近郊的一些"美丽乡村"也逐渐扮演了郊野休憩空间的角色。

(5) 按交通需求和不同交通性质类型,统筹协调组织,形成城市交通系统

城市交通系统是一个由人、货、车、交通设施、配套环境等组成的相当复杂的动态大系统,是对城市经济社会活动、空间要素配置的重要支撑。在城市总体布局中,城市交通系统规划占有特别重要的地位,它必须与城市居住区、商业区、工业区等各类功能区的分布相关联,它的类型及等级划分又必须遵循现代交通运输对城市本身以及对交通系统的要求;此外,还要考虑与城市对外交通方式的有机衔接等。因此,它是一个非常复杂的系统协调工作。

以上几个方面构成了城市总体布局的主要内容,但还不是全部内容。简而言之,城市总体布局就是要使城市用地功能组织建立在各功能区的合理分布基础之上,综合考虑相互有关联的问题,进行空间要素配置布局的统筹协调,从而使城市各部分之间有便捷的交通联系,使城市建设有序合理,使城市各项功能得以充分发挥,使城市特色风貌得以充分体现……

9.4.3 主要功能用地布局的要点

在城市各种主要用地的规模大致确定后,就需要将其落实到具体的空间中去。城市空间总体布局需要按照各类城市用地的分布规律,并结合规

划所执行的政策与方针，明确提出城市土地利用的规划方案，同时进一步寻求相应的实施措施。

下文将对城市中一些主要功能用地的布局要点予以阐述：

1) 居住用地规划布局

随着经济社会的发展，人们对美好生活的要求不断提高，居住用地是城市中最重要、最核心的用地类型。居住用地的规划布局就是要为居住功能选择适宜、恰当的用地，并处理好与其他类别用地的关系，同时确定居住功能的组织结构，配置相应的公共设施系统，创造良好的居住环境。

居住是城市最基本的功能，所以居住用地在城市用地中占有较大的比例。影响城市居住用地规模的因素较多，例如，城市地理位置、城市性质、地形条件、经济发展水平、建筑形式以及生活习惯等。但是，这些间接影响居住用地规模的因素都可以换算成像居住人口密度、住宅建筑密度这样的直接指标，根据城市人口预测中的人口规模，结合城市平均或分地区的居住人口密度、住宅建筑密度，就可以计算出城市居住用地的总规模。现实的城市居住用地中除容纳新增城市人口外，还必须考虑到现有城市人口对居住条件改善的要求、一部分现状居住用地转为其他类型的用地等问题。而且当城市中存在多种类型的居住建筑形态时，还要考虑到各种类型之间的比例。

选择居住地点是每个生活在城市中的居民必须做出的选择，不外乎出于对安全、舒适、便捷、经济、社会交往等方面的考虑，同时这些考虑还要照顾到家庭中的每一个成员。城市总体布局最终要明确居住用地以何种方式分布在城市中什么样的区位，换言之，城市总体布局需要遵循居住用地的分布规律，并按照既定的规划方针将城市发展所需要增加（或转变）的居住用地落实到具体的空间中去。虽然城市居住用地的布局呈现出多种多样的形态，但基本上应遵循以下原则：首先，根据居住用地既需要形成一定规模的社区，又需要接近就业中心等特点，居住用地的分布既不能过于零散，也不宜在城市中某一地区过于集中地连续布置。随着城市规模的扩大以及城市功能的复杂化，或者受城市用地条件的限制，居住用地更趋于与其他功能用地结合，形成相对分散的组团式布局。其次，由于居住用地在城市用地中占有较大的比例，所以居住用地的分布形态与城市总体布局形态往往是相互协同的。此外，由于市场因素的影响，居住用地的密度通常与距离城市中心的距离成反比，当然，轨道等公共交通的便捷情况、重大公共服务设施的分布情况等，也会对居住密度的分布产生一定的改变。

从世界范围看，城市内的居住空间分异是一个普遍的现象，人们因为经济、阶级、文化、民族、宗教等因素的差异从而在居住空间上形成分隔，导致"马赛克式"的居住分异。居住分异是很难绝对避免的，但是也必须将其控制、限定在一定程度之内，否则就可能导致社会的冲突和危机。因此，在居住空间布局中要尽量避免形成或者加剧居住分异，需要努力促成不同居住人群之间的交往融合。例如，不要在城市中简单地规划建设豪宅区、贫民区,即使以往居住空间分异的格局已经形成,规划也要努力通过公共空间、公共设施的营建,促进不同人群之间能够有一定的共享和交流,从而缓和社会矛盾。

2) 公共设施用地规划布局

城市中的一些用地是用以满足大多数市民的多种活动需求,例如满足市民购物活动需求的商业用地,满足开展商务交往的商务办公用地,为广大民众的工作与生活提供支持与服务的行政管理机构用地等,虽然这些用地所承载的活动内容不同、目的不同,甚至利用形态千变万化,但它们之间的共同特征就是面向广泛的非特定的利用对象,因而称之为公共设施用地。由于在该类用地中活动的人员是非特定的,其活动内容带有不同程度的公共性,并且容纳这些公共活动的建筑物通常体量较大、特点明显,因此一般也是形成城市景观风貌及城市印象的重要地区,并在城市中形成不同类型、不同层级的中心。在该类用地中,商务办公、商业服务等一部分用地承载着高强度的城市经济活动,通常伴随着较高的土地利用强度,比较直观地反映为明显高于周围地区的容积率与建筑物高度。所以,该类用地也可以承受较高的地租(地价),并在规模需求扩大时,将侵入或取代邻近的其他种类用地。

城市总体布局需要按照不同公共设施的空间分布规律和要求对其进行统筹安排,一般遵循以下几条原则:

(1) 建立符合客观规律的完整体系。公共设施用地,尤其是商务办公、商业服务等主要因市场因素变化的用地,其规划布局必须充分遵循其分布的客观规律。同时,结合其他用地种类特别是居住用地的布局,安排好各个级别设施的用地,以利于商业服务设施网络的形成。

(2) 采用合理的服务半径。对于医疗诊所、学校、银行、邮局、派出所等与市民生活密切相关的社区设施,主要根据市民的利用频度、服务对象、人口密度、交通条件以及地形条件等因素,从方便市民生活的角度出发,确定合理的服务半径。据此,近年来很多城市提出了打造5分钟、15分钟等宜居生活圈的概念。

(3) 与城市交通系统相适应。大部分全市性的公共设施用地均需要位于交通条件良好、人流集中的地区。城市公共设施用地的布局需要结合城市交通系统规划进行,并注意到不同交通体系所带来的影响。在轨道公共交通较为发达的大城市中,位于城市中心的交通枢纽、换乘站、地铁车站周围通常是安排公共设施用地的理想区位。而在以汽车交通为主的城市中,城市干道两侧、交叉口附近、高速公路出入口附近等区位更适合布置公共设施用地。此外,社区设施用地的布局也要根据城市干道系统的规划,结合区内步行系统的组织进行。

(4) 考虑形成城市景观的影响。中央商务区中林立的高层建筑、造型独特的大型公共建筑,常常是形成城市景观的主要因素。因此,公共设施用地的布局要与有关城市景观风貌的规划设计构思相结合,以形成城市独特的景观和三维空间形象。

（5）与城市发展保持动态同步。公共设施用地布局还要考虑到对现有同类用地的利用和衔接，以及伴随城市发展分期实施的问题，使该类用地的布局不仅要在城市发展的远期趋于合理，而且要与城市发展保持动态同步的状态。

3）工业用地规划布局

工业不但是城市经济发展的支柱与动力，而且是提供大量就业岗位、接纳劳动力的主体。工业生产活动通常占用城市中大面积的土地，伴随包括原材料与产品运输在内的货运交通，以及以职工通勤为主的人流交通，同时还在不同程度上产生影响城市环境的废气、废水、废渣和噪声，尤其是对居住用地造成不良影响。此外，伴随工业用地产生的大量货运交通，将对城市交通、城市对外交通设施均产生一定的影响。因此，工业用地是城市空间总体布局中需要认真研究、统筹协调的一种类型。

影响工业用地选址布局的因素主要有两个方面：①工业生产自身的要求，包括用地条件、交通运输条件、能源条件、水源条件，以及获得劳动力的条件等；②是否与周围的用地兼容，并有进一步发展的空间。按照工业用地在城市中的相对位置，一般可以分为以下几种类型：

（1）城市中的工业用地。通常无污染、运量小、劳动力密集、附加价值高的工业（也称之为都市工业），趋于以较为分散的形式分布于城市之中，与其他种类的用地相间，形成混合用途的地区。

（2）位于城市边缘的工业用地。对城市有一定污染和干扰，占地与运输量较大的工业更多地选择在城市边缘地区，形成相对集中的工业区。这样，一方面可以避免与其他种类的城市用地之间产生矛盾；另一方面城市边缘区也更容易获得相对廉价的土地和扩展的可能。这种工业区在城市中可能有一个，也可能有数个。

（3）独立存在的工业用地。因资源分布、土地资源的制约甚至是政策因素，一部分工业用地选择与城市有一定距离的地段，形成独立的工业用地、工业组团或工业区，例如矿业城市中的各采矿组团、作为开发区的工业园区等。此外，生产易燃、易爆、有毒产品的工业因必须与城市主体保持一定的距离，通常也形成独立的工业用地（区）。当独立存在的工业用地形成一定规模时，通常伴有配套的居住生活用地，以及通往主城区的交通干线。

本着满足生产需求、考虑相关企业间的协作关系、利于生产、方便生活、为自身发展留出余地、为城市发展减少障碍等原则，城市空间布局规划应从各个城市的具体实际出发，按照恰当的规模、选择适宜的形式来进行工业用地的布局。

4）仓储用地规划布局

仓储用地与工业用地有着很强的相似性和相关性，例如，均需要有大面积的场地、便捷的交通运输条件、部分仓库有危险等。这里所指的仓储用地仅限于城市中专门用来储存物资的用地,并未包括企业内部用以储藏生产原材料或产品的库房,以及对外交通设施中附设的仓储设施用地。仓储用地一般分为:①普通仓库用地;②危险品仓库用地;③堆场用地。按照仓库的使用性质也可以分为:①储备仓库;②转运仓库;③供应仓库;④收购仓库等。此外,用作大宗商品流通、批发活动的用地,如物流中心、大型批发市场等,也具有某些仓储用地的特点。

仓储用地的布局通常从仓储功能对用地条件的要求,以及与城市活动的关系这两个方面来考虑。首先,用作仓储的用地必须满足一定的条件,例如地势较高且平坦,但有利于排水的坡度、地下水位低、承载力强、具有便利的交通运输条件等。其次,不同类型的仓储用地应安排在城市不同的区位。其原则是与城市关系密切,为本市服务的仓储设施,例如综合性供应仓库、本市商业设施用仓库等应布置在靠近服务对象、与市内交通系统联系紧密的地段;对于与本市经常性生产、生活活动关系不大的仓储设施,例如战略性储备仓库、中转仓库等,可结合对外交通设施,布置在城市郊区。因仓储用地对周围环境有一定的影响,规划中应使其与居住用地之间保持一定的卫生和安全防护距离。此外,危险品仓库应单独设置,并与城市其他用地之间保持足够的安全防护距离。

9.4.4 城市土地合理利用评价

城市总体布局是一项系统统筹的工作,其目的是为了实现对城市土地的合理利用。所谓城市土地合理利用,一般认为是对城市土地按照规划规定的用途进行利用,从而实现经济、社会与生态综合效益最大化的土地利用格局。对城市土地合理利用的评价,主要从下列三个方面进行:

1) 城市土地利用的适宜性评价

城市建设深受土地自然属性及自然环境景观的制约,因此,土地利用的适宜性评价是城市用地空间布局的基础。所谓城市土地的适宜性评价,便是根据城市建设利用需求与土地质量相匹配的原则,来评定土地满足城市相应功能需求的可能性与限制性,其主要内容包括以下方面:

(1) 城市土地作为建设用地的适宜性,主要从地基承载力、遭受自然灾害的危险程度、土地整理工作量的大小等方面,来论证城市土地进行工程建设的适宜性与限制性。

(2) 城市土地生产布局的适宜性,主要从土地的形态特征、土地性质、环境污染的自净能力及具体建设项目生产布局的要求等方面,来考察和选择土地的适合用途。

(3) 城市景观设计的适宜性,主要从土地的自然特征出发,衡量土地作为城市风貌设计的环境基础、其所具有的美学质量和景观结构,探讨土地作为风景资源利用最优化的途径,充分发挥土地生态系统所具有的最大审美功能。

2）城市土地利用的经济性评价

城市土地利用的经济性评价是在特定的目的下，对土地的质量和使用效益在城市空间分布的差异情况进行评定，并确定其作为资产的价值和作为生产要素加以利用的经济效益。城市土地价值和收益能力的形成，同城市空间集聚程度密切相关，集聚越强，所能提供的服务种类因需求的增加而趋于多样化。由于各种产业资本的组合构成不同，它们对土地成本的承载能力有差别，而在空间上按经济规律便形成了不同的分布，并由于土地利用分区及邻接关系，土地的经济产出贡献因之增大或减小。城市土地利用的经济性评价，主要通过以下几个方面的研究来完成：

（1）城市土地定级和估价。这是土地经济评价的最基本方面，是根据影响土地质量、土地区位、土地利用效益的经济、自然、社会因素及其贡献大小，来评定土地的使用价值和价格。土地的使用价值大，其分等定级的类别和土地价格也较高，土地等级与价格存在着一定的对应关系。土地等级和价格的确定从一定意义上讲，是明确了城市经济发展过程中土地贡献的本底值。

（2）土地上投入—产出的效率。城市土地利用在经济上是否合理，不能单纯用土地上所获得的收益多少来判断，而应该通过土地利用总收益与土地价格的差值来反映。在土地等级（或价格）相同的情况下，其差值越大，说明土地上经济投入—产出的效率越高，土地利用的经济性越合理。

（3）土地保护的支出。城市土地的合理利用是一个长期的动态发展过程，并不能只以当前的土地投入—产出效率和利润多寡来衡量。如果土地利用虽然在当前有较高的效益，但却以牺牲以后的长远效益为代价，那么它就是一种不可持续的使用。对土地利用中不可避免的生态平衡破坏，必须要及时地进行新的生态平衡建设，即进行土地生态保护。对土地利用开发经济效益的核算，应当扣除其中有关资源环境生态保护的支出成本。

城市土地利用的经济性评价是以经济效益为中心进行的，是对城市土地资产管理的科学依据，也是建设项目可行性分析的重要组成部分。但是，城市土地利用的经济效益同社会效益、生态效益是密切相关的，若只顾眼前的经济效益，而不顾社会效益和生态效益，最终必然导致土地资源利用失序、土地供求关系和城市生态环境恶化等，造成巨大的资源环境损害、经济损失与社会矛盾，即使采用有关措施强行维持城市土地利用的现有格局，进行环境保护的费用支出也将十分昂贵。

3）城市土地利用的潜力评价

从经济、社会、生态效益等多元统筹的角度考虑，理论上一个城市的空间发展应该存在着一个合理的规模，城市用地的扩张应当有一个限度，而不是任其面积随意增大。城市土地利用潜力评价，就是从区域社会经济发展水平、自然环境和生态环境限制、城市基础能力等方面来探讨城市土地水平扩张和垂直扩展的能力，探讨通过城市功能区的空间替代或重新划分区域来实现土地增殖效益的能力与可能性，以及这些能力与效益发挥的程度。城市土地利用潜力评价反映了城市土地利用的前景和土地开发的创

新能力,它可以直接服务于城市的可持续发展。城市土地利用潜力评价,其中心任务包括以下方面:

(1) 城市土地开发的空间扩张潜力评价。它是根据城市发展趋势,提出城市土地利用可供选择的用地规模和动态分区结构。城市规模的确定,不能只看其人口与经济规模蓄积的可能性,也要分析水土、资源环境的承载能力。

(2) 城市土地的建造潜力评价。它是根据城市规划和景观设计、城市经济发展需求与基础设施条件,提出土地利用中合理的城市建筑密度和容积率。以适当的土地利用强度指标和土地经济产出指标来控制土地利用,既不容许土地粗放经营,也不容许土地过度开发。

(3) 城市更新和用地重划潜力评价。它是通过旧城改造,理顺土地权属关系,调整土地利用用途,根据土地利用的最佳用途选择来论证城市土地增殖的潜力和城市综合开发的效益。

9.5　城市用地布局与城市综合交通系统[10]

城市交通是城市总体空间布局的骨架,而城市用地布局又会对城市交通产生重要的影响,城市用地布局与城市交通之间存在着紧密的关系,因此要立足城市用地的合理布局,从交通产生的源头上优化交通分布(图9-15)。

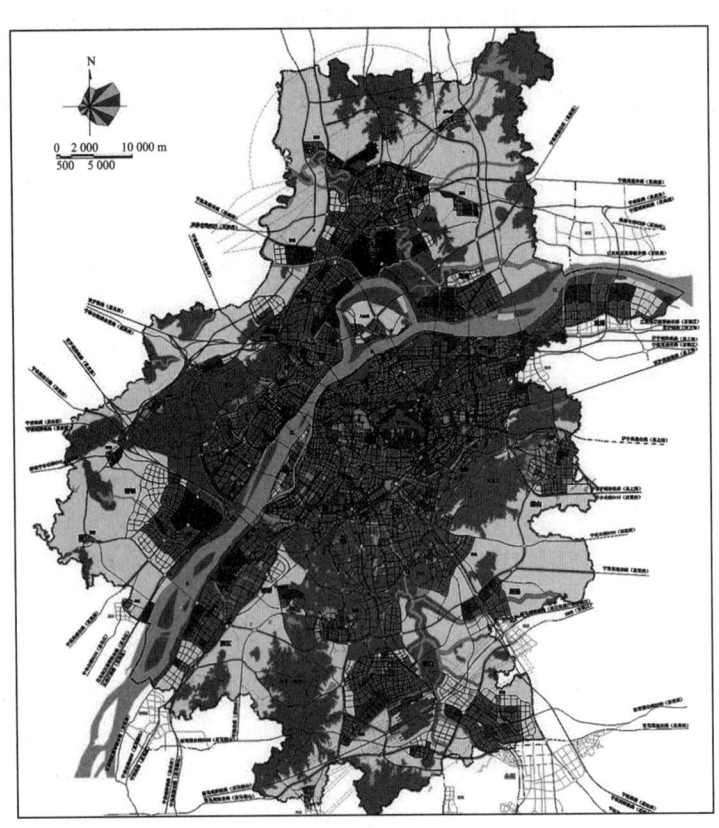

图 9-15　南京城市交通与用地协同布局

第一,城市尤其是大城市、特大城市总体上要形成多中心的组团式格局,城市用地要综合统筹布局,组团内要做到功能基本完善,减少不必要的交通量发生;第二,要处理好城市用地布局与交通系统的关系,通过与用地布局相协调的城市交通系统的功能组织,优化城市交通与道路系统;第三,要有交通分流的思想和功能分工的思想,按照因用地而产生的不同交通功能要求,合理地布置不同类型和功能的道路,在不同功能的道路旁布置不同性质的建设用地,形成道路交通系统与城市用地布局的合理配合关系;第四,要组织好组团内交通和跨组团交通、生活性交通和交通性交通等的关系,简化、减少交通冲突与矛盾。

9.5.1 城市综合交通的构成与作用

交通就是"人与物的运送和流通"[11],是人与物实现空间位移的载体。交通是人类进行生产、生活的重要需求之一,凡是有人的活动就离不开交通。广义的交通包括城市对外交通(也称区域交通)、城市内部交通(也称城市交通),涉及城市中地面、地下、空中交通等各种交通方式[12]。城市内部交通主要通过城市道路系统、城市轨道系统来组织;而城市对外交通则是以城市为起点与外部空间相联系的交通,如铁路运输、水路运输、公路运输、航空运输,以及管道运输等。城市对外交通与城市内部交通具有相互联系、相互转换的关系。

从形式上讲,城市综合交通可分为地上交通、地下交通、路面交通、轨道交通、水上交通等。从运输性质上讲,城市综合交通又可分为客运交通和货运交通两大类型:客运交通是人的运送行为,是城市交通的主体,分布在城市的每个地方;货运交通是货物的流动,其主要部分分布在城市外围的工业区和仓储区。从交通的位置上讲,城市综合交通又可分为道路上的交通和道路外的交通。简而言之,综合交通系统是由城市运输系统(交通行为的运作)、城市道路系统(交通行为的通道)和城市交通管理系统(交通行为的控制)所组成的,其中,城市道路系统是为城市运输系统完成交通行为而服务的,城市交通管理系统则是整个城市交通系统正常、高效运转的保证。

城市综合交通发展程度与一个国家、地区和城市的经济水平、能源状况、科技水平以及人民生活水平等有密切关系,而交通的发展又促进了经济、文化的发展,特别是现代化交通的发展,将大大改变人们的时间、空间观念,为城市、区域空间规划布局开拓更广阔的空间。首先,交通是决定一个城市区位优势的关键因素,是一个城市竞争力的重要组成部分[12]。古今中外,对外交通的便利和发达程度,直接影响了城市的发展、功能的发挥和经济的活跃[13]。在当今经济全球化和区域一体化的大背景下,国际间、区域间、城市间以及城市内部各功能组团间的联系会越来越紧密,交通系统的快捷性、便利性和可靠性成为决定城市、区域发展潜力的关键要素。

其次，交通是城市社会、经济和物质结构的基本组成部分，交通系统将分散在城市各处的城市生产、生活活动连接起来，在组织生产、安排生活、提高城市客货流的有效运转及促进城市经济发展方面起着十分重要的作用。从人类社会的发展历史来看，交通方式的每一次重大创新和发展，都对城市、区域空间形态的演变发挥了巨大的作用。

9.5.2 城市综合交通规划

1）城市综合交通规划的概念

城市综合交通涵盖了存在于城市中及与城市有关的各种交通形式，包括城市对外交通和城市内部交通两大部分。工业革命以来的城市现代化发展，已经使城市交通系统的综合性和复杂性更为突出，必须以综合的思维和综合的方法进行城市交通系统规划。

鉴于城市交通的综合性，以及城市内部交通与城市对外交通的密切关系，通常把二者结合起来进行综合研究和综合规划，这就是城市综合交通规划。城市综合交通规划是与城市用地布局密切相关的一项重要的规划工作，是将城市对外交通和城市内各类交通与城市的发展、用地布局结合起来，进行系统性、综合性研究的规划。城市综合交通规划不应脱离城市土地使用规划而独立进行，即使一些城市为配合城市交通的整治和重要交通问题的解决而单独编制的城市综合交通规划，也应与用地布局规划密切结合。

城市综合交通规划要从"区域"和"城市"两个层面进行研究，分别对市域的"城市对外交通"和中心城区的"城市交通"进行统筹规划，并在两个层次的研究和规划中处理好对外交通与城市交通的衔接关系。

2）城市综合交通规划的目标与作用

（1）全面分析城市交通问题产生的原因，提出综合解决城市交通问题的根本措施。

（2）确定城市合理的交通结构，充分发挥各种交通方式的综合运输潜力，促进城市客货运交通系统的整体协调发展和高效运作。

（3）建立与城市用地发展相匹配的、完善的城市交通系统，协调城市道路交通系统与城市用地布局的关系、与城市对外交通系统的关系，协调城市中各种交通方式之间的关系。

（4）通过改善与经济发展直接相关的交通出行，来提高城市的经济效率，使城市交通系统有效地支撑城市的经济、社会发展和城市建设，并获得最佳效益。

（5）在满足各种交通方式合理运行速度的前提下，将城市道路上的交通拥挤控制在一定的范围内。通过有效的财政补贴、社会支持和科学的、多元化经营，尽可能使运输价格水平贴合市民的承受能力。

9.5.3 城市规模等级与路网基本格局

对于不同规模和不同类型的城市,要从用地布局的角度研究其交通分布的基本关系,因地制宜地选择不同的道路交通网络类型和模式,确定不同的道路密度和交通组织方式。城市道路的第一功能是"组织城市的骨架";城市道路的第二功能是"交通的通道",具有联系对外交通和城市各用地的功能要求;此外,城市道路还具有构造城市景观廊道、扮演避难空间等功能。城市道路系统始终伴随着城市的发展,当城市由小城市发展到中等城市、大城市、特大城市,由用地的集中式布局发展到组合型布局,城市道路系统的形式和结构也要随之发生相应的变化。

小城镇是城市形成的初期阶段,规模较小,一般也是城市后来发展的"旧城"部分,大多呈现为单中心集中式布局,城市道路大多比较窄小且不成体系,较适用于步行和非机动化交通。当城市发展到中等城市阶段,仍可能呈集中式布局,但必然会出现多个次级中心,而合理的城市布局应该通过强化各次级中心建设,逐渐形成多中心的、较为紧凑的组团式布局,从而使城市交通分布趋于合理。当城市发展到大城市阶段,如果仍然按照单中心集中式的布局,必然出现出行距离过长、交通过于集中、交通拥挤阻塞等现象,导致生产与生活不便、城市效率低下等一系列的"城市病"。因此,规划一定要引导城市逐渐形成相对分散的、多中心组团式布局,中心组团相对紧凑、相对独立,若干外围组团相对分散。在中心组团和城市外围组团间形成现代城市交通所需要的城市快速路,城市道路系统开始向混合式道路网转化。当城市发展到特大城市阶段,则更多地呈"组合型城市"的布局,在周边城镇的基础上进一步发展为由若干相对紧凑的组团组成的外围城区,而中心城区则在原大城市的基础上进一步发展、调整、组合。城市道路进一步发展形成混合型路网,出现了对加强城区间交通联系有重要作用的城市交通性主干路网的需求,并与快速路网组合为城市的疏通性交通干线道路网,不同城区之间也可能会利用公路或高速公路相联系。

一般来说,旧城的用地布局较为紧凑,道路网络比较密而狭窄,可组织单向交通来解决问题。对于大城市、特大城市而言,总体布局比较分散,为适应出行距离长、交通速度要求快的特点,就要组织效率高的集量性的交通流,配之以高效率的道路交通设施,这就需要有结构层次分明的分流式道路网络。上述分析表明了一个普遍的规律:不同规模和不同类型的城市,其用地布局有不同的交通分布和通行要求,就会有不同的道路网络类型和模式,就会有不同的路网密度要求和交通组织方式。所以,不同的城市可能有不同的道路网络类型,同一城市的不同城区或地段由于用地布局的不同,也会有不同的道路网类型。总之,不同类型的城市道路网络,是与城市不同的用地布局形式密切相关、密切配合的。

9.5.4 城市用地布局与道路网络形式的配合

城市用地的布局形态大致可分为集中型和分散型两大类:集中型较适应于规模较小的城市,其道路网形式大多为方格网状。在分散型城市中,规模较小的城市大多受自然地形限制,常由若干交通性道路(或公路)将各个分散的城区道路网联系为一个整体;而规模较大的城市,则应尽量形成组团式的用地布局。组团式布局的城市道路网络形态应该与组团结构形态相一致,各组团要根据各自的用地布局组织各自的道路系统,在各组团间的隔离绿地中布置疏通性的快速路,而交通性主干路和生活性主干路则把相邻城市组团和组团内的道路网联系在一起。中心城市对周围城镇有辐射作用,其交通联系也呈中心放射的形态,因而,城市道路网络也会在方格网基础上呈放射状的交通性路网形态。

现代城市的发展,越来越显现出公共交通骨干线路对城市发展的重要支撑作用。城市除了沿道路轴线发展外,城市公交网络也会影响城市用地的布局和发展,特别是公交干线的组织形态、城市道路轴线的形态对城市用地形态有着引导和决定性的作用。各级城市道路既是组织城市的骨架,又是城市交通的通道,要根据城市用地布局和交通强度的要求来安排各级城市道路网络的布局。城市中各级道路(网)的性质、功能与城市用地布局结构的关系如表 9-7 和图 9-16 所示。

表 9-7 城市中各级道路网特性及其与城市布局的关系

分类	城市快速路网	城市主干路网		城市次干路网	城市支路
		交通性主干路	一般主干路		
性质	快速机动车专用路网,连接高速公路	全市性的路网,疏通城市交通的主要通道及与快速路相连接的主要常速道路	全市性的路网,包括生活性主干路和集散性主干路	城市组团内的路网(组团内成网),与主干路一起构成城市的基本骨架	地段内根据用地细部安排而划定的道路,在局部地段可能成网
功能	为城市组团间的中长距离交通和连接高速公路的交通服务	为城市组团间和组团内的主要交通流量、流向上的中长距离疏通性交通服务	为城市组团间和组团内的主要生活性交通服务,有交通集散功能	主要为组团内的中短距离服务性交通服务	为短距离服务性交通服务
位置	位于城市组团间的隔离绿地中	组团间和组团内	组团间和组团内	组团内	地段内
围合	围合城市组团	大致围合1个城市片区(次组团)	大致围合1个居住区的规模	大致围合1个居住小区的规模	划分地块,或作为居住小区内的主路

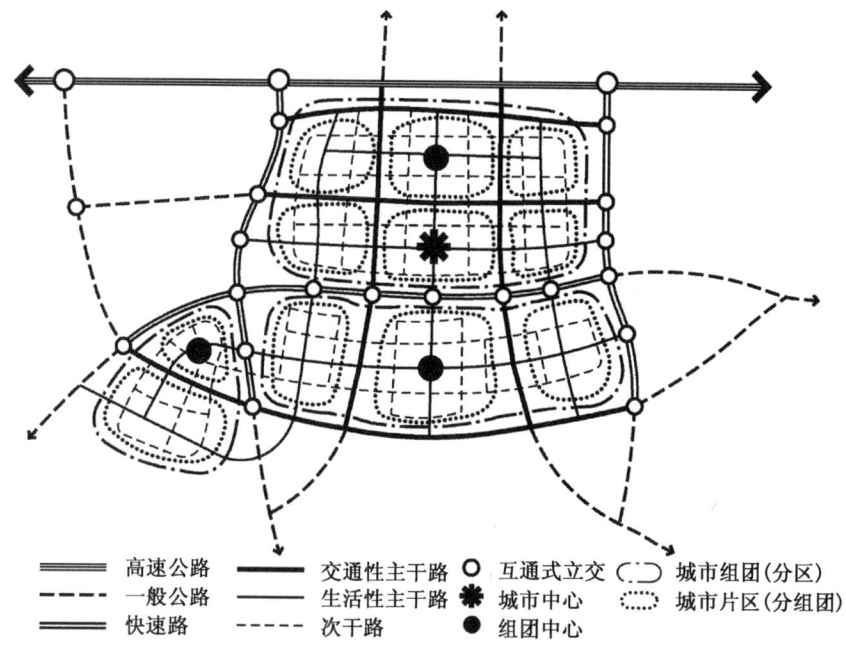

图 9-16　各级城市道路与用地布局结构的关系

快速路网主要为城市组团间的中、长距离交通和连接高速公路的交通服务,宜布置在城市组团间的隔离绿地中,以保证其快速和交通畅通。快速路基本围合1个城市组团,因而其间距要依城市布局结构中各城市组团的大小不同而定。

城市主干路网是遍及全市城区的路网,主要为城市组团间和组团内的主要交通流量、流向上的中长距离交通服务。为适应现代化城市交通机动化发展的需要,要在城市中布置疏通性的城市交通性主干路网,作为疏通城市交通的主要通道及与快速路相连接的主要常速道路。城市交通性主干路大致围合1个城市片区(次组团),其他城市主干路(包括生活性主干路和集散性主干路)大致围合1个居住区的规模。

城市次干路网是城市组团内的路网(在组团内成网),与城市主干路网一起构成城市基本骨架和城市路网的基本形态,主要为组团内的中、短距离交通服务。城市次干路大致围合1个居住小区的规模。

城市支路是城市地段内根据用地细部安排所产生的交通需求而划定的道路,城市支路的间距主要依照地块划分而定,在城市的局部地段(如商业区、按街坊布置的居住区)要尽量成网以实现"微循环"。

9.5.5　确立公交优先的规划与发展导向

根据《马丘比丘宪章》,在城市空间规划发展中,特别是当城市由一个发展阶段进入另一个发展阶段时,必须注重发挥交通运输系统对城市布局结构的能动作用,通过交通运输系统的变革来引导城市用地向合理的布局结构形态发展。《马丘比丘宪章》在总结了现代城市交通发展的经验教训的基础上,主张"将来的城区交通政策,应使私人汽车从属于公共运输系统的发展",即在城市中确立"优先发展公共交通"的原则,这已经成为世界各国城市交通规划与发展的共同价值观。

城市公共交通是指城市中供公众乘用的各种交通方式的总称,包括公共汽车、电车、轮渡、出租汽车、地铁、轻轨,以及缆车、索道等客运交通工具及相关设施。无论从社会效益、经济效益还是环境效益上看,公共交通相比其他交通方式都具有明显的优势。在现代小汽车迅速发展并日益成为城市交通问题重要症结所在的形势下,世界各国的城市规划和城市交通专家学者都一致认为,优先发展公共交通是解决城市交通问题首选的战略措施。相对于私人小汽车等其他运输方式,城市公共交通在运送速度上并不占优势,但在经济技术上却更为合理(表9-8)。从城市环境的角度考虑,交通环境是城市生态环境的重要组成部分,人们在享受便利交通的同时,越来越要求享有舒适、洁净的交通环境。为了减少交通污染,应鼓励使用污染最少、交通整体效率最高的交通工具,从而构建合理的交通结构,促进城市交通协调发展的动态平衡。

表9-8 公共汽车与私人小汽车、自行车的经济技术指标比较

指标	公共汽车	私人小汽车	自行车
运送速度(km/h)	16—25	30—60	10—15
载客量(人/车)	90—160	1—4	1
运行占用的道路面积(m²/人)	1.0—1.5	40.0—60.0	8.0—12.0
停车占用的面积(m²/人)	1.5—2.0	4.0—6.0	1.5
耗油比	1	6	0
客运成本比	1	10—12	0

优先发展公共交通的指导思想是要在城市客运系统中把公共交通作为主体,其目标是为城市居民提供方便、快捷、优质的公共交通服务,其目的是吸引更多的客流,使城市交通结构更为合理,运行更为通畅。"优先发展公共交通"有丰富的内涵,主要是要在资金的投入、建设的力度和管理的科学化上,把公共交通放在重要的位置,要给予优先的考虑。在城市空间布局规划建设中,要根据居民出行的需要来合理地布置城市公共交通线网,在主要的城市道路上设置公交专用道,改善公共交通的运营和服务质量,改革公共交通的票务制度等,都是"优先发展公共交通"的具体安排和措施。

优先发展公共交通,首先要提高公共交通的服务质量,努力做到迅速、准点、方便和舒适,进一步提高公共交通在城市客运总量中的分担比重。"迅速"就是要运送速度快、行车间隔短(或候车时间短),城市管理部门应

把缩短行车间隔列为考核公交服务水平的重要指标,公交专用道的实施对提高公交车速度、保证正点率有十分明显的作用。"准点"就是要保证正点率,正点率是判断公共交通运营质量的主要标志,只有准点才能提高居民出行使用公共交通的主动性,提高公共交通的吸引力。"方便"就是要求少走路、少换乘、少等候,城市主要活动中心、居民主要住地均有车可乘,因此要求公共交通要合理布线,提高公交线网覆盖率,缩短行车间隔。"舒适"就是要求有宜人的乘车环境,包括候车环境、换乘条件等。

第9章参考文献

[1] 邹德慈. 审时度势,统筹全局,图谋致远,开拓进取:谈战略规划的若干问题[J]. 城市规划,2003,27(1):17-18.

[2] 崔功豪. 都市区规划:地域空间规划的新趋势[J]. 国外城市规划,2001(5):1.

[3] 赵民,栾峰. 城市总体发展概念规划研究刍论[J]. 城市规划汇刊,2003(1):1-6,95.

[4] 陈大鹏. 城市战略规划研究[D]. 杨凌:西北农林科技大学,2005:96-138.

[5] 罗震东,耿磊,张京祥. 省域城镇化发展战略规划的探索:以《湖北省城镇化与城镇发展战略规划研究》为例[J]. 江苏城市规划,2012(1):17-21.

[6] 曾法龄,恩其. 论战略规划[J]. 国外城市规划,1992(1):19-24.

[7] 何鹤鸣,张京祥,崔功豪. 城市发展战略规划的"不变"与"变":基于杭州战略规划(2001)的回顾与思考[J]. 城市规划学刊,2019(1):60-67.

[8] 周春山. 城市空间结构与形态[M]. 北京:科学出版社,2007.

[9] 谭纵波. 城市规划[M]. 北京:清华大学出版社,2005.

[10] 全国城市规划执业制度管理委员. 城市规划原理[M]. 北京:中国建筑工业出版社,2000.

[11] 李德华. 城市规划原理[M]. 3版. 北京:中国建筑工业出版社,2001.

[12] 徐循初,黄建中. 城市道路与交通规划[M]. 北京:中国建筑工业出版社,2007.

[13] 杨涛. 城市交通的理性思索[M]. 北京:中国建筑工业出版社,2010.

第9章图表来源

图9-1至图9-4源自:南京大学城市规划设计研究院.《淮安市国土空间总体规划(2021—2035)》.

图9-5源自:檀杰,荀思琪. 高质量发展下太原市发展战略优化探索:基于《太原市城市发展战略规划(2018—2050)》[J]. 城乡规划,2021,(S1):1-8.

图9-6源自:顾朝林,甄峰,张京祥. 集聚与扩散:城市空间结构新论[M]. 南京:东南大学出版社,2000.

图9-7源自:王旭,罗震东. 转型重构语境中的中国城市发展战略规划的演进[J]. 规划师,2011,27(7):84-88.

图9-8源自:崔功豪,王本炎,查彦玉. 城市地理学[M]. 南京:江苏教育出版社,1992.

图9-9源自:张京祥. 西方城市规划思想史纲[M]. 南京:东南大学出版社,2005.

图9-10源自:常州市规划局.《常州城市总体规划(2011—2020)》.

图9-11源自:武汉市规划局.《武汉市城市总体规划(1996—2020)》.

图9-12源自:崔功豪,王本炎,查彦玉. 城市地理学[M]. 南京:江苏教育出版社,1992.

图 9-13 源自:苏州市规划局.《苏州市城市总体规划(1996—2020)》.
图 9-14 源自:南京大学城市规划设计研究院.《淮安市国土空间总体规划(2021—2035)》.
图 9-15 源自:南京市规划局.《南京市城市总体规划(2007—2030)》.
图 9-16 源自:全国城市规划执业制度管理委员会.城市规划原理[M].北京:中国建筑工业出版社,2000.
表 9-1、表 9-2 源自:江苏省自然资源厅《江苏省市县国土空间总体规划编制指南(试行)》,2020 年.
表 9-3 源自:自然资源部《国土空间调查、规划、用途管制用地用海分类指南(试行)》,2020 年.
表 9-4、表 9-5 源自:笔者根据有关资料整理绘制.
表 9-6 源自:谭纵波.城市规划[M].北京:清华大学出版社,2005.
表 9-7、表 9-8 源自:全国城市规划执业制度管理委员会.城市规划原理[M].北京:中国建筑工业出版社,2000.

10　小城镇与乡村规划

10.1　小城镇发展与规划

10.1.1　小城镇的概念与角色

　　一般来讲，我们将人口规模较大的城市型聚落称为城市，把人口数量较少、与乡村地区还保持着直接联系的城乡结合型聚落称为镇，或者小城镇。其中具有一定人口规模，人口和劳动力结构、产业结构达到一定要求，基础设施达到一定水平，并被省（自治区、直辖市）人民政府批准设置的镇为建制镇，其余的则为乡集镇。小城镇是介于城市和乡村之间的一种聚落组织形态，广义上的小城镇，包括建制镇和尚未设镇建制但相对发达的农村集镇，其有别于大、中城市和广大的乡村村庄[1]；狭义上的小城镇是指除设市以外的建制镇，包括城关镇。

　　小城镇是"城之尾、乡之首"，是乡村和城市之间的边缘地带，是介于城市与乡村之间的一种中间状态，是土地集中利用、人口和经济社会集聚发展等城市特征形成的过渡空间[2]。同时，小城镇承担着"二传手"的作用，将城市文明和经济要素逐步扩散至广大乡村，在城市与乡村之间建立起技术的、经济的、文化的、空间的有机联系[3]，构建起新型的城乡关系。可以说，发展小城镇是带动乡村经济和社会全面发展的大战略，是解决"三农"问题最根本、最有效的途径之一；同时，发展小城镇经济作为统筹城乡经济共同发展的载体和纽带，在我国城镇化发展、振兴乡村过程中具有重要的地位和作用。

　　在新的时代背景下，小城镇是一种符合中国国情的发展模式，对推进我国新型城镇化和经济社会发展具有十分重要且不可替代的作用。小城镇是促进城乡协调发展最直接、最有效的途径，农民教育、就医、购物、休闲等日常活动约有80%发生在小城镇；小城镇也是促进就近就地城镇化的重要载体，农村富余劳动力更易于在小城镇内实现向第二、第三产业转移就业和稳定居住；小城镇还具有城市不可比拟的绿色发展优势，如交通能耗低、街区尺度宜人，这里可以看得见山、望得见水、记得住乡愁；小城镇也是"大众创业，万众创新"的新平台，在互联网的支撑下，许多小城镇聚集了电商服务站,对吸纳农村劳动力就业、拓展乡村特色产品销售渠道起到了重要的作用。总之,小城镇是中国未来城镇化的重要载体,城镇化将由城市和广大的小城镇两者发展来共同支撑。从世界经验看,发达国家的小城镇其人居环境质量普遍高于城市,更加舒适优美,居住的人群多为中产阶层甚至富裕阶层。

10.1.2 小城镇规划的任务与指导思想

小城镇规划是对相应行政区内的资源环境保护、土地利用、空间布局以及各项建设的综合部署,是管制空间资源开发、保护生态环境和历史文化遗产、创造良好生活与生产环境的重要手段,是指导与调控小城镇发展建设的重要公共政策之一。小城镇规划的主要任务包括:落实上位规划的传导要求,保护生态空间与基本农田;研究确定小城镇的发展战略,预测发展规模;确定小城镇功能和空间布局,合理安排各项用地;确定小城镇各项市政设施、公共设施的原则与技术方案;拟定小城镇建设用地布局的原则和要求,安排各项重要的近期建设项目。其中,镇域规划的任务是落实市县上位国土空间规划的要求,对镇域全空间、全要素进行规划,指导镇区、村庄规划的编制;镇区规划的任务是落实市县上位国土空间规划和镇域规划所提出的要求,合理利用镇区土地和空间资源,指导镇区详细规划的编制和城镇建设。

制定和实施小城镇规划,必须以构建资源节约型、环境友好型城镇,构建和谐社会、服务"三农"、促进乡村振兴为基本目标,坚持城乡统筹的指导思想。

第一,落实市县国土空间规划等上位规划对小城镇发展的战略要求,统筹考虑乡镇在市县域国土空间格局、产业发展、功能配置中的地位与作用。以产业发展带动小城镇发展,明确发展方向与目标。

第二,促进城乡协调发展,强化保护生态环境、保护耕地、集约利用资源的前提地位,坚持城乡统筹发展、一体化协调发展,完善并提高乡村地区的设施建设与服务水平,积极推动乡村振兴。

第三,依据自身区位、资源与特点,分类指导、突出优势,强化市政交通基础设施的服务与引导作用,保障市政交通基础设施建设,建立高效、便捷的城镇支撑体系,提升小城镇的综合辐射能力与区域带动能力。

第四,通过镇中心区建设带动周边地区的城镇化,不断改善城乡生产、生活条件。保护历史文化,尊重地方民族特色和优良传统,促进小城镇经济、社会、环境的协调与可持续发展。

10.1.3 小城镇规划编制的主要内容

1) 镇域规划的主要内容

提出小城镇的发展战略和发展目标,确定镇域人口规模;划定镇域三生空间及有关控制线,明确有关管制要求,确定镇域总体空间布局(图10-1);确定镇区性质、职能及规模,明确镇区建设用地范围;确定镇村居民点布局方案,统筹配置基础设施和公共设施(图10-2);制定历史文化保护、防灾减灾等专项规划;提出规划实施的措施和有关建议。其中,镇村居民点布局的主要内容包括:调查镇区和村庄的现状,分析其资源和环境等发展条件,预测三次产业的发展前景以及劳力和人口的流向趋势;顺应村庄发展规律和演变趋势,根据不同村庄的发展现状、区位条件、资源禀赋等,将其分为集聚提升型、融入城镇型、特色保护型、搬迁撤并型等不同的类型,并进行差异化的规划施策。

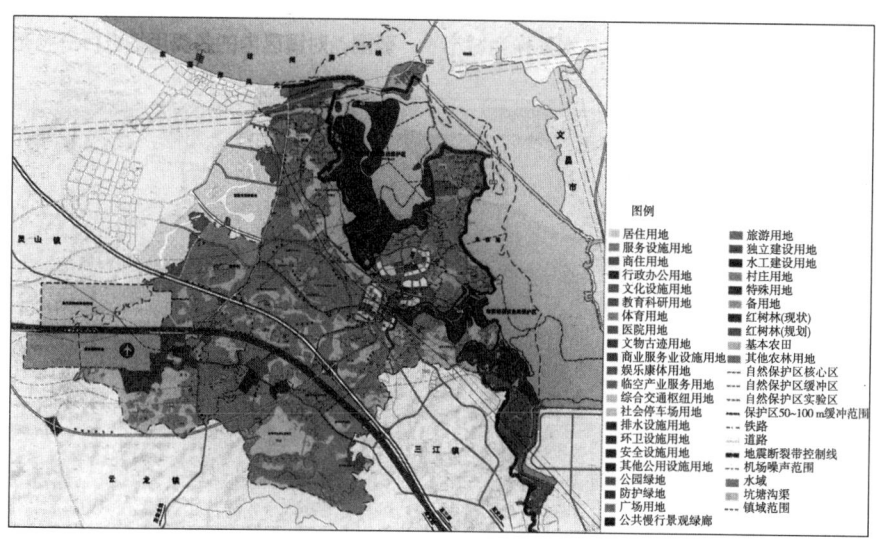

图10-1　某镇域总体空间布局

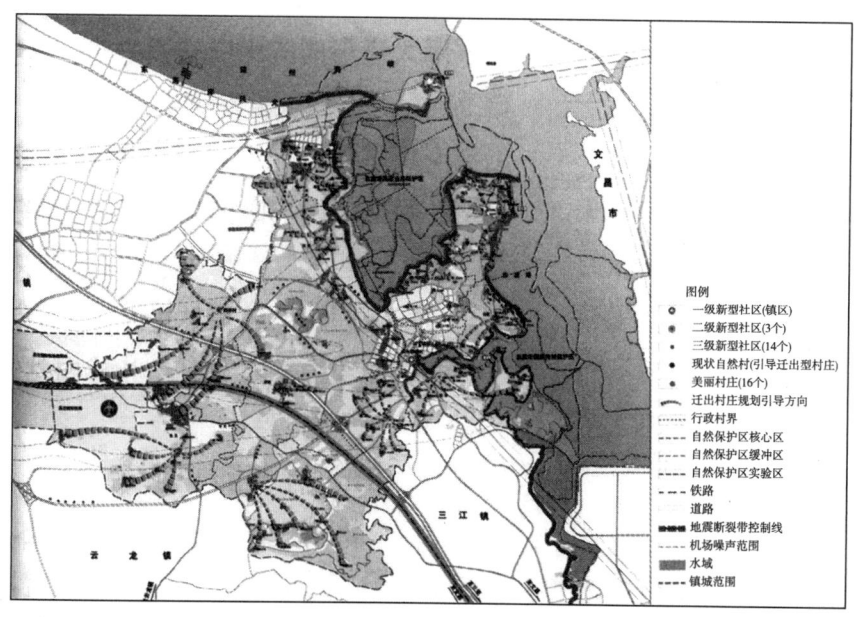

图10-2　某镇域村庄居民点布局规划

2）镇区规划的主要内容

确定镇区内各类用地布局；确定镇区内道路网络，对镇区内的基础设施和公共服务设施进行统筹安排；建立环境卫生系统和综合防灾减灾防疫系统；确定镇区内生态环境保护与优化目标，提出污染控制与治理措施；划定江、河、湖、库、渠、湿地等地表水体保护和控制范围；确定历史文化保护、地方传统特色保护的内容及要求（图10-3）。

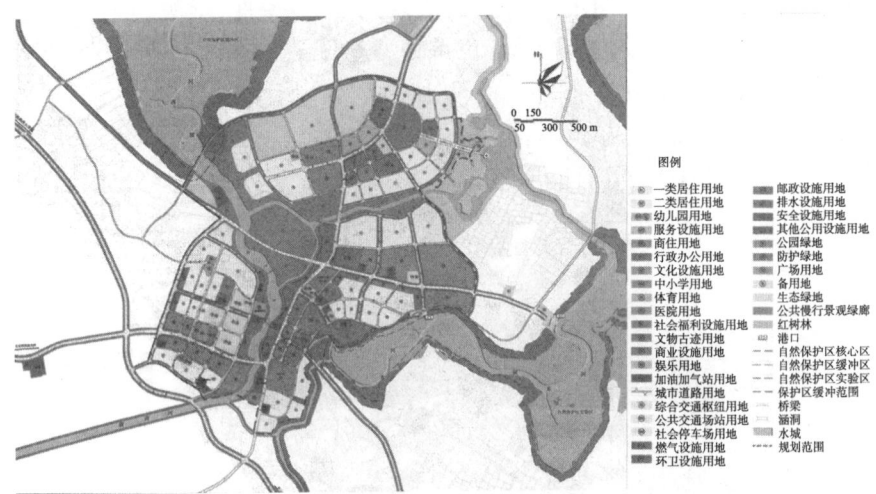

图 10-3　某镇区空间总体布局

3）镇区详细规划编制的内容

针对具体区块、具体项目，编制控制性详细规划或修建性详细规划。

10.2　乡村发展与乡村振兴

10.2.1　乡村的多重价值

早在19世纪末、20世纪初，霍华德提出用一个兼有城市和乡村优点的理想城市——"田园城市"，来作为对于工业化、城市化进程中城乡问题的解答。社会发展进入后工业时代后，城市化和工业化发展带来的各种问题又开始促使人们关注乡村的价值[3]。乡村作为一种地域类型，包含自然区域、生产区域及居民生活区域，其蕴含着生态价值、生产价值、人居价值等多元价值，除此之外，由于许多村落都经历了数百上千年的岁月沧桑，承载着厚重的历史文化积淀，乡村还有着其独特的社会文化价值。

（1）生态价值。乡村作为广域的复合生态系统，以村落地域为空间载体，将村落的自然环境、经济环境和社会环境通过物质循环、能量流动和信息传递等机制，综合作用于村民的生产、生活。与城市生态系统相比，乡村维系着人与自然的和谐，体现着劳动人民尊重自然、利用自然的智慧。相较于工业生产形态而言，尊重自然规律的农业生产对于地球环境的破坏要小很多。因此,乡村对于生态环境的改善、保护以及人居环境的可持续发展,是很有积极意义的。

(2) 生产价值。乡村是我国农业发展的重要载体,而农业生产则关乎国家安全与人民的生存保障,是整个国民经济和社会发展的根基。如果农业不能提供粮食和必需的食品,那么人民的生活就不会安定,生产就不能发展,国家也将失去自立的基础。随着乡村振兴战略的提出与新型城镇化的发展,乡村不仅是农业的生产空间,而且是重要的生活、生态空间,乡村的其他产业形态(例如农产品加工、文化旅游产业、创意产业等)也在不断出现与发展。总之,产业兴旺是解决乡村一切问题的前提,要推动乡村产业振兴,就必须紧紧围绕发展现代农业,围绕农村三次产业融合发展,构建乡村现代产业体系。随着城乡之间交流互动的增加,一些地方依托乡村资源发掘新功能、新价值,培育新产业、新业态,由单纯的农业产业结构逐渐向服务业升级提升,乡村的生产价值被逐渐彰显出来。

(3) 人居价值。自古以来,乡村都是重要的人类聚居环境、农民赖以生存的场所、美好生活的家园。尤其是在中国这样一个人口大国,除了城市化地区外,将来一定还会有相当多的人生活在乡村(一些学者与机构预测中国未来最终的城镇化水平在80%左右,也就是还有20%左右的人口将常住在乡村地区)。"三千年读史,不外功名利禄;九万里悟道,终归诗酒田园",乡村田园成为华人社会自然人文生活中的普遍背景与心灵归宿。无论是中国古代大量的诗词歌赋还是山水画作,无论是"良田美池桑竹之属"的乡土风貌,还是"采菊东篱下,悠然见南山"的田园生活意境,乡村都呈现出一幅幅美丽田园风光的画卷和田园牧歌的生活美景,带给现代都市人以心灵的憧憬。从发达国家的城市化发展经验看,与城市高密度的人居环境相比,乡村是更加生态宜居的理想空间,与大自然相吻合的乡村慢生活可以给人们提供身心健康的生活方式;同时,乡村和谐的邻里关系与群体闲暇活动,也为人们带来了精神的愉悦。正因如此,乡村被认为是理想的养生、养老、养心之所。

(4) 文化价值。乡村是人类文明的摇篮,是农耕文明的精粹。正如梁漱溟所说:"原来中国社会是以乡村为基础和主体的,所有文化,多半是从乡村而来。"历经几千年的物质创造和文化积淀,造就了中国大地上数量巨大、分布广泛、文化积淀深厚的各类乡村。乡村是我国传统的宗族文化、农耕文化、建筑文化、山水文化、人居文化和风俗文化等得以存在、发展的重要载体,特色的耕作制度、农耕习俗、节日时令、地方知识和生活习惯等活态的农业文化,无不体现着人与自然和谐发展的生存智慧。乡村传统文化是生活在特定区域内人们独特的精神和审美创造,其包含的风俗、礼仪、饮食、建筑、服饰等,构成了地方独具魅力的人文风景,具有极强的亲和力、凝聚力和生命力。它既是传承历史、陶冶情操、净化灵魂的载体,又是团结、凝聚广大人民群众的重要纽带,更是中华民族长久的文化资源和文化资本。面对快速变化的城市社会,我们始终存在着一种夹杂在现代与传统之间的"焦虑感",患上了"乡愁"之病。在传统文化的影响之下,中国人往往会将原本针对逝去时光和家园的"怀旧"投射到乡村的语境中,一个繁荣复兴的、可以寄托文明归属和历史定位的乡村,因而也就具备了重要的人文意义[4]。

需要指出的是,随着经济社会、城市化进程的发展,城乡功能联系、空间形态与要素配置不断发生变化,乡村不等于简单意义的农村,乡村居民也不等于就是农民。未来的美丽乡村,是一种相对城市更为生态、更自然的居住形态;是一种休闲化、绿郊式的生活方式;是一种亲近传统、身心自由的田园文化形态。美好的乡村空间意味着生态化、特色化的居住、就业与休闲空间,甚至体现出比城市空间更强的吸引力。

10.2.2 改革开放以来我国乡村发展的总体历程

改革开放以来,无论在农业生产、土地利用还是农民生活等方面,中国乡村都经历了一个剧烈变动的转型过程。在城镇化与工业化所定义的现代化语境下,城乡关系处于不断的变动之中,中国乡村的发展总体而言呈现出一个不断追赶城市的线性转型逻辑。近些年来随着以城带乡机制的逐渐建立,乡村才逐渐显现出其本源、独特的价值。我们大致可以将改革开放以来中国乡村发展的脉络分为三个逐渐递进的阶段,国家与地方一系列乡村政策的出台也印证了这样的一个基本走向。

第一个阶段是乡村工业化驱动下的乡村转型,大约发生在1980年代初期至1990年代中期的沿海地区。实施家庭联产承包责任制后,大大提高了农村劳动生产效率,释放出了大量的农村富余劳动力。在当时城乡二元体制性隔离的环境下,这些富余的劳动力通过发展乡镇企业,在城市之外走出了一条独特的乡村工业化的道路。"户户点火、村村冒烟"的乡村工业化模式,对于当时提高乡村地域的经济活力和居民收入发挥了巨大作用,但也有其自身难以克服的劣势——试图在乡村地区用低成本工业化的办法来解决乡村问题,甚至与城市竞争,其最终结果是不但难以应对现代工业化的技术、管理与市场竞争,而且造成乡村特色丧失、环境污染严重、经济产权模糊等一系列弊端。1990年代中期以后,在现代工业和外向型经济大潮的迅猛冲击下,乡村工业化模式逐步衰落。

第二个阶段是城镇化单向主导下的乡村转型,大约发生在1990年代中期至2000年代中期。这一时期中国经济快速发展,加大推进城镇化进程,城市空间迅速扩张。为了通过城乡建设用地"增减挂钩"来保障城市用地指标需求,同时也是为了吸引人口进城以做大城市规模、壮大土地财政,许多地区对乡村采取了大规模的撤村并点行动,实施对农民居住地的集中安置、集约建设。集中建设农村居民点确实在一定程度上改善了农民的居住条件,但是这种以城市发展为中心的功利化"撤村并点",也带来了对乡村自然环境、文化与物质景观的巨大破坏,大量自然村落消失,新的农村居民点出现了"拟城化"的趋势。许多居民点布局建设违背了农民的意愿,改变了农村适宜的生产与生活方式,造成群众的强烈不满。这一时期大量涌现的"新农村建设"如同城镇聚落形态的翻版,乡村的经济、社会、空间肌理被肢解或扭曲,乡村演变为单向为城市提供廉价土地、劳动力的被动弱势角色,大量乡村衰退、凋敝,城乡差距不断加大。

第三个阶段是城乡统筹理念下的乡村转型,大约从 2000 年代中后期至今。进入这一阶段后,面对粗放城镇化、唯 GDP 增长所导致日益加剧的城乡差距与社会矛盾,中央政府对城乡发展关系的判断发生了重大转变,认为我国应当进入一个"工业反哺农业,城市支持农村,实现工业与农业、城市与农村协调发展"的城乡统筹阶段。在此背景下,全国出现了大量以美丽乡村人居环境建设为主题的政府工程,如浙江的"千村示范万村整治"工程和江苏的"村庄环境整治"行动等等[5]。这一阶段,全国各地尤其是经济发达地区的乡村规划实践,配合着对乡村价值的重新认识、都市区近郊乡村消费结构转变等新的社会潮流,涌现出了诸如成都"五朵金花"、南京高淳"国际慢城"、浙江桐庐"美丽乡村"等一批独具乡村味的特色村庄。一些乡村特色产业得到发展、活力逐步聚集、环境品质逐步提升、社会治理逐步进步,进入了"乡村复兴"的轨道。人们日益认识到在一个成熟的城乡关系谱系中,乡村具有独特的价值和魅力,扮演着不可或缺的功能。

10.2.3 乡村振兴的战略意义

在经历了数十年的高速城镇化以后,中国广大的乡村劳动力、人才不断流失,乡村产业衰退、设施匮乏,乡村文化日渐衰落。随着"三农"问题重要性的不断彰显,2002 年中共十六大报告正式提出"统筹城乡经济社会发展,建设现代农业,发展农村经济,增加农民收入,是全面建设小康社会的重大任务",城乡统筹建设正式拉开帷幕。2006 年全部取消农业税,以新农村建设为目标,我国正式进入工业反哺农业、城市支持农村、财政补贴农民的城乡统筹新时期。2013 年中共十八届三中全会提出"形成以工促农、以城带乡、工农互惠、城乡一体的新型工农城乡关系",不断推进土地制度改革,完善乡村公共服务体系,提出"美丽乡村"的奋斗目标,乡村居民的生活环境得到明显改善。2017 年中共十九大报告中正式提出"乡村振兴战略",强调"农业农村农民问题是关系国计民生的根本性问题,必须始终把解决好'三农'问题作为全党工作重中之重",并对乡村振兴战略提出了"产业兴旺、生态宜居、乡风文明、治理有效、生活富裕"的总要求,强调培育乡村发展内生动力、恢复乡村活力、促进城乡融合发展。

但是值得关注的是,2000 年以来相比于城镇人口的持续增长,我国乡村的人口总量一直是处于持续下降的状态。2000 年至 2016 年间,中国农村人口数量从 8.07 亿人下降至 6.06 亿人,减少了约 2 亿人;自然村数量由 363 万个锐减至 262 万个,减少了 100 多万个自然村,随着城镇化的发展,这种趋势还将继续一段较长的时期。因此,乡村振兴并非是不分情况地去推动所有乡村都振兴,这不仅违反乡村发展的趋势和城镇化规律,而且会导致大量的公共财政浪费。我们必须要清醒地认识到,中国的城镇化进程还没有完成,未来仍然将有许多乡村人口向城镇转移、许多乡村会消亡,因此,乡村收缩是中国城镇化进程发展到一定阶段出现的必然现象。当然,我们也不能放任乡村自发衰败下去,而是要对乡村聚落实现"精明收缩",在城乡聚落系统内通过一些村庄的主动收缩,将资源要素集中投入到集聚发展的村庄,从而促进整体上的城乡差距缩小、基本公共服务均等。在乡村数量收缩的同时,要大大拓宽保留发展类村庄的功能与产业发展可能,通过集聚促进传统农业产业的更新升级,促进适宜性的非农生产要素集聚。在新经济不断发育的进程中,乡村不仅延续农业服务空间的职能,而且可以在现代产业体系中承担起有关的特色分工[6]。

10.2.4　乡村振兴的国际经验

1) 典型国家乡村振兴的特色化路径
(1) 法国:尊重地域差异,制定精细的分类政策

法国城市化发展与乡村建设历程主要分为两个阶段:第一个阶段是1960年代前后,该阶段的城镇化率为55%—62%。1960年代初期,法国主要通过在广大乡村地区建设新城来吸引人气,疏解大城市压力,并将其作为乡村发展的带动点。同时着眼于乡村地区的产业发展,加大对农业发展的支持力度,制定和实施农业可持续发展政策,具体措施包括强化乡村教育,提升农业的科技含量,形成教育、科研和技术推广相结合的体系。这一阶段法国的振兴农业农村政策使乡村社区重获生命力,但只有农业发展而没有农村建设,因此没有能够增强乡村的吸引力。第二个阶段是1990年代中期以来,该时期法国的城镇化率超过75%,此时的乡村建设策略也发生了相应的转变。其一是推行差异且精细化的政策引导,出台了一系列具体政策,如《空间规划和发展法》《乡村开发法案》等,分别划定了"乡村复兴规划区""优秀乡村中心"等市镇类型,对"乡村复兴规划区"推行以减税奖励为核心的新乡村复兴政策,对"优秀乡村中心"提供发展资助,进一步促进当地的经济发展。其二是引入市场力量开启全新的乡村建设模式,私人资金可进入政府主导的乡村发展项目中(特别是在基础设施建设、管理服务等方面),与政府建立混合投资公司。其三是政府开始重点关注落后乡村,对于那些人口逐年减少、以农业和夕阳产业为主的落后乡村,其治理政策包括发展经济、改善生活、保护环境等方面[7]。

(2) 德国:从自下而上的乡村美化竞赛,到可持续发展与价值提升的乡村重生

德国的乡村建设可分为两个阶段:第一个阶段为1950—1960年代,该阶段德国的城镇化率为65%—71%,主要策略是乡村美化运动。战后,联

邦德国进行了大规模城市重建,由于城乡均等发展区域政策以及地价、劳动力差异等因素影响,在1960—1970年代工业开始向乡村地区扩散,大规模的逆城市化过程在广大乡村地区产生了大量的"非农业的乡村居民点"。由于道路交通等基础设施建设与私人汽车的普及,部分城市居民尤其是中产以上家庭迁移到了"绿色"的乡村地区。在乡村现代化过程中,传统村落得到改建和扩建,道路、水电等基础设施得到大规模建设,但同时也出现了过度强调现代化功能的趋向,宽直的道路、城市型建筑风格以及对传统要素的摈弃,破坏了乡村原有的聚落形态和自然风貌,天然资源与物种迅速减少。1970年代以后,随着环保和生态意识觉醒,德国开展了"我们的乡村应更美丽"的乡村转型,乡村原有形态和自然环境、聚落结构和建筑风格、村庄内部和外部交通,按照保持乡村特色和自我更新的目标进行了合理规划与建设[8]。第二个阶段为1990年代以来,该阶段德国的城镇化率约为73%,已经意识到表面美化运动的不可持续,开始注重乡村地区生态价值、文化价值、旅游价值与经济价值的挖掘与提升[8],可持续发展理念融入村庄更新的实践。同时,在村庄更新规划方案和措施制定的过程中,普遍引入了公众参与的程序,旨在帮助当地居民和管理机构提高对乡村发展的认识与主人翁精神,提高乡村的社会凝聚力,这也是乡村实现可持续内生型发展的决定性因素[9]。

(3) 日本:从改善物质环境条件,到推动乡村特色与文化复兴

1950年代到1960年代,日本处于高速经济成长时期,同时工农收入和城乡差距拉大,传统的村落社会迅速崩溃,产生了乡村"过疏问题"。为了促进乡村发展,日本政府先后发起了三次新农村建设运动:第一次在1956—1962年,此时日本城镇化水平为60%—65%,该阶段单一地注重乡村基本建设与环境改善,主要通过加大村庄建设资金扶持力度、整治零散土地、促进公共设施建设来推进乡村基本建设与环境改善。但由于没有将村庄建设同产业发展结合起来,乡村地区没有造血功能,最终未能有效化解乡村衰败的问题。第二次在1960年代中到1970年代末,此时城镇化水平为65%—75%,开始注重乡村造血功能培育与人居品质提升。在"经济和社会发展计划"中,将新农村建设置于推进农业及农村现代化的核心位置,加大投资推进基础设施建设。同时,提出"把农村建成具有魅力的舒畅生活空间"的目标,通过保护乡村自然环境和村庄整治来推进公共服务设施建设,改善乡村生活质量。这一阶段调整了第一次新村运动过于注重环境整治的倾向,将农业发展和生活环境建设结合起来,取得了比较好的效果。但由于城乡发展差距过大,也没有完全从根本上扭转农村青壮年大量外流到城市、农业人口老化的趋势。第三次始于1970年代末,直至1990年代末,此时日本的城镇化水平为75%—78%,推行包含经济、生态和文化等全面内容的乡村复兴运动。这一期间影响最大的是"一村一品"运动,在政府的引导和扶持下,鼓励农村居民自主参与,保护乡村自然生态和文化生态,突出乡村空间特色和竞争力塑造,利用都市区经济开发乡村

旅游。为引导、促进村镇的可持续发展,1970年代起日本实施了"村镇综合建设示范工程",规划编制时要求通过民意调查、设立由居民代表和专家等组成的委员会、召开村落居民座谈会等多种方式来听取居民的意见,居民的深入参与对规划建设和后期管理都发挥了积极的作用。此次运动改变了过去被动的乡村建设运动,将乡村空间的特色和竞争力塑造放在了关键位置,通过一村一品运动充分激发乡村的特色和魅力,最终显著地缩小了城乡差距,为乡村地区的永续发展奠定了坚实基础[7]。

(4) 韩国:配合国家战略,发挥国家—社会多方协力建设新村

从1970年到1980年,韩国先后实施了侧重于改善农民基本生活条件、居住环境的"新农村运动",以及以区域均衡政策、社会均衡政策、产业布局政策为主的第五个"五年规划"。这些政策的实施,大力推进了农业农村基础设施建设、农业综合开发,农民收入得以显著增加,韩国乡村得到了全面振兴[10]。新农村运动主要包括五个方面的重点内容:一是以村庄为单位筛选实施项目。通过了解农民的切实需求,排出具体村庄建设实施项目的优先级。二是发放建材物资,选择乡村急需的建材作为援助对象。在新农村运动初期,韩国政府主要采取的是提供钢筋、水泥等建筑物资,由村民来规划和施工建设的模式。在这种模式下,部分村庄在没有政府财政支持的情况下,通过共同努力创造出新的收入来源[11]。三是采取激励措施,鼓励村庄建设竞赛。按照村民参与程度的差别性,将全国村庄划分为自立村庄、自助村庄和基础村庄,分别给予不同的奖励。四是发挥村庄委员会和村庄领导的作用。由5—10位村民组成的村庄发展委员会来决定援助项目在村中的投向。为切实推动新农村运动,韩国政府从中央到地方、从上到下建立了一整套专门行政机构。在中央政府层面,设立了"中央新农村运动咨询与协调委员会";在地方村镇层面,设立了不同层次的新农村运动咨询与协调委员会,具体负责协调推动新农村建设的各项事务[12]。五是广泛开展培训工作。培训机构引导村民学习成功农民的经验、农作物生产技术、民用工程技术等。总体来说,韩国的新农村运动是一次综合性的乡村整治,采取了基础设施建设、生活设施建设、农民合作、基层民主培养等方面的综合应对。新农村运动是在政府引导下的诱致性制度变迁,在示范村庄的影响下,农民主动改善村庄的愿望普遍大增,政府以少量的财政投入实现了普遍改善村庄环境的目标。新农村运动同时也是国家发展战略的重要组成,同国家工业产业政策相协调,通过拉平城乡差距、带动农村电气化与机械化改造,进一步拉动了国内需求。通过持续的努力,韩国乡村人居环境得到了极大改善,农民收入和农业现代化水平得到了显著提升,农民文化素质也随之大大提高[7]。

2) 乡村振兴的国际经验总结

世界各国国情不同,乡村振兴的路径也各有特色。简要归纳,我们可以发现发达国家的乡村振兴主要具有如下一些共性的经验:

(1) 乡村振兴普遍经历了从单一目标向多元目标综合推进的转变。

乡村振兴包括基础设施建设、人居环境改善、文化保护复兴、乡村产业振兴以及制度建设安排等诸多方面，其中，改善乡村居住环境和基础设施条件是普遍的首选。在此基础上，进一步推动经济、文化、社会等的复兴，促进乡村成为富有多样价值（经济价值、文化价值和生态价值等）的空间。

（2）从振兴之初就将多元理想乡村建设作为长远目标，结合现实条件与迫切需求，循序渐进地推进。由于乡村振兴涉及面广、投资量大、影响深远，在实践中不宜设立过于机械的推进速度和过于超前的发展目标。不同国家实现乡村振兴的时期虽然不同，但是都与当时各自的经济社会发展水平和客观经济规律相契合，乡村的发展普遍伴随着区域经济发展水平的上升。乡村振兴是一个循序渐进的过程，其目标设定与振兴策略均需要立足于自身基础条件与发展水平，有序推进。

（3）乡村振兴要彰显乡村独立、独特的价值，将乡村作为一类富有价值的空间进行精心营造。赋予乡村主体地位，将乡村振兴视为与城市发展同等重要的部分，强调通过振兴乡村和农业来解决城乡发展差距拉大的社会矛盾，以及城市发展的过密化问题。乡村振兴要立足于城乡融合系统，探究促使乡村传统生产与生活方式向现代转变的新动能[13]。

（4）乡村振兴应注重地域与文化差异性，对不同地区、不同类型的乡村采用不同的策略。各地区城乡空间格局的差异，决定了乡村地域类型的复杂多样性，乡村地域的类型多样性、系统差异性及发展动态性，是科学编制乡村振兴规划的重要基础。按照乡村系统要素空间集聚分布的地域分异性，甄别不同类型乡村振兴的差异化目标，研究乡村振兴分类战略和乡村振兴的多情景方案[13]。

（5）乡村振兴要充分发挥政府、市场、社会等多元主体的力量，但最重要的是要激发村民建设家园的内生热情与主观能动性。政府要注重先期投入与方向引领，鼓励市场和社会力量的介入，重视规划的引导和公共政策的支撑。乡村振兴的关键必须依靠村民的主体意识和建设热情，通过"乡村社区精神启蒙"来培育村民的主人翁精神，引导村民素质提升，增强村民的家园归属感和自我管理能力。

10.3　乡村规划的任务与主要内容

10.3.1　乡村规划的作用

乡村规划是实现乡村振兴的重要指引，也是实施乡村振兴的第一步。乡村规划是统筹乡村资源环境保护与利用、做好乡村地区各项建设工作的先导和基础，是各项建设管理工作的基本依据，对改变乡村落后面貌、加强乡村地区生产和生活服务设施与公益事业等各项建设、统筹城乡发展、推进乡村振兴、构建社会主义和谐社会，都具有重大意义。乡村规划有利于厘清乡村发展思路，明确乡村振兴各项任务优先次序，做到发展有遵循、建设有抓手;有利于统筹安排各类资源,集中力量、突出重点,加快补齐乡村发展短板;有利于通过科学设计和合理布局,优化乡村生产、生活、生态空间;有利于引导城镇基础设施和公共服务向乡村延伸,促进城乡融合发展。

在国土空间规划体系中,乡村规划的法定名称是"村庄规划",属于最基层的单元,是对乡村地区的详细规划,是整合原村庄规划、村庄建设规划、村土地利用规划、土地整治规划等形成的"多规合一"的法定规划,是乡村地区开展国土空间开发保护活动、实施国土空间用途管制、核发乡村建设项目规划许可、进行各项建设等的法定依据。村庄规划可以以行政村为单元单独编制,也可以根据实际需要组织若干行政村联片编制。

10.3.2 乡村规划的关注重点

1)关注新型城镇化,构建新型城乡关系

新型城镇化的核心是人的城镇化,要更加关注城镇化的质量,既要让"进城进镇"的农业转移人口实现真正的市民化,享受无差别的城市待遇,又要让依旧在乡村地区的人群生活富足、安居乐业,共享现代化成果。因此,要在城乡统筹的理念下,深入研究城镇与乡村在产业结构、功能形态、空间景观和社会文化等方面的客观差异,建立城乡互动、协调发展的新型城乡关系,构建城乡特色互补、城乡一体化发展的新格局。同时,要不断加大社会公共资源向乡村倾斜的力度,通过城镇基础设施向乡村延伸、社会公共服务覆盖乡村等手段,逐步缩小城乡差距。

2)关注村庄布局,明确乡村发展空间载体

村庄布局是乡村地区空间规划的核心任务,对于推进乡村地区集约节约建设、引导社会公共资源配置和公共财政投向、促进城乡基本公共服务均等化、加快农业现代化进程等具有重要的现实意义(图10-4)。村庄布局是在新型城镇化战略和城乡空间布局原则的指导下,统筹考虑乡村地区自然地理条件、产业布局、基本农田保护、基础设施和公共服务设施配套、历史文化传统等因素,对自然村落的规模、职能和设施等进行的空间安排。需要说明的是,中国城镇化进程尚未进入稳定阶段,许多乡村发展还处于不确定、变动过程之中,因此,村庄布局规划应该由"终极蓝图式"转变为"动态发展式",以使其根据实际变化更具适应性,进而有利于规划实施。

村庄按其地位和职能一般分为行政村、自然村两个层次。在村庄布局规划中,要对自然村进行一定的分类,从而实施不同的对策。一般可根据村庄人口变化、区位条件和发展趋势,将自然村区分为不同的类型:将现有规模较大的中心村,确定为集聚提升类村庄;将城市近郊区以及县城城关镇所在地的村庄,确定为城郊融合类村庄;将历史文化名村、传统村落、少数民族特色村寨、特色景观旅游名村等特色资源丰富的村庄,确定为特色保护类村庄;将位于生存条件恶劣、生态环境脆弱、自然灾害频发等地区的

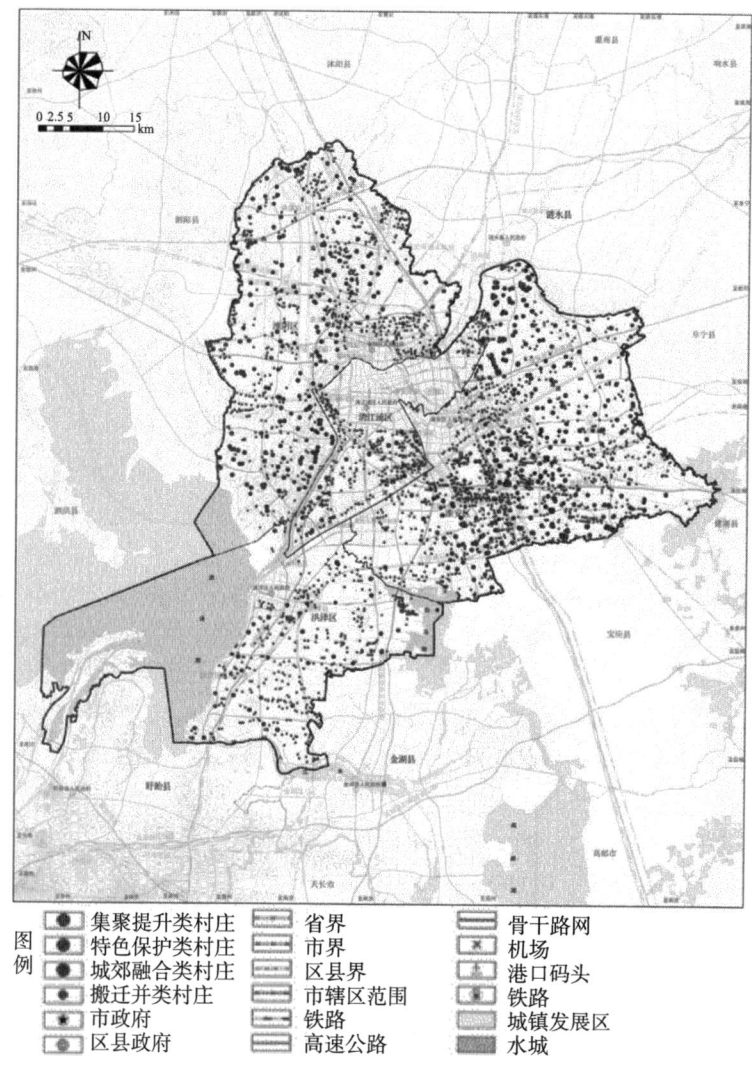

图 10-4 淮安市辖区村庄布局规划

村庄,或因重大项目建设需要搬迁的村庄,以及人口流失特别严重的村庄,确定为搬迁撤并类村庄。对于看不准的村庄,可暂不做分类,留出足够的观察和论证时间。村庄规划要根据村庄发展的未来分类进行差异化施策、差异化建设,引导公共设施优先向集聚提升类、特色保护类、城郊融合类村庄配套。

3) 关注产业发展,引导农民就地就近就业

乡村产业崛起、农业现代化发展是新型城镇化的基础,是农民就地就近就业、安居乐业的重要保障。乡村规划应当综合考虑城乡差异、经济社会发展状况和历史文化传承等因素,关注乡村产业发展对乡村地区"三生"空间的影响,为农业现代化、乡村旅游、传统手工业等的发展提供适宜的物质空间,引导农民就地就近就业。在农业现代化的大背景下,通过合理的

"1+2+3"产业发展策略,引导乡村产业合理布局,包括农产品加工业以及由此带动的产前、产中和产后服务业。"1+2+3"乡村产业体系,既是第一产业向第二、第三产业的深化、对接,又是第二、第三产业对第一产业的反向渗透,是现代农业与现代工业、商贸业有机融合的必然要求。

4) 关注设施支撑,实现城乡均等化服务

推进城乡基本公共服务均等化发展,让更多的村民享受到与市民均等的公共服务,是城乡一体化建设的重要内容与目标。乡村公共服务设施配置应当坚持以下主要原则:一是以共建共享为目标,优先考虑城镇基础设施和公共服务向乡村地区的延伸与覆盖,促进城市文明向乡村辐射。二是从构建健康、稳定的社会发展环境出发,结合村庄功能和需求,合理布局和配置各类相关设施,做到规模适度、效率最优,避免过度建设。三是根据村庄的区位条件、产业特征、人口规模与经济发展等差异,分类提出基本公共服务设施配置内容和建设标准,满足不同村庄的使用需求。

5) 关注规划实施,指导乡村发展建设

乡村规划的实施有别于一般的城镇规划,其实施主体较为多元,且自主性很强,若采用城镇规划"统规统建"的方式,则会导致规划内容机械、深度难以把握、不能体现乡土特色等问题,在规划落实上也会有一定的难度。基于乡村规划实施主体多元的特殊性,乡村规划应特别强调实际指导作用。实用性、可操作的乡村规划,应根据规划实施主体、实施方式和实施时序,形成"规划引导"和"建设指引"两个方面的内容,从而使得规划内容在深度上具有明显的层次差异:在宏观方面,对乡村的长远发展进行"规划引导",同时也对村民自主建设的内容提出相关建议;在微观方面,针对乡村急需解决的问题,提出具体的做法作为"建设指引",以保障规划实施的成效[14]。

与其他国土空间规划类型有所区别的是,乡村规划是直接面向村民、村集体的实施性规划,内容要简化、直观、实用并以问题为导向,便于实施。乡村规划的编制成果要避免长篇累牍、晦涩难懂的文本和图纸表达形式,确保村民易懂、村委能用、乡镇好管。

10.3.3 乡村规划的任务

乡村规划的主要任务是落实上级国土空间规划和相关部门对乡村发展的要求,根据村庄分类和国土空间开发保护、居民点建设、乡村治理等的实际需要,因地制宜地明确村庄规划内容,并合理确定规划编制的重点和内容深度。

(1) 切实保护耕地与自然资源,科学、有效、集约利用资源,促进广大乡村地区的可持续发展,保障构建和谐社会总体目标的实现;

(2) 根据村庄所在地的乡镇国土空间规划,结合乡村的实际情况,尊重村民意愿,科学引导确定乡村的发展方向,体现地方特色;

（3）以促进生产发展、服务农业为出发点，使乡村的所有资源可以得到保护与合理、有效的利用，促进生态产品的价值实现，使乡村的生产结构得到调整，加快乡村产业化发展，改善村民生活质量与水平；

（4）加强对乡村基础设施、生产与生活服务设施及公益事业建设的引导与管理，促进乡村精神文明建设与治理现代化，培育新型现代村民。

10.3.4 乡村规划编制的基本原则

按照"产业兴旺、生态宜居、乡风文明、治理有效、生活富裕"的乡村振兴总要求，统筹推进乡村经济建设、社会建设、空间环境建设、生态文明建设与政治建设，加快推进乡村治理能力现代化，加快推进农业农村现代化，让农业成为有奔头的产业，让农民成为有吸引力的职业，让农村成为安居乐业的美丽家园。制定乡村规划，要充分考虑村民的生产方式、生活方式和居住方式，以多样化、本土化、适宜化为导向，突出地方特点、文化特色和时代特征，保留村庄所特有的民居风貌、农业景观、乡土文化，防止"千村一面"；因地制宜、详略得当地规划村庄发展，做到与当地经济水平和群众需要相适应；坚持保护与发展并重，防止调减耕地和永久基本农田面积、破坏乡村生态环境、毁坏历史文化景观；积极发挥农民的主体作用，充分尊重村民的知情权、决策权、监督权，努力培育农民对乡村的认同感和归属感。

总体来说，乡村规划的编制应当遵循以下基本原则：

（1）保护优先，节约集约利用资源。优先保护自然生态空间，落实耕地和永久基本农田、生态保护红线的保护要求，明确底线管控要求。加强国土空间综合整治，优化乡村建设用地布局，盘活乡村零星分散的存量建设用地资源，逐步提高土地使用效率，着力增加耕地资源。另外，乡村地区土地使用的破碎化、土地浪费是当下乡村建设的通病，乡村规划的重要目标之一就是节约用地、优化空间布局，通过合理的规划达到土地使用高效、环境优美宜居的目标。

（2）因地制宜，体现地方和乡村特色。相对于城市而言，大部分乡村地区受到工业化的冲击相对较小，从而使得传统文化和地方特色在一定程度上得以保留，这些在乡村规划中应该充分挖掘、传承、彰显，切记不能用城市规划的思维来进行乡村规划、乡村空间布局。应深入挖掘并保护乡村自然山水环境和历史文化资源，传承和彰显乡村所特有的农业景观、建筑风貌、乡土文化。乡村规划建设要顺应新时代农民群众的生产、生活习惯和乡风文明建设的变化趋势，协调好与自然山水环境及原有村庄肌理的关系，体现文化特色、时代特征和地域特点。

（3）从乡村实际出发，尊重村民意愿。充分考虑乡村发展的现实条件，制定切合实际的规划。根据国土空间综合整治、村庄建设等需要，聚焦重点，编制多规合一的实用性村庄规划。坚持有序推进，防止一哄而上、片面追求村庄规划快速全覆盖，防止过度追求规划内容全面但缺乏实用性。

例如,对村庄的发展规模预测,宜与村庄的人口结构和周边地区的发展趋势紧密结合,避免过于乐观的估计。再例如,西部地区乡村的经济发展水平普遍较低,规划制定的配套公共服务就需要考虑维护成本等实际问题。乡村规划中村民的意愿对于规划的实施至关重要,应当深入开展驻村调研、逐户走访,详细了解村庄发展的历史脉络、文化背景和人文风情,充分听取村民诉求,获取村民支持。规划形成后,应组织村民充分发表意见,参与集体决策。规划成果报送审批前,应经村民会议或者村民代表会议审议,并在村庄内公示,确保规划符合村民意愿。

(4)发挥村民的主体作用,提高乡村治理能力。从乡村振兴的国际经验来看,政府支持、多元社会力量共同参与固然重要,但是,自下而上地发挥村民的主动性才是促进乡村健康永续发展的关键。综合应用各有关部门已有的工作基础,强化村民主体和村党组织、村委会主导,充分尊重农民意愿,群策群力共同做好规划编制工作。鼓励引导各类规划人才队伍驻村、驻镇进行服务,激励乡贤、能人参与规划编制,支持投资乡村建设的企业积极参与乡村规划工作。要将乡村规划的编制过程,作为凝聚人心、统一认知、提升乡村治理能力的重要抓手[3]。

在实际工作中,我们一般可以将乡村规划的内容分两个层面进行:一个层面是以行政村全域范围、山水林田湖草全域空间要素为对象的村域(村庄)规划;一个是以村域范围内村民集中居住的居民点为对象的村庄建设规划。

10.3.5 村域(村庄)规划的主要内容

村域规划是衔接镇村布局规划和村庄建设规划的重要环节,也是实现乡村全域统筹和多规融合的关键,一般以行政村为单元进行编制,其规划对象是整个村域范围。村域规划主要对基础设施建设、特色产业发展、生态环境整治、乡村民生改善等方面提出规划要求,村域范围内的各项保护与建设活动应当在村域规划指导下进行。村域规划要以镇乡国土空间规划为指引,因地制宜、突出特色,合理配置村域各类资源要素,统筹并落实各类规划要求,安排村域生产与生活服务设施建设,实现绿色生态可持续和乡村产业现代化的发展目标。

村域规划的主要内容在于对村域的各项建设活动提出控制引导要求,重在保护自然生态环境与历史文化资源,守护生态与耕地红线,并对行政村内的各村庄(居民点)布点及规模、产业及配套设施的空间布局提出总体要求,以实现村域的"一张图"管控,应包括以下内容:

(1)发展目标。遵循城镇化和乡村发展客观规律,按照镇村布局规划的村庄分类,合理预测村庄人口规模,制定村庄发展、国土空间开发保护等目标,落实生态保护红线、耕地保有量、永久基本农田保护面积、村庄建设用地规模等约束性指标,以及相关预期性指标。

(2)用地布局规划。在不改变上级规划约束性指标和强制性内容的前提下,根据村庄发展目标,优化调整村域用地布局,明确各类土地规划用途(国土空间用途分类)。落实生态保护红线、永久基本农田、历史文化保护等各类控制线,根据需要适当细化居住用地、集体经营性用地(商业、工业和仓储等)、公共服务设施和公用设施用地、道路交通用地等建设用地,以及农林用地、自然保护与保留用地等的规划布局。加强建设用地的弹性和兼容性管理,合理确定用途分类的深度(图10-5)。

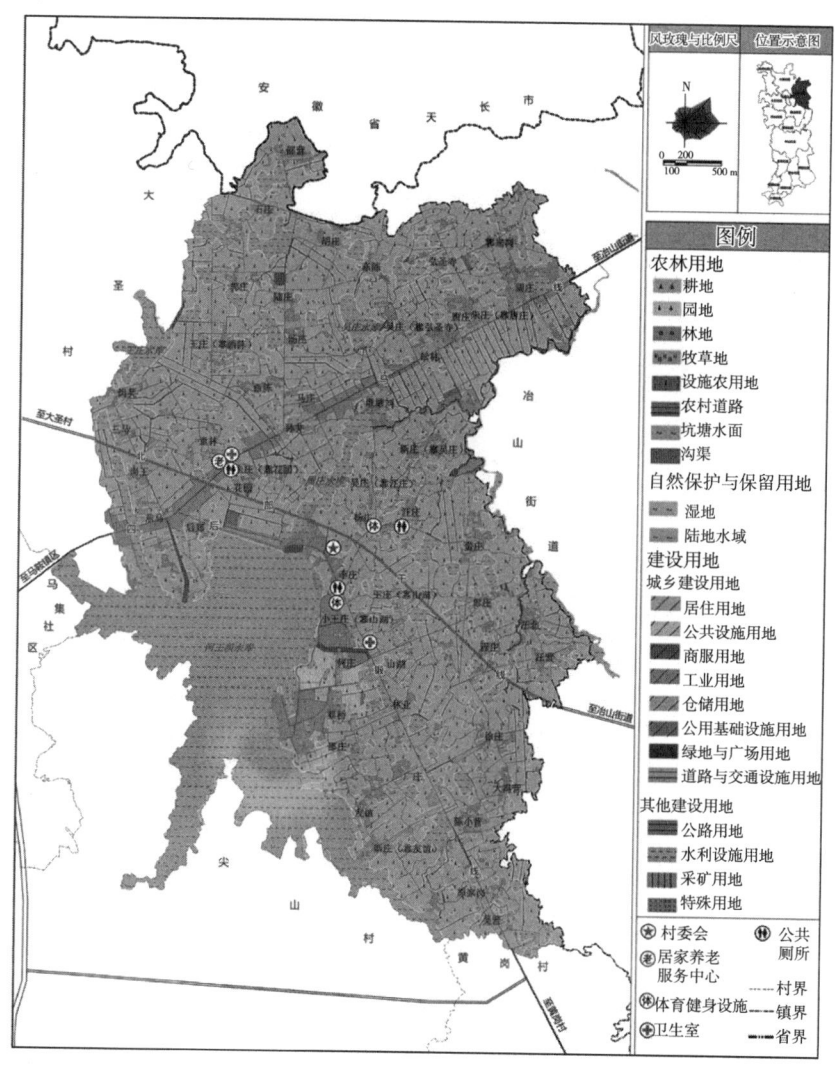

图 10-5 某村域空间总体规划

(3)国土空间用途管控。按照"农业空间规模高效、生态空间山清水秀、建设空间宜居适度"的总体原则,以用地布局规划内容为基础,依据相关法律法规及规定,确定农业空间、生态空间和建设空间相应的国土空间用途管控要求,引导各类土地合理保护和开发利用(图10-6)。农业空间原则上包括耕地、园地、林地、牧草地、其他农用地(含设施农用地、农村道路、田坎、坑塘水面、沟渠)等农林用地,农业空间主要包括永久基本农田、一般农业空间。生态空间原则上包括湿地、陆地水域、其他自然保留地等自然保护与保留用地，以及其他需要加强生态功能管控的区域。生态空间可细分为生态保护红线和一般生态功能区。建设空间指一定时期内因乡村发展需要，可以进行开发建设的区域，主要包括村民居住、公共服务和公用设施、工业仓储、道路交通等建设用地类型。

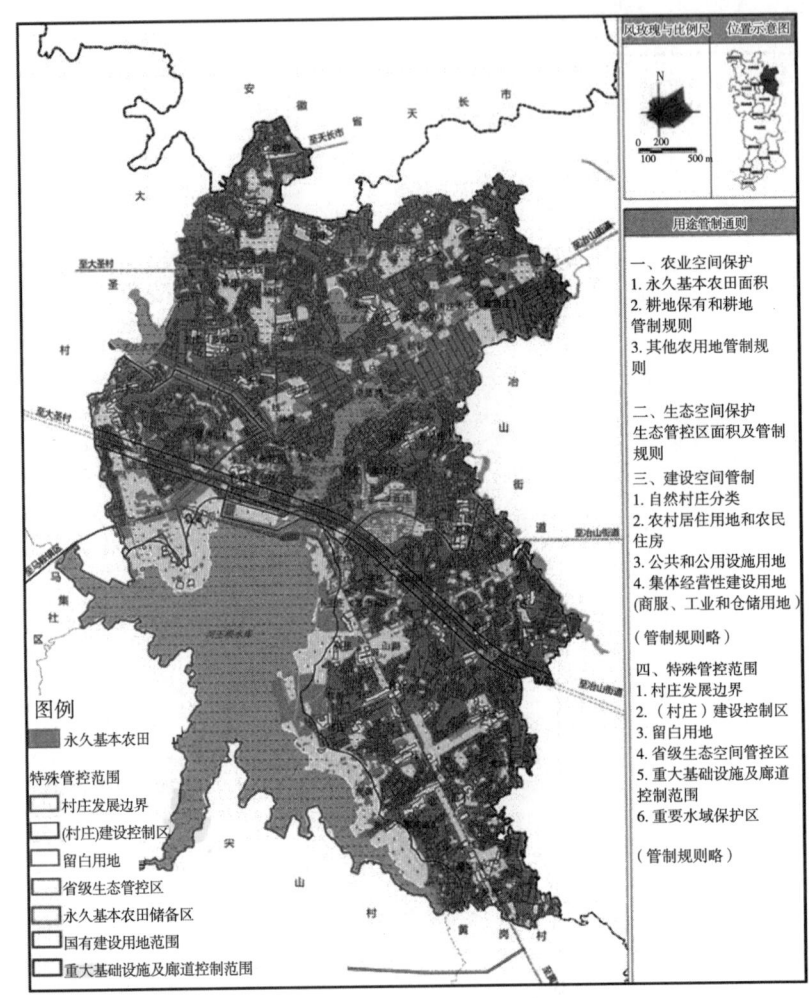

图 10-6　某村域国土空间用途管制

（4）耕地保护与生态修复。一是耕地和永久基本农田保护。落实永久基本农田划定成果，落实耕地保护任务和补充任务，守好耕地红线，明确永久基本农田地块（图斑）范围、保护要求和管控措施。统筹安排各类农业发展空间，推动循环农业、生态农业、高效农业发展。保障设施农业和农业产业园合理发展空间，促进农业转型升级。二是国土空间综合整治和生态修复。落实生态保护红线和自然保护地划定成果，优化村庄水系、林网、绿道等生态空间布局，加强植树绿化，尽可能多地保留乡村原有地貌、自然形态等，系统保护好乡村自然风光和田园景观。结合耕地和永久基本农田保护、生态保护修复、农村人居环境整治、乡村景观建设等工作,落实上级规划所确定的国土空间综合整治、生态修复目标与项目安排(图10-7)。

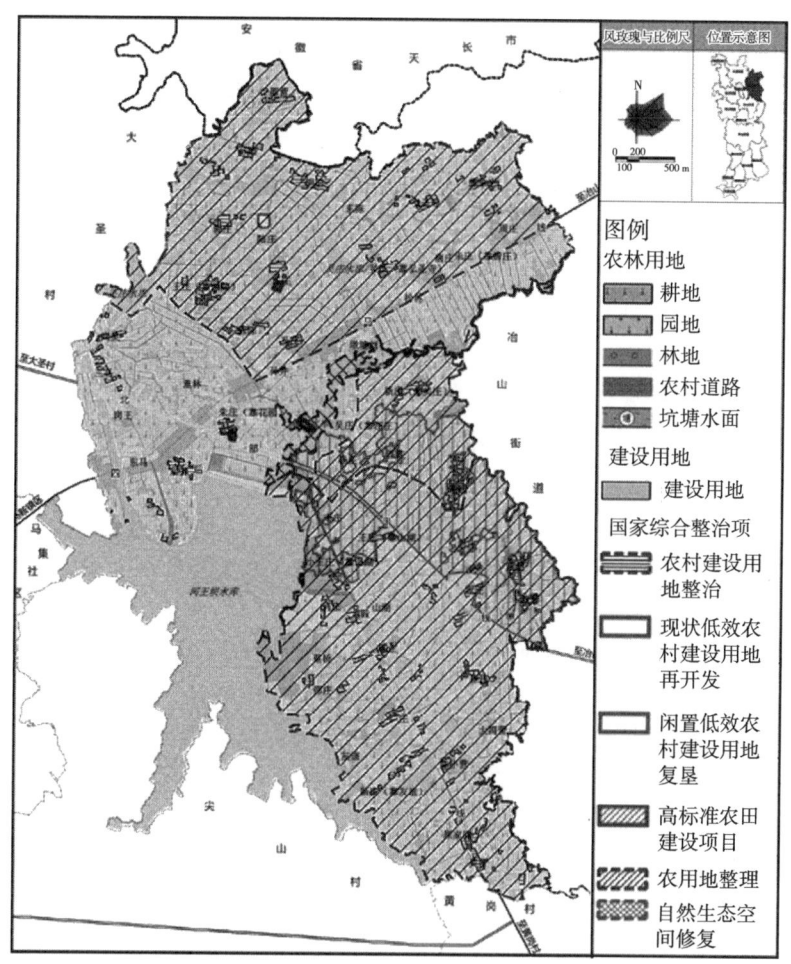

图10-7 某村域国土空间综合整治规划

（5）产业空间引导。统筹安排农、林、牧、副、渔等农业发展空间,促进乡村产业发展与用地布局相衔接。落实乡村产业发展相关政策要求,梳理村庄现状产业发展优势和特色,加强产业发展策划研究,明确主导产业发展方向,因地制宜地发展优势特色产业。合理保障乡村新产业新业态发展用地,根据需要明确各类产业用地规划用途、开发强度等要求,鼓励农业生产和村庄建设等土地的复合利用。城郊融合类村庄和特色保护类村庄,要加强乡村旅游和特色产业发展研究。优化村庄工业用地布局,引导乡村地区工业企业逐步向城镇产业空间集聚。盘活利用好村庄存量商业、工业和仓储等集体经营性建设用地,合理确定土地规划用途。

（6）村庄配套设施规划。一是公共服务设施规划。统筹考虑行政村管辖范围、自然村庄分类、人口规模、设施服务能力和村民实际需求等因素,合理确定必要的公共服务设施规划建设内容和要求。鼓励各类设施共建共享,提高使用效率,降低建设成本,避免重复建设和浪费。靠近城镇的村庄,可根据与城区、镇区距离的远近,优化调整公共服务设施配置内容和标准。二是道路交通规划。道路网布局要落实上级规划所确定的各类道路交通设施安排,做好用地预留和布局衔接。根据村庄的不同规模和集聚程度,选择相应的道路等级与建设标准。综合考虑乡村实际需要,结合村庄出入口、公共广场、住宅组团等,因地制宜地规划布局停车场地。三是公用设施规划。根据需要,明确必要的村庄给水、排水、供电、通信、燃气、环卫等市政公用设施规划建设要求,加强相关用地的规划保障落实,并合理确定规划内容和深度。四是防灾减灾规划。根据需要明确必要的村庄消防、防洪排涝、地质灾害防治、抗震、森林防火等防灾减灾设施规划建设要求,加强相关用地的规划保障落实,并合理确定规划内容和深度。

(7)居民点规划详见第10.4节。一是乡村居民点规划设计。有建设需求的自然村庄,在符合村域用地布局规划和用途管控要求的基础上,编制乡村居民点规划设计方案,并结合村庄规划管理和核发规划许可等实际需要,合理确定规划编制内容的深度和表达形式。二是历史文化保护和特色风貌引导。重视地域文化和乡土文化的挖掘,落实并划定需要进行保护的各类历史文化保护线,提出历史环境整体保护措施,保护好历史遗存的真实载体。加强乡村田园风貌、水系格局、建筑特色、村庄肌理、绿化景观等风貌的塑造和引导,保护好村庄的特色风貌,防止大拆大建,做到应保尽保,留住乡愁记忆。三是乡村人居环境整治。结合村庄人居环境现状基础和自然村庄分类,制定村庄人居环境整治规划方案,因地制宜地明确乡村生活垃圾治理、厕所粪污治理、生活污水治理、农业废弃物治理、村庄道路提升、绿化景观塑造、村容村貌提升等方面的措施和要求。涉及用地布局和项目建设的,应符合村庄用地布局规划和国土空间用途管控的要求(图10-8)。

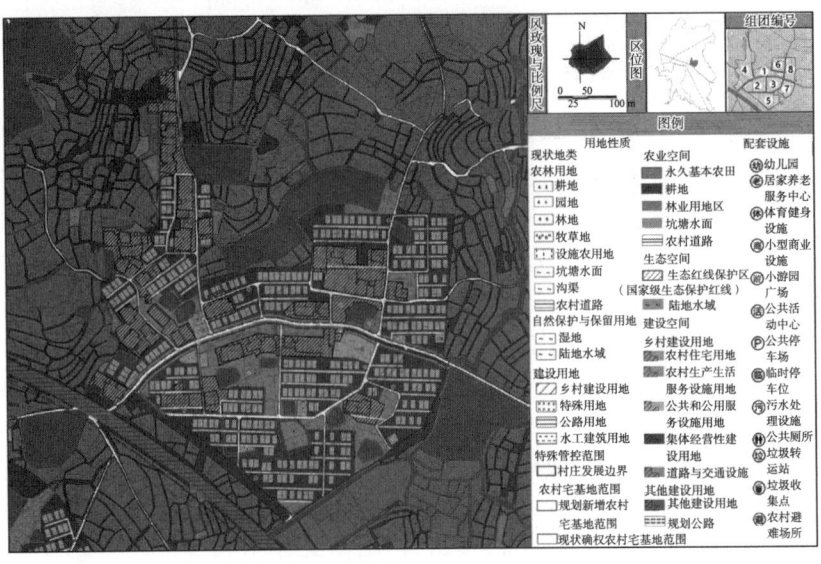

图10-8　某村庄居民点规划管控

10.4 村庄居民点建设规划

10.4.1 村庄居民点建设规划的基本任务

从广义上讲,村庄建设规划也是乡村规划的一项内容,其属于更加微观具体的居民点建设空间详细安排。并非所有的村庄都要做建设规划,一般是有增量建设项目、物质环境整治或特色自然与文化价值的村庄要编制村庄建设规划。村庄建设规划是在村域规划以及其他上位规划的指导下,具体安排村庄居民点各项建设的规划。其主要内容包括:对村庄住宅、公共服务设施、供水、供电、道路、绿化、环境卫生以及生产配套设施等做出具体安排。村庄建设规划宜以自然村为主体进行规划。

村庄建设规划应与乡村产业发展相结合,强化村庄建设的产业支撑,推进农业产业化建设。要尊重乡村地区长期形成的现状条件,因地制宜,突出乡村特点和地方特色。每个村庄都有其特殊的人文地理、风土民情与建筑景观,这些都是除了农产品之外的附加文化价值,应努力营造地方风格建筑与环境,使乡村的发展具有地域性与独特性。注重乡村资源的循环利用,建设可持续发展的乡村人居环境。

要将乡村人居环境整治作为村庄建设规划的重点,着力解决垃圾乱堆乱放、污水横流、建房无序等关系乡村民生的问题。要根据村庄现状条件和发展需求,科学编制不同类型村庄的建设规划。地处偏远、经济欠发达地区的村庄可制定实现人居环境干净整洁的目标,并纳入村规民约;具有一定基础和基本条件的村庄,应编制以人居环境整治为重点的村庄建设规划,提出乡村生活垃圾治理、卫生厕所建设、生活污水治理、村内道路建设和村庄公共设施建设等整治项目,并明确设施建设的时序;有基础、有条件和有需求的村庄,要在人居环境整治规划的基础上编制更加全面的村庄建设规划,制定厕所粪污治理、村庄产业项目、农房建设和改造、村容村貌提升和长效管护机制建设等相关措施;文旅经济发展较快、建设活动较多的城郊融合类、特色保护类村庄,还应在上述基础上提出建设管控要求和特色风貌保护要求。

10.4.2 村庄物质空间环境的优化

村庄建设规划的主要任务是优化村庄的物质空间环境,不断提高乡村人居环境质量。村庄物质空间环境的建设要摒弃城市建设中常常使用的规模化、人工化、标准化等惯性模式,而是要紧密结合乡村的自然、人文、社会环境特点与乡村居民的生产、生活方式需求,建设生态绿色、美丽宜居、乡土特色、实用可行的乡村环境。具体来说,主要是体现在如下几个方面:

1) 生态化

乡村地区是城乡空间的绿色生态基底,是有别于城市地区"钢筋混凝土"的诗意绿洲。唯有保护好自然环境与人文风貌,筑牢乡村振兴的生态屏障,使乡村重新成为望得见山、看得见水、记得住乡愁的承载者,才会吸引人们去旅游、生活和创业,进而实现乡村社会的全方位振兴[15]。一是乡村生态格局构建,保留和保护乡村地区的资源环境、地形地貌、生物多样性,以及人与自然、生物之间的共生共存关系,坚守基本农田保护线、重要生态资源保护线不受侵占,生态、生产、生活"三生"融合,营造山水林田湖与村庄共荣共生的区域生态格局。二是乡村产业生态化发展,重点发展生态农业,联动发展传统手工业和乡村旅游业,对现状"低效、零散、污染"的乡村工业进行整合改造,推动传统工业的转型升级,发展"低能耗、低污染、低排放"为基础的绿色工业和清洁工业,实现乡村生态经济良性循环。三是乡村建设要体现乡土生态,充分依托村庄外围的山水林田湖草等生态要素,民居有机散落于自然环境之中,保留自然优美的生态系统和田园风光,积极倡导"微田园"的村庄建设模式,努力展现乡村特有的田园景观、鸡犬之声、鸟语花香、瓜果菜香[16]。综合考虑村域内斑块、廊道和基质的生态控制与保护要求,合理确定村域内各个区块的开发建设强度,引导和控制建设行为[17]。

2)乡土化

改革开放以后的快速工业化、城镇化进程,伴随着农耕文明的没落,乡土文化与城市文化此消彼长,以缓慢、内敛、共生为特征的乡土文化逐步衰落,而以快速、张扬、个性为特征的城市文化快速侵占了乡村地区,但是并没有做到与原有乡土文化的完美嫁接,导致乡村地区建筑、绿化、小品等方面"奇奇怪怪"的现象屡见不鲜。乡村建设应以乡土文化为切入点展开各项工作,应避免盲目追求样式、风格而使乡土文化生存空间缺失。针对具有保护价值的村落,应以整体性保护为根本,在最大程度上保留原有村落结构与聚落空间环境等要素,延续、传承乡土文化资源,以村落为载体,对优秀乡土文化资源进行整体性保护、利用[18]。

乡村地区的乡土化塑造,一是向传统学习。向传统学习不是盲目地照搬传统,盲目地照搬传统不仅与时代背景相背离,而且会因为缺少生活的营养而枯萎,被村民所抛弃,应该是在传统文化中汲取营养,并有机融入现代的表达方式和手段。二是向乡土学习。伴随着工业化进程,建造技艺也走向标准化、模式化的道路,但是对于乡村民居而言,标准化、模式化的建造方式会丧失乡村的多样性和丰富性,造成"千村一面"的劣质景观。几千年来,我国形成了以土、木、砖、石为主要材料的传统营造技术,并且各地在此基础上进行了多样化的发展。传统营造技术是先辈们不断总结发展而来,凝聚了对于乡土文化、材料、自然、场所的深刻理解,因此创新性地继承传统建筑技艺,有助于地方建筑特色的营造。同时还要保证材料的乡土性,尽可能地利用其生长土壤上的材料进行建造、装饰,既保证充分的乡土性,也便于后期的维护更新[19]。

3)特色化

自然与人文风貌特色是村庄的"灵魂",应将村庄风貌特色的挖掘和塑造作为重要任务。村庄风貌特色是若干要素的综合体现。对村庄特色的挖掘和发扬应基于现状村庄特征，从自然景观特色、地域文化特色和产业特色入手，对村庄现状特征做细致分析，从中汲取有益要素（图10-9）。

图10-9　某村庄居民点空间布局

一是要体现自然景观特色。自然环境是村庄的基底，村庄所有的建设行为均在自然的基础上进行，均是对自然的改造。因此，村庄环境整治应体现自然特色，表现出对自然的尊重，实现与自然的有机融合。将景观生态规划有机融入土地整理之中，使土地整理单一的生产目标中逐渐融入生活、生态的因素，需依据景观生态学的有关理论进行综合规划设计；注意景观生态的保护与多样性建设，促进系统的稳定性进一步提高。可以通过多种方式体现村庄自然特色，例如，村庄建筑依据现状地形地貌布局；最大化保留和利用原有植被、水体；利用蔬菜、果树、庄稼等瓜果蔬菜和乡土树种，塑造别具一格的村庄景观[20]。

二是要体现地域文化特色。地域文化是一个地方发展的灵魂。每个时代的发展都会留下一些痕迹，包括有形的和无形的，我们统称为历史文化遗产。凡是有一定历史的地方，不论是城市还是乡村，多少都会有一定的文化内涵，具体到乡村文化，可以是乡规民约、乡风民俗、节庆活动、特色美食、历史构筑物等。村庄文化特色在村民心中具有普遍的认同感，同时相对于其他地域村庄也具有独特性，应研究在传统中汲取营养要素并加以运用。很多现代建筑设计风格和表现形式也能较好地体现村庄风貌特色，规划应积极探索、融会贯通，寻找符合现代村民生产、生活习惯和审美习惯的村庄空间形态和建筑形式。在乡村规划中，应充分保护与发扬地域文化，提升地方的文化内涵与品位，凸显村庄的特色。

三是要体现产业特色。村庄活力的根源在于村庄产业的发展和农民收入水平的提高,村庄产业如同造血机器,如果一个村庄没有合适的产业发展,那这个村庄也是灰色的、没有活力的,更谈不上是有特色的。体现村庄的产业特色主要可以从三个方面着手:①留足空间发展特色产业,特别是特色种植业,实现产业发展和村庄建设的相互融合,同时,这些特色作物种植也有利于村庄绿化景观的提升(图10-10)。②善于对特色产业进行提炼,如绘画、美食制作等乡村特色手工业,可以通过色彩、图案等形式在村庄环境整治中得以体现。③着重考虑乡村旅游业发展所带来的影响,特别是给村庄道路、停车、公厕、环卫等设施配套和公共空间所带来的影响,结合乡村旅游产业建设各种别具特色的空间场所[20-21]。

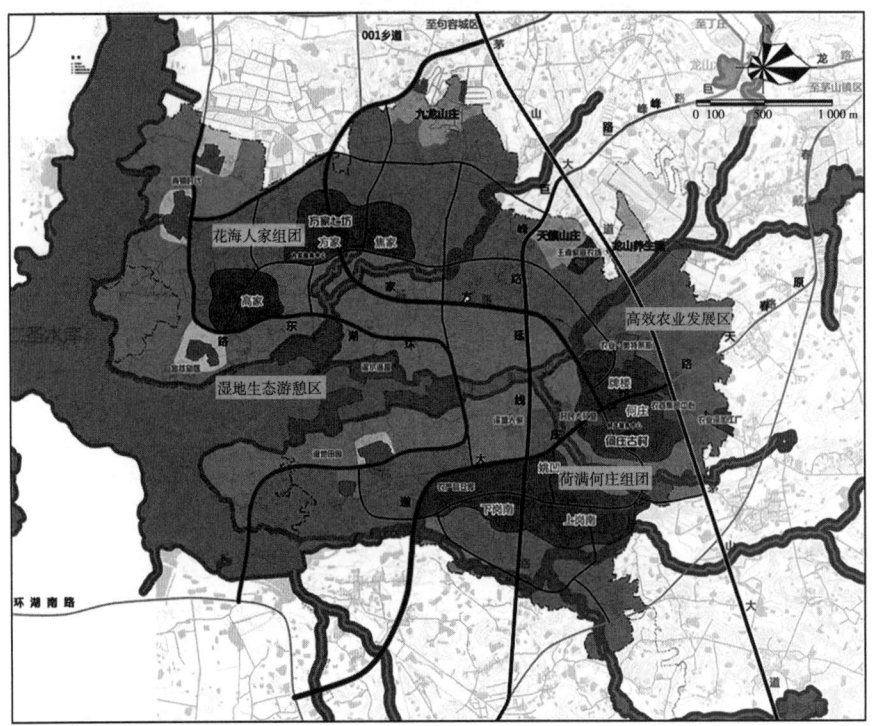

图 10-10　某村产业空间布局

第 10 章参考文献

[1] 全国城市规划执业制度管理委员会. 城市规划原理[M]. 北京:中国建筑工业出版社,2000.

[2] 邹德慈. 审时度势,统筹全局,图谋致远,开拓进取:谈战略规划的若干问题[J]. 城市规划,2003,27(1):17-18.

[3] 李京生. 乡村规划原理[M]. 北京:中国建筑工业出版社,2019.

[4] 申明锐,张京祥. 新型城镇化背景下的中国乡村转型与复兴[J]. 城市规划,2015,39(1):30-34,63.

[5] 张京祥,申明锐,赵晨. 乡村复兴:生产主义和后生产主义下的中国乡村转型[J].

国际城市规划,2014,29(5):1-7.
[6] 罗震东,周洋岑. 精明收缩:乡村规划建设转型的一种认知[J]. 乡村规划建设,2016(1):30-38.
[7] 周岚,于春. 乡村规划建设的国际经验和江苏实践的专业思考[J]. 国际城市规划,2014,29(6):1-7.
[8] 孟广文,汉斯·盖布哈特(Hans Gebhardt). 二战以来联邦德国乡村地区的发展与演变[J]. 地理学报,2011,66(12):1644-1656.
[9] 钱玲燕,干靓,张立,等. 德国乡村的功能重构与内生型发展[J]. 国际城市规划,2020,35(5):6-13.
[10] 宁满秀,袁祥州,王林萍,等. 乡村振兴:国际经验与中国实践:中国国外农业经济研究会2018年年会暨学术研讨会综述[J]. 中国农村经济,2018(12):130-139.
[11] 韩道铉,田杨. 韩国新村运动带动乡村振兴及经验启示[J]. 南京农业大学学报(社会科学版),2019,19(4):20-27.
[12] 邱春林. 国外乡村振兴经验及其对中国乡村振兴战略实施的启示:以亚洲的韩国、日本为例[J]. 天津行政学院学报,2019,21(1):81-88.
[13] 刘彦随. 中国新时代城乡融合与乡村振兴[J]. 地理学报,2018,73(4):637-650.
[14] 赵毅,段威. 县域乡村建设总体规划编制方法研究:以河北省安新县域乡村建设总体规划为例[J]. 规划师,2016,32(1):112-118.
[15] 张志胜. 多元共治:乡村振兴战略视域下的农村生态环境治理创新模式[J]. 重庆大学学报(社会科学版),2020,26(1):201-210.
[16] 赵毅,张飞,李瑞勤. 快速城镇化地区乡村振兴路径探析:以江苏苏南地区为例[J]. 城市规划学刊,2018(2):98-105.
[17] 丁蕾,陈思南. 基于美丽乡村建设的乡村生态规划设计思考[J]. 江苏城市规划,2016(10):32-37.
[18] 卢渊,李颖,宋攀. 乡土文化在"美丽乡村"建设中的保护与传承[J]. 西北农林科技大学学报(社会科学版),2016,16(3):69-74.
[19] 汪晓春,张伟. 浅议特色田园乡村内涵、背景及特点[J]. 小城镇建设,2018,36(10):5-12.
[20] 汪晓春,李杨. 村庄环境整治规划编制研究[J]. 江苏城市规划,2012(2):27-31.
[21] 席建超,王首琨,张瑞英. 旅游乡村聚落"生产—生活—生态"空间重构与优化:河北野三坡旅游区苟各庄村的案例实证[J]. 自然资源学报,2016,31(3):425-435.

第10章图表来源

图10-1至图10-3源自:吴小平,刘筱,费立荣. 全域视角下的最美乐居小镇规划——以《海口市演丰镇总体规划修编(2013—2030)》为例[J]. 规划师,2016,32(12):121-128.

图10-4源自:南京大学城市规划设计研究院.《淮安市国土空间总体规划(2021—2035)》.

图10-5至图10-8源自:程茂吉. 基于详细规划定位的村庄规划土地用途管制方式和管控重点研究[J]. 城乡规划,2021(06):39-47.

图10-9源自:南京大学城市规划设计研究院.《南京市江宁区徐家院特色田园乡村规划》.

图10-10源自:南京大学城市规划设计研究院.《句容市茅山镇何庄村总体规划》.

11 魅力人居与建成环境营造

资源环境保护、土地利用管控是国土空间规划的重要内容,但并非根本目的和唯一目的。国土空间规划作为一种重要的公共政策,其编制、实施、管理的出发点与归宿都是"以人为本",通过塑造美好的人居环境来满足人民群众对于美好生活的向往,经济发展、资源环境管控等都是实现这一目标的手段和路径。需要特别指出的是,生态文明建设时代的"以人为本",并非狭隘化的"以人的私利和无限的物质欲望为中心",而是建立在人与自然和谐、人对物质欲望需求的理性节制、追求永续健康发展的前提之上的。因此,如何实现充满魅力的人居环境并对城乡建成环境进行高质量的营造,也是国土空间规划必须关注的重要内容。

11.1 城乡历史文化遗产保护[1]

11.1.1 历史文化遗产保护的意义与基本原则

历史文化遗产是人类发展历史上遗留下来的、真切的历史见证,是与城乡环境和场所密切相关的集体记忆。城乡空间作为一种文化产物,是经济社会的文化景观呈现,更是历史文化发展的重要载体。历史文化遗产的保护对于人们认识自己的历史和创造力量,揭示人类社会发展的客观规律,认识并促进当代和未来社会的科学发展,都具有重要的现实意义。经济越发展,社会文明程度越高,保护历史文化遗产的工作就越显重要。

城乡历史文化遗产泛指城乡地域之内、地上地下所有的有形遗存和无形文化积累,包括物质文化遗产和非物质文化遗产。物质文化遗产是指具有历史、艺术和科学价值的文物、历史文化名城、历史文化街区与村镇等。非物质文化遗产是指各种以非物质形态存在的与群众生活密切相关、世代相承的传统文化表现形式,包括口头传统、传统表演艺术、民俗活动和礼仪与节庆,有关自然界和宇宙的民间传统知识和实践、传统手工艺技能等,以及与上述传统文化表现形式相关的文化空间。

《中华人民共和国文物保护法》确定的不可移动文物有四类:文物保护单位、历史文化名城、历史文化街区、历史文化村镇。文物保护单位是对确定纳入保护对象的不可移动文物的统称,并对文物保护单位本体及其周围一定范围实施重点保护的区域,分为国家重点文物保护单位、省级文物保护单位和市、县级文物保护单位三级。古建筑、近现代重要史迹和代表性建筑等不可移动文物一般处于城乡建成环境之中,甚至往往还有人居住,因此与国土空间规划及城乡建设关系非常密切,对其保护也要求具有较强的功能性。历史文化名城是指那些"保存文物特别丰富,并且具有重大历史价值或者革命纪念意义的城市"。历史文化街区、历史文化村镇则是那些"保存文物特别丰富,并且具有重大历史价值或者革命纪念意义的城镇、街道、村庄"。

城乡历史文化遗产的保护要遵从如下一些原则:

(1) 原真性原则。自联合国《保护世界文化和自然遗产公约》(1972年)发布以来,原真性已经成为定义、评估、监控世界文化遗产的基本原则。文物古迹和历史环境是历史信息的物化载体,历史信息包含今天尚未认识而于明天可能被认识的信息,因而历史文化遗产的固有特征和所表达的信息不应被改变或受到威胁,文化遗产的原真性衡量了文化遗产表现形式与文化意义内在统一的程度。

(2) 完整性原则。强调环境对历史遗产的重要意义,任何历史遗存均与其周围的环境同时存在,失去了原有环境就会影响对历史信息的正确理解。因此,文物古迹在历史演化过程中所形成的包括各个时代特征、具有价值的物质遗存都应得到尊重。

(3) 永续性原则。永续性要求我们认识到遗产保护的长期性和连续性,城市遗产保护不是单纯的文物古迹保护,而是更多地立足于对城乡自然环境、历史变迁轨迹的尊重,重新认识并充分利用"自然—经济—社会"复合系统中的现有资源,不断丰富城乡文化的内涵和生命价值。

11.1.2 历史文化名城保护规划

《历史文化名城名镇名村保护条例》明确了申报国家历史文化名城、名镇、名村的条件:一是保存文物特别丰富;二是历史建筑集中成片;三是保留着传统格局和历史风貌;四是历史上曾经作为政治、经济、文化、交通中心或者军事要地,或者发生过重要历史事件,或者其传统产业、历史上建设的重大工程对本地区的发展产生过重要影响,或者能够集中反映本地区建筑的文化特色、民族特色。申报历史文化名城的,在所申报的历史文化名城保护范围内还应当有两个以上的历史文化街区。

历史文化名城有各种不同的分类方法,简单可以分为两种:一种是根据名城的特征进行分类,一种是根据名城的保护现状进行分类。

第一种分类的方法是根据历史文化名城的形成历史、自然和人文地理,以及它们的城市物质要素和功能结构等方面进行对比分析,归纳为几大类型:①古都型。以都城时代的历史遗存物、古都的风貌为特点,如北京、洛阳、西安。②传统风貌型。保留了某一时期及几个历史时期积淀下来的完整建筑群体的城市,如平遥、韩城。③风景名胜型。由于建筑与山水环境的叠加而显示出其鲜明的个性特征的城市,如桂林、苏州。④地方及民族特色型。由地域特色或独自的个性特征、民族风情、地方文化构成城市风貌主体的城市,如丽江、拉萨。⑤近现代史迹型。反映历史上某一事件或某个阶段的建筑物或建筑群为其显著特色的城市,如上海、遵义。⑥特殊职能型。城市中的某种职能在历史上占有极突出的地位,如"盐都"自贡、"瓷都"景德镇等。⑦一般史迹型。以分散在全城各处的文物古迹为历史传统体现主要方式的城市,如长沙、济南等。

第二种分类方法是从制定保护政策的需要出发,按保护内容的完好程度、分布状况等来进行分类,大致分为以下几种情况:①古城的格局风貌比较完整,有条件采取全面保护的政策。②古城风貌犹存,或古城格局、空间关系等尚有值得保护之处。③古城的整体格局和风貌已不存在,但还保存有若干体现传统历史风貌的街区。④少数历史文化名城,目前已难以找到一处值得保护的历史文化街区,重要的不是去再造一条仿古街道,而是要全力保护好文物古迹周围的环境。各个历史文化名城应该根据自己的情况,认识自己的优势和不足,从而确定工作重点,并采取相应的措施。

历史文化名城保护的内容主要有两个方面:在物质性要素保护方面,主要包括历史城区的格局和景观风貌;与历史名城发展和文化传统形成有联系的自然环境景观;反映名城空间特征和传统风貌的历史地段和历史建筑群;城区外保存完好的历史村镇,各级文物保护单位(图11-1)。在非物质性要素(即无形文化遗产)保护方面,主要包括地方民俗、民间工艺、节庆活动、传统风俗等内容。

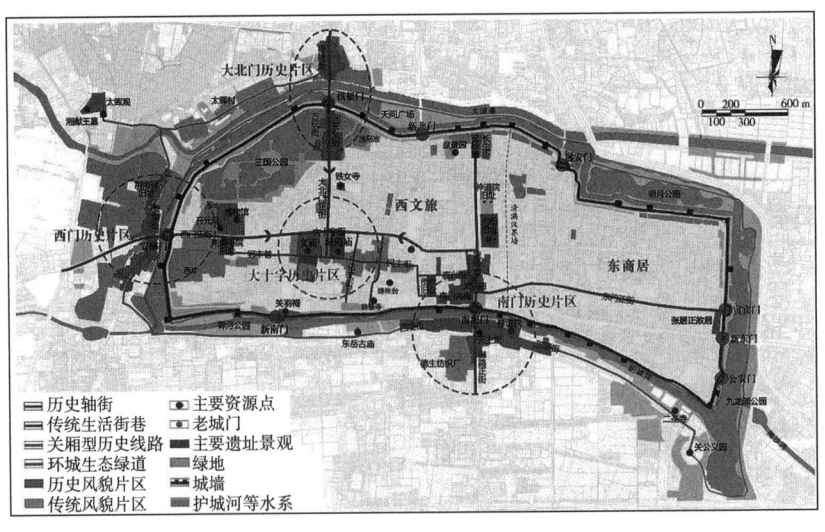

图 11-1　荆州历史城区保护规划

11.1.3 历史文化街区保护规划

随着我国经济社会的快速发展、高速城镇化进程的推进，人们更加强烈地意识到了传统街区、传统村镇能够从更广泛的视角反映历史和文化在社会变迁中的作用。《中华人民共和国文物保护法》中规定："保存文物特别丰富并且具有重大历史价值或者革命纪念意义的城镇、街道、村庄，由省、自治区、直辖市人民政府核定公布为历史文化街区、村镇，并报国务院备案。"同时，要求所在地的县级以上地方人民政府应当组织编制专门的历史文化街区、历史文化名镇与名村保护规划。

2002年修订的《中华人民共和国文物保护法》中增设了历史文化街区保护制度，指出历史文化街区是指保存有一定数量和规模的历史建筑、构筑物且传统风貌完整的生活地域，它有较完整的传统风貌，具有历史典型性和鲜明的地方特色，能够反映城镇的历史面貌，代表城镇的个性特征。总之，历史文化街区是由保存着真实历史信息的物质环境为主体构成，以保存有一定数量和比例的历史建筑为基本特征，历史建筑、构筑物是构成历史文化街区整体风貌的主体要素。一般情况下，历史文化街区有如下特征：

（1）历史文化街区是有一定规模并具有较完整或可整治的景观风貌，没有严重的视觉环境干扰，能反映某历史时期某一民族及某个地方的鲜明特色，在这一地区的历史文化中占有重要地位，代表这一地区历史发展脉络和集中反映地区特色的建筑群。其中或许每一座建筑都达不到文物的等级要求，但从整体环境来看，却具有非常完整而浓郁的传统风貌，是这一地区历史的见证。

（2）有一定比例的真实遗存，携带着真实的历史信息。历史文化街区不仅包括有形的建筑群及构筑物，而且包括蕴藏其中的"无形文化资产"，如世代生活在这一地区的人们所形成的价值观念、生活方式、组织结构、人际关系、风俗习惯等。从某种意义上讲，"无形文化资产"更能表现历史文化街区特殊的文化价值。

（3）历史文化街区应在城镇生活中仍发挥重要的作用，是生生不息的、具有活力的社区。这也就决定了历史文化街区不但记载了过去城市大量的文化信息，而且还不断生长并继续记载着当今城市发展的信息。

在国土空间规划中划定历史文化街区，是保护城乡历史文化遗产的一种方法。同时，为保护和协调历史文化街区的整体风貌，可根据实际需要，在历史文化街区外围划定环境协调区并受到空间规划、文物保护等相关规定的管制。历史文化街区的保护，应当保护历史遗存的真实性，保护历史信息的真实载体，保护历史风貌的完整性，保护街区的空间环境，同时要维持社会生活的延续性，继承历史文化传统，改善基础设施和居住环境，保持街区活力。此外，在历史文化街区核心保护范围内，要按照建筑物保护分类提出建筑高度、体量、外观形象及色彩、材料等控制要求。建设控制地带应当按照与历史风貌相协调的要求,控制建筑的高度、体量和色彩。在不改变街道空间尺度以及风貌的情况下,优化历史街区内的交通环境,提出历史文化街区内基础设施改善和消防等防灾规划措施。

11.1.4 历史文化名镇、名村保护规划

历史文化名镇、名村是我国历史文化遗产的重要组成部分,它们反映了不同时期、不同地域、不同民族、不同经济社会发展阶段聚落形成和演变的历史过程,真实记录了传统建筑风貌、优秀建筑艺术、传统民俗民风和原始空间形态,具有很高的研究和利用价值。2008年国务院公布了《历史文化名城名镇名村保护条例》,规定"历史文化名城、名镇、名村的保护应当遵循科学规划、严格保护的原则,保持和延续其传统格局和历史风貌,维护历史文化遗产的真实性和完整性,继承和弘扬中华民族优秀传统文化,正确处理经济社会发展和历史文化遗产保护的关系"。

住房和城乡建设部、国家文物局共同制定了《中国历史文化名镇(村)评选办法》,规定条件如下:

(1) 历史价值和风貌特色。建筑遗产、文物古迹比较集中,能较完整地反映某一历史时期的传统风貌和地方特色、民族风情,具有较高的历史、文化、艺术和科学价值,辖区内存有清末以前或有重大影响的历史传统建筑群。

(2) 原状保存程度。原貌基本保存完好,或已按原貌整修恢复,或骨架尚存、可以整体修复原貌。

(3) 具有一定规模。镇现存历史传统建筑总面积在 $5\,000\,m^2$ 以上,或村现存历史传统建筑总面积在 $2\,500\,m^2$ 以上。

历史文化名镇、名村保护规划主要包括如下内容:①核心保护范围和建设控制地带的界线;②保护的原则和保护内容;③建筑物的保护、维修、整治方式;④传统格局和历史风貌保护要求;⑤基础设施的改造和建设;⑥用地功能和建筑物使用的调整;⑦分期实施计划、近期实施项目的设计和概算。规划要对村镇历史文化价值进行概述;提出保护原则和保护工作的重点;村镇整体层次上保护历史文化名村、名镇的措施,包括功能的改善、用地布局的选择,或调整空间形态,或视廊的保护、村镇周围自然历史环境的保护等;各级文物保护单位的保护范围、建设控制地带,以及各类历史文化街区的范围界线,保护和整治的措施要求;对重要历史文化遗存修整、利用和展示的规划意见;重点保护、整治地区的详细规划意向方案;规划实施管理措施等。

11.2 城乡宜居空间营造

当前我国社会经济发展阶段正在发生历史性转变,人民日益增长的美

好生活需要和不平衡不充分的发展之间的矛盾,已成为当前我国社会的主要矛盾。为了实现人民生活品质的提升,满足人民对美好生活的追求,城乡发展也必须从高速度转向高质量发展。宜居性和生活品质的提升是城乡高质量发展的基本内涵,从"人"的感受体验出发,以"人"的需求为导向,以人为本地营造和谐、宜居的城乡空间,已成为国土空间规划的重要任务之一。

11.2.1 以人为本的宜居环境建设

1) 背景与理论基础

20世纪中后期对现代主义城市规划思想的反思,成为"宜居"观念开始形成和传播的重要契机。在这一时期,城市人口、产业的进一步集中,使得空气污染、生态环境恶化、自然资源过度消耗等问题更加严峻;大量人工建成环境带来的交通拥堵、地价与房价高昂、居住生活品质下降等问题,亦使生活在其中的居民产生视觉、心理上的巨大不适应与失落感。人们越来越深切地意识到,城市不应仅仅是经济技术发达、资本集聚的地方,更应该首先是适宜人类生活的场所,从而推动了社会各界对城乡发展方式的反思和对"城市宜居性"的关注与讨论[2]。1961年世界卫生组织(WHO)将居住环境营建的基本理念总结为"安全性、健康性、便利性、舒适性"四点,成为对城市宜居内涵进行概括的重要观点。

1990年代后,宜居发展观念逐渐在全球范围内得到越来越广泛的认同。1996年在土耳其伊斯坦布尔举行的联合国第二次人居大会,正式提出"城市应当是适宜居住的人类居住区"(Livable Human Settlements)。新城市主义学派提出"以人为本,提高居民生活质量"应当是城市设计的基本原则,并将营造良好的都市生活氛围、创造和保持城市肌理、再现城市社区公共空间生命力的人性化城市设计作为其最高目标。围绕宜居环境建设的一系列实践探索在全球范围内展开,巴黎、温哥华、伦敦等众多城市都先后在城市发展战略中将建设"宜居城市"列入发展目标,说明创建宜居的城乡空间已成为当代城乡建设发展最主要的价值取向之一。

随着我国城乡发展由高速度转向高质量发展,注重城乡发展的宜居性、提高城乡发展品质已经成为全社会的共识[3]。2005年召开的全国城市规划工作会议明确提出"把宜居城市建设作为全国城市规划工作的重要内容",在全国掀起了宜居城市的研究实践浪潮[4]。吴良镛院士在已有的人居环境研究基础上,针对我国城乡建设的复杂性、整体性,创造性地建构了中国人居环境科学理论[5],成为指导当代我国城乡宜居环境研究、实践的重要理论。人居环境理论提倡通过融贯的综合研究、整体设计,探讨整体地思考和解决问题的途径,具有经世济用、环境设计、人本关怀、文化浸润四个方面的突出特点,其生态观、经济观、科技观、社会观、文化观为我国城乡宜居环境的营造打下了坚实的理论基础。2019年中共中央、国务院发布《关于建立国土空间规划体系并监督实施的若干意见》,其中明确提出"国土空间规划是坚持以人民为中心,实现高质量发展和高品质生活、建设美好家园的重要手段",引导宜居城乡建设、提升城乡环境品质是国土空间规划工作的重点内容。

2) 宜居环境建设的内涵特征

城市与乡村因人的需要而产生,城乡发展建设的根本目的是为人类提供更优良的物质和精神享受,让城乡居民生活得更加美好。宜居城乡建设通过规划、设计等手段,为人们创造更加优美宜人的居住、工作、生活环境,从而使人民生活得更加幸福。因此,以人为本,营造关心人、方便人、陶冶人、温馨舒适的人居环境,是宜居环境建设的核心内涵。近年来,以"宜居城市"为代表,"宜居性"的内涵范畴已经从物质环境拓展到经济、社会、文化、生态等层面,成为一个更为综合的概念,既包含对城乡居住环境、公共空间、自然生态环境、公共服务体系等物质环境层面"硬件"的设计,又包含对城市社会环境、经济环境、文化特色等社会经济层面的"软件"要求。良好的人文环境与自然环境、舒适齐备的基础设施、持续繁荣的城市经济、和谐稳定的社会氛围等,都成为影响城市宜居水平的要素[6]。与此同时,随着多学科的交叉融合,宜居环境建设的研究范畴也从最初的城市建成区拓展到包括乡村、城镇、区域等在内的更为广泛的"人居环境(人类聚落)",乡村宜居环境的营造成为当前宜居环境建设的热点领域。

由于不同地区在历史文化、性质、规模、地域环境等方面存在很大的差异,城乡"宜居程度"很难有一个放之四海而皆准的评判标准,但是人们对宜居的城乡空间所应具备的基本特征仍然达成了一定的共识:在物质环境方面,宜居的城乡空间应当拥有优美、整洁、和谐的生活、生产、生态环境,如新鲜的空气、水,整洁的街区,适宜的开敞空间和良好的绿化;在软性环境方面,则应当具有安全、便利、舒适的社会人文环境,如确保人人享有适当的住房条件、充分的就业机会、完善公平的基础设施配套、和谐的社区文化与邻里关系、鲜明的地方文化特色[7]。相应的,宜居的城乡空间也对城乡发展模式提出了新的要求:发展理念不再是一味地追求经济增长,而是转向为人的全面发展服务;城乡社区建设、基础设施和公共服务配置等,应当充分考虑居民的需求、行为活动规律特征;城乡空间营造应当重视"人性化",既避免过分追求效率导致的"见物不见人",也要避免只追求视觉的美感或气势而忽略了实际的功能用途。

11.2.2 城乡社区营造与宜居生活圈规划

社区作为人们工作与生活的基本单元,是城乡空间最基本的"细胞",它与每个人的日常生活休戚相关、密不可分,对人们的生活品质和感受产生着最为直接的影响。一个城市、乡村是否宜居,首先表现为这里的社区是否宜居。在面向美好生活追求的新时代,如何构建安全、便利、健康、符合新型生活和生产方式需求的城乡社区生活圈,让美好生活从美好社区出发,是国土空间规划所必需关注的重要问题。

1)宜居社区场所营造

我国居住区规划过去受到西方邻里单位理论和苏联居住区规划模式的影响,主要从设施供给视角出发,采取"千人指标""服务半径"等单一规划方法,快速获得新建社区的设施种类与配置规模,再将用地性质、开发规模和公共服务设施配套等刚性指标通过控制性详细规划予以法定化,成为一种自上而下、高效率的理性规划[8]。在城镇化快速发展时期,此类规划方式全覆盖、操作性强、空间蓝图清晰的特点能够适应城市快速建设的需求,在保障城市居住区的基本环境品质中发挥了巨大作用。但是居住区规划高度关注社区空间资源的有效利用、重视物质功能组织、追求经济效益或技术经济指标最优,却对居住社区中的社会文化及人的主体性地位关注不足,忽略了个体需求,社区居民被视为客观的规划对象,而非具有主观能动性的社区发展参与者,可以说是严重的"见物不见人"[9]。

在城市扩张放缓、城镇化从注重数量到关注质量转变的新背景下,以消除差异化的千人指标作为核心的居住区规划,显然不能满足未来发展的需要。近年来,随着生活水平的日益提高和"以人为本"的城乡发展价值观念的转向,如何以人为核心、围绕人的感受和需求,提升居住社区空间品质、营造宜居的居住社区场所,开始受到越来越多的关注,宜居社区营造的理念也开始在城乡社区层面的规划中被频繁提及。作为一个综合的场所营造理念,宜居社区的营造是对社区中人与自然空间环境的关系、人与人的社会关系,以及建筑与环境、社区与城乡系统关系的全面营造,以实现居住条件、空间环境、生态环境、人文环境、经济环境等多维度要素的协调发展。宜居的城乡居住社区,不仅具有空间结构与建筑布局合理舒适、生活配套设施完善等物质环境的特点,而且应当具备生态环境及景观体系优美、管理服务体系高效、社区文化鲜明、居民认同感与归属感强等社会经济、文化层面的特征。

宜居城乡社区的营造体现了人本主义的当代价值取向,以及社会文化、技术与空间环境协调发展的城乡发展新趋势,弥补了传统居住空间营造实践中对社会文化及人的主体性地位关注不足的重大缺陷。如今在全球范围内,基于人文精神和可持续思想的宜居社区建设,也已成为不同政治、经济、文化背景的人类社会发展的共同主题,共同致力于实现居住空间最高的社会与人文价值——"让人类诗意地栖居在此大地之上"。

2)宜居生活圈规划

社区生活圈的研究与实践最早起源于日本。1960年代,为应对城市化过程中所出现的资源过度集中、城乡差距拉大等问题,日本政府提出"地方生活圈""定住圈"等概念,将其作为城乡规划管理和建设的基本空间单元。其中,"定住圈"提出以人的活动需求为核心,针对居民各项日常生活需要规划一日生活所需的空间单元,为社区生活圈的发展提供了理论基础[10]。社区生活圈不仅具有鲜明的地理空间特征,而且具有社会和经济空间的属性,既是居住生活活动在地理空间上的投影,也是相互关联的生活功能空间的集合,还是居民参与社会生活和获得公共服务的共享平台。近年来,随着我国城乡空间建设从关注物质空间到关注人民生活质量的提升,宜居生活圈的规划理念由此应运而生。在2018年国家发布实施的新版《城市居住区规划设计标准》(GB 50180—2018)中,15分钟、10分钟、5分钟生活圈居住区和居住街坊取代了沿用多年的居住区、小区和组团等概念,成为居住空间组织的核心理念[11]。

宜居生活圈规划是以人的生活活动特征和需求为出发点,试图从社区居民行为需求的角度优化调整空间供给,推动社区生活品质提升;进一步以人的尺度和体验来重新认识社区、改造社区、重塑社区。由于生活圈的范围主要依据居民的出行距离、出行时间和出行频率来划定,因此形成的空间组织管理单元更符合居民的日常行为尺度,更有利于社区公共服务设施与居民时空需求的精准配对,提高公共资源配置的有效性,并在空间布局、设施配置上对居民差异化的生活需求做出更有针对性的响应(图11-2)。

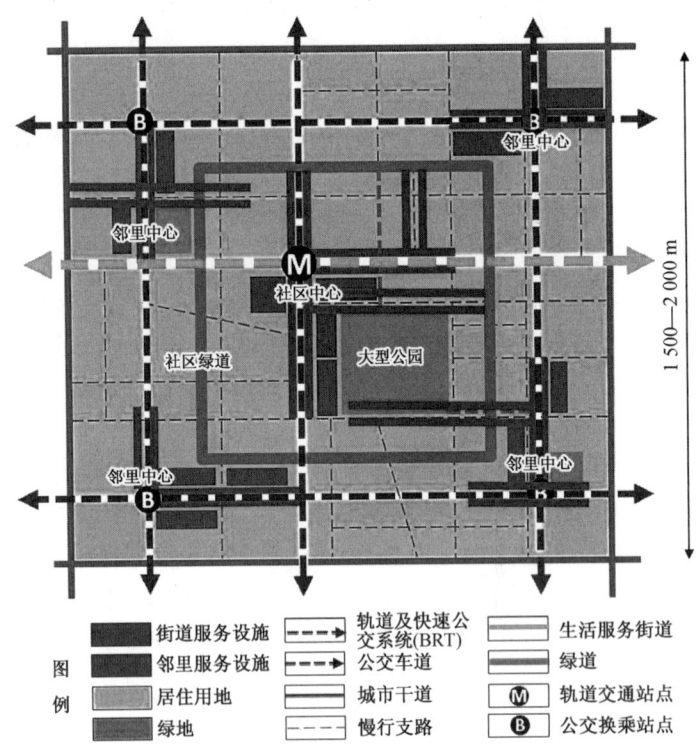

图 11-2　宜居生活圈示意图

从活动行为角度来看,社区生活圈是由居民出行的时间长度和空间距离形成的"圈"。15分钟的步行时间是大多数人可以接受的步行时间,按照平均步行速度 3—4 km/h 计算,距离为 750—1 000 m,对应面积

3 km² 左右。以《上海市 15 分钟社区生活圈规划导则（试行）》为例，建议 15 分钟社区生活圈的常住人口保持在 5 万—10 万人，人口密度为 2.0 万人/km²—2.7 万人/km²，各项配套设施均应在这一范围内有所安排，并根据居住密度和居民群体的结构特征确定配建设施的数量与规模，围绕人的居住、就业、出行、休闲需求，提供多样化的舒适住宅、更多的就近就业机会、低碳安全的出行方式、丰富便捷的社区服务和活力开放的公共空间。15 分钟社区生活圈规划，一方面将对居民日常生活规律的提炼作为空间规划与设施配置的依据，从而确保规划更好地贴近和匹配日常生活；另一方面通过空间规划来改变居民生活习惯和生活方式，引导其向更加健康、绿色和活力的方式转变，以人为本的规划理念代表了当今城乡社区营造发展的主要方向[12]。作为国土空间规划关注的重要内容，社区生活圈规划要让城乡社区成为践行创新、协调、绿色、开放、共享新发展理念的基本单元。

11.2.3 宜居城乡社区的共同缔造

随着空间规划的"公共政策"属性得到确立，规划过程中的公众参与、多元利益主体的协商共治在未来国土空间规划工作中的重要意义愈发凸显。参与式规划的引入，不仅使空间更能满足使用者的真实需求，而且具备了长久发展及自我更新的可持续性；更重要的是，让多元利益主体共同参与城乡治理，共同参与国土空间规划的编制与实施过程中（即所谓的共同缔造），能够有效减少由不同群体间的利益冲突所带来的社会矛盾，营造和谐美好的社会文化环境。

1）走向公众参与和共同缔造

1960 年代以来，随着倡导性规划、协商规划思想、沟通行动理论等的出现，规划的价值取向逐渐转向重视公共参与。欧美国家和地方政府为了更好地组织民间力量、调动民间资源，对公众参与社区事务进行了大力的引导和支持，并在社区经济恢复、地区重建等工作中发挥重要作用，形成了社区共同缔造理念的雏形。日本的社区营造实践则发源于乡村，从最初以手工艺和观光旅游业发展地方产业、振兴地方经济为目标的"造町运动"，逐渐扩展到包括改善景观环境、保存历史建筑、促进健康与福利、生态保育等众多领域的全民社会行动。我国台湾地区的社区营造则以强化地方自主互助、促进社区生活与文化融合、激发在地认同情感、开创在地特色文化观光内涵为目的，借由政府部门、社区居民和专业团体的协力合作实现自主性的社区价值，成为一种自下而上的"参与式民主"实践。

随着我国经济社会的发展和公众主体意识的增强，城乡居民对参与规划的制定与实施、改善自身生活环境的意愿也越来越强烈，在宜居社区的营造中引入公众参与、共同缔造等理念已属必然趋势。社区共同缔造理念的重要意义之一，在于通过发动群众参与社区规划和社区建设各项事务，培育社区居民的自组织能力,增强居民对本社区的认同感、归属感,最终将居民的住区营建成一个有场所认同感、有人文关怀的"大家庭"[13]。社区共同缔造的另一重要意义,在于通过多元社会主体的广泛参与,使多方的共识成为构筑规划方案的基础,协调不同主体之间的利益诉求,充分表达公众的共同期望,实现不同主体间利益的均衡。社区共同缔造在本质上体现了新时期城乡社区治理理念从过去自上而下的行政命令式管理,向公众参与、协商共建式治理的转变。规划师的角色也将从传统的权威专业者转变为规划的组织者、协调者和引导者,起到联结政府、公众、社区以及社区组织等多元主体的作用。

2)社区规划师的产生

在社区共同缔造和参与式规划中,规划师逐渐从进行物质规划的主体转向利益调节的主体,需要长期扎根于服务的社区,承担起专业服务、组织动员、协调沟通等多重作用,由此带动了"社区规划师"(Community Planner)这一角色的产生。随着社区营造和参与式规划的广泛开展,我国社会对社区规划师的需求将日益迫切,但对于社区规划师的制度框架、角色界定、构成机制、工作内容与方式,仍然需要一个长期、务实的探索过程。

在参与式的社区规划中,社区规划师的作用并非单纯完成居民需求的"调查表",而是整合整个设计与沟通的过程,将公众的诉求转化为规划成果。其中的关键和难点在于引导公众应该参与什么、怎么参与?首先,社区规划师需要让居民开放思维,展开对一个地区的想象,并且逐步凝聚居民的共识,即以自下而上的方式将规划主导权交到使用者手中;通过广泛的倾听,帮助社区居民梳理意见,并不断鼓励、引导居民参与,充分调动居民参与社区规划的积极性。在这个过程中,社区规划师还需要提供专业意见,并把专业的内容以通俗易懂的语言和方式使参与者了解、看懂并理解利益的分配。其次,社区规划师需要组织沟通,将社区的诉求结合并体现到规划中,并将其以系列行动计划的方式,分步、滚动地引导社区规划的落实。最后,还需要协调利益各方对规划方案的意见,促进各方达成共识(或妥协)。

作为社区发展中的关键角色之一,未来的社区规划师需要具备更为全面的知识结构和综合能力。除了一定的空间规划专业知识外,社区规划师还需要广泛了解环境设施、建筑改造、土地经济、文化历史、心理、卫生、物业、税收及法律等多个领域的相关知识;需要具备较强的社区服务精神,把握好政府、民众之间的位置界限,保持客观、公正的公共价值立场。异常琐碎的社区问题,也需要社区规划师具备良好的协调与应变能力、沟通组织能力。此外,考虑到长期跟踪社区发展过程和统筹社区发展的需要,社区规划师还需要具备较高的在地化程度和较长的服务周期[14]。

11.2.4 城乡文化特色塑造

当我们漫步在城市或乡村中,那些令我们感到舒适、难忘的空间,往往都能让我们体验到独特而强烈的"场所精神"。场所是"空间"与"精神"的总和,客体空间叠加人的记忆、体验,印记下城乡历史文化变迁的足迹,才成为有意义的"场所"[15]。例如,苏州古典园林不仅因其造园技艺而出名,更重要的是其背后承载的故事、长期积淀的文化和蕴含的东方哲学思想,正是这些精神要素的存在,才使得空间的价值不会随着时间而褪色,反而更加熠熠生辉。文化是城乡精神的灵魂和魅力的根本所在,空间则如年轮,作为城乡内在特色的外在艺术表现,集中反映出城乡空间发展的品质和品位。伊利尔·沙里宁就曾经说过:"让我看看你的城市,我就能说出这个城市的居民在文化上追求的是什么。"文化底蕴深厚、空间特色鲜明的城市与乡村,会给人留下深刻印象;城乡面貌雷同、文化性格缺乏,则会让人觉得平淡乏味。

塑造高品质的城乡文化特色空间,能够提升城市与乡村的形象,强化吸引力,提升宜居性。在经济层面,城乡文化特色空间不仅本身具有较强的吸引力和凝聚力,而且能够像"触媒"一样激活周边街区的活力,推动区域经济的创新和可持续发展;在社会层面,文化特色空间作为凝聚和认同集体记忆的公共场所,能够强化居民的认同感与归属感,坚守着集体记忆的一方净土;在空间层面,文化特色空间是城乡景观风貌特色、高品质生活环境的重要组成部分。营造城乡文化特色空间,离不开对地方文化的保护、传承和创新演绎,保护和利用好已有的历史文化遗迹是营造空间特色的重要方式。古今中外许多城市、乡村的地标性空间都是与已有的历史文化遗迹相结合,从而形成了具有象征性的风貌特征和经典的形象。与此同时,地方文化的保护、传承和创新之间又相互关联、相互促进。因此,一个地区空间特色的形成还需要在自己历史文化传统的基础上进行再创造,才能使空间形象特色脱颖而出[16]。

塑造城市、乡村特色文化空间主要有三个层次:一是微观尺度的文化空间氛围营造,包括良好的历史格局、创意的公共艺术空间、丰富的人文艺术活动体系等,塑造充满活力的场所空间;二是中观尺度的文化设施布局,通过重大文化设施和文化产业的集聚,来展现城市与乡村的文化魅力、提升收益、塑造形象等;三是宏观尺度的战略文化空间布局,通过线性的文化空间轴线,体现城市与乡村魅力的核心,构成地域文化空间整体布局。值得注意的是,城乡文化特色空间的塑造,最重要的还是要满足作为公共空间的社会文化功能,关注本地人的需求,而不是一味地追求空间设计的形式感。城乡文化特色空间塑造的最终目的是让城市和乡村的居民生活得更舒适、更美好、更有品质,在文明传承和文化延续中让城市留下记忆,让人们记住乡愁。

11.3 生态城市、智慧城市与未来城市

11.3.1 生态城市

1) 生态城市的概念与内涵

工业革命以来,世界范围的高能耗、高污染的粗放型城市发展模式对全球生态环境造成了巨大的破坏。气候变化、环境污染、交通拥堵、城市无序扩张等问题所引致的社会矛盾,致使20世纪掀起了城市生态学的研究热潮,人与自然的关系问题在现代社会背景下得到重新认识和反思。人们逐渐意识到,过去以经济增长为导向、征服自然的发展模式难以为继,从谋求全人类可持续发展的角度出发,城市亟须探索一条生态导向的建设路径[17]。在生态文明时代,人类对待自然的价值取向与以往相比发生了根本性变化,从农业社会的尊重顺应自然,到工业社会的控制征服自然,再到后工业社会的保护利用自然,直至如今上升到了人与自然的和谐共处。

正是在这样的背景下,"生态城市"(Ecopolis,Eco-City,Ecological City)应运而生。1971年,在联合国教科文组织发起的"人与生物圈"(Man and Biosphere,MAB)计划中,首次提出了建设生态城市的概念。至今,对生态城市尚没有非常明确的概念界定,中国学者黄肇义等在对国内外生态城市理论深层次综述的基础上,提出了一个被广泛认可、比较完善的定义:"生态城市是全球或区域生态系统中分享其公平承载能力份额的可持续子系统,它是基于生态学原理建立的自然和谐、社会公平和经济高效的复合系统,更是具有自身人文特色的自然与人工协调、人与人之间和谐的理想人居环境。"在这一定义中,明确特定区域中生态系统的承载能力(Carrying Capacity),并公平地划定许可的生态足迹(Ecological Footprint,即量化人类活动对自然的影响),是建设生态城市的基础[18]。同时,生态城市中的"生态"已经不是狭义的生物学概念,而是包含了社会、经济、自然复合协调、持续发展的含义;生态城市中的"城市",在地理空间上也已经不是孤立的建成环境,而是城市、乡村、自然融合在一起,共生、共荣、共存的复合系统。因此,生态城市不是简单地增加绿色空间,单纯追求优美的自然环境,而是以人与自然相和谐,社会、经济、自然的可持续发展为价值取向[17]。

在生态城市的内涵方面,美国学者罗斯兰德(Roseland)于1997年提出生态城市涉及八个维度的内容[19]:①可持续发展;②可持续的城市发展;③可持续的社区和可持续的城市;④生物区域主义;⑤社区经济发展;⑥合适的技术;⑦社会生态学;⑧绿色城市/社区(图11-3)。其中,可持续发展(Sustainable Development)的思想提倡一种"既能满足当代人的需要,又不对后代人满足其需要的能力构成危害的发展模式",对生态城市的理念产生了重要影响。生物区域主义反对人类活动对自然生态系统的持续性破坏,强调要了解自然系统的更新、恢复原理,如测定生态足迹就是量

化分析城市对自然资源和生态系统影响情况的重要手段。社区经济发展是社区能够解决共同的经济问题,从而促进经济、社会和环境目标整体实现的过程和能力。合适的技术又译作中间技术,是指相对于昂贵的现代高科技而提出的适应不同地区经济、生态条件的替代型适当技术。社会生态学是对人类和生态系统的研究,社会生态学超越了环境主义,强调人类发展的问题不是简单地保护自然,而是创造一个与自然和谐共生的生态社会。绿色城市/社区指要改善社区的生活质量,实现城市/社区与自然和谐相处。

罗斯兰德认为,生态城市理念并不是独立存在的,而是与其他相关理念存在复杂的关联关系。因此,在图 11-3 中,他特意采用了没有箭头和线条、不划定边界的方式来表达这种关系。

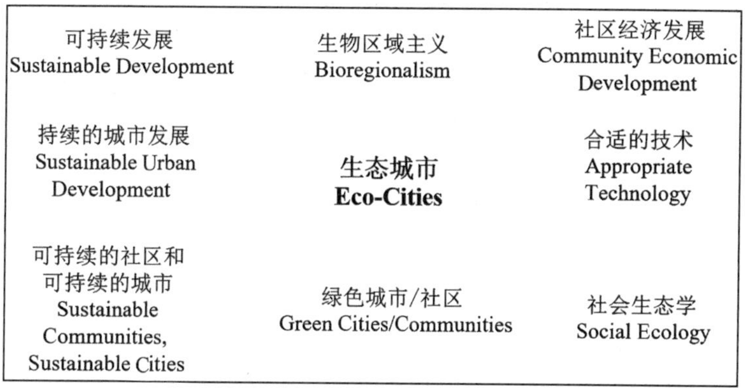

可持续发展 Sustainable Development	生物区域主义 Bioregionalism	社区经济发展 Community Economic Development
持续的城市发展 Sustainable Urban Development	**生态城市** **Eco-Cities**	合适的技术 Appropriate Technology
可持续的社区和可持续的城市 Sustainable Communities, Sustainable Cities	绿色城市/社区 Green Cities/Communities	社会生态学 Social Ecology

图 11-3 生态城市内涵示意图

2) 生态城市与低碳城市

在众多人类活动引致的生态环境问题中,二氧化碳等温室气体的大量排放所导致的全球变暖、空气污染等气候和环境问题尤为突出,越发受到人类社会的共同关注。由于生态城市的概念涉及面过广、紧迫性不够强[20],因此着重强调减少碳排放、紧扣人类社会共同关注的迫切议题(全球气候变暖)的"低碳城市""低碳生态城市"等概念就出现了。

所谓低碳生态城市,指的是以低碳为切入点,同时将低碳目标与生态理念相融合,实现"人—城市—自然环境"和谐共生的复合人居系统[21]。低碳城市(Low Carbon City)强调以低碳理念为指导,是在一定的规划、政策和制度建设的推动下,通过经济发展模式、消费理念和生活方式的转变,在保证生活质量不断提高的前提下,实现有助于减少碳排放的城市建设模式和社会发展模式[22]。但是,由于低碳城市的概念过于强调削减碳排放,而对水资源、生物多样性、土壤质量等没有要求,容易忽视在减碳过程中对生态环境产生的其他影响。例如,低碳城市倡导集中紧凑的城市布局,因为这意味着最少的交通量、最少的能源消耗、最少的碳排放总量,但高度集聚的城市形态却可能对一定尺度范围内的生态环境产生负向效应,导致热岛效应、绿量减少、影响宜居性等。需要指出的是,低碳城市只是以减少碳排放的角度为切入点探索的一种生态城市类型,而并非生态城市内涵的全部[20],也可以认为是生态城市实现过程的初级阶段[21]。

3) 生态城市建设的基本原则

1996年,雷吉斯特领导的城市生态组织较为完整地提出了建设生态城市的10项原则[19],具体如下所述:

(1) 修改土地使用的优先权,在交通节点、交通设施附近创建紧凑、多样、绿色、安全、令人愉悦、充满活力的混合社区;

(2) 修改交通建设的优先权,使行人、自行车、公共交通优先于小汽车,强调就近出行(Access by Proximity);

(3) 恢复被破坏的城市环境,尤其是河流、海滨、山脊线和湿地;

(4) 建设体面、可负担、安全、方便、没有歧视、经济的混合住区;

(5) 培育社会正义,为妇女、有色人种和残疾人创造发展机会;

(6) 支持本地农业、城市绿化项目,以及社区的花园化;

(7) 在减少污染和危险废物的同时,提倡循环利用、创新的适当技术(Appropriate Technology)和资源节约;

(8) 与商业界合作,支持具有良好生态效益的经济活动,同时抑制污染、废物排放和有害物质的生产与使用;

(9) 提倡自发的简单化的生活方式,反对过多消费资源;

(10) 通过提高公众参与与生态可持续发展有关的宣传活动和教育项目,提高公众对周边生态环境的保护意识。

中国著名的城市生态学者黄光宇、王如松等则从生态系统的完整性与复合性的角度,提出了生态城市建设的原则[17,23],具体如下所述:

(1) 社会生态原则。以人为本,满足人的各种物质和精神方面的需求,满足人类自身进化的需要,提倡公众参与,创造自由、平等、公正和稳定的社会环境。

(2) 经济生态原则。创造良好生态效益的经济活动,保护与合理利用一切自然资源与能源,提高资源的再生和综合利用水平,实现资源的高效利用,采用可持续的生产、消费、交通和住区发展模式。

(3) 自然生态原则。优先考虑自然生态,最大限度地保护自然环境;使开发建设活动保持在自然环境所允许的承载能力之内,并减少对自然环境的消极影响。

(4) 复合生态原则。生态城市的建设要把社会、经济、自然三个子系统有机结合起来,实现整体效益最优,实现社会、经济、自然的可持续发展。

总之,生态城市建设的终极目标应是实现自然、社会等多个方面全系统的"生态",这就要求人们在文化价值理念上,要形成广泛的生态保护共识;在生产方式上,要以生态技术为基础实现社会物质生产的生态化;在生活方式上,不追求过度的物质享受,而要追求高质量、低消耗,与其他物种和谐共处;在社会结构上,要将生态化渗透到社会结构和整个社会生活的方方面面[24]。

11.3.2 智慧城市

1) 智慧城市的缘起与发展

一般认为,智慧城市(Smart City)概念的发展基于两条主线[25]:一条源于智能和信息城市(Intelligent/Informational Cities)方面的研究,尤其是关于信息和通信技术(Information and Communications Technology, ICT)对城市发展、城市规划的影响的探讨[26],即"技术主线";第二条源于精明增长(Smart Growth)方面的研究[27],即"治理主线"。我们说的智慧城市通常是指第一种类型,即以信息和通信技术为代表的技术主线。

1970年代后期以来,人类社会掀起了信息革命的浪潮,尤其是信息和通讯技术的飞速发展对人类社会的生产和生活方式产生了深刻影响,人类开始全面进入信息化的时代。信息技术的全面发展,极大地改变了以往对城市空间的理解和认知,并由此形成了两种代表性的观点:一种观点认为,信息和通信技术克服了空间的距离限制,导致城市的中心性、集聚性、地理邻近性所带来的优势和效应被消解,使得商业、工业、居住区等可以在不考虑距离限制的情况下建设在全球的任何角落;同时这一观点还认为,依靠新的信息和通信技术将建立起一个与物质空间(Physical Space)相平行的赛博空间(Cyber Space),而后者能够取代物质空间以及在物质空间中建立的社会关系[26]。另一种观点则是以曼纽尔·卡斯特(Manuel Castells)等学者为代表,认为物质空间不会被虚拟空间所取代,人与人之间的社会关系、面对面交往的需求也不会被计算机所占领;在注重知识经济的信息社会中,空间邻近性对于形成创新氛围而言越发重要;进而提出信息时代产生了场所空间(Space of Places)和流动空间(Space of Flows)的概念——场所空间代表人们进行日常活动的实体空间,流动空间则代表一系列通过"流"进行的社会活动,如网络通信、信息交互、线上交易等等[28]。

与此同时,伴随着世界城镇化进程的不断推进,城市成为人类的主要居所,这一方面给全球生态环境和城市的可持续发展带来了极大挑战,另一方面也意味着城市正在成为信息技术发展、试验和应用的最佳场所。从1980年代开始,全球就掀起了利用信息和通信技术解决城市问题、实现城市可持续发展的实践探索,涌现出信息城市(Information City)、数字城市(Digital City)、智能城市(Intelligent City)、有线城市(Wired City)等概念,并逐步演化为智慧城市(Smart City)。2000年代以来提出的智慧城市概念,继承并整合了"技术上的智慧"与"治理上的智慧"这两股思潮,着力于通过信息和通信技术在城市中的应用来提高城市管理效率,促进实现城市的可持续和公平发展,提高人民的生活质量[25]。

2) 智慧城市的内涵导向

在理论层面,智慧城市还是一个模糊、多义、不断发展的概念,如何定义"智慧城市"在学界还尚未达成共识,这就导致各地在智慧城市的建设实践中所采取的理念、策略、路径等较为多元和分散。关于智慧城市的内涵,总体形成了以下三个主要导向[26]:

(1) 技术中心导向。它体现的是一种工具理性的逻辑,强调发挥硬件设施的作用,尤其是发挥信息基础设施的最大效用,这是智慧城市的核心。这一观点得到许多以发展信息基础设施为主要业务的大型科技公司的广泛认同,许多科技企业[如华为、阿里巴巴、IBM(国际商业机器公司)、思科、英特尔等]从技术创新的角度参与智慧城市建设,细分出了废弃物管理、水务、智慧电网、智慧交通、通信技术、数据管理等诸多市场领域。

(2) 以人为本导向。人们逐渐意识到技术只是让城市变"智慧"的一个手段,而技术最终的应用和服务对象是人本身,人变"智慧"才是智慧城市的核心,因此提出了人本导向的智慧城市。人本导向的智慧城市强调人和社会资本是城市取得发展和变"智慧"的起点,即人的智慧先于技术的智慧。

(3) 综合导向。这一观点整合了技术导向与人本导向两个方面的内容,并将智慧城市概念延伸到社会学习和创新能力的培养方面:智慧城市通过广泛、智能地应用信息和通讯技术,既要实现对城市整体运行性能的优化,提高居民的生活质量,也要持续地为社会学习和创新培育创造条件[25]。

简而言之,智慧城市是人类利用信息和通信技术实现城市可持续发展的一种城市治理模式[29],它区别于其他各种各样城市概念的核心在于两个方面:一是对信息和通信技术的应用;二是对知识交流和社会资本的促进[26]。智慧城市主要包括:智慧技术(Smart Technology)、智慧设施(Smart Infrastructure)、智慧市民(Smart People)、智慧治理(Smart Governance)、智慧经济(Smart Economy)、智慧环境(Smart Environment)等方面[25,30],这些方面并非相互独立的分割关系,而是联系紧密、相互影响的统一整体。其中,智慧技术和智慧设施分别是建设智慧城市的技术和物质基础,智慧治理是提高城市管理效率的制度基础,而智慧经济和智慧环境是发展的目标,智慧市民则是智慧城市建设的根本——人民生活质量、创造性、终身学习能力的提高,是其他几个方面建设和发展的根本条件[25]。这些都在雄安新区的规划建设中得到了充分的运用。

3) 智慧城市的发展趋势

(1) 回归以人为本的发展之道

智慧城市的建设历程,从最初的技术中心论逐步发展到技术与人本相结合的综合导向,人的作用愈发凸显。智慧城市建设源于人的认知,建设的结果服务于人的需求;同时,创新的产生与升级也源于人的知识创新[29]。智慧城市建设必须回归到以人为本的建设轨道上,正如刘易斯·

芒福德在《城市文化》一书中所说,要理性、务实地发展"生活指向的技术"。

(2) 复杂系统属性和跨学科的特征越来越明显

如今,信息和通信技术已经被深度应用在基础设施、城市建筑与规划、公共服务、城市产业、经济运营以及市民生活等众多领域,这些领域之间显然存在着相互关联、相互影响的复杂关系。因此,智慧城市的建设要具备系统性思维,既需要有整体性的框架谋划,也需要从局部到整体地优化城市的各个子系统,最终实现城市整个复杂系统的智慧化。这也就决定了智慧城市具备明显的跨学科特点[29]。

(3) 大数据的处理与合理利用越来越重要

智慧城市概念的演进伴随着信息和通信技术的日趋发展,使得大数据(Big Data)概念应运而生。随着互联网、物联网、云空间、人工智能等技术的广泛应用,我们将进入一个万物互联、虚拟空间与实体空间"孪生"、数据驱动的世界,这就需要智慧城市建设能够有充分的技术和条件处理城市产生的大数据。与此同时,如何更合理、更规范地使用大数据也值得关注,包括采集、传输、存储、脱敏脱密、共享、交易,以及隐私保护等在内的数据处理工作,都有待进一步规范[29]。

11.3.3 未来城市

从柏拉图的《理想国》到霍华德的"田园城市"、柯布西耶的"光辉城市",从"周王城""管子营城"到近现代中国规划建设实践,从农耕文明到工业文明,古今中外人类对"未来理想城市"的探索从未停止。从这个意义上讲,城市发展史就是一部人类对"未来城市"的持续追求历史。20世纪初,面对快速工业化、城镇化所引致的严峻城市问题,以意大利诗人马里奈蒂发表的《未来主义宣言》为标志,现代意义上的"未来城市"探索在高技派的主导下开始萌芽、发展。无论是"工业城市""广亩城市""光辉城市",还是"立体城市""海上城市""穿梭城市"等等,都表达出对通过高技术来解决城市问题的极度憧憬。近20年来,伴随着生态绿色的理念以及互联网、人工智能、新能源等新一代技术革命的发展,人们更加热衷于对未来城市的探索,生态城市、低碳城市、智慧城市等等概念不断涌现,相应的研究和实践也在世界各地广泛展开。在城市这一复杂的巨系统中,这些理想方案逐步走出了单一的生态思维或技术思维,而在朝着更加多元综合的方向转变,甚至在核心特征之外的内涵和维度上,它们已经产生了相互重叠和交织。

1) "未来城市"探索演进的总体历程

"未来"是相对于过去和现在的时间概念,"城市"是一定历史时期社会经济发展的空间缩影,深受当时社会生产力水平的影响,因而"未来城市"可以理解为人类在不同发展阶段、技术条件和社会文化背景下,面向未来提出的具有针对性、预测性、理想性的城市发展模式。据此,我们可将人们对"未来城市"的探索划分为19世纪及以前、19世纪末至20世纪、20世纪末以来三个主要的阶段(图11-4)。

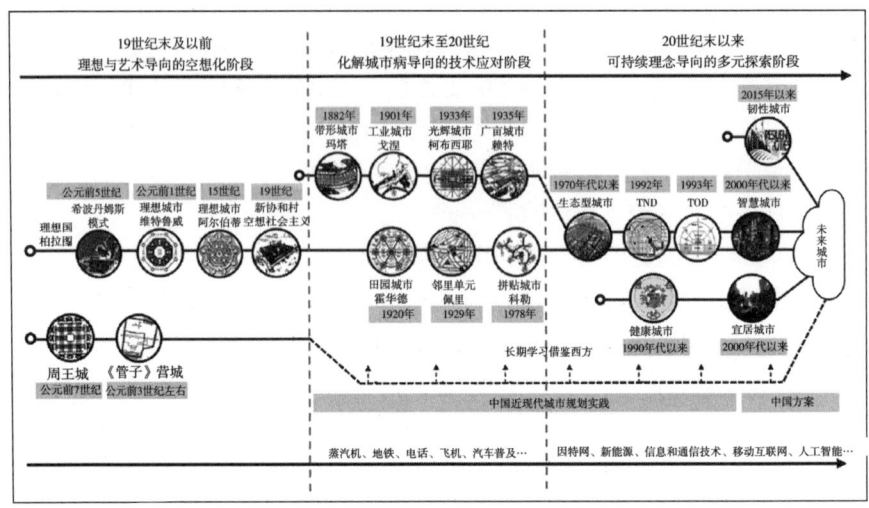

图11-4 未来城市探索演进历程

(1) 19世纪末及以前:理想与艺术导向的空想化阶段

古希腊时期,柏拉图的《理想国》就从社会、城市形态、人性等方面讨论了如何建立一个理想的国家(城市)。其中,以绝对的理性和强制的秩序建立"理想国"、按照"社会几何学家"的理想设计城市等思想,对西方"未来城市"的探索影响深远。以棋盘式路网为骨架的"希波丹姆斯模式",维特鲁威《建筑十书》中所追求的几何韵律的"理想城市",以及文艺复兴时期阿尔伯蒂等人提出的多边形"理想城市"等,均继承了柏拉图等人对理性和秩序的强调。16世纪初在"空想社会主义"思潮的影响下,以莫尔的"乌托邦"为代表,西方还产生了一系列将城市建设与社会改良相联系的理想化探索。中国古代对"未来城市"的探求则主要表现为两种范式:一种是以"周王城"为代表的宫城居中、中轴对称的秩序化范式;另一种是以"管子营城"为代表的因地制宜范式。总之,在农业社会时期,人们对"未来城市"的认识虽有在思想层面对理想社会制度、生活方式的追寻,但更多则是在形态方面对城市布局模式的探索。然而,受制于当时的政权、制度、经济状况等条件,这些方案大多呈现出"空想化"的特征而难以施行。

(2) 19世纪末至20世纪:化解城市病导向的技术应对阶段

面对工业革命期间所出现的严重城市病,人们开始针对具体的城市问题来探讨如何构建一个理想的城市模型,由此出现了"技术理性"导向、"人本主义"导向下的两类探索。技术理性导向的"未来城市"源于20世纪初的未来派(Futurism),他们对科学技术的发展极度乐观,不仅倾向于将技术视作城市形态构造的支撑,而且视作城市发展的支柱和基础,涌现出"海上市""插入式城市""仿生城市"等各种想象,其中尤以赖特、柯布西耶的未来城市方案对城市建设影响深远。赖特认为在汽车和廉价电力遍布各处的时代,应发展一种完全分散的、低密度的"广亩城市"(Broadacre City);柯布西耶则将城市理解为"居住的机器"(House Machine),认为可以通过先进的技术来构建一种由立体交通、垂直电梯、摩天大楼、巨型绿地组成的"光辉城市"(Radiant City)。虽然在这一时期也有霍华德以改良社会为目标的田园城市、佩里倡导重塑社区精神的邻里单元、科勒重视场所与文脉的拼贴城市(Collage City)等人本主义思想的解决方案,但是总体而言,这段时期西方对未来城市的探索实践是在高技术、现实功利主义驱动下进行的。需要指出的是,在1960年代末以后,这些高技术驱动的规划理念由于忽略了人性化关怀并引致广泛的社会与环境问题,而日益遭到批判。

(3) 20世纪末以来:可持续理念导向的多元探索阶段

20世纪末,随着城市化、全球化进程的发展,城市在日益成为人类主要居所的同时,也面临着更加严峻的城市病和生态危机,可持续发展成为"未来城市"探索的核心理念。新城市主义主张紧凑、步行、复合的"传统邻里发展模式"(TND)和"公交导向发展模式"(TOD),体现绿色生态价值观、人与自然和谐共处理念的"生态型城市"(包括生态城市、低碳城市、低碳生态城市等),利用信息和通信技术实现城市更好发展的"智慧城市",以更加和谐、健康的城市生活为目标的"宜居城市""健康城市"和保障城市安全的"韧性城市"等等,都是近年来国际上对于未来理想城市的一系列重要探索。秉持可持续发展的理念,人们从生态、技术、宜居等方面提出了多样化的"未来城市"解决方案,并在实践中落实为具体的政策、工程措施和评价指标。但需要指出的是,这些方案大多是基于对未来城市发展某一方面的特别强调,尤其是在实践中常常受技术、资本的主导而偏离了"以人为本"的价值取向,导致这些单一的方案难以破解城市发展所面临的系统性难题。

2) "未来城市"的价值观与内涵重构

不可否认,突破性的技术变革将对城市产生颠覆性的影响,而资本更是城市发展不可或缺的重要动能,但"未来城市"的含义远不止于此。我们有必要更加全面、准确地理解"未来城市",不能再被技术、资本所挟持而兴奋地误将动力当成方向、误将手段当成目的。回归以人为本的核心价值取向,实现自然、文化与科技的和谐交融,才应该是贯穿于城市发展脉络之中的"真理",才应当成为"未来城市"的真正内涵。正如加拿大多伦多码头区(Quayside)"未来城市"规划(2017年)中所提到的那样:"当我们询问市民对未来城市的畅想时,我们没有听到对飞行器和飞天汽车的渴望,没有听到对摩天大楼的憧憬,我们听到的是一个个朴实、人本的愿望:可步行的街道、可负担的高品质居所、人与人的交往远多于人与手机的互动……(未来城市)是一个让所有人都可以称之为'家园'的地方。"我们可以借用"马斯洛需求"金字塔来描绘未来城市演化升级的方向:技术的某些进步、超前只是处于最基础层次,它让未来城市得以"超越现在";其上是"适应未来"的城市,具有应对种种不确定性的能力与弹性;再其上是"迭代更新"的未来城市,具有持续保持创新活力从而不断自我完善的能力;而最高层次则是"永续魅力"的未来城市,本质上是实现文化、自然与科技完美结合的人本城市(图 11-5)。

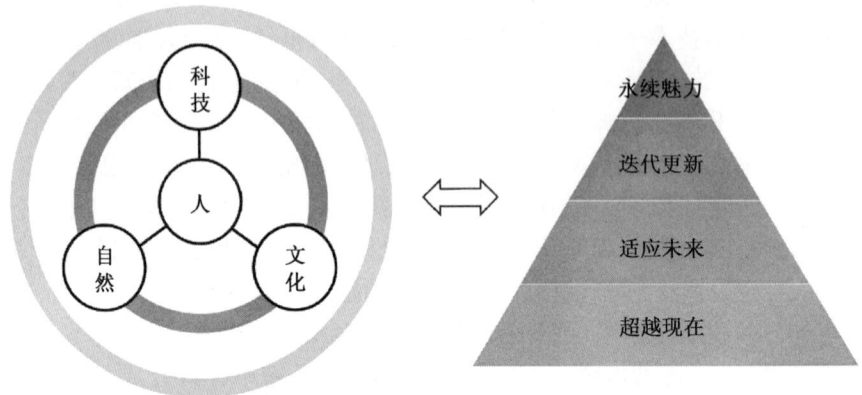

图 11-5 "未来城市"的内涵与演化层次

总之,在未来城市发展的价值取向上,人们正逐渐形成共识——"未来城市"一定是融合了生态、智慧、文化为一体,以人为本、充满魅力的城市。因此,面对这些不断发展的城市概念,我们不仅要思考如何让城市变智慧、变生态,而且要以一个综合、系统的思维去理解城市,认识、尊重并顺应城市的发展规律。总而言之,城市的发展与规划不仅要追求创新、追求变革,而且应该聚焦"不变"的核心价值观——塑造魅力的人居空间,服务于人们的美好生活。

11.4 城市更新与存量规划

11.4.1 城市更新的缘起与发展

1950 年代以来,西方国家城市更新的概念发生了六次明显变化:从 1950 年代的"城市重建"(Urban Reconstruction)、1960 年代的"城市复苏"(Urban Revitalization),到 1970 年代的"城市更新"(Urban Renewal)、1980 年代的"城市再开发"(Urban Redevelopment),再到 1990 年代以来的"城市再生"(Urban Regeneration)和"城市复兴"(Urban Renaissance)。总体来看,西方城市更新发展历程经历了四个阶段(表 11-1),各阶段有其独特的历史发展背景、参与对象、更新途径和更新结果[31]。

(1) 大规模推倒重建(二战后至 1960 年代初)。这个时期,西方国家经济快速增长,人们对居住环境的改善需求十分强烈,许多城市开始大规模清理贫民窟,取而代之以新住宅、购物中心、酒店办公建筑等。这一阶段城市更新的特点是"推土机"式的推倒重建,通过大面积的物质空间重构来提升城市形象,而更新资金大部分来自公共部门,政府对搬迁者提供补贴,对更新区域和更新过程有较高的决定权。

表 11-1 西方城市更新发展历程

分类	第一阶段	第二阶段	第三阶段	第四阶段
时期	二战后至 1960 年代之前	1960 年代至 1970 年代末	1980 年代初至 1990 年代初	1990 年代至今
发展背景	战后繁荣时期	普遍的经济增长和社会富足	经济增长趋缓和自由主义经济盛行	人本主义和可持续发展深入人心
主要政策和计划	英国《格林伍德住宅法》(1930 年)、英国《住宅法》(1937 年)	美国《现代城市计划》(1965 年)、英国《地方政府补助法案》(1969 年)	英国城市开发公司、企业开发区(1980 年)、英国税收奖励措施：授权区、税收增值筹资、商业改良区(1980 年)	英国《城市挑战计划》(1991 年)、英国《综合更新预算》(1995 年)、欧盟《结构基金》(1999 年)
更新特点	推土机式重建	国家福利主义色彩的社区	地产开发导向的旧城再发展	物质环境、经济和社会多维度的社区复兴
战略目标	清理贫民窟：清除快速增长城市中的破败建筑，提升城市形象	向贫穷开战：提升已有房屋居住环境，通过提高社会服务来解决人口社会问题	市场导向的旧城再开发：市中心修建标志性建筑和豪华服务设施吸引中产阶级回归，复兴旧城经济活力	高度重视人居环境：提倡城市多样性和多用途性，注重社区历史价值保护和社会肌理保持
更新对象	贫民窟和物质衰退地区	被"选择的"旧城贫民社区	城市旧城区域	城市衰退地区和规划欠佳的非衰退地区
空间尺度	强调地方性的宗地尺度	宗地和社区尺度	宗地尺度向区域尺度转变	社区和区域尺度
参与者	中央政府主导	中央与地方政府合作，社区和私有部门参与度低	政府与私有部门的双向伙伴关系，社区居民的意愿被剥离	政府、私有部门和社区的三向合作，强调社区的参与和作用制衡
资金来源	公共部门投资和少量私人投资	主要来自中央财政，地方财政补充	大量私人企业和个人投资者，政府少量启动资金	公共部门补贴，大量私人企业和个人投资
治理特点	政府主导：自上而下	政府主导：自上而下	市场主导：自下而上	多方合作：自上而下与自下而上相结合

(2) 福利色彩的邻里重建(1960 年代至 1970 年代末)。这一时期，是西方国家经济快速发展和社会普遍富足的黄金时期，人们认为政府有能力也有责任为居民提供更好的公共服务，社会公平和福利受到广泛关注。城市更新制度注重对弱势群体的关注，强调被改造社区的原居民能够享受到更新所带来的社会福利和公共服务。

(3) 市场导向的旧城再开发(1980 年代初至 1990 年代初)。这一时期，西方城市更新政策出现明显转变，从政府导向的福利主义社区重建迅速转变为市场导向的以地产开发为主的旧城再开发。这与 1970 年代开始全球范围的经济下滑和全球化对西方国家经济增长的冲击有关，政府工作重点转移到如何刺激地方经济增长上；此外，党派政权更替也是政策转变的催化剂。这一时期西方城市更新政策更加强调自由市场作用,私有部门被奉为拯救城市衰退地区经济的首要力量,公共部门在城市更新中成为次要角色,其主要任务是为私有部门的投资活动和经济增长创造良好环境。

(4) 注重人居环境的社区综合复兴(1990年代至今)。这一时期,人本主义思想、可持续发展观逐渐深入人心,高度重视人居环境,强调社区参与,注重从社会、经济、物质环境等多维度综合治理城市问题,这一理念成为西方国家城市更新的指导思想。对社区历史建筑的保护、邻里社会肌理的保持,成为与消除衰退、破败同样重要的更新目标。简而言之,城市更新在促进城市空间与功能调整、提高土地利用效益、推进经济结构转变、复兴社区活力与振兴文化等方面,具有重要的意义。

11.4.2　城市更新与存量规划的关系

1) 越来越多的城市转入存量规划与城市更新

改革开放后,我国城市经历了三四十年的大规模快速扩张,随着土地资源的日趋短缺,生态环境约束的日趋紧张,规模扩张型的城市发展模式已难以为继,城市发展必然将从"增量扩张"向"存量挖潜"转型,城市更新将成为更加紧迫的任务,扮演更加重要的角色。为了实现在有限空间上的无限发展,"存量规划"和"减量规划"正日益受到政府、业界和市场的关注,加强土地集约利用、促进存量用地的更新改造,将成为国土空间规划的主流趋势和主要任务。

近年来,我国许多城市尤其是沿海地区经济发达、人地关系紧张的城市,都在大力推进存量规划与城市更新工作。例如,深圳是我国第一个宣布全面进入存量更新时代的城市,早在《深圳市城市总体规划(2010—2020年)》中就全面体现了由"增量扩张"向"存量优化"的发展模式转型。《上海市城市总体规划(2017—2035年)》的要求是"严守用地底线,实现建设用地'零增长'甚至'负增长'"。《北京城市总体规划(2016—2035年)》中明确提出:坚守建设用地规模底线,实现建设用地比现状规模的绝对减量。总体而言,"存量规划"乃至"减量规划"将成为未来中国城市发展的主流趋势,在这一发展背景的转换过程中,匹配存量规划时代的城市更新体制机制创新显得十分重要[32]。从增量规划向存量规划转型过程中,影响最为深刻、长远的是现行的规划管理制度体系:从国家规划审批监管制度、地方规划管理模式、规划设计机构的运作机制等各个方面都会受到挑战和冲击[33]。存量规划要回答的是如何将现有的资源转移给能为城市贡献最大的使用者,而减少要素转移的成本、实现社会效益的最大化是存量规划的主要目标,制度设计则将成为存量规划的主要手段[34]。

2) 存量规划与城市更新的关系

城市发展不可避免地会经历"发展—衰退—更新—重建"的周期性过程,城市更新是其中不可缺少的自我调节与反馈的机制[35]。"城市更新"

不同于传统意义上的"旧城改造"或"旧城改建",其内涵不仅关注拆旧建新或城市物质环境的改善,而且更多地反映了综合性的可持续发展目标,旨在通过综合的、整体的理念和行为来解决各种城市问题,强调在经济、社会和物质环境等多方面,对处于变化中的城市做出长远、持续性的改善和提高,是综合协调和统筹兼顾的目标和行动,是解决城市问题行之有效的综合性手段[36-37]。

存量规划与城市更新具有相近的内涵,但关注的侧重点有所差异[33]。首先,存量规划关注的是土地利用方式的转变,而城市更新则关注城市建成环境的质量和效益提升。除了物质性空间的改善外,城市更新还包括城市功能提升、产业转型升级、社区重构、文化复兴等非物质空间内容,具有更广泛、丰富的经济和社会意义。其次,理论上二者的工作对象是一致的,但在具体实践中,各地在相关政策的适用范围上会有所差别。以深圳为例,目前城市更新的范围包括政策设定的旧工业区、旧商业区、旧住宅区、城中村及旧屋村等,并不覆盖整个建成区,即主要针对已建设用地,根据实际情况采用综合整治、功能改变、拆除重建等不同的实施模式[38-39]。但对于闲置土地和违法建设用地的处置,则不纳入城市更新的工作范畴,而闲置用地处置、查处违建却是存量规划最重要的内容之一。总体而言,城市更新的内涵比存量规划更丰富,但存量规划的工作范围比城市更新更广泛。

11.4.3 城市更新、存量规划的相关制度创新

城市更新、存量规划都是在既有土地上实现再开发、再利用,涉及原用地者、新投资者、政府、社会公众等多元利益主体,他们的利益诉求各不相同,还涉及复杂的权益关系,因此,城市更新、存量规划不可避免地面临着各种矛盾和问题。从这个意义上看,城市更新、存量规划能否得以进行的关键,不是在于规划设计本身、工程技术本身,而是在于制度创新,也就是说,如何针对新的利益格局设计出一套各方接受、切实可行的制度实施路径,从而让美好的设计蓝图变成现实。可以说,城市更新、存量规划不是单纯的物质形式更新,而是与城市社会形态、经济形态的更新相结合,与区域、环境、公共政策再造相结合的制度创新过程。

土地再开发增值收益的获得和分配,是存量规划最重要的环节。首先,增量规划的增值收益是由于土地用途的转变而带来的,存量规划面临的首要难题就是如何获得更多的空间增值收益,没有空间收益的规划方案是无法实施的。在空间扩张受到约束、缺乏外部增量用地收益支持的条件下,如何就地平衡空间损益?用地功能的转换和开发强度的调整,就成为获取空间增值收益的主要途径。其次,存量规划收益来自空间资源的重新配置,是对既有利益格局的调整。与增量规划不同的是,这种调整可能是非帕累托改变,导致有人受益、有人受损,这种调整造成的损益是现实的、即时的,必须直接面对和立马处置。因此,存量规划要解决的另一个难题,

就是如何将获得的空间增值收益对受损者以合理的补偿,从而将非帕累托改变转化为帕累托改进。

此外,由于情况复杂多变,给业主造成的损益往往难以精确计算,加上产权界定的模糊、信息不对称,以及业主机会主义行为的影响,城市更新、存量规划欲达成一致意见十分困难。因此,存量规划的关键就是必须制定一套行之有效的规则来减少交易成本,这就需要对整体制度系统的顶层设计及操作性规则的持续探索[33]。

总体而言,中国过去有关的土地、规划管理制度设计都是面向增量空间扩张的发展需求,面对城市更新、存量规划时代的快速到来,有关的制度、体制机制必须进行重大调整甚至重新设计。深圳是中国经济高速增长、城镇化高速发展的典型城市,建设强度极大,由于行政区域有限、土地资源短缺,深圳也是中国第一个全面进入城市更新、存量规划的城市。2012年深圳存量用地规模首次超过新增用地,2016年深圳存量建设用地供应比例更是达到了85%,如今,存量用地、城市更新已成为深圳城市空间发展的主要来源。为此,深圳成立了专责机构"城市更新与土地整备局",在城市更新与存量规划方面的实践走在全国前列。当然,深圳作为经济特区、国家"三旧改造"的试点地区,其政策设计与实施路径具有一定的特殊性,并非其他城市可以简单复制的,各个城市都要积极主动地探索符合地方实际的城市更新与存量规划道路。

11.5 城市设计

城市设计是营造美好人居环境和宜人空间场所的重要理念与方法,是国土空间高质量发展的重要支撑。为了塑造美好宜居的城乡生活环境和美丽、具有特色的城乡风貌环境,应该将城市设计贯穿于国土空间规划、城乡建设管理的全过程。城市设计的主要工作包括:基于人与自然和谐共生的原则,研究城市生产、生活、生态的总体功能关系,优化开发保护的约束性条件和管控边界,协调城镇、乡村与山水林田湖草海等自然环境的布局关系,塑造具有特色和比较优势的国土空间总体格局、空间形态;基于本地自然和人文禀赋特点,加强自然与历史文化遗产保护,研究城市开敞空间系统、重要廊道和节点、天际轮廓线等空间秩序控制引导方案,塑造优美的城市形态,提高国土空间的舒适性、艺术性,提升国土空间的品质和价值;基于人居环境多层级空间特征的系统辨识,多尺度要素内容的统筹协调,运用设计思维,借助规划传导,通过政策推动,营造宜人场所和活力空间,实现对美好人居环境的积极塑造。

11.5.1 城市设计的概念与作用

城市设计有着悠久的历史传统,从某种意义上说,从城市诞生之日起就有了城市设计。但是,现代城市设计的概念则起源于西方城市美化运动,并随着二战后城市建设的实践探索在西方崛起。"城市设计"(Urban Design)一词于 1950 年代后期出现于北美,取代了以城市美化运动为代表的"市政设计"(Civic Design),开启了从内在、先验的审美需求出发,对城市形体环境和与之相关的社会文化公共领域的关注。传统的观点认为城市设计主要与"美"的塑造相关,但今天的城市设计已经远远超出了单纯"美"的问题,扩展到对城市人工环境的种种建设活动加以优化和调节[40]。城市设计通常被理解为人们为某特定的城市建设目标所进行的对城市外部空间、建筑环境的设计和组织,主要目标是改进城市人居环境的空间质量和生活质量。

英国《不列颠百科全书》(1977 年版)指出,"城市设计是指为达到人类的社会、经济、审美以及技术等目标,而在形体方面所做的构思。就其对象而言,城市设计包括三个层次:①工程项目的设计,是指在某一特定地段上的形体创造;②系统设计,即考虑一系列在功能上有联系的项目的形体;③城市或区域设计,包括了区域土地利用政策、新城建设、旧区改造保护等设计"。《中国大百科全书》将城市设计阐述为"以城镇发展和建设中空间组织的优化为目的,运用跨学科的途径,对包括人、自然和社会因素在内的城市形体环境对象所进行的研究和设计"。可见,城市设计作为对城市形态和空间环境所做的整体构思和安排,是提高城镇建设水平、塑造城市特色风貌的重要手段,它的最终目标可被概括为:为人们创造一个舒适宜人、方便高效、卫生优美的城乡物质空间环境和社会环境;为城乡社区建设一种有机的空间秩序和社会秩序;立足于现实的同时,又依据一定理想和丰富的想象力,对城乡空间环境进行合理设计。

简而言之,城市设计具有的重要作用主要体现在四个方面:①城市风貌方面:完善城市风貌的重要管制工具。②城市文化方面:延续城市文脉的重要设计方法。③社会意义方面:引导公共活动的重要组织手段。④城市经济方面:推动经济发展的重要空间触媒。

11.5.2 城市设计与城市规划(国土空间规划)的关系

对于城市设计和城市规划(国土空间规划)的关系,一般来说有以下几种观点:

(1) 城市设计是城市规划的组成部分,没有什么本质的不同。这种看法主要是从规划实施的角度出发,认为从城市规划和开发建设的一开始就要考虑城市设计问题,城市设计作为一种理念,应该贯穿于城市规划的全过程。

(2) 城市设计和城市规划互为补充。很多学者把城市设计看作与城市规划平行、互为补充的领域,认为城市设计是一门正在完善和发展中的综合性学科,有其相对独立的基本原理和理论方法,而且这些具体的方法在现实中具有应用意义。

(3) 城市设计是城乡规划学与建筑学的中间领域。这种观点认为,从职业背景来看,建筑师比较注重最终物质形式的结果,而规划师大多从城市发展过程的角度看待问题,城市设计师介乎这双重身份之间,城市设计的实践则介乎建筑设计和城市规划之间。也有观点从尺度和规模的角度出发,认为城市设计是建筑学和城乡规划学的中间领域,在相当程度上与两者都有重叠。

(4) 城市设计是多学科交融的领域。城市设计虽然在传统上与建筑学以及城乡规划学的渊源很深,但是当代城市设计的作用和责任相比从前早已拓宽,研究对象也发生了变化。与城市设计相关并影响城市形态的学科有人文科学(社会学、心理学、考古学)、自然科学(生物学、地理学、生态学)、经济学(城市与区域经济、城市房地产经济)、管理学(城市管理、经济管理)、法学等。从某种意义上讲,城市设计的价值更多在于它是用多学科融合的方法来解决城市空间问题、塑造美观宜居的环境。

城市规划和城市设计都有整体性和综合性的特点,两者的研究对象、基本目标和指导思想也基本一致。城市规划和城市设计都关注经济、社会、环境等要素,但是城市规划主要从二维平面出发,考虑的问题更加广泛和全面;而城市设计则以研究物质形体环境为主,主要从三维空间出发来考虑问题。城市规划的本质是对未来的预测和计划、控制,社会和政策属性很强;而城市设计虽然也有控制和引导的作用,但是设计和创造是其主要特征。

在当前我国的国土空间规划体系中,城市设计主要依附于空间规划体系,作为一种空间环境塑造的重要技术方法而存在。规划界普遍认为,城市设计对于一个健康、文明、舒适、优美同时又富有个性特色的城乡环境塑造,具有十分重要的作用,这是一般较关注资源环境管控的国土空间规划内容所不可替代的。在编制国土空间规划的各个阶段,都应运用城市设计的手法,综合考虑自然环境、人文因素和居民生产、生活的需要,对城乡环境做出统一规划,提高城乡环境质量、生活质量和城乡景观的艺术水平。

11.5.3 城市设计的目标原则

纵观世界城乡发展建设的历史,充满魅力的城市、街道、村落往往具有某些共同的特征,如宜人的空间尺度、视觉愉悦、使用方便、富有历史文化内涵等,城市设计的目标也因此涉及城市功能、灵活性和适应性、社区性、遗产保护、环境保护、美学和交通可达性等与城市生活相关的方方面面。

阿兰·雅各布斯与唐纳德·埃普亚德在1987年发表的《城市设计宣言》中,提出了七点"未来良好城市环境所必需的要素":①宜居性。一座城市应该是所有人都能安居的地方。②可识别性与控制性。居民应该感受到环境中有"属于"他们的地方,不论那里是否在产权上属于他们。③获得机遇、想象力与欢乐的权利。居民应该可以在城市中告别过去、面向未来并获得欢乐。④真实性及意义。居民应该能够理解他们的城市，包括其基本规划、公共功能和机构及其所能提供的机会。⑤社区与公众生活。城市应该鼓励其居民参与社区和公众生活。⑥城市自给。城市应该尽可能满足城市发展所需能源和其他稀缺资源的自给。⑦公共环境。好的城市环境是所有居民的，每个市民都有权利获得最低程度的环境居住性、可识别性与控制性及发展的机会。

英国交通、环境与地方事务部和建筑与建成环境委员会在2000年出版的纲领性文件《经由设计》中，提出了城市设计的七个目标，具体包括：①特征。场所自身的独特性。②连续与封闭。场所中公共与私人的部分应该清晰地区别。③公共领域的质量。公共空间应该是有吸引力的室外场所。④通达性。公共场所应该易于到达并可以穿行。⑤可识别性。场所有清晰的意象并易于认识与熟悉。⑥适应性。场所的功能可以比较方便地转化。⑦多样性。场所的功能应该富于变化和提供选择。1989年，当时的英国皇家规划师学会会长和英国城市设计集团的创始人弗朗西斯·蒂巴尔兹提出了一个包含十条城市设计原则的框架：①先于建筑考虑场所。②虚心学习过去，尊重文脉。③鼓励城镇中的混合使用。④以人的尺度进行设计。⑤鼓励步行自由。⑥满足社区各方的需要，并尊重其意见。⑦建立可识别（易辨认、易熟悉）的环境。⑧进行持久性和适应性强的建设。⑨避免同时发生太大的变化。⑩尽一切可能创造丰富、欢乐和优美的环境。

在美国出现的"新城市主义"思潮，强调土地的混合使用、环境敏感度、建筑与街道类型内在的秩序、明确的边缘和中心、可步行性、简洁的图示，以及用导则代替传统的分区标准等。1993年新城市主义协会成立后，发表的《新城市主义宪章》倡导城市设计应当遵守以下原则：①邻里在用途与人口构成上的多样性；②社区应该对步行和机动车交通同样重视；③城市必须由形态明确、普遍易达的公共场所和社区设施所形成；④城市场所应当由反映地方历史、气候、生态和建筑传统的建筑设计与景观设计所构成。

需要说明的是，城市设计不是一个简单的公式，在任何设计中都不存在绝对"正确"或"错误"的答案，只有较好或较差的选择，而城市建成环境的质量只能通过时间来检验。

11.5.4　城市设计关注的主要内容

1）城市形态与空间

城市形态的构成要素主要有土地用途、建筑形式、地块划分和街道类型等。土地用途是一个相对间接的影响要素，它决定了地块上的建筑功能，土地用途的改变会引起地块的合并或者是细分，甚至是街道类型等一系列的变化。建筑是城市中街区的主要组成要素，建筑的形体、组合和体量限定了城市中的街道和广场空间。地块划分和建筑有一定的关联,不同尺度的地块往往对应了不同的建筑类型和形式,地块很少会被细分,地块的合并通常是为了建造更大的建筑,较大的地块甚至占据了整个城市街区。街道是城市街区之间的空间,街道的格局往往承载了城市发展的历史信息,街道和街区、地块以及建筑共同反映了城市肌理。

2) 场所的感知和体验

人们通过视觉、听觉、嗅觉和触觉所提供的信息来认知世界,分为"感觉"和"认知"两个连续的过程。环境可以被视作一个精神建构,每个人对环境意象都有各自不同的创造和评价。环境意象是一个双向的过程,一方面环境自身表达了区别和联系,另一方面观察者根据自己所得到的信息从中选择、组织并赋予其特定的意义。因此,场所的特征是其真实面貌,而场所的意象则是这一特征和每个人感受与印象的结合。场所体现的是人类对环境的主观反馈,是由生活经历中提炼出来的本质意义,通过这些意义的渗透和影响,个体、群体或者社会把"空间"变成了"场所"。因此,场所概念通常强调归属感和人与场地的情感联系。城市设计要努力创造各种各样有意义、吸引人的场所。

3) 空间审美和视觉

人们对城市环境的体验是一个包含了运动和时间的动态活动,穿越城市空间的视觉体验是城市设计的重要部分。不同的空间围合方式可以创造出不同的视觉体验,城市设计要努力创造积极的空间,减少消极的空间。城市环境的视觉审美不仅有赖于它的空间质量,而且取决于色彩、肌理和细节,因此,建筑和景观也是促成城市空间审美特征的主要元素。景观设计可以增强城市结构的连贯性和统一性,地面景观是城市景观的重要组成部分,有组织、有品质的街道家具也能够提升城市景观。此外,植物等软质景观也是创造城市特色和个性的重要因素之一,植物随季节而产生的变化可以提供城市环境的时间可识别性。

4) 空间的使用方式

空间环境的使用方式,将关系到视觉审美、社会用途和场所营造等一系列问题。在公共空间中,人们一般希望五种基本的需求得到满足,即舒适、放松、对环境的被动参与、对环境的主动参与、发现,公共空间的形态应当支持人的使用和活动。适度高密度开发可以创造更紧凑、更可持续发展的城市形态,混合使用土地用途可以创造更有活力的公共场所,更好地支持公共交通和公共服务设施,提高能源使用效率,减少对土地资源的需求;但是,高密度开发、混合土地使用更需要良好的设计来保护居住的私密性,以及其他宜居环境指标。此外,日照、阴影、温湿度、雨、雪、风和噪声都影响着我们对空间环境的体验,在城市设计中也需要对这些要素与空间环境的关系进行考虑。

5) 空间中的社会问题

人与空间的功能联系不可避免地具有社会属性。城市设计不能决定人类的活动和行为,但是可以调节人类活动或行为发生的可能性:在低水平的公共空间中,只有必要性活动发生;而在高质量的公共空间中,会产生更多的选择性和社会性活动。例如,公共空间的安全感是城市设计成功的一个基本条件,好的城市设计可以通过精心的环境塑造来预防或减少犯罪。再例如,城市中居住空间的社会分异难以避免,但是通过好的城市设计创造出积极的公共空间,可以促进不同人群之间的交往,从而降低社会空间分异所带来的负面影响。总之,城市设计要努力为城市提供更多安全、平等、和谐的公共领域,缓解城市的社会问题。

11.5.5 城市设计的编制与实施

1) 城市设计的编制类型

在过去数十年的快速城镇化过程中,尤其是伴随着大规模的新城新区建设,我国的城市设计实践探索非常活跃,具体来说以下的五种类型比较常见:

(1) 城市设计策略:这包括区域、整体或片区的城市设计,以及聚焦城市某个要素系统的城市设计,如色彩、绿化、夜景等。这类设计项目一般尺度比较大,因此没有明确的整体三维方案,主要用局部的设计图纸或文字描述,通过控制和引导的方式来实施。

(2) 城市开发意象:大多出现在城市新区等大型项目的开发之前,一般由政府组织,为城市征集空间发展模式的方案(图 11-6)。三维意象和空间模式作为主要的成果,可以为后续的建设提供一个框架。但是其往往停留在方案阶段,如果缺乏衔接则不能很好地引导城市建设,而缺乏细部设计的城市空间也容易导致失败。

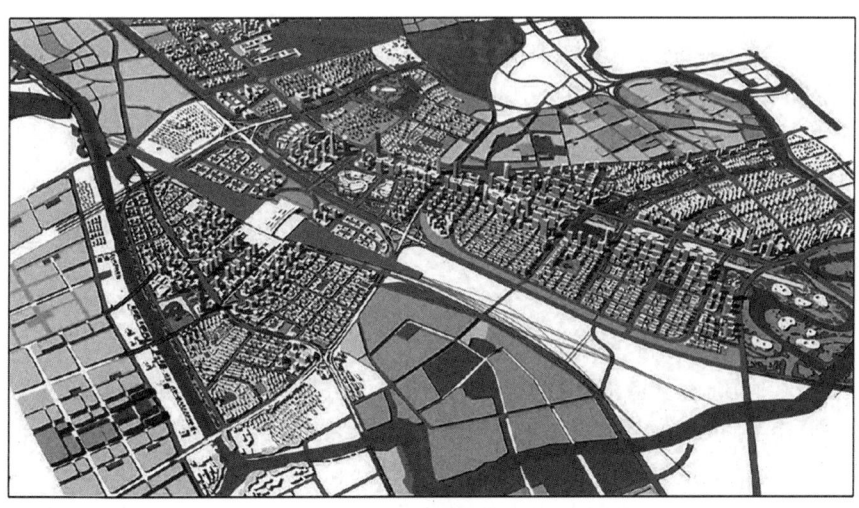

图 11-6 南京市南部新城城市设计

(3) 研究辅助型设计：根据城市规划的项目进行城市设计的研究，然后纳入其成果，一般出现在控制性详细规划的前期工作中。控制性详细规划是我国国土空间规划与城乡建设管理的一个主要类型和手段，由于传统控制性详细规划疏于考虑城市空间与人的使用关系，在规划编制的同时进行城市设计的研究，并且在管理中作为控制和引导的补充手段，可以促进良好城市环境的形成。

(4) 修建性详细规划：很多用于具体建设实施的城市设计其实只是传统规划类型的延续，只不过修建性详细规划偏重于工程方面的要求，而城市设计则更强调对人性化的考虑，这类城市设计可以看作在技术方法上优化以后的修建性详细规划，本质上二者没有区别。这类城市设计通常包括建筑群体、公共空间和居住区的详细规划设计。

(5) 城市环境改善：在城市建成环境中进行的城市设计，一般可以归为此类。除了注重城市环境的改善，公众参与、公共空间的维护管理、经济可能性和社会因素等，都是这类项目不能回避的主题，因而也是我国城市设计实践中最具有现实意义的一个类型。

如果从空间层次来看，可以将城市设计分为总体城市设计、重点地区城市设计。总体城市设计主要是研究确定城市风貌特色，保护自然山水格局，优化城市形态格局，明确公共空间体系。而如下一些区域应当编制重点地区城市设计：①城市核心区和中心地区；②体现城市历史风貌的地区；③新城新区；④重要街道，包括商业街、特色景观街；⑤滨水地区，包括沿河、沿海、沿湖地带；⑥山前地区；⑦其他能够集中体现和塑造城市文化、风貌特色，具有特殊价值的地区。单体建筑设计和景观、市政工程方案设计应当符合城市设计的要求。以出让方式提供国有土地使用权，以及在城市重要功能区、景观风貌区内的大型公共建筑项目，应当将城市设计要求纳入规划条件。

2) 国土空间总体规划中市县域及中心城区城市设计的主要内容

随着由城市规划向国土空间规划的转变，城市设计的工作范畴也相应扩大，由城市空间拓展到全域全要素空间。在市县域层面需要积极运用城市设计方法，协调城镇、乡村与山水林田湖草沙的整体空间关系，对生态、农业和城镇空间进行全域全要素整体统筹，强化市县域整体空间秩序，也就是进行大地景观设计。

(1) 全域全要素特色资源的评估和保护。进行市县域自然山水、历史文化、都市发展等特色资源的识别和评估，并提出保护与发展要求。

(2) 明确市县域整体特色定位。根据市县域特色资源禀赋，结合上位规划、市县性质、发展定位、功能布局、制约条件、公众意愿等，从区域协同、城乡统筹的高度确定市县域整体特色定位。

(3) 协调城镇、乡村与山水林田湖草沙的整体空间关系。梳理市县域空间演进脉络，妥善处理自然与人工、保护与发展的关系，提出城镇、乡村与山水林田湖草沙相协调的整体空间关系。重点关注对自然环境产生干预的建设活动,协同其他专项规划共同参与"三条控制线"的研究与制定过程,优化规划管控底线。

(4)提出市县域蓝绿空间网络的框架性导控要求。综合考虑市县域空间格局,结合自然山水、历史人文、公共设施等资源,建设组织合理、结构清晰、功能完善的市县域蓝绿空间网络。

(5)提出结构性绿地、水体等开敞空间的布局要求,增强开敞空间的生态服务功能(如改善热环境、风环境),并为市民提供多样化的公共游憩和康乐设施,形成覆盖城乡不同地区的分类设计指引。结合特色资源和管控主体,以空间特色为导向,形成覆盖城市与乡村的分类设计指引,尤其注重乡村地区空间特色的营造与提升,为下一层次的规划与设计提供指导依据。

在中心城区层面需要积极运用城市设计方法,整体统筹、协调各类空间资源的布局与利用,合理组织公共空间与景观风貌系统,提升城市空间品质与活力。

(1)构建城市特色空间结构。综合自然环境、历史人文等因素,对各级城市中心、发展轴线和功能片区等分别进行梳理,确定城市特色空间结构并提出城市功能布局优化建议。

(2)组织城市公共空间系统。充分挖掘文化特色和场所精神内涵,组织多类型、多层次、多功能的城市公共空间系统。对重要的广场、街道、公园、绿地、水体等提出框架性引导要求,优化慢行系统、游览线路等公共活动通道,打造开放舒适、生态宜人的行为场所体系。

(3)完善城市景观风貌系统。结合公众意象调查,对重要的标志、路径、节点、边界、片区等景观要素分别进行梳理,构建可感知、可识别与可延续的城市景观风貌系统,系统展示自然山水、历史文化和都市发展魅力。

(4)对城市标志节点、视线通廊、天际线等关键要素提出导控要求。研究各类标志节点的分布,对其空间形态及风貌特征等提出导控要求。研究城市重要特色资源"观"与"被观"的空间关系,明确重要视线通廊的导控要求。对城市天际线、色彩等要素进行系统构建,并提出导控要求。

(5)明确城市设计重点控制区。明确对于延续地方文脉、彰显城市特色、提升国土空间品质有重大影响的片区,如城市中心区、新城新区、旧城更新区、交通枢纽地区、滨水地区、沿山地区、历史风貌与遗产保护区等,提出框架性要求。

3)城市设计的实施机制

城市设计的实施主要依托于法定的国土空间规划体系。在我国,传统的城乡规划工作中包含了大量城市设计的技术内容,但是城市设计并非法定的规划类型。因此,要想发挥城市设计的作用,就必须将城市设计的主要内容转化为有关法定规划的内容及在规划实践中的有关管制要求,具体来讲,主要包括以下方面:

(1) 在生态、农业空间用途管制中遵循城市设计的要求

应依据总体规划、详细规划和专项规划,在生态、农业空间用途管制中遵循相关城市设计要求。生态空间用途管制应注重生态绿地景观、开敞空间与活动场所等内容,农业空间用途管制应注重地形地貌保护、农田景观以及人工建设协调等内容。

(2) 从城市设计角度研究建设项目规划选址的合理性

建设项目的规划选址应运用城市设计方法,研究建设项目对自然环境、历史人文资源的干预影响,核实其与城市功能、生态、风貌等方面的匹配性,确保建设项目符合山水格局、开敞空间、景观风貌、建筑高度、体量、色彩等城市设计要求,避免对国土空间品质产生负面影响。

(3) 将城市设计内容纳入规划条件

应将城市设计内容纳入相应的详细规划(例如转化为控制性详细规划中的有关控制与引导要求),依据详细规划将城市设计要求纳入用地出让的规划条件,作为规划许可要点。用地规划条件必要时应附城市设计图则。

(4) 在特殊地块开展城市设计的精细化研究

有特殊要求的地块,可在遵守详细规划的前提下,结合发展意愿、产业布局、用地权属、空间影响性、利害关系人意见等,编制面向实施的城市设计,精细化研究界面、高度、开敞空间、交通组织、地下空间、建筑引导、环境设施等内容,并将其要点纳入用地出让的规划条件。

(5) 从城市设计的角度对建筑方案进行审核

完善建设方案审查机制,严格审核规划条件中相关城市设计要求的落实情况。从城市设计的角度,对建设项目的高度、体量、色彩、风格等方面与整体区域的协调性进行审核。

11.6　控制性详细规划

控制性详细规划在原先的城乡规划体系中居于非常重要的核心环节,在 2019 年后新建构的国土空间规划体系中,控制性详细规划属于详细规划的一种重要类型,是自然资源主管部门做出规划行政许可、实施规划管理的直接依据,是对建成环境营造进行管控的重要手段。为了更好地体现此类详细规划的内涵特征,这里依然沿用传统的"控制性详细规划"名称。控制性详细规划是在微观空间层次上,根据总体规划的要求,控制建设用地性质、使用强度和空间环境的规划。其内容主要包括对地块的用地使用控制和环境容量控制、建筑建造控制和城市设计引导、市政工程设施和公共服务设施的配套,以及交通活动控制和环境保护的规定等,并针对不同地块、不同建设项目和不同开发过程,应用指标量化、条文规定、图则标定等方式对各控制要素进行定性、定量、定位和定界的控制和引导[41]。

11.6.1 控制性详细规划的作用与特征

1) 控制性详细规划产生的背景

随着社会经济的发展及城市规划编制体系的探索,在1980年代中后期中国出现了控制性详细规划并迅速发展,随后被正式纳入《中华人民共和国城市规划法》(1990年),成为对城市建设用地进行管理的直接依据。控制性详细规划的产生背景主要有以下方面:

(1) 随着土地有偿使用的进行,土地的开发内容、开发强度既直接关系着开发者的利益,也直接影响着城市的公共利益。城市总体规划只是较为粗放地划定土地的利用性质,而缺少对土地开发强度的规定,因此无法直接指导具体的开发建设,给规划管理带来了困难。

(2) 改革开放以后,面对迅速高涨、多变的用地需求和市场经济的环境,传统城市规划中所习惯的"指派性思维"已经无法适应这些变化。城市建设的主体也由计划经济时代的政府单一主体演变为多元主体,建设环境也难以具体确定,城市建设中的许多项目在规划编制阶段时并不落实,因此,修建性详细规划也就难以产生实际作用。

(3) 在城市总体规划与修建性详细规划之间存在着较大的断层。修建性详细规划难以在城市总体规划中找到具体的控制依据,导致许多修建性详细规划违背了原先的城市规划发展意图,而如果要求将城市总体规划进一步细化也是不现实的。这种情况也给城市规划管理带来了不便。

面对上述的局面,中国的城市规划界借鉴了国外的相关经验尤其是美国的区划法(Zoning),结合中国国情进行了一系列尝试、探索,创造了控制性详细规划这一规划类型。它把城市规划的编制与规划管理联系起来,在城市规划编制阶段即为地块的建设提出所必需的控制要求,成为规划管理的重要依据。此外,控制性详细规划也适应了市场经济的特点,通过控制与引导并行的办法体现了规划的刚性与弹性相结合,控制了必须控制的内容,同时也给具体的建设留有一定的弹性余地。控制性详细规划是将文字性的规划文本作为主要的规划成果,图则作为同等效力的法定文件,使规划在形式上更具有法律条文的性质。

国土空间规划作为以全域空间为对象,以城镇、农业、生态空间为约束,合理配置资源,促进社会政治及国民经济统筹协调发展的综合性规划,其正常运转和发挥作用都始终离不开城乡建设活动诸要素的统筹、规制。在"五级三类"的国土空间规划体系框架中,控制性详细规划属于"详细规划"一类,主要针对城乡建设用地中的具体地块用途和开发强度等做出实施性安排,对城乡建成环境的营造进行管控。作为实施国土空间用途管制、核发城乡建设项目规划许可、进行各项建设的法定依据,未来的控制性详细规划有必要从生态文明建设的目标出发,从以前的城乡建成环境管理走向对城乡全域、全要素管理,承担起国土空间用途管制制度建设、城乡一张图精细化管理、提高人居环境品质、服务政府现代化治理等更为广泛的职能。

2) 控制性详细规划的作用

控制性详细规划以国土空间总体规划或者分区规划为依据,以土地使用控制为重点,详细规定各类用地性质、使用强度和空间环境要求。它强调规划设计与管理及开发相衔接,作为国土空间规划实施管理的依据并指导修建性详细规划的编制与建筑设计等后续工作。控制性详细规划重点关注对建成环境中公共利益的保障,明确社会各阶层、集团、个人在城乡建设和发展中的责、权、利关系,并积极运用城市设计手段塑造、管控良好的城乡空间环境。

在国土空间规划体系中,控制性详细规划是连接总体规划与建设实施之间具有承上启下作用的关键性规划,在规划管理体系中位于核心地位。"承上"是要衔接国土空间总体规划,"启下"是要指导具体的建设方案实施,把总体规划的发展战略、发展要求等宏观控制转化为对具体地块的微观控制。控制性详细规划也是各级自然资源主管部门依法行政的依据,它直接面向开发地块的规划调控层次,重点保障公共设施、基础设施、公园等"公共产品"的合理配置,并调控项目开发可能产生的不利影响,将"分散、短视"的地块开发整合到城乡整体发展的框架之中,从而保障城乡发展的整体利益和长远利益。

简而言之,控制性详细规划的主要作用在于以下方面:

(1) 控制性详细规划是规划编制与管理、规划编制与实施之间衔接的重要环节。控制性详细规划将对建成环境的规划控制要点用简练、明确、适合操作的方式表达出来,作为控制土地批租、出让的依据,正确引导开发行为,实现土地开发的综合效益最大化。

(2) 控制性详细规划是宏观与微观、整体与局部有机衔接的关键层次。控制性详细规划向上衔接总体规划和分区规划,向下衔接修建性详细规划、具体的建筑设计与开发建设行为,它以量化指标和控制要求将总体规划的二维平面、定性和宏观的控制,分别转化为对建成环境的三维空间、定量和微观的控制。

(3) 控制性详细规划是体现城市设计控制与管理要求的重要手段。控制性详细规划将宏观、中观到微观城市设计的内容,通过具体的设计要求、设计导则以及设计标准与准则等方式体现在规划成果之中。借助其在地方法规和行政管理方面的权威地位,使城市设计要求在实施建设中得以贯彻落实。

(4) 控制性详细规划是协调各利益主体的公共政策平台。城市开发如果没有政府控制,开发商追求高额利润的本性就可能损害城市和临近土地的利益[42],造成城市土地开发的"市场失灵"。控制性详细规划被广泛视为一种具有约束力的公共政策工具,是实现政府规划意图、保证公共利益、保护个体权利的城市公共政策载体。

3) 控制性详细规划的主要特征

控制性详细规划是介于土地管理与建筑管理之间的建成环境管理措施，它区别于其他类型规划的特征主要体现为以下方面：

(1) 通过抽象的表达方式落实规划意图。控制性详细规划通过一系列抽象的指标、图表、图则等表达方式，将总体规划的宏观、平面、定性的内容具体转化为微观、立体、定量的内容(图 11-7)。该内容是一种空间设计控制和开发建设指导，给予了后续具体修建性详细规划、建筑方案设计以深化、细化的空间余地，而非取代具体的方案设计内容。

(2) 横向综合性的规划控制汇总。控制性详细规划包括城乡建设或国土空间规划管理中的各纵向系统和各专项规划内容，如土地利用、公共设施与市政设施、道路交通、历史环境保护、生态保护、景观规划、城市设计等内容，将这些内容在微观地块尺度上进行横向综合、相互协调，并分别落实相关规划管控要求，具有小而全的建成环境综合控制特征。

(3) 刚性与弹性相结合的控制方式。控制性详细规划的控制内容分为规定性和引导性两部分。规定性内容一般为刚性内容，主要规定"不许做什么""必须做什么""至少应该做什么"等；引导性内容一般为弹性内容，主要规定"可以做什么""最好做什么""怎么做更好"等，具有一定的适应性与灵活性。这种刚性与弹性相结合的控制方式适应了我国空间开发申请的需要，体现了通则式与判例式规划管理相结合的特点。面对市场需求的不确定性，有些城市在实战中探索实行控制性详细规划的分层编制与管控：在街区层面明确总体刚性控制要求，但是空间定位等预留一定弹性；在地块层面明确更为具体、确定的控制要求。

11.6.2 控制指标体系和控制要素

控制性详细规划的核心内容就是控制指标体系的确定，包括刚性的控制性指标与弹性的引导性指标，其控制要素与控制指标体系主要由以下几个方面组成：

1) 土地使用方面的控制

土地使用控制是对建设用地的建设内容、位置、面积和边界范围等方面做出的规定。其具体控制内容包括用地性质、用地使用兼容、用地边界、用地面积等。

2) 环境容量方面控制

为了保持良好的城乡建成环境质量，必须对土地使用强度进行控制，对建设用地能够容纳的建设量和人口聚集量做出规定。其控制指标一般包括容积率、建筑密度、人口密度、绿地率等，这几项控制指标分别从建筑、环境和人口等方面综合、全面地控制了环境容量。

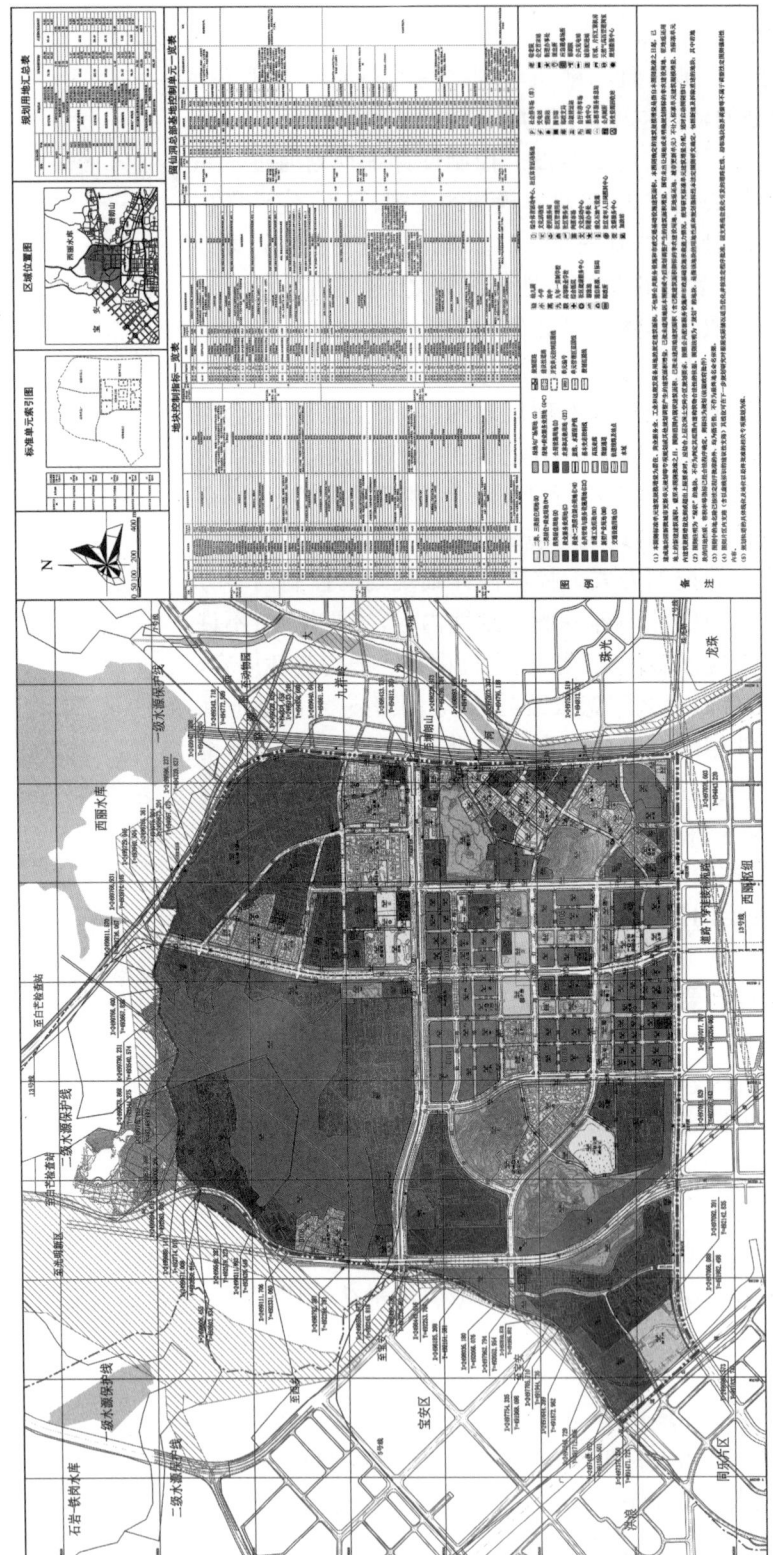

图 11-7 深圳市某片区的控制性详细规划（法定图则）图则示意

274 | 国土空间规划原理（第 2 版）

3）建筑建造方面的控制

建筑建造控制是为了满足生产、生活的良好环境条件，对建设用地上的建筑物布置和建筑物之间的群体关系做出必要的技术规定。其主要控制内容有建筑高度、建筑后退、建筑间距等，同时还包括消防、抗震、卫生防疫、防洪等安全上的规定。

4）城市设计管控与引导要求

随着人民群众对美好生活、高品质城乡环境的追求，城市设计引导内容越来越成为控制性详细规划中不可或缺的部分。虽然城市设计的控制要求在多数情况下属于建议性、引导性内容，具有一定的弹性与灵活性，但它们对于保持城乡特色风貌、塑造良好的城市空间与城市景观、提高城市建设水平与综合环境品质，具有极其重要的作用。城市设计控制、引导内容一般包括对建筑体量、形式、色彩、空间组合、建筑小品和其他环境的控制要求等，在实施规划控制时，应综合考虑地块区位、开发强度、地方建设特色、历史人文环境、历史保护需要、城市景观风貌要求等因素，在进行具有针对性的、较为深入的城市设计研究的基础上提出。对于有特殊要求的地段，许多引导性内容可以作为规定性内容，如在历史街区地带，建筑的体量、形式、色彩等内容可以作为规定性指标提出，以提高其对空间环境与风貌塑造的控制力度。

5）配套设施方面的控制

配套设施控制是对居住、商业、工业、仓储、交通等用地上的公共设施和市政配套设施提出的定量、定位的配置要求，是城市生产、生活得以正常进行的基础，是对公共利益的有效维护与保障。配套设施一般包括公共设施配套、市政公用设施配套两个部分的内容：公共设施主要是需要政府提供配套建设的公益性设施，一般包括文化、教育、体育、公共卫生等公用设施和商业、服务业等生活服务设施；市政公用设施一般都为公益性设施，包括给水、污水、雨水、电力、电信、供热、燃气、环保、环卫、防灾等多项内容。

6）行为活动方面的控制

行为活动控制即从外部环境的要求，对建设项目就交通活动、环境保护等有关方面提出控制要求。交通活动的控制在于维护正常的交通秩序，保证交通组织的空间，主要内容包括车行交通组织、步行交通组织、公共交通组织、配建停车位和其他交通设施控制（如社会停车场、加油站）等内容；环境保护控制是通过限定污染物的排放标准，防治在生产建设或其他活动中所产生的废气、废水、废渣、粉尘、有毒（害）气体、放射性物质，以及噪声、震动、电磁辐射等对环境的污染和侵害，达到环境保护的目的。环境保护规定主要依据国土空间总体规划、环境保护规划、环境区划或相关专项规划，结合环保部门的具体要求制定。

7）其他方面的控制要求

（1）根据相关规划（历史保护规划、风景名胜区规划）落实有关规划控制要求。

（2）根据国家与地方的相关规范与标准落实"N线"（生态红线、永久基本农田保护线、道路红线、绿地绿线、文保紫线、河流蓝线、设施黄线等）控制范围与控制要求。

（3）竖向设计应包括道路竖向和场地竖向两个部分的内容,根据城市安全、综合防灾、地下空间综合利用规划,提出地下空间开发建设建议和开发控制要求。

（4）相关奖励与补偿的引导控制要求。

上述控制要素总体上可以分为规定性（强制性、刚性）和指导性（引导性、弹性）两大类。规定性内容是在实施规划控制和管理时必须遵守执行的,体现为一定的"刚性"原则,如用地界限、用地性质、建筑密度、限高、容积率、绿地率、配建设施等。指导性内容是在实施规划控制和管理时需要参照执行的内容,这部分内容多为引导性和建议性,体现为一定的弹性和灵活性,如人口容量、城市设计引导等内容。在编制控制性详细规划时,规定性指标与引导性指标并非绝对不变的,不同城市、不同用地功能、不同地段的主要问题矛盾不同,控制性详细规划对指标体系、管控内容的选择也应该有所不同。

11.6.3 控制性详细规划的编制

1）控制性详细规划编制原则

（1）依法规划的原则：依法规划是保证控制性详细规划法律严肃性的前提。控制性详细规划的编制应依据已经批准的国土空间总体规划或分区规划,并符合国家和地方的相关法律、法规、技术标准等。

（2）公共利益第一原则：控制性详细规划应将公共利益保障作为首要任务,这是制定控制指标与控制导则的基本依据。应对公共空间、公共配套、市政公用服务等内容进行明确的控制和引导,区分政府行为与市场行为,在发生冲突或矛盾时应服从公共利益的需要。对于地块控制应分为外部与内部两个层面：外部要求包括对地块建设外部环境、周边的影响等内容,多涉及公共利益,是建设开发个体需要承担的责任或需要履行的义务,应加以明确的控制和引导；内部建设行为多为开发建设个体的权利,在不影响公共利益的情况下,可给予其一定的灵活空间与自由度。

（3）公平、公正、公开原则：控制性详细规划应体现公平、公正、公开的基本原则,规划应遵循行政许可公开的要求,控制内容简明、清晰,适应不同层次的公众参与需要。控制性详细规划整体上应有一个通则式控制,即对于新规划城市中近似区位、类似性质的片区、街区、地块,应提出一致性的控制要求作为基础；再根据开发建设项目具体的个性差别,以公共利益保障为前提,做出针对性的控制与引导,体现公平、公正性。

（4）整体性原则：编制控制性详细规划应遵循局部服从整体、内部服从外部的原则。整体的控制往往是自上而下的控制要求,多为具体街坊地块控制的依据。而外部条件一般是体现个体局部之间的相互关系,多包含公共利益的内容。

（5）可操作性原则：编制控制性详细规划，应充分结合地方实际情况和国土空间规划主管部门的管理要求，编制工作应在充分的调研与分析论证基础上，控制成果应有充分的依据和可行性。强化与规划管理的衔接，提高规划成果的科学性和可操作性。

2) 控制性详细规划编制的主要内容

控制性详细规划编制应包括以下主要内容：

（1）确定规划范围内不同性质用地的界线，确定各类用地内适建、不适建或者有条件允许建设的建筑类型。

（2）确定各地块的建筑高度、建筑密度、容积率、绿地率等控制指标；确定公共设施配套要求、交通出入口方位、停车泊位、建筑后退红线距离等要求。

（3）提出各地块的建筑体量、体型、色彩等城市设计指导原则。

（4）根据交通需求分析，确定地块出入口位置、停车泊位、公共交通场站用地范围和站点位置、步行交通，以及其他交通设施。规定各级道路的红线、断面、交叉口形式及渠化措施、控制点坐标和标高。

（5）根据规划建设容量，确定市政工程管线位置、管径和工程设施的用地界线，进行管线综合。确定地下空间开发利用具体要求。

（6）制定相应的土地使用与建筑管理规定。

第11章参考文献

[1] 全国城市规划执业制度管理委员会. 城市规划原理[M]. 北京：中国建筑工业出版社，2000.
[2] 张京祥. 西方城市规划思想史纲[M]. 南京：东南大学出版社，2005.
[3] 张京祥，罗震东. 中国当代城乡规划思潮[M]. 南京：东南大学出版社，2013.
[4] 董晓峰，杨保军. 宜居城市研究进展[J]. 地球科学进展，2008，23(3)：323-326.
[5] 吴良镛. 人居环境科学导论[M]. 北京：中国建筑工业出版社，2001.
[6] 段进. 城市空间发展论[M]. 2版. 南京：江苏科学技术出版社，2006.
[7] 张文忠. 宜居城市的内涵及评价指标体系探讨[J]. 城市规划学刊，2007(3)：30-34.
[8] 赵蔚，赵民. 从居住区规划到社区规划[J]. 城市规划汇刊，2002(6)：68-71.
[9] 赵民，赵蔚. 社区发展规划：理论与实践[M]. 北京：中国建筑工业出版社，2003.
[10] 肖作鹏，柴彦威，张艳. 国内外生活圈规划研究与规划实践进展述评[J]. 规划师，2014(10)：89-95.
[11] 于一凡. 从传统居住区规划到社区生活圈规划[J]. 城市规划，2019，43(5)：17-22.
[12] 李萌. 基于居民行为需求特征的"15分钟社区生活圈"规划对策研究[J]. 城市规划学刊，2017(1)：111-118.
[13] 赵民. "社区营造"与城市规划的"社区指向"研究[J]. 规划师，2013，29(9)：5-10.
[14] 黄瓴，许剑峰. 城市社区规划师制度的价值基础和角色建构研究[J]. 规划师，

2013,29(9):11-16.

[15] 杨保军,朱子瑜,蒋朝晖,等. 城市特色空间刍议[J]. 城市规划,2013,37(3):11-16.

[16] 张锦秋. 城市文化环境的营造[J]. 规划师,2005,21(1):73-75.

[17] 黄光宇,陈勇. 生态城市概念及其规划设计方法研究[J]. 城市规划,1997(6):17-20.

[18] 黄肇义,杨东援. 国内外生态城市理论研究综述[J]. 城市规划,2001,25(1):59-66.

[19] ROSELAND M. Dimensions of the eco-city[J]. Cities,1997,14(4):197-202.

[20] 张京祥. 对我国低碳城市发展风潮的再思考[J]. 规划师,2010,26(5):5-8.

[21] 沈清基,安超,刘昌寿. 低碳生态城市的内涵、特征及规划建设的基本原理探讨[J]. 城市规划学刊,2010(5):48-57.

[22] 秦波,刘志林. 城市形态与低碳城市[J]. 国际城市规划,2013,28(2):1-3.

[23] 王如松,欧阳志云. 天城合一:山水城建设的人类生态学原理[J]. 现代城市研究,1996(1):13-17.

[24] 杨保军,董珂. 生态城市规划的理念与实践:以中新天津生态城总体规划为例[J]. 城市规划,2008,32(8):10-14.

[25] 董宏伟,寇永霞. 智慧城市的批判与实践:国外文献综述[J]. 城市规划,2014,38(11):52-58.

[26] PAPA R, GARGIULO C, GALDERISI A. Towards an urban planners' perspective on smart city[J]. TeMA:Journal of Land Use, Mobility and Environment,2013,6(1):5-17.

[27] BATTY M, AXHAUSEN K W, GIANNOTTI F, et al. Smart cities of the future[J]. The European Physical Journal:Special Topics, 2012, 214(1):481-518.

[28] 曼纽尔·卡斯特. 信息时代三部曲:经济、社会与文化·网络社会的崛起[M]. 夏铸九,王志弘,等译. 北京:社会科学文献出版社,2001.

[29] 楚金华. 从"被动接受"到"合作共创":基于演化视角的智慧城市理论发展框架[J]. 国际城市规划,2019,34(4):64-71.

[30] GIFFINGER R, FERTNER C, KRAMAR H, et al. Smart cities-ranking of European medium-sized cities[EB/OL]. (2007-10-10)[2020-08-20] http://curis.ku.dk/ws/files/37640170/smart_cities_final_report.pdf.

[31] 董玛力,陈田,王丽艳. 西方城市更新发展历程和政策演变[J]. 人文地理,2009,24(5):42-46.

[32] 张京祥,冯灿芳,陈浩. 城市收缩的国际研究与中国本土化探索[J]. 国际城市规划,2017,32(5):1-9.

[33] 邹兵. 增量规划向存量规划转型:理论解析与实践应对[J]. 城市规划学刊,2015(5):12-19.

[34] 赵燕菁. 存量规划:理论与实践[J]. 北京规划建设,2014(4):153-156.

[35] 阳建强,杜雁,王引,等. 城市更新与功能提升[J]. 城市规划,2016,40(1):99-106.

[36] ROBERTS P, SYKES H. Urban regeneration: a handbook[M]. London: Sage Publications,1999.

[37] 李江,胡盈盈,等.转型期深圳城市更新规划探索与实践[M].南京:东南大学出版社,2015.

[38] 深圳市人民政府.深圳市城市更新办法[Z].深圳:深圳市人民政府,2009.

[39] 深圳市人民政府.深圳市城市更新办法实施细则[Z].深圳:深圳市人民政府,2012.

[40] 王建国.城市设计[M].3版.南京:东南大学出版社,2011.

[41] 吴志强,李德华.城市规划原理[M].4版.北京:中国建筑工业出版社,2010.

[42] 袁奇峰,扈媛.控制性详细规划:为何?何为?何去?[J].规划师,2010,26(10):5-10.

第11章图表来源

图11-1 源自:许广通,何依,王振宇.历史城区结构原型的辨识方法与保护策略——基于荆襄地区历史文化名城保护的相关研究[J].城市规划学刊,2021(1):111-118.

图11-2 源自:济南市规划局《济南15分钟社区生活圈规划》(2018年).

图11-3 源自:ROSELAND M. Dimensions of the eco-city[J]. Cities,1997,14(4):197-202.

图11-4 源自:张京祥,张勤,等.未来城市及其规划探索的"杭州样本"[J].城市规划,2020,44(02):77-86.

图11-5 源自:笔者绘制.

图11-6 源自:段进.新时期中国城市的空间重构与转型发展:以南京南部新城整体城市设计为例[J].城市规划,2011,35(12):16-19.

图11-7 源自:深圳市城市规划委员会.深圳市南山10-02&03&04号片区[西丽中心区地区]法定图则(NO. NS10-02&03&04/01),2021年10月.

表11-1 源自:笔者根据张京祥,冯灿芳,陈浩.城市收缩的国际研究与中国本土化探索[J].国际城市规划,2017,32(5):1-9整理绘制.

12　规划实施、监测评估与信息技术

12.1　国土空间规划的实施管理

12.1.1　国土空间规划实施的内涵

国土空间规划的实施,就是将预先协调好的行动纲领和确定的计划付诸行动,从而实现规划对国土空间保护与利用的控制、引导作用,保证社会经济高效、有序、持续地发展,促进提高人民群众的美好生活质量。国土空间规划的实施管理,主要是指对国土空间中的各项保护与利用活动进行规划管理,即对各项活动实行审批或许可、监督检查,以及对违法建设行为进行查处等管理工作。通过对各项活动进行规划管理,保证各项活动能够符合国土空间规划的内容和要求,使各项活动都能对规划实施做出积极正面的贡献,并限制和杜绝超出经法定程序批准的规划所确定的内容,保证国土空间规划得到全面和有效的实施。

实施国土空间规划是全社会的共同事业,既需要政府进行的各类公共行为,也需要依靠社会和市场的共同行动,公共部门、企业与社会公众等在国土空间规划实施中都担当着重要的职责。国土空间规划实施的组织与管理主要是由政府来承担,但这并不意味着规划都是由政府部门来实施,大量的建设性活动是由城市中的各类组织、机构、团体甚至个人来开展的。不可否认,私人部门的建设性活动是出于自身的利益而进行的,但只要遵守国土空间规划的有关规定,客观上就是在实施规划。当然,私人部门也可以进行一些公益性的和公共设施项目的投资与开发,尽管其本身仍然是为了达到一定的私人或团体利益目标,但规划同样可以起到影响和引导其他开发建设的作用。除了通过实质性的投资、开发活动来实施国土空间规划外,各类组织、机构、团体或者个人通过对各项建设与保护活动的监督,也有助于及时纠正规划实施过程中所出现的偏差,保证规划目标的实现。

12.1.2　空间规划实施制度的国际经验

由于历史背景、文化传统、政治制度、经济体制、发展阶段等的不同,世界各国、各地区对于空间规划实施的制度也各不相同。但是从国际上比较成功的国家、地区发展经验来看,总体上体现出一些共同的特点[1]。

1) 完善的法律制度是规划实施的重要保障

空间规划要顺利实施,其核心内容必须得到各级立法的支持,同时应理顺各层规划(国家一级的空间规划、区域规划,跨省跨州的空间规划、流域规划等)与下位规划(城乡建造管理规划、开发控制规划、建设引导规划、土地区划等)的衔接关系。空间总体规划经审批后一般都具有法律效力,并由政府或相应规划机构在立法机构的监督下实施,它同时也成为编制和审批下位规划的法律依据。下位规划或具体的城市开发项目如果违背了总体规划,就无法得到批准或获得规划建设许可。一般来说,对下位规划和开发项目的审批和违法的判定都由规划管理部门执行,但是最终裁决权是在司法机关或其他独立机构。

2) 规划实施具有多样化的组织形式与方法

发达国家的政府作为规划实施主体的权力范围普遍较小,特别是在英美等崇尚自由主义政策的国家。由于社会资本的强大,空间规划的发展目标大部分交由市场、社会完成,政府及其专业机构一般通过各种公共政策进行引导。对于一些大型的城市发展项目和基础设施建设,多由政府成立市场化运作的开发公司来完成。在规划实施中,行政指导、行政合同等非权力行政方式被广泛采用。由于公众参与的广泛性,发达国家和地区的空间规划实施更依赖全社会的广泛支持。政府一般都设有专门的规划机构,规划管理机构不仅有规划局及其下属机构,而且很多城市还成立了规划委员会。规划委员会制度的建立,在空间规划的决策过程中起到了参谋和技术制衡的作用,有的逐渐从咨询功能转向预决策甚至决策机构。

3) 空间规划的实施具有行政救济和司法救济支持

西方国家空间规划救济制度一般较为完善,其中规划上诉是监督、维护政府机构行政行为公正性的有效机制。当规划申请被否决或规划许可附有条件时,开发申请者有权对于规划审批决定提起上诉。在对违法开发活动进行强制处置时,行政相对方也有上诉的权利。规划上诉由相对独立的监察部门(如美国的区划上诉委员会、英国的规划监察部门)进行裁决。当规划部门享有较大自由裁量权时,法定的监督、司法救济机制等就显得更为必要。

4) 统筹协调地方自治与上级监督的制度保障

在许多发达国家,城市等地方政府享有高度的自治权,空间规划更多的是被作为地方性事务。但是,由于空间规划所调控的自然资源多属于不可再生,而且空间、资源的保护与使用具有超越行政地域的外部性,对这些资源的管理都必须以事先、事中的有效监督为前提;另外,不合理的空间规划决策一旦开始实施,要进行纠正往往需要付出巨大的代价。正因为如此,许多西方国家的中央政府都保留了对空间规划一定的监督权,以便能对下级政府的空间规划实施进行适度的干预和调控。

12.1.3 我国国土空间规划的审批与实施管理制度

1) 国土空间规划的分级审批体制

我国国土空间规划采用的总体框架是"五级三类四体系":"五级"指的是全国、省、市、县、镇(乡)五个层面的规划,"三类"指的是总体规划、详细规划和专项规划三类规划,而"四体系"则是包括编制审批体系、法规政策体系、技术标准体系和实施监督体系。规划审批按照"谁审批、谁监管"的原则,分级建立国土空间规划审查备案制度(表12-1)。

表12-1 我国国土空间规划的分级审批体制

规划类型		规划审批	备注
总体规划	全国国土空间规划	由自然资源部会同相关部门组织编制,由党中央、国务院审定后印发	—
	省级国土空间规划	省级政府组织编制,同级人大常委会审议后报国务院审批	—
	市县国土空间规划	由省级政府根据当地实际,明确规划编制审批内容和程序要求	直辖市、计划单列市、省会城市及国务院指定城市的国土空间总体规划由国务院审批
专项规划	海岸带、自然保护地等专项规划及跨行政区域或流域的国土空间规划	由所在区域或上一级自然资源主管部门牵头组织编制,报同级政府审批	—
	涉及空间利用的某一领域专项规划	由相关主管部门组织编制	—
详细规划	城镇开发边界外的乡村地区	由乡镇政府组织编制村庄规划,报上一级政府审批	以一个或几个行政村为单元,由乡镇政府组织编制"多规合一"的实用性村庄规划,作为详细规划,报上一级政府审批
	城镇开发边界内	由市县自然资源主管部门组织编制,报同级政府审批	—

全国国土空间总体规划由自然资源部会同相关部门组织编制,由党中央、国务院审定后印发;省级层面总体规划由省级政府组织编制,经同级人大常委会审议后报国务院审批;市县和乡镇层面则由当地人民政府组织编

制，其中直辖市、省会城市、计划单列市以及国务院指定城市需要报国务院审批，其他市县及乡镇国土空间规划由省级政府根据当地实际，明确规划编制审批内容和程序要求。各地可因地制宜，将市县与乡镇国土空间规划合并编制，也可以几个乡镇为单元联合编制乡镇级国土空间规划。

海岸带、自然保护地等专项规划及跨行政区域或流域的国土空间规划，由所在区域或上一级自然资源主管部门牵头组织编制，报同级政府审批；涉及空间利用的某一领域专项规划，如交通、能源、水利、农业、信息、市政等基础设施，公共服务设施，军事设施，以及生态环境保护、文物保护、林业草原等专项规划，由相关主管部门组织编制。相关专项规划可在国家、省和市县层级编制，不同层级、不同地区的专项规划可结合实际选择编制的类型和精度。相关专项规划在编制和审查过程中，应加强与有关国土空间规划的衔接及"一张图"的核对，批复后纳入同级国土空间基础信息平台，叠加到国土空间规划"一张图"上。

在市县及以下层面编制详细规划。详细规划是对具体地块用途和开发建设强度等做出的实施性安排，是开展国土空间开发保护活动、实施国土空间用途管制、核发城乡建设项目规划许可、进行各项建设等的法定依据。在城镇开发边界内的详细规划，由市县自然资源主管部门组织编制，报同级政府审批；在城镇开发边界外的乡村地区，以一个或几个行政村为单元，由乡镇政府组织编制"多规合一"的实用性村庄规划，作为详细规划，报上一级政府审批[2-3]。

2) 国土空间规划的实施管理

以国土空间规划为依据，对所有国土空间分区分类实施用途管制，是国土空间规划实施管理的主要手段。在城镇开发边界内的建设，实行"详细规划+规划许可"的管制方式；在城镇开发边界外的建设，按照主导用途分区，实行"详细规划+规划许可"和"约束指标+分区准入"的管制方式。对以国家公园为主体的自然保护地、重要海域和海岛、重要水源地、文物等，实行特殊保护制度。因地制宜地制定用途管制制度，要为地方管理和创新活动预留空间。

规划实施评估和督察是国土空间规划实施管理的重要保障。依托国土空间基础信息平台，建立健全国土空间规划动态监测评估预警与实施监管机制。上级自然资源主管部门会同有关部门，组织对下级国土空间规划中各类管控边界、约束性指标等管控要求的落实情况进行监督检查，将国土空间规划执行情况纳入自然资源执法督察内容。健全资源环境承载力监测预警长效机制，建立国土空间规划定期评估制度，结合国民经济和社会发展实际及规划定期评估结果，对国土空间规划进行动态调整完善。

此外，中共中央、国务院《关于建立国土空间规划体系并监督实施的若干意见》中明确指出，强化规划权威。规划一经批复，任何部门和个人不得随意修改、违规变更，防止出现换一届党委和政府改一次规划的现象；下级国土空间规划要服从上级国土空间规划，相关专项规划、详细规划要服从总体规划;坚持先规划、后实施,不得违反国土空间规划进行各类开发建设活动;坚持"多规合一",不在国土空间规划体系之外另设其他空间规划,相关专项规划的有关技术标准应与国土空间规划衔接;因国家重大战略调整、重大项目建设或行政区划调整等确需修改规划的,须先经规划审批机关同意后,方可按法定程序进行修改;对国土空间规划编制和实施过程中的违规违纪违法行为,要严肃追究责任。

12.1.4 多元治理与国土空间规划的公众参与

1) 国家治理现代化背景下的国土空间规划

治理(Governance)是1990年代在西方公共管理领域迅速兴起的一个概念,不同于传统自上而下、以行政强制力为主导的政府统治或政府管理(Government),治理的出现是为了应对全球化竞争、弹性经济体系、民众力量成长等新背景而产生的国家危机,应对西方早先激进新自由主义化进程所带来的严重的社会与政治矛盾。不同于以控制和命令手段为主的、由国家分配资源的传统管理与统治方式,在现代西方语境下,治理强调的是使个人与机构、公家与私人等不同主体间相互冲突或不同的利益得以调和,并且采取联合行动的持续过程。其鼓励通过多种社会集团的对话、协调、合作,以达到在最大程度上动员资源,以此来补充市场自由交换和政府自上而下调控的不足,并最终达到"多赢"的社会发展目标。

1949年新中国成立后,通过一系列政治、经济与社会改造步骤,建立了一个贫富均衡、社会分层简单、政府高度集权的"总体性"社会,有效的社会管理几乎全部倚重于从中央到基层、从行政部门到经济部门,以及行政色彩浓厚的社会组织等高度科层化的机构来完成。1978年后开启的改革开放进程,推动中国政治、经济、社会发生了三重深刻变化:府际关系的变革、政企关系的变革、政社关系的变革,其基本趋势是总体性社会体制不断弱化,计划经济时期形成的高度一体的国家—社会结构解体,而分化成具有不同利益诉求的各级政府、相对独立而日渐强大的市场,以及快速发育而日益复杂的社会领域。府际关系、政企关系、政社关系的变迁重构,客观上要求国家必须创新管理方式,整合各种社会力量,协调多元利益格局,重构政府、市场与社会间的健康关系,以重塑支撑中国长期持续发展的动力基础。在此背景下,中共十八届三中全会做出了"推进国家治理体系和治理能力现代化"的重大决策,并将其置于深化改革总目标的高度上,事实上具有统领改革的纲领性作用。实现国家治理体系与治理能力现代化,是实现"市场在资源配置中起决定性作用""依法治国"等相关目标的政治基础。简要而言,中国治理现代化的核心是建设有限但有效的政府,培育自主与自助的社会,完善自由但规范的市场秩序,改变政府自上而下的单一管控方式,强化规制、协商、合作并存的新型治理方式。

从本质属性上讲,国土空间规划是一种复杂的空间治理活动。

1960—1970年代,国际社会及规划学界对空间规划的本质属性理解发生了重大变化,空间规划不再被视为一项单纯的工程技术范畴,而是越来越被看作一项重要的公共政策。此前,中国的城乡规划在法理上已经被正式确立为一种公共政策,今天中国的国土空间规划显然也应该被视为一种公共政治过程——国土空间规划是对空间资源的保护、利用和收益进行管控、分配和协调的过程,必须充分体现政府、市场和社会多元权利主体的利益诉求,又要在公共利益、部门利益和私有利益之间进行协调,还要统筹政治、经济、社会、生态、技术、时序等等的关系。形象地说,国土空间规划就是一个多元利益在此互动、博弈的舞台,演绎着长远与眼前、效益与公平、局部与综合、个体与群体等诸多复杂作用的过程,国土空间规划本质上就是一个极其复杂的空间治理活动。总体而言,经过改革开放后的发展,中国空间规划的基本属性已经完成了从"空间营建的技术工具"向调控资源、指导发展、维护公平、保障安全与公众利益的"公共政策"的转变历程。明确国土空间规划的公共政策本质属性,预示着在法理层面上中国的国土空间规划已基本完成了呼应治理现代化要求的角色转型。因此,对中国国土空间规划的理解,以及相关所有工作的开展,都必须将其置于国家治理现代化的宏大背景与要求之中[4]。

2) 国土空间规划的公众参与

1960年代以来,西方国家为适应经济、政治、社会、文化发展的新情况,纷纷开始建立空间规划公众参与(Public Participation)制度。越来越多的学者逐渐认识到,空间规划中的决策应是政府、专业人员、公众三者之间协调配合的结果,它必须能反映"公众意愿"。公众参与空间规划,其本质是通过公众对规划制定和实施全过程的主动参与,更好地保证规划行为的公平、公正与公开性,使规划能切实体现广大公众的利益需求,并确保规划工作的有效实施。

西方国家空间规划公众参与最早的理论基础,是1960年代大卫多夫提出的辩护性规划理论。他认为空间规划应该由不同利益群体的规划人员共同商讨、决定对策,以求得多元化市场经济体制下社会利益的协调分配,规划师应当成为社会弱势群体的辩护人。1970年代哈贝马斯又提出了交往式规划理论,主张建立一种"政府—公众—开发商—规划师"的多边合作,参与规划的各个主体在决策的过程中应相互理解、相互沟通,建立一种友好合作的关系,实现最为广泛的社会群体参与。在许多发达国家中,公众参与工作已逐步走上法制化、程序化和全面化的道路,在各国的空间规划法中,都有关于规划编制、公布、审批及诉讼等程序中公众参与的相关条款。空间规划立法中的公众参与有三个要点:一是规范政府对规划信息发布的方式;二是规范公众反映意见的方式和途径;三是规范对公众意见的处理方式。

随着经济和社会的快速发展,我国广大公众越来越重视城乡生活环境和质量,维护自身权益的意识也不断增强。空间规划不再是简单的行政命令,而需对涉及其中的各种利益关系进行协调,建立相应的磋商机制。2008年实施的《中华人民共和国城乡规划法》明确了规划编制审批、监督检查等过程都必须要征求公众意见或受公众监督,城市规划公众参与的法律地位正式确立。2019年新修订的《中华人民共和国土地管理法》中也进一步强调了公众参与、扩大公众知情权、广泛听取公众意见,提出编制土地利用总体规划应当广泛听取公众意见,在征地过程中要对征地的主要内容在拟征收土地所在的集体经济组织范围内进行公告,听取被征地的乡村集体经济组织和农民的意见,等等。随着中国经济社会的快速发展,公众参与将在国土空间规划中扮演越来越重要的作用[5]。

随着我国国土空间规划体系的建立,必须坚持上下结合、社会协同,不断完善公众参与制度。但是我们也必须认识到,世界上并不存在跨越国情、跨越文化差异、跨越发展阶段的普适性善治(Good Governance)模式[4]。我们对于国土空间规划公众参与的探索,也必须紧密结合中国的国情实际,务实、有序地推进,有关的制度建设需要与国家的发展阶段相适应。规划编制可采取政府组织、专家领衔、部门合作、公众参与的方式,建立全流程、多渠道的公众参与机制。在规划编制启动阶段,应深入了解各地各行业、社会公众的意见和需求;在规划方案形成与论证阶段,应将形成的中间成果征求有关方面意见;规划成果报批前,应以通俗易懂的方式征求并吸纳社会各方的意见和建议。国土空间规划的公众参与要充分利用各类传统媒体、新媒体和信息平台,采取贴近群众的各种社会沟通工具与形式,保障公众参与的广泛性、代表性和实效性。同时,要成立涵盖各部门、各行业的规划编制与实施协作机制,建立定期协商制度,及时商讨研究规划中的重大问题,共同推进规划编制与实施管理工作。

12.2　面向动态实施的近期规划

在国土空间规划体系中,总体规划是一个长期规划,规划期限多为15—20年,甚至包括更远景的展望。总体规划是描绘了一个长远的蓝图,在经济社会发展实践过程中,我们必须通过一个个近期规划来不断地实现总体规划的战略意图,这充分体现了国土空间总体规划实施管理的过程性、动态性特点。近期规划制定的依据包括:按照法定程序批准的国土空间总体规划、国民经济和社会发展五年规划,以及国家的有关方针政策等。

国土空间近期规划与国民经济和社会发展规划要在编制时限上保持一致(一般为5年),同步编制、互相协调,将计划确定的重大发展战略、目标及项目在国土空间中进行合理的安排和布局。国民经济和社会发展五年规划主要在目标、总量、产业结构及产业政策等方面,做出总体性和战略性的指引,侧重于时间序列上的安排;国土空间近期规划则主要在资源保护与利用、空间布局、基础设施支撑等方面,为国土空间发展提供基础性的框架,保障国民经济和社会发展目标的实现,侧重于空间布局上的安排。

通过国土空间近期规划、年度实施计划,与现行的国民经济和社会发展五年规划、国民经济和社会发展年度计划、年度政府投资项目计划、年度政府财政预算等相配合,可以让国土空间规划形成对各项行动进行综合协调的有效保障机制,强化政府公共投资对城乡发展、全域空间的引导和调控作用。

12.2.1 编制近期规划的重要意义

(1) 完善国土空间规划体系的需要。国土空间总体规划侧重于结构、战略的层面,更加宏观与讲求原则;而近期规划则根据总体规划的目标,制定实施总体规划的具体近期安排,并对总体规划的实施效果做出跟踪、分析和判断,更加及时有效地指导资源环境利用和保护、城乡建设等活动。滚动编制国土空间近期规划,有利于将国民经济和社会发展的实际需求与政府发展方向、发展重点相结合,协调多方利益达成共识,并通过对近期项目及土地供应的控制,有力地引导城乡发展方向,变被动管理为积极主动的引导。近期规划在规划管理过程中既坚持了总体规划所提出的长远目标、整体构思,确保了实施的严肃性,同时又充分考虑了现实条件,兼顾各方利益,并根据实施情况及时反馈修正,确保了规划的灵活性,使规划编制与规划管理紧密结合。

(2) 发挥国土空间规划主动调控发展的作用。近期规划有利于发挥市场经济条件下国土空间规划对社会经济发展宏观调控的作用。国土空间近期规划在国民经济和社会发展五年规划总体目标的指引下,以解决地方经济社会发展所面临的实际问题为出发点,确定近期发展目标、重点发展区域,做好城乡基础设施等公益性用地和建设项目的安排,对空间发展方向、空间结构、重大基础设施的建设起到积极的引导和控制作用。在近期规划中通过对重大基础设施、重大建设项目的明确,将有力地引导各种社会资金、市场资本的投入,带动周边区域的发展,从而实现土地资源的优化配置与有效利用。

(3) 加强国土空间规划实施监督管理的需要。近期规划是加强国土空间规划监督管理的重要环节,是实施总体规划目标的重要手段,是对近期建设行为、重大项目的引导和控制。近期规划可以理解为政府、社会、市场实施国土空间规划的共同行动计划,对各方都可形成一种行动预期和行为约束,用以指导国土空间规划有计划、有步骤地实施,增强规划实施的连续性[6-7]。

12.2.2 近期规划编制的原则与主要内容

1) 近期规划编制的原则

编制国土空间近期规划,必须坚持可持续发展的理念,正确处理好近期发展与长远发展、资源环境条件与经济社会发展的关系,注重对自然资源、生态环境与历史文化遗产的保护,严格依据国土空间总体规划,切实提高规划的科学性和严肃性。近期规划的编制主要应体现如下一些原则:

(1) 实施性

近期规划最重要的作用是分阶段落实国土空间总体规划或中长期规划所确定的目标。长期规划往往要求我们从未来合理状态中确定规划目标,从而界定近期的行为;而近期规划则要求我们更多地从现状和现有条件出发,增强规划的实施性和可操作性。因此,近期规划必须面向规划实施,有效落实国民经济和社会发展规划的重要战略和重大建设项目,并对各项国土空间开发保护行为进行有效管控。

(2) 协调性

近期规划的实施性,有赖于对其他各类规划和项目的统筹协调,诸如国民经济和社会发展规划中所确定的重点建设项目、土地利用年度计划的数量时序和空间分布,以及其他各部门规划对空间开发的需求,等等。近期规划应充分体现综合调控能力,协调各个利益主体,真正形成"滚动规划"和"连续规划"的约束机制。

(3) 动态性

虽然近期规划要以实现总体目标、远期目标为目的,但是在实施过程中,国土空间总体规划应该是一个"目标分解—具体行动—成果评价—目标维护"的完整动态循环过程。也就是说,要通过将总体目标、远期目标分解转化为一个个分期的具体行动,建立动态维护机制,以保障总体规划目标的不断实施,使规划总体目标和实施过程有效衔接。

2) 近期规划编制的主要内容

(1) 评估规划的实施成效

全面回顾和评估上一阶段规划实施进展,分析规划总体目标的实现程度。考查总体规划的执行情况和实现效果,剖析城乡区域发展、总体规划实施、规划意图三者之间的关系和所存在的主要矛盾。分析规划实施的内外部环境变化、未来发展趋势和影响,对总体规划的未来适应性进行评估。

(2) 确定近期规划目标

在规划实施评估的基础上,对现状进行充分的了解与认识,结合规划总体目标,将较为抽象的规划目标转化为引导各类资源保护与利用、各类项目布局和建设时序的具体方针,从而确定近期规划目标。近期规划的目标应该与国民经济和社会发展五年规划保持一致,同时在国土空间总体布局上统筹其他各部门的近期规划等相关内容。

(3) 建立年度实施计划

建立国土空间规划年度实施计划,与土地利用年度计划、国民经济和社会发展规划、城乡建设年度计划、年度重点项目等相协同,在空间上同步落实有关项目,形成"一张蓝图,分头实施"的合力,有效促进国土空间规划的实施管理。

（4）制定规划实施政策

为保障近期规划实施的有效性，需要围绕近期规划目标和任务，建立相应的政策体系和动态管理机制。例如，对刚性管控指标的监测、评估和反馈机制，部门间的平衡与协调机制，以及强化规划实施的监督机制等。

3）土地利用与城乡建设年度计划

近期规划是近期土地出让和开发建设的重要依据，土地储备、分年度计划的空间落实、各类近期建设项目的布局和建设时序，都必须符合近期规划。近期规划的重点内容之一，就是确定土地利用年度计划与城乡建设年度计划。

土地利用年度计划，根据国民经济和社会发展规划、国家产业政策、国土空间总体规划，以及建设用地和土地利用的实际情况来编制，一般以1年为期，属于近期规划的具体化。土地利用年度计划是对近期规划所确定的年度实施计划做出具体安排，一般包括新增建设用地量、土地整治补充耕地量、耕地保有量等的部署，其中新增建设用地包括建设占用农用地和未利用地。此外，城乡建设用地增减挂钩和工矿废弃地复垦利用，一般也纳入土地利用年度计划管理。

城乡建设年度计划，是根据国土空间总体规划、国民经济和社会发展规划，以及城乡的资源条件、现状问题、发展条件等，明确城乡空间建设用地的年度重点与重要项目安排。重点安排公益性用地（包括城乡基础设施、公共服务设施用地，保障房、危旧房改造用地等），编排重要的公共设施与项目建设计划，并据此制订城乡建设用地年度计划。

12.3 规划实施评估与动态监测

12.3.1 规划实施评估的概念和类型

1）规划实施评估的概念

规划实施评估是指根据一定的标准、采用一定的方法，对规划执行的效果进行分析、比较与综合后做出的一种价值判断。规划实施评估是规划编制和实施阶段的重要环节，既是对尚在执行中的规划实施情况进行总结，也是进行规划修编和实施措施调整的重要依据。

规划实施评估主要内容应该包括：通过对规划活动实践的总结分析，明确规划预定目标的执行或完成情况，主要的效益指标完成情况，规划对经济发展和社会进步的影响，规划执行中的守法情况等；通过分析评价，找出规划执行过程中所出现的问题并提出改进意见，分析规划成败的原因，总结经验教训，并通过即时有效的信息反馈，为未来新规划的决策提出建议，从而提高规划的合理性、有效性、科学性和预见性。由于未来发展的不确定性，规划的科学性和合理性只有在具体的规划实施实践中，在具体的社会经济环境下才得以体现。

2) 规划实施评估的主要类型

从时间序列上对规划实施评估进行分类,可以分为前、中、后三个时期。

(1) 规划实施之前的评估。规划实施之前的评估是一种预测性评估,主要是对规划方案实施可能产生的各种影响进行预测,并将预测信息反馈给规划者或审批者,从而为规划方案的选取提供借鉴。它主要包括以下两个方面:①备选方案的评价。主要是通过建构一些数学模型,模拟规划以及其他的政策以解释和预测未来行为,或推导出备选方案的多种效用,以便在规划实施之前评估它们未来的可能影响。②规划文件的分析。在细致评价规划模型的基础上,对规划文件的"话语"进行分析和解构,以提出建议性的实践行动。

(2) 规划实施中的评估。规划实施中的评估是针对规划实施过程的一种评估,包括以下三个方面:①对规划行为的研究。主要调查"规划师做了些什么",以及规划师"是如何做的",它一般通过检视规划师工作的社会政治环境以理解规划的运作。通过对规划行为机制的研究以评价规划的实践,它不仅关心行为的过程,而且关心实施的现实情况。②描述规划过程和规划方案的影响。一般通过案例研究和建立模型的方法,对规划中物质空间内容和实施机制进行广泛分析和评价。③政策实施分析。主要探究政策颁布之后所产生的影响。通常这类分析关注的是政策内在的行政管理过程,以及这个过程是否发生偏差。同时,政策实施分析也包含了对管理者行为策略、目标团体接纳能力,以及对它们产生直接或间接影响的政治、经济、社会网络的分析。

(3) 规划实施之后的评估。规划实施之后的评估主要是对规划实施一定时间后的回顾评价,从而为规划实施和修改调整提供依据,包括以下两个方面:①非定量的研究方法。一般是指定性的分析方法,是整个分析过程中的基础部分。它通过对规划问题本质属性的分析,在掌握规划实施、运作规律的基础上,做出对规划实施正确而全面的分析判断。②定量的研究方法。通过选取一定数量、引入相关模型的实证分析,来获得对于规划实施效果的量化评价,在定性分析的基础上获取更为准确和深刻的认知。

对规划实施评价类型的划分,主要依据评价活动进行的不同阶段、内容和方法等因素进行区分。目前我国的规划实施评估大多是对规划实施结果的评价,也就是对规划编制成果和实施效果的评价和总结,从而全面系统地检讨分析规划的实施过程和结果,从中汲取经验教训,并为新一轮规划修编提供科学依据。

12.3.2 规划实施评估的主要方法和判断标准

1) 一致性评估

一致性评估,主要是通过分析实际发展与规划目标值的一致性程度及规划目标的实施程度,来判定规划实施的效果。一致性评估判断规划实施情况的标准是规划实施结果与规划目标的契合度,落实规划的决策、实施的具体结果与规划确定的目标契合度越高,则规划越成功;如若是按照规划丝毫不差地实施,则为最成功。该方法体系侧重对规划最终结果的评估,目标性很强,评估结果清晰。但国土空间规划的目的是引导国土空间资源的保护与开发利用,实现资源的优化配置,促进经济社会的健康可持续发展,这是一个极其复杂的、开放的过程,在实施过程中由于内外环境、重大项目的变化等,结果具有很强的不确定性。因此,规划实施成果与规划目标是否完全一致,并不简单意味着国土空间规划的成功与否。

2) 绩效性评估

与一致性评估不同的是,绩效性评估认为规划是未来发展决策的框架,更关注规划对未来发展决策的导向作用和实际影响情况。如果发展决策者在制定决策的时候受到规划的影响,则认为规划就得到了执行。

简而言之,一致性评估针对"目标型规划"中各项规划目标实施的数量和空间评估具有较好效果;而绩效性评估更适合针对的是"战略规划",更注重于对规划实施效果的综合评估,并不拘泥于具体规划目标的实现。国土空间规划的实施是一个繁杂的系统工程,采用某种单一的评估角度显然都是不合适的。我们可以借鉴"一致性评估"的思路,对国土空间规划中的约束性指标实施情况进行定量评估;而同时借用"绩效评估"的思路,对国土空间规划的实施效果进行综合评估[8-12]。

12.3.3 以动态监测支持规划实施评估

国土空间规划面临着未来的种种不确定性,决定了规划本身需要在实践中不断检验而持续发展完善。我国传统的城乡规划、土地利用规划等空间规划实施管理中,均规定开展针对规划战略、目标、指标等的动态监测,但是也存在着如下问题:①"终极蓝图"式的监测评估,导致规划适应性和动态性不强。②过多关注物质空间评估的指标设计,价值判断标准过于简单,对影响规划实施的相关体制机制关注不够。③侧重对土地规模和结构的变化研究,但对各类功能用途土地的经济属性认识不足,缺少对自然资源利用质量和国土空间资产增值效益的评估。

随着国土空间规划体系的建立和逐步完善,建立常态化的规划实施监测评估机制势在必行。2019 年《中共中央 国务院关于建立国土空间规划体系并监督实施的若干意见》中强调:"建立国土空间规划定期评估制度,结合国民经济发展实际和规划定期评估结果,对国土空间规划进行动态调整完善。"北京等许多城市随后明确建立了"一年一体检、五年一评估"的评估机制。规划实施评估能够得以科学、准确、持续的进行,离不开准确、及时、有效的动态监测机制。也就是说,要建立规划实施动态信息数据库平台,依据土地利用年度计划,跟踪资源配置与利用、城乡空间运行状态和质量；及时动态评估国土空间规划的年度计划实施效果，定期评估各级国土空间规划主要目标、空间布局、重大工程等执行情况，以及下级政府对国土空间规划的落实情况；对规划实施情况开展动态监测、评估和预警，及时把握规划实施情况，为规划实施监督提供支撑。

12.4　国土空间规划信息平台与技术

近年来，随着信息技术的广泛深入运用，国土空间开发利用的效能和水平不断提高。在国土空间规划编制与实施、监测过程中，必须充分运用云计算、地理信息系统（GIS）等技术和科学化的研究方法，整合各类国土空间要素信息与数据，开展大数据的分析与挖掘。这不仅有利于提高规划的科学性、准确性，而且是国土空间规划工作的基础性支撑。

12.4.1　信息智慧技术与国土空间规划

国土空间规划体系建立，要求以自然资源调查监测数据为基础，采用国家统一的测绘基准和测绘系统，整合各类空间关联数据，建立全国统一的国土空间基础信息平台。以国土空间基础信息平台为底板，结合各级各类国土空间规划编制，同步完成县级以上国土空间基础信息平台建设，实现主体功能区战略和各类空间管控要素精准落地，形成全国国土空间规划"一张图"，推进政府部门之间的数据共享以及政府与社会之间的信息交互。

国土空间规划中运用到的信息智慧技术主要是地理空间信息技术，包括地理信息系统（GIS）、遥感（RS）、全球定位系统（GPS）和数字地球技术，是在各种测量仪器、传感器及计算机软硬件系统的支持下，对地理空间实体数据，包括空间定位数据、图形数据、遥感图像数据、属性数据等进行采集、储存、管理、运算、分析、显示和描述的技术系统。该信息技术能够有效揭示资源环境和社会经济之间的内在关系、演变规律，反映人地发展关系。未来，随着国家自然资源和国土空间基础信息平台的建设与完善，地理空间信息技术可在国土空间规划及实施评估、资源开发利用、资源环境监测、自然灾害监测与灾后重建、区域可持续发展、重大工程实施监测评估等领域，发挥愈来愈重要的技术支撑和保障作用，并且与国土空间资源的规划、审批、供应、开发、执法等系统叠加，共同构建统一的综合监管平台[13-14]。

1）解决数据衔接不一致问题

国土空间规划涉及诸多部门、各种类型以及不同时间段的海量数据，数据来源多样、种类繁多、标准不一致，传统的数据分析方法往往无法解决这些问题。通过信息智慧技术，对各种数据进行整合管理，可以系统解决数据衔接问题，使各类专项规划不统一、布局不一致、互相打架和矛盾的问题得到解决,各部门之间实现数据共享,并对各类空间资源进行统一配置。

2) 增强规划决策的科学性

传统的规划数据源通常是由土地普查、经济统计、地面调查等静态数据组成的,存在几何粒度粗、更新周期长等问题。在大数据背景下,随着基于定位功能的移动信息设备和技术逐渐成熟,空间位置服务数据大量涌现,构成了国土空间规划的感知体系。一方面,多源异构数据的动态可获取性、社会经济运行等社会属性数据,推动国土空间规划由单一的物理空间规划转向为"以人为本"的生态规划;另一方面,新型数据更为及时准确,样本量大、尺度精细,借助地理信息系统也大大增强了空间分析能力,从而进一步保障了规划决策的科学性。

3) 改善规划监测评估精确性

国土空间规划对自然资源的配置与利用起到引导和约束作用,信息智慧技术发挥"掌握现状、摸清底数,空间分析、支撑规划,监测评估、及时预警,平台建设、智慧规划"等作用。例如,测绘地理信息统一调查和确权工作为空间规划的前端;借助多尺度多维度的国土空间动态监测,动态反映各类要素的时空变化和规划的实施完成情况;建设规划信息交换、共享、管理和更新的辅助工具,以及项目审批、监督的运行载体,实现对规划实施的数字化监测评估等,使规划编制和监督规划执行人员的工作水平和效率都能够得到进一步提升,保证国土空间规划工作的顺利实施。

4) 提高规划管理水平

采用信息智慧技术,构建统一的数据平台,可以全面整合与国土空间规划相关的土地、矿产、地质调查、测绘、海洋、林业、草原、水资源等数据集,解决长期以来制约自然资源各专题数据在部门间流动、共享的体制障碍,显著提升政府部门、企业与公众数据资源的开放度、关联度、共享度。通过整合多源、海量的自然资源数据及其相互关联的数据,推动规划管理从经验决策向数据决策转变,从权利治理向数据治理转变。

12.4.2 国土空间规划信息平台构建

国土空间规划基础信息平台,就是要利用最新的自然资源调查数据,应用统一的测绘基准和测绘系统,整合各类空间数据,利用先进的信息化手段来构建全国统一的空间基础信息平台,实现数据查询、提取、统计、分析一体化。为国土空间规划数据采集、规划编制、成果实施、监测评估和预警预报等各个阶段的工作提供数据支撑和辅助决策,提升国土空间管控和规划的科学性,从而全面提高自然资源管理的效率和水平[13-14]。

1) 构建规划信息平台的主要目标

(1) 融合各类数据源的基础数据支撑

基于统一用地分类、坐标体系与数据标准,将各种来源的数据汇集整合,形成涵盖地上地下、实时更新的基础地理信息、高分辨率遥感影像、资源环境现状、土地利用现状、地理国情普查、地质地貌、社会经济，以及移动通信、社交网络等各类数据集，通过标准化处理，形成统一集成化管理。

(2) 建设空间规划和空间开发利用信息管理系统

空间规划和空间开发利用信息管理系统主要包括对空间规划的审批审查、上图入库、规划实施、评估更新等的管理，以及基于法定规划管控要求，政府部门对于用地审批、不动产登记、基础设施建设、生态环境整治等的管理监察功能，为规划管理提供实时动态数据源。

(3) 建设国土空间基础信息应用服务系统

通过共享服务端口，提供国土空间的数据共享和应用服务，建立以需求为牵引的快速同步机制，为辅助空间规划编制、项目选址落地、空间管理决策分析等提供服务。

2) 规划信息平台的基本功能

由于国土空间规划的编制、审批和实施管理涉及大量的图件、指标等空间数据，对规划成果的质量和管理的时效性要求较高，国土空间规划信息平台的构建必须具备以下基本功能：

(1) 规划基础信息数据库建设

国土空间基础信息平台的数据资源，应包括应用于国土空间规划编制、审批、实施、监测、评估等全过程的现状数据、规划数据、管理数据和社会经济数据，采用统一标准，融合各类数据源（经济普查数据、土地资源调查数据、遥感数据、不同类型规划数据、审批和监察业务数据，甚至包括工商、交通部门等的数据）。此外，应尽可能充分融合物联网、互联网等社会大数据，并且实现数据的实时更新。

(2) 提供模型分析的可视化成果展示功能

国土空间基础信息平台应能够通过空间分析模型、遥感解译模型、资源环境评价模型、人口及产业预测模型、功能网络识别模型、设施评估与选址模型、城市运行仿真模型等各种分析模型，为国土空间规划编制提供规划底板数据处理、双评估、双评价、三区三线划定，以及要素配置等辅助工具和服务功能；并且能够对海量数据从实时、动态、趋势等方面以多维方式进行可视化呈现，为规划编制提供更直观、更全面的数据支撑，以及更多维度的数据解读。

(3) 规划实施监测评估预警功能

规划实施监测评估预警功能，主要是基于规划一张图、遥感监测数据、日常业务数据以及社会经济等多元数据，建立监测指标体系，实时和定期反馈规划的实施过程。同时能够对突破国土空间规划中各项管控底线（城镇开发边界、生态红线、永久基本农田……）及指标底线（耕地保有量、建设用地总规模、国土开发强度……）的情况进行及时预警，如边界的突破或者约束性指标的突破等，辅助生成预警报告。在提供给本级管理部门的同时，也辅助上级自然资源主管部门进行监督检查。

（4）规划实施管理辅助决策功能

规划实施管理辅助决策功能应该包含规划成果质检、规划成果审查、在线审批、用途管制等基本功能。在统一的数据库、模型库、指标体系库、技术架构的支撑下，对规划成果进行质量检查，例如数据标准、图数一致，提高成果审查的效率与质量；基于项目选址模型和项目合规性检查规则等，辅助重大工程项目选址，辅助用地预审、用地计划等项目合规性检查和协同审批等，促进业务协同，落实国土空间规划管控实施要求。

（5）空间规划公众服务功能

国土空间基础信息平台除了面向自然资源管理部门，还应该能够面向政府、规划编制单位、社会公众提供应用服务，通过与其他部门进行数据的共建共享、联动协作，解决多部门间信息不对称、业务协作障碍的问题。通过政务网、移动端应用等提供与公众交流沟通的渠道，实现多方参与的共同规划。

第12章参考文献

[1] 文超祥.基于"平衡模式"法治理念的城市规划实施制度研究[D].上海:同济大学,2008.

[2] 盛洪涛,殷毅,姜涛.国土空间规划体系分级管控研究:从特大城市的角度[J].城市规划,2018,42(Z2):109-114.

[3] 杨保军,陈鹏,董珂,等.生态文明背景下的国土空间规划体系构建[J].城市规划学刊,2019(4):16-23.

[4] 张京祥,陈浩.空间治理:中国城乡规划转型的政治经济学[J].城市规划,2014,38(11):9-15.

[5] 黄海翔.城市规划实施过程中的公众参与研究[D].上海:上海交通大学,2009.

[6] 吴欣.城市近期规划定位研究[D].西安:西安建筑科技大学,2007.

[7] 王巍,陈岩松.一种项目规划方法的探讨:谈十五城市近期建设规划编制的改革[J].城市规划,2001,25(2):60-63.

[8] 韦梦鸥.城市总体规划实施评估的内容探讨[J].城市发展研究,2010,17(4):54-58.

[9] 张吉康,杨枫,罗罡辉.浅谈国土空间规划监测评估的路径[J].中国土地,2019(3):12-15.

[10] 祝立雄,董文丽,李王鸣.我国城市规划实施评估发展历程、技术特征与演变趋势[J].西部人居环境学刊,2019,34(2):67-73.

[11] 马璇,郑德高,孙娟,等.真评估与假评估:总规改革背景下的总规评估探索与思考[J].城市规划学刊,2017(Z2):149-154.

[12] 张尚武,汪劲柏,程大鸣.新时期城市总体规划实施评估的框架与方法:以武汉市城市总体规划（2010—2020年）实施评估为例[J].城市规划学刊,2018(3):33-39.

[13] 甄峰,张姗琪,秦萧,等.从信息化赋能到综合赋能:智慧国土空间规划思路探索[J].自然资源学报,2019,34(10):2060-2072.

[14] 张衍毓,陈美景.国土空间系统认知与规划改革构想[J].中国土地科学,2016,30(2):11-21.

第 12 章表格来源

表 12-1 源自:笔者根据《中共中央 国务院关于建立国土空间规划体系并监督实施的若干意见》(中发〔2019〕18 号)整理绘制.

本书作者

张京祥,南京大学建筑与城市规划学院教授、博士生导师,南京大学空间规划研究中心主任,教育部新世纪优秀人才,江苏省设计大师。兼任中国城市规划学会常务理事、中国城市规划学会城乡治理与政策研究专业委员会主任委员、中国城市规划学会学术工作委员会委员、"中国城市百人论坛"成员。发表学术论文300余篇,出版《城镇群体空间组合》《西方城市规划思想史纲》《体制转型与中国城市空间重构》《中国当代城乡规划思潮》等专著与合著16部,主持"中国城镇密集地区城市与区域管治研究——以苏南地区为例""体制转型背景下中国城市空间结构演化研究"等国家自然科学基金课题6项。获首届中国城市规划青年科技奖、中国城市百人论坛"青年学者奖"等奖励。

黄贤金,南京大学地理与海洋科学学院教授、博士生导师,教育部长江学者特聘教授。兼任中国土地学会副理事长、中国自然资源学会教育工作委员会主任、中国城市规划学会控制性详细规划学术委员会副主任委员。在《科学·通讯》(Science-Letter)、《土地利用政策》(Land Use Policy)以及《管理世界》《自然资源学报》《群众》等期刊发表论文100余篇。出版《土地经济学》《土地政策学》《中国土地制度改革——土地制度改革的产权经济分析》《循环经济学》《资源经济学读本》等著作及教材10余部。获江苏省哲学社会科学一、二等奖,教育部人文社会科学二等奖等奖励,以及霍英东基金青年教师奖、宝钢奖教金等奖励。